Europe &
Romance Languages

유럽과 로망스어의 이해

이문수 · 이창순 지음

신아사

머리말

최근에 들어 우리나라에서도 유럽에 대한 인지도가 높아지면서 각계각층의 사람들이 유럽 국가들과 다방면에서 접촉하거나 교류할 수 있는 기회가 늘어가고 있으며, 이에 따라 유럽에 대한 관심이나 이해의 필요성이 점점 고조 되고 있는 것 또한 사실이다.

한국어의 '빵'에 해당하는 포르투갈 o pão 프랑스어 le pain, 이탈리아어 il pane, 스페인어 el pan, 루마니아어 pâine 등을 비교하면 옛 로마 제국내 각 지역에 그들의 언어인 라틴어 ille pane가 보급되어 각 지역 원주민들의 발음 습관과 전통으로 인하여 오늘날 그런 모습으로 우리에게 보여주는 한 예이다.

이와 같이 유럽을 이해하기 위해서는 무엇보다도 언어적인 면을 빼놓을 수 없다. 왜냐하면 '유럽'하면 각 국가에 따른 다양한 언어들을 떠올리게 되고 유럽의 여러 국가들을 구분할 때 언어를 빼놓고는 구분하기 힘들 정도로 언어는 유럽과 유럽인을 이해하는데 필요 불가결한 요소이기 때문이다. 오늘날 EU라는 거대한 정치 경제적 통합을 이룩해 가고 있는 유럽에 있어서 언어는 그만큼 그 국가의 정체성을 이어나가는 중요한 나침반의 구실을 하고 있다. 통합되어가는 유럽에는 여러 민족들이 살고 있지만 크게 보아 라틴계 민족과 게르만계 민족 슬라브계 민족 등이 주류로써 유럽의 대부분 지역을 차지하고 있다. 대체적으로 말해 이 중에서 라틴계 민족들이 말하는 언어를 로망스어라고 한다. 그래서 로망스어란 한 개의 언어를 의미하지 않고, 광의적으로 생각하면, 수없이 많은 언어들의 집합의 명칭이지만 좀 더 이해하기 쉽게 말하면 옛 광대한 로마 제국 영역에서 오늘날 국가 형태를 갖추고 있는 유럽 국가의 국어들을 총칭한다.

결국 이런 광의적 의미로의 로망스어를 이해하는 것은 유럽에서 그 영역내 모든 국가 언어를 이해한다는 의미가 될 것이며, 또 한편으로 좀 더 구체적으로 개별 국가별 협의적으로 생각해보면, 이들 국가들 중의 한 국가의 언어를 배우거나 연구하면, 로망스어를 배운다거나 연구하고 있다고 말할 수 있다. 그래서 로망스어에 속하는 프랑스어나 이탈리아어, 루마니아어나, 스페인어, 포르투갈어 등과 같은 언어들 중에 한 개의 언어를 알거나 배우는 사람도 로망스어를 알거나 배우는 사람이 되는 것이다.

이렇게 광의적 의미로든 협의적 의미로든 로망스어는 그것을 사용하고 있는 국가나 지리적으로 광범위한 영역을 차지하고 있기 때문에, 오늘날 로망스어를 배우거나 연구하는 사람들은 무수히 많다고 할 수 있다. 그리고 이와 같이 광범위한 영역을 차지하고 있는 로망스어를 이해하는 것은 오늘날 국가별로 분산되어있는 다개국어를 이해할 기회를 틀림없이 제공하고 있다.

그러나 유럽언어와 구조적으로 언어가 다른 우리의 실정에 유럽의 다개국어를 이해하기란 그리 쉽지 않으며, 매우 어려운 것 또한 현실이다. 게다가 로망스어를 심도 있게 이해하려면 이 많은 언어들의 공통 영역에 들어가지 않으면 안 되기 때문에 더욱 그러하다. 결국 이런 점을 감안하여 보면 로망스어를 공부하기 위해서는 다개국어를 이해할 필요가 있고 언어학적으로도 깊은 연구가 필요한 분야임에는 틀림없다.

이 같은 여러 사항을 고려하여 본서를 집필하였으며, 본서에서는 언어학적으로 깊은 연구가 필요한 부분은 되도록 제외하고 대학의 학부나 아니면 일반 교양 수준에 알맞게 그런 내용을 다루었다. 그래서 협의적으로 한 개의 국어를 중심으로 다루지 않았으며, 광의적으로 모든 로망스 언어의 공통적 영역이 많이 포함하고 있는 그런 분야를 중심으로 모든 이들이 알기 쉽게 이해하도록 다루었다. 그리고 비록 다개국어를 다룸에 있어 필요한 각 개별 국가 언어들의 이론적 설명이나 오늘날 언어학에서 다루는 있는 형이상학적인 인지 언어학적 사고 방법은 되도록 제외시켰다.

그리고 외국어 표기는 주로 영어를 원칙으로 했으나 필요할 때는 해당 국가 언어로 직접 표기했으며 읽는 방법도 해당 국가 언어 방식으로 표기했다. 이해가 필요한 부분은 원어로 괄호 안에 첨가하여 이해를 돕도록 하였다.

끝으로 저자는 비록 본서를 읽는데 있어서 언어학적으로 다소간 깊은 이해가 필요한 부분도 있지만, 그 동안 로망스어 분야가 미비한 우리의 현실을 감안하여 이 분야에 있어서 좋은 지침이 되었으면 하는 바람이다.

2006년 2월

저 자

목 차

제1장

유럽의 이해

1. 유럽이란 무엇인가

1) 유럽의 정의

오늘날 유럽을 정의하는데 우선적으로 사람들이 생각하는 것은 '유럽은 대륙이다'라는 정의다. 국어 사전이나 영어 사전 등에서 정의하기를 유럽은 '아시아와 대서양사이에 있는 대륙'이라고 언급하고 있기 때문이다. 그러나 지리학적으로 대륙이란 다른 땅덩어리로부터 다소간 떨어져 있는 큰 규모의 땅덩어리를 말하기 때문에 유럽에 대한 이런 정의는 다소간 자연적 실체와는 다른 그런 정의를 하고 있음에 틀림없다.

그러나 유럽이 대륙이 아니고 자연적 지리학으로 그 개성이 결핍되었을지라도, 유럽은 분리된 실체를 가지고 있다는 그런 생각을 사람들은 오늘날까지 지속적으로 가지고 있으며, 이와 같은 생각으로 유럽 지리나 역사와 같은 학문이 거의 모든 세계에서 가르쳐지고 그것을 배우고 있다. 그리고 이와 같이 유럽이 분리된 실체를 가지고 있다는 것에 대한 오늘날의 설명은 고대 그리스인들의 잘못된 개념보다도 더 심각한 생각이다.[1] 하여간 이러한 생각들은 잘못된 정의인 것이다.

그러면 진정으로 유럽의 정의는 무엇인가? 유럽은 자연적 실체보다는 인간적 실체인 것이며, 그것의 구분성은 자연적 환경에서 찾는 것보다는 오히려 그것을 점유하고 있는 사람들의 특징에서 찾아볼 수 있다. 즉 다시 말해 유럽을 정의하기 위해서는 문화를 생각해야 한다. 결국 유럽은 문화 영역을 차지하고 있는 하나의 문화 공간이다. 하나의 문화는 간단히 정의하자면, 아마도 수많은 형태의 믿음이나 행동, 또는 이데올로기 기술, 사회 관습, 물질적 소유 등과 같은 것을 포함하는 공통적인 삶의 전체 방법을 가지고 있는 사람들의 공동체라고 정의 될 수 있다. 하나의 문화 영역이란 하나의 특성을 가진 공통 문화를 가진 사람들에 의해 살고 있는 큰 영역을

1) 고대 그리스인들은 세계를 유럽과 아시아 아프리카 등 3부분으로 나누어져 있다고 보았다.

말하며, 그 문화에 대하여 보이는 자취가 놓여진 하나의 영토라고 할 수 있다.

따라서 유럽은 처음부터 영토적으로 정의된 것이 아니다. 영토적으로 선을 그은 것이 아니라 시대의 흐름에 따라 그 문화 영역이 확장 개발되어 선이 그어진 것이다. 엄격히 말해서 유럽은 점차적으로 자연적 실체에서 인간적 실체로 전이를 만들어 내려 왔다.

역사적으로 유럽의 개념도 바뀌어 왔다. 과거 12세기경까지 유럽은 단순히 대륙이라는 의미를 지속해 왔고, 일부 사람들은 유럽인들은 성경에 나오는 노아의 아들 중의 하나인 야벳의 후손으로 구분하는 의견을 채택하기도 했다. 그후 13-15세기까지 유럽은 기독교 왕국을 뜻하게 되었으며, 교회에 중심을 둔 유럽인의 자각이 나타났으며, 결국 1571년에 교황이 '유럽인' 또는 '기독교인이라고 불린 사람들'이라고 표현함으로서, 유럽은 사실상 문화적 의미를 얻게 되었으며, 그후 유럽인들은 활기차고 유망한 자신들의 이미지에 바탕을 둔 그런 특징있는 세계적 관점을 얻게 되었다. 즉 시대가 진보함에 따라 때를 맞추어 교회의 영향이 쇠퇴함으로서 정의에 있어서도 '진보' '자유' '창조'와 같은 단어들이 '기독교인'이라는 단어를 대체했던 것이다. 그래서 잘못된 대륙의 이름이 처음에는 종교로 그 후에는 삶의 방식의 상징으로 되었던 것이다.

결국 16세기에 와서는 지리적인 유럽의 개념은 더 이상 필요 없었으며, 문화 영역으로써의 유럽이 자리잡아 지도를 그리는 사람들도 그들의 지도에 대륙의 개념이 아닌 이런 생각을 표현하기 시작했다. 그리고 대륙 개념은 단지 문화의 대용물로 전락하고 말았다.

2) 유럽 문화의 개념

앞에서 보았듯이 오늘날 유럽의 정의는 문화의 개념이 자리잡고 있으며, 이와 같은 문화의 개념으로 좀 더 엄격하게 유럽을 정의하면 다음과 같다. 즉 유럽은 유럽의 문화라는 공통 분모가 자리잡고 있으며, 이 유럽 문화라는 것은 첫째 기독교의 종교적 전통을 가진 사람들이 살고 있는 곳이며, 둘째 인도-유럽어와 관계되는 수많은 언어들 중에 하나를 말하는 지역이며, 셋째 코카서스 인종, 즉 백인종과 관계있는 옛 서양 세계를 말한다. 그리고 비록 동양에서라도 이 세가지 특징이 결합해 나타난 곳이라면 그곳도 유럽이라고 부를 수 있다. 즉 문화적으로 종교, 언어, 인종으로 앞의 3가지가 충족되면 유럽이라고 할 수 있는 것이다.

게다가 오늘날 유럽의 정의는 위 3가지 문화적 특징 이외에 다른 여러 가지 특색이 추가되고 있다. 즉 교육 수준이 높으며, 국민 복지가 잘되어 있고, 부유하며 평균적으로 출산률이 낮으며, 소득 수준이 아주 높고, 국민 다수가 도시에 살고 있으며, 산업화가 이루어지고 농업이 시장 경제화 되어 있으며, 교통망이 발달되어 있고, 정치가 안정 되어있는 등과 같은 것들이 그것들이다.

그럼에도 불구하고 오늘날 유럽 영역에서 비록 기독교 성향이 많이 쇠퇴해가고 있지만, 인종과 언어 그리고 종교 등 3가지 특징은 지속해오고 있다.

그래서 아프리카 사하라 사막 너머 남쪽은, 비록 기후를 비롯해 여러 가지 자연적으로 유럽과 틀리지만, 이 영역은 흑인 민족으로 이루어진 곳으로, 종교는 정령신앙이나 이슬람이며 언어들은 반투어 그룹에 속하고 있어서 유럽이라고 할 수가 없다. 또한 지중해 해변을 가지면서 지리적으로 가까이 위치하고 있는 북아프리카 지역은 단지 인종에 있어서만 코카서스인으로서만 충족하고 있을 뿐, 종교적으로는 이슬람교이며 언어는 셈어나 함어에 속하는 언어들을 말하고 있어서 유럽이 아닌 것이다. 유라시아 반도 남쪽과 동쪽 역시 다른 문화가 존재하고 있다. 이곳에서의 사람들은 인종에 있어서 아시아 계통의 몽고 인종이며 종교로는 유교나 불교이고 언어적으로는 중국어나 티벳트어 혹은 우랄-알타이어와 관련되어있다. 그래서 유럽이 아니다. 유라시아의 북부 인도지역과 이란 파키스탄 아프가니스탄 등은 넓은 의미로 인종적으로 유럽적이라고 주장할 수 있지만 이곳들 역시 결정적으로 기독교 문화가 결여되어 있어서 유럽이라고 할 수 없다.

2. 유럽 문화와 그 영역

앞에서 본 바와 같이 유럽의 정의에 따르면 유럽 영역은 정확하게 그 경계가 없다고 할 수 있다. 그리고 그 한계 영역을 지도에서 하나의 선으로 긋는 것도 불합리할 수뿐이 없다. 이런 점에 있어서 유럽 문화권과 다른 문화권의 경계에는 일종의 과도기적인 전환 영역이 존재하고 있다. 그래서 여러 곳에서 이런 영역의 존재를 확인할 수 있다. 예를 들어 지중해 사이프러스 섬의 그리스영역에서 터키 영역으로 들어가면 유럽 문화권에서 이탈되어짐을 느끼고, 핀란드에서부터 러시아로의 경계 지역에도 이런 유사점을 느낄 수 있다. 그리고 비록 유럽의 중심으로부터 떨어져 나아감에 따라 유럽성은 점진적으로 전환 지역으로 떨어져나가는 경향이 있으며, 아시아 문화나 아프리카 또는 중동사람들의 문화 영역으로 전환되는 지역이 나타나고 있다.

이런 현상은 한 지역을 떠나 한 국가에서도 나타나고 있으며, 많은 국가들이 유럽문화의 중심지와 변두리로 나뉘어 있기도 하다. 예를 들어 이탈리아의 경우 북부 이탈리아는 유럽의 중심문화권에 속하지만 남쪽으로 내려가면 유럽 문화권의 다양한 특색에서 멀어지는 여러 가지 징후를 가지고 있다. 즉 이탈리아 남부는 문맹률이나 출산율 소득 도시화 등등에 있어서 낙후되어 있기 때문이다. 러시아에서도 마찬가지이다. 오늘날 비록 정치 행정적인 구분으로 러시아에서 유럽과 아시아의 경계선를 긋고 있지만, 환경과 문화적 측면에서 광활한 러시아를 갈라놓으면서 하나의 선으로 유럽과 아시아를 명백하게 경계를 그을 수는 없다.

1) 유럽의 지리적 변화

유럽과 유럽 문화 영역권을 정의하는 특징들은 수세기동안 끊임없이 변화해 왔다. 오늘날 유럽의 영토적 경계는 1000년 전이나 그보다 더 오래된 2000년 전의 그것과는 아주 다르다. 왜냐면 인간의 주위 현상들이 거의 지속적으로 남아있지 않고 변하며 유럽도 역시 예외는 아니기 때문이다.

유럽은 그래서 지리적으로 확장과 축소의 과정이 이루어졌다. 기원전 1000년에 유럽이라는 것은 그리스를 중심으로 한 동쪽 지중해 해안 주위로만 형성되었었으며, 기원 후 100년경에는 비록 유럽의 중심부는 계속적으로 지중해를 중점을 이루었지만, 당시 로마제국의 영역이 유럽을 나타내고 있었다. 따라서 이 당시의 유럽은 북아프리카 해안 지역이나 이집트 북부, 그리고 중동지역을 비롯해 오늘날 터키 동족 영역까지 유럽이었었다.

그 후 AD 1000년경에 와서는 유럽 영역에 극적인 변화가 이루어지게 된다. 남서지역에서는 이슬람이 스페인 지역을 침입해 왔으며, 동부 지역에서는 아시아 민족인 훈족과 마자르족이 침입해 왔다. 이들 아시아 민족들은, 특히 마자르족이, 오늘날 헝가리 지역에 정착하게 된다. 결국 AD 1000년까지의 유럽 영역은 이전의 유럽 영역권보다 더 축소가 이루어지게 되고 말았다.

그러나 축소가 이루어진 반면에 확장도 이 시기에 이루어졌는데, 오늘날 게르만 민족과 슬라브 민족의 지역에 기독교가 전파되어 유럽 영역으로 확장을 가져오게 된 것이 그것이다.

그 후 AD 1000년경부터 오늘날에 이르기까지 유럽 영역의 변화는 계속되었다. 먼저 1492년 이베리아 반도에서 이슬람교의 축출로 그 영역이 확장되었지만, 1200년경에 러시아 남부에서는 아시아 민족 몽골과 타타르족에 의해 그 영역을 다시 축소되어야만 했다. 이들이 물러나자마자 곧이어 소아시아에 터키의 이슬람이 지배함으로써 오늘날까지 이 지역은 유럽 영역에 속하지 못하게 되었다. 게다가 이들 터키족이 17세기말경까지 발칸반도를 획득함으로써 그리스정교의 본산인 콘스탄티노플도 오늘날까지 영구적으로 이슬람 영역에 속해 내려오고 있다. 비록 그후 알바니아나 남부 유고슬라비아 지역에만 이슬람 영역을 남기면서 터키의 영역이 축소되어 왔지만, 옛 콘스탄티노플인 이스탄불 주변 지역은 아직까지 이슬람 영역으로 남아있다.

이스탄불 주변 지역의 탈환을 위해 유럽인들, 특히 그리스나 러시아사람들의 지속적인 노력이 있었지만, 결국 실패했으며 오늘날까지 이곳은 소아시아와 함께 유럽 영역 밖으로 인식되고 있다.

한편 중동의 팔레스타인 지역도 십자군 운동으로 일시적으로 유럽인들이 획득했었지만, 결과적으로 실패했으며, 그후 세계 1차 대전 이후 영국의 점령 하에 이스라엘이 창건되었지만, 엄격히 말해 유대교를 신봉하고 있는 이스라엘은 종교적으로 기독교 국가라 할 수 없으며, 게다가 이들 언어도 유럽언어들과는 다른 셈어를 사용하고 있어서 유럽이라고 하기는 미흡하다. 그러나 오늘날 유럽에서 살던 유대인들이 이스라엘로 이주하면서, 이스라엘은 동부 지중해 연안에 유럽을 이식시키는 역할을 하고 있는 실정이지만 엄격히 말해 유럽은 아니다.

유럽의 확장은 15-17세기 경에 유럽 민족들에 의해서 많이 이루어졌으며, 그 후 슬라브 민족들과 이베리아 반도의 라틴 민족들에 의해서 이루어지기도 했다. 다시 말해 게르만 민족 특히 영국에 의해 북미 대륙이나 오스트레일리아, 뉴질랜드, 남아프리카 등지에 그들의 문화 영역을 확장 시켰으며. 이베리아 반도의 스페인과 포르투갈에 의해 오늘날 라틴아메리카로 그 손을 뻗쳤으며, 슬라브 민족인 러시아에 의해 광활한 시베리아를 넘어 태평양 해안까지 그들 문화 영역권을 확장해 놓았기 때문이다. 물론 이곳들 중에는 아직 유럽의 개념에 못미치는 지역도 있지만, 유럽 문화의 이식이 이루어졌음은 부인하기 힘들다.

2) 유럽 문화의 확장

오늘날 전세계가 여러 가지 방법에 의해 유럽화 되어가고 있다. 종교나 언어와 같은 유럽 전통 문화의 요소들이 전세계로 퍼져 이식되어가고 있기 때문이다.

예를 들어 우리 나라를 비롯해 일본, 홍콩, 싱가포르 등지에서도 산업화가 이루어져 그들의 전통 문화를 서서히 파괴시키며 유럽화 되어가고 있으며, 중동의 터키도 아랍 문자를 쓰는 전통을 버리고 라틴체 알파벳을 사용하면서 종교로 뭉친 아랍 영역권에서 서서히 유럽으로 돌아서고 있다. 필리핀에서는 전통 종교 대신해 로마 카톨릭이 자리잡아갔으며, 종교적으로 우리나라도 예외는 아니어서 전통 종교를 대신해 기독교가 확장되어가고 있다.

그러나 이와는 반대로 유럽의 영향이 잘 받아드려지고 있지 않은 지역도 있다. 특히 종교 언어적으로 그러하다. 아프리카에서는 기독교보다 이슬람교가 훨씬 빨리 성장하고 있으며, 인도나 중국 일본 등지에서 기독교화는 아직 그렇다할 성과도 없다.

이와 같이 유럽 문화가 퍼져나가고 있지만, 종교나 언어 인종 외에도 오늘날 다양화 되어가는 유럽 문화에 대하여 일부 사람들은 우려를 표명하고 있다. 산업화의 불경기, 정치적 불신, 기독교화의 이탈, 농업 위기, 성적 문란 등등과 같은 사회적 요소가 대두되고 있으며, 비고용이나 테러 같은 현상들이 더욱 많이 발생하고 있기 때문이다.

그러나 지금으로부터 지난 500년 동안 유럽의 문화는 영향받은 것보다 영향을 준 것이 훨씬 많으며, 앞으로도 많은 다른 문화권들이 유럽의 문화를 받아들이려고 하기 때문에 그렇게 꼭 비관적인 것만은 아니다.

3. 유럽과 유럽인

지구상의 인종은 대체적으로 크게 셋으로 분류한다. 백인종, 흑인종, 황인종이 그것이다. 같은 인종이라고 할지라도 모두 같은 특징을 가지고 있지는 않다.

인종의 분류 문제는 어렵다. 전통적으로 앞에서 말한 신체적 특징에 따라 분류하는 것이 보통이지만, 인종의 정의는 아마 공통의 신체적 특징의 집합을 소유하고 있는 그룹을 구분하는 것이라 할 수 있다. 그러나 단지 신체적 특징만이지 여기에 언어나 종교 국적 같은 문화적 특징은 사용하고 있지 않다. 오늘날 와서는 이런 분야의 연구는 더욱 힘들다. 특히 인종 차별이라는 문제가 대두되기도 하며, 현실적으로 복잡해져 가는 여러 인종간에 결합에 의해, 공통의 신체적 특징을 집합으로 하는 같은 지역이나 분포를 찾기가 힘들기 때문이다. 여기서는 이런 복잡한 문제를 떠나 우리는 유럽 문화를 이해하고 유럽인을 이해하기 위해 전통적인 방법에 따라 우리의 관심의 대상인 유럽인에 대해서만 간략히 알아보기로 하자

1) 유럽인의 다양성과 신체적 특징

인간의 특징은 다양하다. 이런 다양성으로부터 특히 키와 골격, 피부나 눈동자나 머리색 등의 특징으로 나누어보면 보다 유럽인들의 특징을 보다 쉽게 알 수 있다.

A. 피부, 머리 및 눈동자 색깔에 따른 분류

유럽인들의 가장 먼저 눈에 띄는 특징은 피부나 머리카락 눈동자의 색소화다. 유럽인들이 모두다 피부색이 희거나 머리카락 색깔이 같은 것은 아니다.

먼저 북해나 발틱해안가 주위의 영역에 위치하고 있는 스칸디나비아, 독일 북부, 폴란드, 핀란드, 에스토니아, 라트비아, 네덜란드, 영국 동부해안지역에서는 대부분의 사람들이 색깔적으로 밝은 색을 띄고 있다. 아이슬란드나 아일랜드 동부러시아 북서부 지역사람들도 여기에 속하고 있다. 이 지역사람들의 주요 특징은 머리색은 금발이나 붉거나 밝은 밤색을 띄고 있으며, 눈동자는 대부분 파란색과 회색 또는 엷은 갈색이고 피부색은 아주 밝은 색을 가지고 있다.

이 지역 사람들도 다시 둘로 나눌 수 있으며, 이 지역의 서쪽에 속하는 스칸디나비아와 네덜란드, 독일 북서부와 영국 섬 등에서는 금빛 머리에 파란 눈이 공통적이지만, 반면 이 지역 동쪽에 속하는 핀란드나 북부 슬라브 민족이 사는 지역은 회색 눈동자에 약간 은빛을 띤 금발머리가 전형적인 특징이다. 또한 붉은 머리색은 스코틀랜드 고지대지역에 흔하며, 이 곳에서도 약 인구의 10%만 이 특징을 지니고 있다.

그리고 아주 밝고 흰 피부를 가진 유럽사람들은 발틱해안 동부지역에 사는 사람들과 일부 노르웨이 계곡에 사는 사람들의 특징이며, 북부 유럽사람들처럼 공통적으로 머리 눈 피부가 탈색소화된 사람들은 지구상에 단지 이 두 지역에 있는 사람들만 가지고 있는

특징이라고 할 수 있다.

한편 검은 요소를 많이 가지고 있는 사람들은 이베리아 반도나 발칸 반도, 이탈리아, 남부 프랑스와 웨일즈 지방에서 지배적이다. 검은 갈색이나 갈색 머리와 눈동자, 거무스름한 피부는 유럽 남부 지역사람들의 특징이다. 거무스름한 피부를 가진 사람들은 포르투갈인과 남부 스페인사람, 루마니아인, 남부 이탈리아사람들이 가지고 있으며, 유럽 너머 북부아프리카나 중동지방이나 중앙아시아 지역에서는 더 거무스름한 피부색을 가진 사람들이 있으며, 대부분 유럽 주변의 이들도 코카서스인, 즉 백인에 속하는 사람들이기도하다.

위 두 지역, 즉 색소화가 거의 없는 북부 유럽인과 거무스름하게 색소화한 남부 유럽인의 중간 지역은 동쪽에서 서쪽으로 이 중간의 복합성을 가지고 있으며, 전체적으로 색소화는 지역적으로 불규칙성을 띄고 있지만, 북부로 올라가면서 감소하는 추세를 보이고 있다. 정확한 색소화 구별의 경계선은 그을 수 없으며, 많은 유럽인들이 복합 요소를 지니면서 나타나고 있는 것이 특징이다.

그러나 오늘날 유럽의 다양한 사람들이 색소화에 있어서 복합적인 분포를 보이고 있지만, 개별적으로 스페인이나 이탈리아, 그리스 같은 지역에서도 밝은 금발을 발견할 수 있으며, 북부 유럽, 즉 스웨덴이나 아이슬란드, 노르웨이에서도 갈색을 띈 사람들이 살고 있다. 그리고 오늘날 북부 유럽에서도 밝은 금발을 가진 사람들은 부분적이며, 오히려 갈색의 요소를 가진 사람들이 이 지역 전체에 퍼져 살고 있는 것이 현실이다. 극단적으로 탈색소화가 이루어진 금발 사람들이 살고 있는 동부 노르웨이 계곡에서도 인구의 약 절반만이 전적으로 밝은 금발이며, 이와 같은 갈색 경향은 오늘날 스웨덴 같은 나라에서도 증가하고 있는 추세이다.

B. 키에 따른 분류

대체적으로 키가 큰 사람들은 발틱해나 북해안 영역과, 크로아티아와 알바니아의 디나라 산맥 지역과 우크라이나에 있다. 포강 계곡이나 라인강 중부지역도 대체적으로 키 큰 사람들이 살고 있다.

특히 크로아티아의 여러 곳에서 키 큰사람들을 발견하는 것은 흔한 일이다. 그러나 가장 키가 큰 사람들은 스코틀랜드 서부 고지대 사람들이다. 이곳의 남녀 평균키는 179cm나 그것보다 더 큰 것이 특징이다.

작은 키를 가진 사람들은 스페인과 남부 이탈리아, 프랑스, 폴란드 내부 평원, 북부 스칸디나비아 내부 지역 등지의 사람들이다. 이곳 사람들의 평균 신장은 남녀 전체적으로 165cm보다 작다. 가장 신장이 작은 유럽인들은 스웨덴 북부와 노르웨이 북부의 랩족이다. 일부 이 지역 사람들은 158cm보다 작다.

피부색이 그러하듯이 신장 크기도 유럽 내에서 복합적으로 다양한 형태로 변해가고 있다. 그러나 세계 2차 대전 이후로 경제 성장과 더불어 많은 국가에서 신장의 크기가 증가하고 있는 추세이다.

C. 골격에 따른 분류

인간의 신체적 차이를 측정하는 또 하나의 방법에 머리의 가로 세로의 비율을 나타내는 '머리지수(cephalic index)'가 있다.[2] 이 지수가 낮은 형태가 장두형(dolichocephalic)으로서 앞뒤로 긴 형태의 머리형이 특징이다. 이 특징을 가진 사람들은 북부와 남부 유럽 양쪽에서 발견되고 있으며, 특히 스칸디나비아 영국 아이슬란드, 이베리아 남부, 이탈리아 남동부, 발칸 반도 등지에서 발견되고 있다. 가장 낮은 지수는 포르투갈 북부와 사르디니아 섬 중앙의 사람들에서 나타나고 있다.

넓은 머리형을 가진 단두형(brachycephalic) 사람들은 유럽 중부에서 발견되고 있다. 프랑스 대서양 해안에서부터 동쪽으로 러시아까지 이르고 있다. 특히 남부 프랑스와 알바니아에서는 더욱 이 특징을 보이는 사람들이 많다. 또한 스칸디나비아 북부에서도 이 부류의 머리형을 가진 사람들이 발견되기도 한다.

2) 머리지수는 고고학에서 인류의 기원이나 역사 등을 구명하기 위해 이용되고 있으며, 수치로 79 이하가 장두형, 83 이상이 단두형이며, 중두형은 79-83 사이를 가르킨다.

위 두가지 형태의 중간에 속하는 중두형(mesocephalic)은 위 양쪽 사람들이 살고 있는 중간 지역인 전환 지역들에서 발견되고 있는 것이 특징이다.

머리 지수와는 달리, 얼굴형이 위아래로 긴 두형과 넓은 두형을 구분짓는 '얼굴지수'(facial index)가 있다[3]. 유럽에서 긴 두형을 가진 북부와 남부 유럽에서 나타나고 있으며, 특히 가장 긴 두형은 영국과 스페인 동부에서 그러하다. 반대로 가장 낮은 지수, 즉 둥근 얼굴 형태를 가진 사람들은 헝가리, 프랑스 중앙산맥지역, 알프스 서부지역, 유럽의 북단 지역 등지의 사람들에서 나타나고 있다.

2) 유럽인 분류

전통적으로 코카서스인, 즉 유럽인은 3개의 그룹과 2개의 하위 그룹으로 나누고 있다. 지중해인, 북구인, 알프스인이 그것들이고 두 개의 하부 그룹은 디나르크인과 랩족이 그것이다.

A. 지중해인

유럽 남부 끝단에 위치하고 있는 사람들로써, 상대적으로 짧은 키에 낮은 머리지수와 긴 얼굴형, 거무스름한 피부 요소를 가진 사람들을 지중해인이라고 분류한다. 지중해인들은 날렵한 신체를 지녔고, 가느스름한 얼굴에 곧은 코와 작은 턱, 작고 중간 사이즈의 머리를 가지고 있는 것이 특징이다. 머리결의 형태는 다양하며 흔하게는 곱슬한 편이다.

이베리아 반도 지역이 주요 지중해인 지역이며, 남부 유럽이 그 중심지이다. 유럽 지역은 아니지만, 지중해인 부류 사람들은 북부 아프리카, 중동아시아, 북부 인도이탈리아에서도 역시 그러하며, 그리스 발칸 반도 동부, 남부 프랑스, 웨일즈 지방 등의 사람들도 지중해인 부류의 사람들에 속한다. 고대로부터 찬란한 문화를 이룩해 온 민족들이 바로 이 부류에 속하는 사람들이다.

---

3) 83이하가 넓은 머리형, 86보다 높은 지수가 긴머리형을 나타낸다.

B. 북구인

북구인에 속하는 부류는 북유럽, 특히 중부와 남부 스칸디나비아, 영국섬, 아이슬랜드 등에 중심을 두고 있다. 이들은 밝은 피부색과 키가 크고, 장두형 머리에 머리는 큰 편이다. 대체적으로 북구인들은 뼈대가 굵고 다른 사람들보다 신체적으로 크다.

C. 알프스인

북구인들과 지중해인 사이에 알프스인 부류가 있다. 이들은 프랑스 서해안 브르따뉴 지방에서부터 중국 내륙 지방에까지 걸쳐 퍼져있다. 이들은 주로 단순한 평원 보다 오히려 산악지대나 언덕 구능이 있는 지역에 흔히들 살고 있는 것이 특징이다.

키는 중간 정도이고, 머리 지수가 높은 단두형을 하고 있으며, 짧은 다리와 팔을 가지고 있으며, 손발은 크고, 피부에 털이 많은 것이 특징이다. 또한 이 부류 사람들의 얼굴은 둥굴고 넓다.

D. 디나르크인

디나르크인(Dinarc)은 알프스인들처럼 주로 그들의 주요 지역은 아드리아 해안 쪽 따라 있는 크로아티아와 알바니아의 디나라 산맥 지방이며, 주로 산악에 거주하는 사람들이다. 알프스인들처럼 단두형을 하고 있지만, 그들과는 구분되는 형태를 갖고 있다. 얼굴은 이마쪽은 넓고 턱쪽은 좁은 보통 삼각형 모양을 하고 있으며, 길고 좁은 코를 가지고 있는 것이 특징이다. 게다가 알프스인과 지중해인과는 달리 키가 크다. 피부색은 지중해인과 비슷하다. 이들과 유사한 사람들을 아르메니아와 코카서스 지방에서 발견되고 있다.

E. 랩족

유럽에서 가장 구분되는 그룹중의 하나가 랩족이다. 스웨덴과 노르웨이, 핀란드 등의 북부 지방과, 러시아의 콜스키 지방에 살고 있다. 이들의 키는 작거나 아주 작으며, 작은 손과 발을 가졌다. 그리고 머리형은 단두형이며 넓은 얼굴형을 가졌으며, 피부색은 이들보다 남쪽에 사는 북구인보다 약간 검은 편이다. 게다가 양 눈의 간격이 넓으며, 광대뼈가 상대적으로 많이 튀어나온 것이 특징이다.

전통적으로 랩족은 코카서스인보다 황인종에 대체적으로 가깝다고 보고 있지만, 최근에 와서 이들의 조상은 황인종이 아니고 알프스인이나 초기의 코카서스인종의 한 부류로 보고 있다.

4. 유럽과 언어

언어는 문화의 전달자 역할을 한다. 즉 언어는 같은 문화 그룹에서 의사 소통이 이루어지고 전통이 한 세대에서 다른 세대로 이어지게 하는 주요 수단이기 때문이다. 이런 이유로 언어는 흔히 문화 그룹을 확인 시켜주는데 이용되고 있다. 왜냐면 같은 언어의 용법이 특정 지역을 차지하고 있으며 또한 같은 언어의 사용이 유대관계를 돕고있기 때문이다.

1) 유럽 언어군

유럽은 세계 다른 곳보다도 언어에 있어서는 복잡하게 조각난 형태로 나뉘어 있다. 성경에 의하면 바벨탑 이후 언어는 분산 분리되었다고 서술하고 있으나, 오늘날 언어의 분리가 이루어져서 다양한 국가 언어들로 형성되어있으나, 반대로 이렇게 분리된 언어들에 대하여 하나의 원조를 찾아보는 것도 생각해 볼 수 있을 것이다. 그래서 유럽에서 말해지는 언어들과 관계되는 언어들의 공통적으로 원조를 찾아 본 결과 그 언어를 인도-유럽어라고 명명하게 되었으며, 거의 모든 유럽언어가 이 언어 부류에 속함을 알게 되었다. 이런 연구는 이 부류에 속하는 유럽 언어들에서 일상적으로 잘 사용하는 어휘들을 비교 검토함으로써 얻어진 결과이기도 하다. 다음의 도표를 보면 한눈에 알 수 있다.

인도-유럽어에 속하는 고대 그리스어의 한 형태인 미노아 문명시기에 쓰여져, 오늘날까지 현존해 내려오는, 리니어 B(Linear B)

원본은 약 기원전 1500년전에 쓰여진 것이다. 이런 것을 바탕으로 언어학자들이 이 부류에 속하는 가장 오래된 글자 표본을 검토해본 결과 기원전 약 1900년경에 쓰여 진 것을 알게 되었으며, 이 결과 실제적으로 원조격인 인도-유럽어는 이것보다 훨씬 이전에 하나로 쓰여졌다고 보고 있다.

언어명	어휘 '3'	어휘 '엄마'
라틴어	tres	mater
이탈리아어	tre	madre
스페인어	tres	madre
프랑스어	trois	mère
루마니아어	trei	mama
영어	three	mother
독일어	drei	mutter
스웨덴어	tre	moder
아이슬란드어	thrír	módir
러시아어	tri	mat
체코어	tri	matka
폴란드어	trzy	matka
세르비아어	tri	mati
아일랜드어	tri	mathair
알바니아어	tre	motrë
그리스어	treis	meter
리투아니아어	trys	motyna

2) 유럽 언어 분류

인도-유럽어 연구와 같이 19세기초부터 역사 비교 언어학자들은 다양한 언어들의 계통 조직에 따라, 친족 그룹으로 분리시키거나 언어들을 정의함으로써 발생학적 분류를 했다.

따라서 연속적인 역사 사실만을 표현하고 있는 언어들에 대하여 친족관계에 따른 언어 분류에 힘입어, 언어 구조의 유사성과 분열로 그것들을 분류한 결과, 오늘날은 인도-유럽어 뿐만 아니라 이것보다 더 오래 전에 존재하고 있었던 상위적 개념의 언어들도 분류할 수 있었다.

그래서 언어들에 대하여 유형학적이며 발생학적인 이중의 관점이 꼭 일치하는 것은 아니지만, 일반적으로 인도-유럽어를 포함해, 전세계의 언어들을 지리적으로 다음과 같이 오늘날 나누고 있다.

a) 아메리카 대륙 토착민들의 아메리카어
b) 오세아니아어, 특히 말레이-폴리네시아어 그룹
c) 동부 및 중앙 아프리카어(나일-사하라어, 니제르-코르도파니아어 그룹과 코인어 그룹)
d) 동남아시아어(중국어, 티벳트어, 미얀마어 등)
e) 유라시아 및 북부 아시아어(핀란드와 헝가리로부터 한국, 일본까지의 광범위한 언어그룹)
f) 중앙아시아의 코카시아어(일부에서는 바스크어도 여기에 포함시킴)
g) 일명 함족-셈족어라고 불리는 아시아-아프리카어(일부에서는 이베리아어를 이 언어그룹 일부에 속하는 리비아-베르베르어 그룹에 넣는다)
h) 소아시아-지중해어(단지 소아시아와 지중해에서만 사용되었으며, 약간 알려졌지만, 오늘날은 죽은 언어들로서, 그 중에 특히 에트루리아어와 리구르어가 있다) 그리고 인도-유럽어.

보다시피 인도-유럽어는 h) 그룹에 속하고 있으며, 다시 이 인도

-유럽어를 서로 뚜렷하게 차이나는 언어 그룹들로 다시 분류하고, 그것들의 친족 관계의 정도를 고정시켜 가면서, 형성하고 있는 여러 개의 하부 그룹 언어들을 적절히 대응시킨 결과, 인도-유럽어를 오늘날 흔히들 9가지로 재분류하고 있다.

a) 토카리아어(중국 북서쪽 투르크스탄에서 10세기 이전의 텍스트에 의해서 알려진 언어로서 오늘날은 사라졌다)
b) 인도-이란어(산스크리트어, 고대 페르시아어, 아베스타어와 그리고 오늘날의 벵갈어, 힌두스탄어)
c) 히타이트어(소아시아에서 발견된 기원전 2000년의 텍스트에 의해서 알려진 언어)
d) 발트-슬라브어(리투아니아어, 라트비아어, 고대슬라브어, 오늘날의 불가리아어, 세르비아어, 체코어, 슬로바키아어, 폴란드어, 러시아어. 우크라이나어 등)
e) 일리리아어와 알바니아어
f) 게르만어(오늘날 사라진 고트어, 스칸디나비아어, 영어가 된 앵글로-색슨어, 오늘날의 독일어가 된 고대고지독일어, 네덜란드어가 된 고대저지독일어)
g) 그리스어(고대 그리스어와 그 방언들, 16세기까지의 비잔틴 제국의 중기그리스어, 현대 그리스어)
h) 이탈로-켈트어(고대 이탈리아 반도에 있었던 언어들과 켈트어 등)

위의 분류에서 오늘날 유럽에서 살아있는 언어 그룹은 발트-슬라브어 그룹, 일리리아어와알바니아어 그룹, 게르만어 그룹, 그리스어 그룹, 이탈로-켈트어 그룹 등이다.

특히 일리리아어와 알바니아어 그룹 언어들 중에서는 오늘날 알바니아어만 살아남아 있다. 그리고 이탈로-켈트어 그룹에서 이탈릭어에 속하는 언어들이 오늘날 로망스어이며, 켈트어는 많이 사라졌지만 그래도 오늘날 아일랜드나 영국 섬과 프랑스 일부 지역 등에서 살아있다.

다시 말해 이탈릭어 그룹의 언어들로는 고대 이탈리아 반도에 있었던 언어들로는 오스코-움브리아어 방언들과 라티움 지방의 라틴어가 있었으며, 당시 라틴어는 티브르강 하부의 좌안과, 티레니아해와 아페닌 산맥 아래 지역 사이에서만 말했던 방언이었다. 이중에 라틴어는 처음 이탈리아의 로마 주변의 소지역에서 말해졌지만, 그 후 로마의 번영과 함께 로마 제국 내에서 말해져, 로마의 흥망과 더불어 오늘날 로망스어 그룹, 즉 프랑스어 이탈리아어, 스페인어, 포르투갈어, 루마니아어 등과 같은 언어로 이어져 내려오고 있다.

결론적으로 로망스어의 개념을 언어 계통적인 관점에서 말하면 인도-유럽어 중의 이탈릭어(Italic) 계통의 줄기인 라틴어에서 유래된 모든 언어를 일컫는다. 좀더 구체적으로 설명하자면 이탈리아 반도에 살았던 옛 라틴 민족의 언어였던 라틴어가, 로마 제국의 팽창과 더불어 로마인들에 의해 정복된 로마제국의 각 식민지역에서 토착어와 융화되어 로망스어란 새로운 언어들로 탄생하게 된 것이다.

켈트어는 오늘날 영국 땅에서 옛날에 쓰였던 브리튼어와 웨일즈 지방의 웨일즈어, 그리고 프랑스 서부 브르타뉴 지방에서 쓰이고 있는 브르통어, 그리고 아일랜드, 스코틀랜드의 하이랜드 지역과 만섬에서 쓰이고 있는 게일어 등으로 오늘날까지 존재하고 있으며, 프랑스 땅에서부터 소아시아까지 퍼져있던 지금은 사라진 갈리아어도 여기에 속한다. 그러나 갈리아어는 오늘날 켈트어 전문가들에 의해 산재해 있는 그 자취만으로 그 언어 형태를 알 수 있을 뿐이다.

3) 언어와 문화 패턴

유럽과 같이 지식 문화가 높은 국가에서의 언어들은 매우 실체적인 존재로서 그 존재를 자랑하고 있다. 즉 유럽 언어들은 오늘날 일종의 문화적인 풍경의 중요한 한 부분을 차지하고 있기 때문이다. 다시 말해 유럽 언어들은 한 지역에 거주하는 사람들에 의해 창조된 눈에 보이는 공예 예술품과 같은 존재이다. 쓰여진 기호들, 즉 언어는 유럽의 모든 풍경에 스며들며, 각각의 문화의 모양을 눈에 띄게 한다. 국경에서의 언어는 여행자들에게 더욱 쉽게 이런 현상을 보여주고 있다.

같은 부류에 속하는 언어들은 그래도 덜 인상적이지만, 부류가 다른 언어들의 국가들의 경계에서는 더욱 인상을 보여주고 있다. 예를 들어 게르만어 계통의 국가와 슬라브어 국가의 국경에서나 아니면 독일과 헝가리 국경들에서는 특히 이런 현상이 두드러져 보임을 알 수 있다.

그러나 반면에 눈으로 보이는 언어가 그 국가의 언어 말투와 다른 곳도 있다. 예를 들어 프랑스와 독일 사이에 위치하고 있는 작은 국가인 룩상부르그에서 모든 기호, 즉 언어 표시는 거의 대부분 프랑스어로 표시되어 있지만, 그들이 말하는 언어는 프랑스어가 아니고, 일종의 독일어 방언을 말하고 있다. 그들은 독일사람들과 구분 짓기 위해 프랑스어를 사용하고 있으며, 프랑스 사람과 구분 짓기 위해 그들 고유의 말투를 말한다. 그래서 그들 고유의 정체성은 프랑스도 아니고 독일도 아니다. 그러나 이와는 반대로 적대적인 중앙 정부의 강력한 지배에 의해 어떤 언어들은 감추어지고 있는 경우도 있다.

한편 소수인들의 언어가 잘 드러내고 있는 것도 있다. 예를 들어 스페인에서 카탈란어와 갈리시아어가 그러하다. 스페인에서 이 언어들이 사용되는 지역에서 스페인어, 즉 카스티야어는 거리의 지시 표시판이나 선전 문구 등에서 흔히는 가려지거나 페인트 칠해져 있은 모양만 보더라도 그 기세가 등등하지 못하기 때문이다.

유럽의 문화 패턴에서 언어 문화는 가장 복잡하고 중요하다. 언어는 유럽에 문화적 색깔을 만드는 주요 특징으로 작용하고 있기 때문이다. 이에 반해 종교는 유럽 문명의 추진력을 넣어준 요소라고 할 수 있다. 그럼 유럽의 종교에 대해 알아보자.

5. 유럽과 종교

유럽의 3대 문화 요소 중 세 번째가 종교로써 바로 기독교이다. 이미 앞에서도 언급했지만 기독교는 전통적으로 유럽 문화 정체성에 있어서 아주 중요한 기반이다. 기독교 믿음 자체가 문화였으며,

문화의 정체성을 강화하기 위해서 그 믿음이 다른 이슬람교와 지중해에서 700년 동안 싸워왔으며, 그 싸움은 오늘날까지 지속해 내려오고 있다고 해도 과언이 아니다.

그리고 과거 유럽에서 종교 재판이나 반유태주의 또는 종교 전쟁 등으로 유럽 문명을 해 입히거나 방해했던 것도 사실이지만, 전체적으로 기독교는 유럽 문화의 주춧돌로 오늘날 뿌리 깊게 남아있다. 알다시피 기독교는 유럽 문명의 기반을 제공하는 예술 문학 음악 철학 등과 같은 분야나 그것들의 대다수 작품들에게 영감을 제공하기도 했으며, 거대한 대성당을 비롯해 종교적 헌신에 힘써 온 것을 제처 놓고는 오늘날 유럽 문화의 전승을 상상할 수 없기 때문이다.

1) 유럽에서 기독교 형성 과정

기독교 탄생 초기 3세기 동안 유럽에서 기독교 확산은 매우 느렸었다. 대부분의 개종자들은 도시 거주자들였으며, 농촌 사람들은 거의 개종이 안되었었다. 최초의 기독교 개종자들로써 대부분은 그들 국가가 멸망 후 추방된 유대인이었다. 특히 로마인들로부터 그들 고향으로부터 추방된 후, 당시 유태인들은 지중해 주변의 모든 도시에 흩어져 있었다. 그리고 이들 다음으로 개종자한 사람들은 유대인들과 이웃하고 있는 도시인들이었다.

이와 같이 개종은 이루어졌지만 313년 로마 황제 콘스탄티누스가 칙령으로 기독교를 공인 할 때까지 기독교로 개종은 거의 진행되지 못했었으며, 칙령 후에야 기독교는 국가의 종교로 이끌리게 되었다. 그 후 몇 세기를 걸쳐 기독교는 로마와 콘스탄티노플을 중심으로 확산되어나갔던 것이었다.

먼저 로마를 중심으로 한 카톨릭교는 4-5세기 경에 서부 유럽에 급속히 퍼져나갔다. 서로마 제국이 멸망하기 전에 이탈리아 프랑스 이베리아 반도 지역에서 개종이 이루어졌으며, 이 지역을 다시 덮친 게르만 민족들도 개종하게 되었다. 게르만 민족들은 전도보다는 직접적인 접촉에 의해 기독교화 되어간 것이 특징이다.

서부 지중해를 중심으로, 로마 카톨릭 선교사들은 유럽 북쪽으로 향하여 급속히 퍼져나갔으며, 성 패트릭이 432년 아일랜드에 도착 후, 대부분의 켈트 민족들은 아일랜드로부터 개종되어 나갔다. 그리고 켈트민족의 기독교인들은 로마의 지배 밖에 머물고 있었지만, 800년경에 모두 교황(당시에는 로마의 주교임)의 권위를 인정하게 되어갔다. 한편 영국섬 사람들은 400년부터 7세기초까지 이 기간을 통해 개종되어 나갔다.

그리고 오늘날 독일 지역에 살던 당시 이교도인 게르만족들은 7세기초부터 9세기초까지의 기간에 프랑스로부터 도움을 받은, 아일랜드와 영국섬으로부터 파견된 선교사들을 받아들임으로써 기독교가 정착하게 되었으며, 이와 같이 개종된 게르만인들은 스칸디나비아와 폴란드 슬라브 민족에게 교회를 가져감으로써 1100년경에 이들 지역에서 기독교화가 완성됐다. 당시 폴란드에서는 966년에 강력한 힘을 가진 제후가 세례를 받음으로써 결정적으로 기독교화가 진행되어 나갔으며, 973년에는 헝가리에서도 이같이 되어 나갔다. 결국 로마 카톨릭 전도는 1386년에 리투아니아를 끝으로 그 끝을 맺게 되었다. 그리고 지중해 북부로 이와 같은 카톨릭교를 전파하면서 라틴 문자도 함께 가지고 가 이 지역은 전부 라틴체 알파벳을 쓰게 되었다. 그래서 오늘날 이 지역의 국가 언어들은 라틴체 알파벳을 사용하고 있다.

그러나 지중해 북쪽으로 기독교 영역을 넓혀 가는 반면에 기독교화가 잘 성립된 지중해 지역이 부분적으로 이슬람교에게 빼앗김으로서 전체적으로 보면 기독교 지역이 부분적으로 서로 상쇄하는 결과를 초래하기도 했다. 초기 기독교 확장 과정에서 로마의 영역였던, 북아프리카 지역은 특히 카톨릭교가 잘 성립된 지역이었으나 700년 이후 영구히 오늘날까지 이슬람화 되었으며, 수세기 동안 이베리아 반도도 이슬람교의 영역으로 남게 되는 과정을 거치기도 했다. 다행히도 이베리아 반도에서는 이슬람 침입자들이 대체적으로 기독교인들의 믿음을 존중했다고 알려지고 있으며, 그로 인해 오늘날 이베리아 반도에서 기독교와 유태교가 살아남는데 도움이 되었던 것으로 판명되고 있다.

한편 콘스탄티노플을 중심으로 한 동방의 (그리스)정교는, 다뉴브강 남쪽 그들 제국인 비잔틴 제국 영역으로 퍼져있던 슬라브 민족들과 투쟁으로 인하여, 수세기동안 로마 카톨릭교보다는 전도 사업에 덜 활동적이었다. 그래서 결과적으로 크로아티아와 슬로베니아를 제외한 남슬리브족들은 그리스 정교로 개종되었지만, 크로아티아와 슬로베니아는 로마 카톨릭으로 개종되었다.

그리고 다뉴브 강 북쪽에서의 전도는 아시아 기마족들에 의한 계속적인 침입으로 방해되었다. 동방 정교의 개종은, 로마 카톨릭교가 폴란드와 헝가리에서 이루어진 것처럼, 계층적으로 이루어지게 되었다. 즉 선교사가 지배자인 하나의 강력한 제후를 개종시키면, 그 제후가 그의 밑에 하부 계층을 개종시키면서, 점진적으로 계층적으로 전도되어 나갔다. 이 같은 개종 방법으로, 오늘날 러시아를 이룬 키에프의 공국의 지배자를 전도를 함으로써, 그 지배자가 그 밑의 제후들을 개종하면서, 점진적으로 러시아사람들과 우크라이나 사람들이 기독교인으로 되어갔다.

슬라브 민족들에 대한 동방 정교 선교사들은 그리스어에서 파생되어 나온 키릴 문자를 발달시켰다. 그리고 동방 정교로 개종한 세르비아와 로마 카톨릭으로 개종한 크로아티아는 비록 그들의 언어가 거의 같은 언어로 방언적 차이만 보이고 있지만, 종교적인 배경으로 그들의 사용하는 언어의 알파벳이 다르게 되었다. 즉 크로아티아인은 라틴체 알파벳을 사용하게 되었으며, 세르비아인들은 키릴 문자를 사용하는 언어 형태가 되었다.

그리고 로마 카톨릭교가 그러하듯이, 동방 정교도 13세기 이후 터키의 압박으로 소아시아를 잃게 되었으며, 결국에는 본산지인 콘스탄티노플까지 이슬람교에게 붕괴되고 말았다. 그래서 결국 오늘날 동방 정교의 배경은 지중해 북쪽에만 남게 되었으며, 아시아쪽 지역은 상실하고 말았다.

2) 유럽의 기독교 분포

오늘날 유럽의 종교적 믿음은 하나이지만, 현실적으로 언어나 인종 등이 여러 가지로 갈라져 있듯이 같은 기독교도 3가지 형태로 나뉘어 있다. 카톨릭교과 신교, 그리고 동방 정교가 그것이다.

초기의 갈라짐은 로마의 카톨릭이 콘스탄티노플의 그리스 정교로부터 멀어지면서부터다. 그리스 문화는 로마제국 시기동안에도 로마화에 결코 굴복하지 않았으며, 그리스 사람들은 그들의 정체성을 비잔틴 제국에서 확산시켜나갔다. 비잔틴 제국이 약화되어 나감으로써. 이를 계기로 로마의 주교, 즉 교황은 전체 기독교인들의 움직임에 지도적 역할을 주장했지만, 그리스인들은 저항했다. 공식적으로 1054년 두 교파는 갈라지게 되어 동방의 그리스 정교와 카톨릭교로 나뉘게 되었다. 두 교파의 갈라진 선은 언어의 분리선과 흡사하다. 즉 이 분리선은 게르만어와 라틴어 계통의 언어들 지역들과 슬라브어 계통의 언어들 지역과의 경계선으로 갈라지게 된다.

그후 16세기에 두 번째로 교리가 갈라짐으로 유럽 내에서 3번째 교파인 신교가 형성된다. 즉 이 교파는 1517년 독일 비텐부르크에서 마틴 루터가 로마 카톨릭 교회에 대한 도전으로 시작되었으며, 이후 루터교는 개인 제후들의 지지를 받으면서 북부독일과 스칸디나비아반도로 급속히 퍼지게 되었다. 그리고 그를 이어 16세기 중반에 죤 칼벵에 의해 신교는 더욱 확산되어진다. 당시 스위스 프랑스어권인 쥬네브에 그의 본부를 둔 칼벵은 영국에서 청교도, 스코틀랜드에서 장로교도, 네덜란드와 독일에서 개혁교도, 프랑스에서 위그노교도 등으로 퍼져나가게 하는데 뒤받침이 되었다. 또한 그는 서유럽보다는 훨씬 덜하지만 동유럽 지역에서도 칼벵교 교파들을 만들어 그들의 교리에 뒤받침이 되었다. 한편 스위스 독일어권에서 나온 울리히 쯔빙글리는 스위스(연방) 내에서 대다수의 신교도들을 발생시켰다. 쯔빙글리의 교리에 따라 1520년과 1530년대에는 모라비아 지방의 후시트교도(Hussites)들과 스위스 브레드런교도(Brethren), 네덜란드의 메노니트교도(Mennonites) 등을 포함해, 수많은 재침례교파가 만들어졌다. 이 교파 사람들은 어린아이의 세례를 거부하며 단지 성인에게만 의식을 거행하고 있다. 그리고 또 한편 1534년에는 영국의 헨리 8세는 영국의 성공회을 만들면서 로마 카톨릭에서 떨어져 나왔다.

오늘날 신교와 카톨릭교와의 경계선은 대체적으로 1560-1570년대의 형태를 지니고 있으며, 그 후 소수의 지역이 변했을 뿐이다.

먼저 로마 카톨릭교파 문화 영역은 남쪽에 이베리아 반도와 이탈리아로부터 북쪽에 리투아니아와 폴란드까지, 그리고 서쪽에 아일랜드부터 발칸반도까지 유지하고 있으며, 주로 언어에서도 로망스어 그룹국가들이 여기에 포함되고 있다. 그리고 또한 게르만 언어 그룹에 속하는 남부 독일과 오스트리아를 포함하고 있으며, 슬라브 언어 그룹인 폴란드와 체코, 크로아티아, 슬로베니아, 슬로바키아 등도 로마 카톨릭에 속하고 있다. 그리고 오늘날 독일에서 카톨릭과 신교의 국경은 대체적으로 옛 로마 제국의 국경선과 비슷하다.

신교파 문화권은 주로 게르만 언어 그룹에 속하는 영역에 있으며, 북해와 발틱해 영역에 집중해 있다. 처음부터 신교파들은 다양한 명칭으로 쪼게 졌으며, 카톨릭교 같은 중앙 집중 관리는 이루어지지 않았으며, 그로 인하여 수세기를 거쳐 다양해졌다.

동방 정교파 문화권은 그리스와 슬라브 언어권에 있으며, 동로마 제국이 망한 후, 일찍부터 그리스 정교와 러시아 정교와 같이 국가 교회들로 갈라졌다. 오늘날은 9개의 독립적인 정교파 교회들이 존재하고 있으나, 이전에는 13개가 있었다. 콘스탄티노플의 정교파 수장은 실제적 권위를 행사하지 못하고 있으며, 그의 지위는 1453년 이슬람교의 터키가 정교파 수도였던 콘스탄티노플을 함락시킬 때, 손상되었다.

비록 소수이지만, 4번째 유럽의 기독교파로 '합동동방 카톨릭교파'(Uniate Church)가 있다. 이 교파는 루마니아와 우크라이나 사이 국경 지역에 성립되었는데, 동방 정교와 로마 카톨릭교의 중간적 교파이다. 그래서 이 교파는 로마 교황의 권위를 인정하지만, 미사 의식은 동방 정교파의 그것으로 행하고 있다.

3) 유럽에서 비기독교 종교

언어에서와 마찬가지로 유럽 문화의 단일성이 비록 그렇게 많은 것은 아니지만, 비기독교 그룹 요소에 의해 분열되고 있다.

먼저 이슬람교로써, 비록 이베리아 반도에서는 긴 지배에도 불구하고 그들의 종교를 남기지는 못했지만, 반면에 그후에 짧은 기간 동안의 터키의 발칸 반도의 지배로 알바니아인들과 몬테네그로, 코소보, 마케도니아, 보스니아, 헤르체고비나 등지의 남부 슬라브인들의 일부를 영구적인 이슬람교도로 만들어놓았다. 디나라 산맥이 이들 발칸 이슬람교들의 주요 거점이며, 전통적으로 알바니아인은 70%, 남부 슬라브인의 12%, 불가리아인의 7%가 이슬람교인들이다.

이곳 남부 슬라브인 거주지역의 고지대에서는 이슬람교와 기독교인들이 많은 마을에서 함께 나뉘어 살고 있으며, 이들 두 종교 그룹사이의 결혼은 인정 안 되는 것은 아니지만, 부인이 남편의 종교를 받아들이는 경우에 한해서 인정되고 있다. 이 두 종교인들 사이에 경계는 없다. 그래서 최근 지난 1990년대 와서는 언어와 종교문제가 섞여있는 이들 발칸 지역에서의 전쟁은 결과적으로 더욱 잔악한 전쟁으로 이어지는 결과를 초래하고 만 것이다.

종교적 문제는 발칸 반도에만 있는 것은 아니다. 이와 비슷한 경우를 그리스의 한 섬인 로도스(Ródos: Rhodes)섬에서 찾아 볼 수 있는데, 이 곳 섬에서는 기독교인과 이슬람인이 결혼까지 할 정도로 평화롭게 공존하고 있지만, 이 섬과 가까이 있는 사이프러스(Cyprus) 섬에서는 두 그룹간에 피비린내 나는 대립을 해서 결국에는 사이프러스 섬을 두 구역, 즉 기독교인 그리스 구역과 이슬람교인 터키 구역으로 갈라지게 만들어 놓았다. 로도스나 사이프러스는 동부 지중해에 위치하고 있는 섬들로써 그리스인이 다수고 터키인이 소수이지만, 오늘날 고통의 강도는 양 섬에서 매우 다른 것이 특징이다.

한편 전통적으로 유럽에 큰 그룹을 형성하고 있는 또 다른 비기독교로는 유대교를 들 수 있다. 1875년 모든 유대인의 90% 이상이 유럽에 거주하고 있었으며, 1940년경에 미국으로 이주한 후에도 유럽은 전세계 유대인의 60%를 가지고 있다.

유대교의 본 고장이 유럽은 아니다. 그러나 예를 들어 알버트 아인슈타인(Albert Einstein), 펠릭스 멘델스존(Felix Mendelssohn), 벤자민 디즈렐리(Benjamin Disraeli), 지그문트 프로이트(Sigmund Freud), 하인리히 하이네(Heinrich Heine) 등과 같이, 세계적으로 알려진 이들은 유대인들이지만, 유럽 문명 발달에 지대한 공헌을 해왔으며, 이들 외에도 유럽 문명에 공헌을 해 온 사람들이 아주 많다. 유대인들의 주요 지역은 특히 폴란드와 러시아를 비롯해, 루마니아, 헝가리, 독일 등지에 많이 살고 있다.

유대인들은 이미 앞에서 언급했지만, 로마 제국 시절 팔레스타인에서부터 유럽 지중해 지역으로 흩어져 나가 정착했다. 특히 아랍 지배하에 이베리아 반도에 집중적으로 거주했었는데,[4] 이베리아 반도 전체가 재정복으로 기독교화가 된 후, 유대인들은 추방당하거나 아니면 강제로 일부 많은 유대인들이 기독교로 개종하기도 했다. 그러나 개종한 이들 유대인들의 회합은 점차적으로 변해, 그 결과 이들 유대인회합이 겉으로는 기독교지만 실질적으로 다른 교회 형태로 변해 갔다. 그래서 오늘날까지 포르투갈 북부 산간 도시 등과 같은 곳에서는 외부적으로는 로마 카톨릭교에 가입하면서, 유대인 의식을 거행하고 있는 이들 교회를 볼 수 있는데, 바로 이와 같은 교회가 그것들이다.

그리고 이베리아 반도 외에 또 다른 주요 유대인 지역이 중세 시절 라인강과 다뉴브 강을 따라 서부와 남부 독일지역에서 발달되었는데,[5] 중세 말기에 폴란드 왕국의 관용적인 초대에 의해 폴란드로 이주를 시작해, 동부 유럽에 집중적으로 유대인 지역이 만들어졌다. 바로 이들 지역 유대인들이 나치에 의해 집중적으로 학살당한 그 사람들이다. 폴란드의 이들 유대인의 88%를 포함해, 유럽 유대인의 2/3가 살해당했다. 결과적으로 1945년 전체 유대인의 1/4만 남게 되었으며, 그후 이민으로 말미암아 수적으로 적어져 유럽에 남아있다. 오늘날은 러시아에 아직도 많이 거주하고 있으며, 프랑스나 영국 등지에도 많이 살고 있다. 결과적으로 유대인은 유럽과 기독교라는 동일성에 의한 희생양으로 떨어졌다고 볼 수 있는 예이다.

---

4) 이들 유대인들을 sephardim 이라고 불림.
5) 이들 유대인들을 ashkenazim 이라고 불림.

4) 오늘날 유럽의 종교 상황

유럽 전체에서, 기독교의 영향은 점차 줄어들고 있으며, 일부 지방에서는 많이 사라지기도 했다. 특히 동방의 정교와 신교가 가장 심하다. 1970년대, 러시아 정교회는 소련 공산당의 종교에 대한 적의적 행위로 공산당 정부에 의해 박해를 당해, 당시 소련 국민의 15-20%만 교회에 다니는 결과를 낳게 했다. 그리고 루마니아, 불가리아, 알바니아 등과 같은 국가에서도 과거 공산국가 시절 종교적으로 박해를 당했다. 1969년에는 알바니아에서는 모든 이슬람 성당과 교회가 정부의 명령으로 문을 닫기도 했다. 유고슬라비아에서도 역시 그러했으며, 결국 과거 공산국가 시절 동유럽국가에서는 공산당의 압박에 교회가 묶일 수밖에 없었다. 특히 동방 정교는 전통적으로 정교 일치로 밀착되어 왔으며, 세속의 군주가 국가 교회의 수장으로서 그 역할을 해왔기 때문에 더욱 박해를 받았다. 이런 이유 때문에 공산당 정부가 전통적인 정교 밀착 관계를 짓누를 때에 동방 정교는 특히 분열될 수뿐이 없었다.

오늘날 총체적으로 생동감 있는 동방 정교는 주로 남쪽에서 살아남아 있으며, 특히 그리스의 여러 곳과 남부 사이프러스 지역에서 그러하며 이곳들에서는 정교가 아주 밀착해 있다. 그리고 이곳들은 동방 정교의 본래의 중심지들이기도 하다. 그러나 이곳들조차도 교회의 힘은 시골과 소도시에서나 아주 강하게 미치고 있을 따름이며, 대도시에서의 기독교적 믿음은 시골이나 소도시의 그것보다 훨씬 못미치고 있다.

한편 유럽에서 신교는 동방 정교보다 더욱 심각하다. 칼벵파에 속하는 개혁교파가 자리 잡고 있는 네덜란드 북부에서는 많은 이들이 믿음을 포기하고 있으며, 영국에서도 이 같은 현상은 마찬가지이다.

그리고 로마 카톨릭도 점차적으로 세속화를 잃어가고 있지만, 그래도 유럽에서 기독교인의 생기가 살아있는 대부분의 지방들은 카톨릭교가 뿌리 잡고있는 지역들이다.

6. 유럽과 지역 문제

1) 서유럽과 동유럽

전통적으로 유럽에서 가장 영향력있는 동서 분리는 종교적인 것이었다. 동유럽의 동방 정교는 서유럽을 가다듬고 분열시킨 자유로운 움직임을 거의 경험하지 못했다. 오늘날 세속적인 시대에도 종교적 경계선을 따라 갈라진 이질적 모습은 아직도 명백하게 남아있다. 서유럽의 라틴체 알파벳과 구분되는 동유럽의 그리스어와 키릴 알파벳 사용도 종교적 분리의 산 유산물이기도 하다. 오늘날은 덜하지만, 과거 20세기 전후 정치에 있어서도 그러했다. 서유럽의 민주적 정부 형태와 동유럽의 전체주의적 형태 또한 양 유럽사이의 대립적 모습이었다. 구 소련 붕괴 후 이런 모습은 사라지고 있지만, 아직 정치적으로 그렇게 안정화되지 못하고 있는 것이 동유럽의 현실이기도 하다.

언어 역시 그러하다. 언어도 서유럽과 동유럽을 분리시켰다. 켄툼(Centum)과 사템(Satem) 선은 인도-유럽어 그룹에서 근본적으로 양분되는 언어 경계선이다. 1200년전에 엘베강(Elbe)과 잘강(Saale) 인강(Inn) 잘짜흐강(Salzach)을 따라 형성된 독일(게르만)민족과 슬라브민족의 국경선은 당시의 서부의 기독교왕국들과 동부의 미개종교 상태였던 동유럽, 양 진영의 표시로 오늘날 아직도 양쪽의 경계를 표시하고 있다. 그후 지속적인 독일 민족의 동쪽으로의 확장은 결과적으로 슬라브 민족과 충돌로 이루어졌으며, 결과적으로 동쪽으로 많은 진출을 이루었지만, 1945년 2차대전 후에 동서독이 갈라지면서 다시 위와 같은 옛 경계가 이루어지기도 했었다.

동서 문제는 이런 것뿐만이 아니다. 경제적으로도 격차가 많이 나며, 환경적으로도 대륙성 기후와 해안성 기후로 차이가 나며, 평원이 많은 동부는 서부와 지리적인 면에 있어서도 차이를 보이고 있다.

2) 유럽 남부와 북부

유럽에서 남부와 북부의 근간을 이루는 선은 옛 로마 제국을 이었던 선이다. 라인강과 다뉴브강의 잇는 선은 일반적으로 로마 제국 지배에 북방 한계선을 표시했으며, 이 선은 아주 오래 동안 남아있었다. 오늘날 대부분 라틴어를 근간으로 하는 로망스어 지역의 북쪽 한계선도 이것을 보여주는 명백한 추억거리라고 할 수 있다.

로마 제국 시절 그리스가 로마에 편입되면서, 유럽 남부 지역은 그 언어에 있어서 로망스 언어 영역에 그리스어 영역의 확장으로 이어졌다. 그러나 유럽 북부 지역은 게르만어 영역과 거의 동일한 지역을 차지하지만, 여기에다가 약간의 켈트어 영역까지 포함하게 되었다.

로마 제국의 종교적 유산물은 로마 카톨릭교다. 그래서 유럽 남부는 동유럽을 제외하고는 카톨릭이 강하다. 반면 북부는 신교와 연결되어 있다. 그리고 종교적 믿음은 남부 지역에 가장 강력하게 공헌했으며, 그래서 영국지역을 제외하고 실제적으로 옛 로마 제국의 어느 곳도 종교 개혁 후 신교에게 카톨릭 영역이 잃어버린 곳은 없다. 오히려 카톨릭이 다른 어떤 남부 문화보다도 북부에 실제적으로 더 멀리 퍼트렸다.

한편 지중해 문명의 대명사인 포도 재배와 포도주의 북부 한계선은 북부로부터 남부를 가르는 지리적 역할도 하고 있다. 그리고 지식율에 있어서도 북부 지역 국가가 남부 지역 국가들 보다 훨씬 더 높다. 건축 양식에 있어서도 남부가 돌로 건축하는 것이 지배적인데 반하여 북부는 주로 나무를 이용해 짓고 있다.

정치적으로 북부 지역 국가들은 오래되고 정착이 잘된 민주주의를 지켜나가고 있는 반면, 남부 지역 국가들은 비록 독일 나치의 영향을 받아 그렇게 되었지만, 최근까지도 독재주의로 빠지는 경험을 하기도 했다.

환경적으로도 유럽 남부와 북부는 구분되는 특징을 가지고 있다. 즉 남부는 지중해의 온난한 기후와 태양이 많은 그런 기후를 가진 것이 특징이며, 게다가 유럽의 산악 지대는 남부의 몫이기도 하다.

반면 북부는 이와는 대조적인 모습을 보이고 있다.

3) 유럽 중심과 주변 문제

유럽의 지역 대립으로 중심과 변두리의 문제가 있다. 중심부라고 하면 대체적으로 베네룩스 3국과 프랑스, 독일, 스위스 영국, 덴마크를 중심으로 하여, 그 다음에 스칸디나비아 국가를 포함하고 있으며, 여기서 점점 더 주변으로 퍼져나가는 형태를 띠고 있다.

중심과 주변과의 문제는 주로 오늘날 경제적 인구적, 사회적인 문제이다. 특히 경제적인 문제가 오늘날 대두되고 있다. 중심부에서는 인구 밀집도가 더 높으며, 출산율도 낮다. 그러나 생활 수준은 주변보다 더 높은 것이 특징이다. 그리고 자살율도 중심부가 주변보다 훨씬 더 높다. 제조와 산업도 유럽 중심부에 밀집해 있으며, 산성비나 다른 형태의 환경 오염도 유럽 중심 국가 지역에서 특히 심하게 나타나고 있다.

제2장
로망스어의 형성 과정

1. 로망스어 정의와 어원

1) 로망스어의 정의

오늘날 우리가 살고 있는 지구에는 많은 언어가 존재하고 있다. 아주 먼 옛날부터 존재했던 언어들도 있으며, 지금은 사라져 없어진 언어들도 있다. 결국 언어도 유기체와 같이 삶과 죽음이 있으며, 흥망 성쇠가 있어 생명체와 같은 과정을 겪고 있다.

그래서 어떤 언어는 과거에는 별 볼일 없는 언어였으나 오늘날은 명성을 갖는 언어도 있으며, 반대로 과거에는 명성이 자자했으나 오늘날은 별로 그 명성이 퇴색한 언어들도 있다. 전자의 예로는 영어로써, 영어는 과거에는 영국이라는 섬나라의 언어였으나, 오늘날은 전세계적으로 명성을 갖게 되어 국제적으로 인정받는 언어로 변했으며, 반대 경우의 예로는 그리스어로, 과거 그리스제국의 언어였던 그리스어는 옛 명성을 갖지 못하고 오늘날은 그리스라는 국가만으로 사용범위가 축소되어 버렸으니 후자의 경우라 할 수 있겠다.

이와 같은 예는 언어가 역사를 가지면서 생명체와 같이 이어 내려 온 결과로써, 언어도 인간과 같이 과거부터 존재해 내려오면서 그 언어의 흥망 성쇠에 따라 그 언어들의 위상이 바뀌어 가고 있으며 삶과 죽음을 갖는 존재라는 것을 알 수 있다. 로망스어도 예외는 아니다. 로망스어도 오랜 역사를 가지면서 내려 온 언어들로서 흥망 성쇠를 거듭해 오늘날까지 내려오고 있는 언어들의 한 그룹이다.

한 단어를 예로 들어 로망스어들간의 관계 및 각 언어의 특성을 비교해 보기로 한다. 우리나라 말의 '빵'이라는 단어는 포르투갈어 pão에서 차용된 어휘인데 이 단어자체는 원래 라틴어휘 pane (<panis)에서 유래된 것이다. 이 빵에 해당되는 각 로망스어휘에 정관사를 붙인 형태를 표기해 비교해보면 다음과 같다.

포르투갈어 : o pão
스페인어 : el pan
카탈란어 : el pan

오크어 : el pan
프랑스어 : le pain
이탈리어어 : il pane
루마니아어 : pâinea

로망스어란 간단하게 설명하자면 고대 로마인들의 언어였던 라틴어가 이탈리아 반도 내에서뿐만 아니라 로마제국의 식민지역들에서 그 지역 원주민들의 토착 언어들과 융화되어 변화된 언어들을 일컫는 말이다. 그러므로 대부분의 로망스어들이 어휘나 문법구조에 있어서 라틴어휘 및 라틴어문법에 근간을 두고 있는 것이다. 한 예로서 라틴어의 'cantare 노래부르다'로부터 유래된 각 로망스어의 형태들을 비교하여 보면 서로 간의 관계를 어느 정도 이해 할 수가 있을 것이다.

인칭 부정형	라틴어 cantare	포르투갈어 cantar	스페인어 cantar	프랑스어 chanter	이탈리아어 cantare	루마니아어 cânta
1	canto	canto	canto	chante	canto	cânt
2	cantas	cantas	cantas	chantes	canti	cânţi
3	cantat	canta	canta	chante	canta	cântă
4	cantamus	cantamos	cantamos	chantons	cantiamo	cântăm
5	cantatis	cantais	cantáis	chantez	cantate	cântaţi
6	cantant	cantam	cantan	chantent	cantano	cântă

그러나 오늘날 전 세계에서 로망스어가 차지하고 있는 위치에 따라 모든 로망스어를 정의하는 것은 매우 어려운 과제이며 때에 따라서는 불가능할 지도 모른다. 그리고 습관적으로 이것을 3가지 관점, 즉 지리적 발생학적 유형학적으로 정의한다고 해도, 역시 아마 첫 번째 관점만 제외하고는 아직도 규명할 것이 아주 많이 존재하고 있다.

게다가 로망스어를 지리적으로 정의하는 것도 거의 일부 관점에서나 매우 흥미가 있는 것으로 단순히 참고적 가치만 가지고 있을 뿐이다. 그래서 지리적 측면으로 로망스어를 정의하는 것은 대부분 사람들이 거의 상식적으로 알고 있는 내용이다. 예를 들어 일반적으로 모든 사람들이 흔히들 별로 그렇게 중요치 않게 유럽이나 남미 대륙 혹은 북미 대륙 특히 멕시코나 캐나다 등지에서 로망스어가 말하고 쓰여지고 있다고 말하는 것을 들을 수 있으며, 혹은 조금 더 지식을 가지고 상세히 말하는 것을 들으면 세계에서 그렇게 중요하다고 여기지 않는 라틴 계통의 사람들이 거주하고 있는 세계의 몇몇 지역은 물론 그 밖의 몇몇 다른 지방에서도 역시 로망스어를 들을 수 있다는 것이다. 이것이 바로 지리적 정의이다.

한편 로망스어를 유형학적으로 정의하는 것은 언어학적 연구 결과이다. 비록 이런 유형학적 정의가 로망스어뿐만 아니라 이미 전 세계 다른 모든 언어들에 대해서 학문적으로 실현되어있고, 또한 동시대에 와서 구조주의 역할 덕분에 얻은 최근의 결과에 따라 더욱 진전되고 있지만, 그럼에도 불구하고 현실적으로 연구 결과는 아직 미비한 형편이다.

비록 미미하지만 이런 연구 결과, 공시 언어학적으로 세계의 언어들에 대하여 완성해 논 유형학(typology)은 오늘날 다양한 언어들에 대하여 같은 유형학적 분류로 정확한 정의하는데 큰 도움을 주고 있다. 게다가 이미 앞에서 언급했듯이, 이미 19세기초부터 역사 언어학 덕분에, 이런 분류는 다양한 언어들의 계통 조직에 따라, 친족 그룹으로 분리시키거나 언어들을 정의하는데 더욱 더 발생학적으로 상세히 이루어지게 할 수 있었다.

그래서 오늘날 로망스어의 실체를 구명할 수 있으며, 로망스어뿐만 아니라 다른 언어 그룹들에 대하여서도 그 실체를 구명할 수 있게 되었다.

따라서 오늘날은 로망스어 뿐만 아니라 로망스어 외에도 다른 언어들 사이에서도 이런 분류를 하였으며, 그 결과 로망스어들 보다 더 오래 전에 존재하고 있었던 상위적 개념의 언어들인 인도-유럽어도 분류해 놓기도 했다.[1)]

이와 같은 학문적 결과로 로망스어를 정의하면, 로망스어는 다름

---

1) 제1장 4절 참조

아닌 바로 과거 로마 제국의 라틴어에서부터 내려 온 언어들 집합이라고 할 수 있다. 즉 다시 말해 로망스어(Romance languages)란 한마디로 고대 로마 사람들이 사용한 라틴어가 변형되어 나온 언어들을 통칭하여 불리는 언어들이다.[2] 비록 과거 유럽의 중심 역할을 했던 로마 제국의 언어인 라틴어가 로마 제국의 멸망과 더불어 오늘날은 쇠퇴했지만, 라틴어가 변해서 내려온 언어들은 오늘날 전세계적으로 쓰이는 언어들로 변해 존재하고 있다. 로망스어란 바로 이 언어들을 가리키며, 이 언어들을 배우고 익히는 것이 학문으로서 로망스어 분야인 것이다.

2) 로망스어 어원

'로망스'란 용어도 '로마'에서 나온 것으로, 이 용어가 나온 과정도 여러 경로를 거치게 된다. 지명 'Roma'는 그 어원이 불분명하지만 출현 시기는 BC 5세기 이전으로 거슬러 올라가며, 로마인들은 그들 스스로를 로마(Roma)에 살고 있는 사람들이란 뜻인 'Romani' 라고 일컬었다. 그리고 로망스(고대프랑스어: romanz, 포르투칼어: romance, 이탈리아어: romanzo, 루마니아어: romanic, 영어: romance 등)란 단어의 어원을 추적하여 보면, 라틴어휘 'Roma'가 차후에 변형 단어에서 유래된 것임을 알 수 있다.

다시 말해 지명 'Roma'에서 파생된 형용사 및 명사형인 'romanus' 외에도 비록 자주 사용되지는 않았던 표현이지만 'romanicus'와 그 부사형인 'romanice'가 있었다. 그리고 이런 파생은 라티움 (Latium: Lazio)이란 지명에서 'latinus'나 'latini' 등의 형용사 또는 보통 명사형의 어휘들이 파생되었듯이, 'Roma'라는 지명에서 'romanus', 'romanicus', 'romani' 및 'romanice' 등이 파생되면서 나온 것들이었다. 그래서 원래 로망스어 계통에 속하는 언어들에서 로망스어는 프랑스어로 'langue romane', 스페인어로는 'lengua romance', 이탈리아어로는 'lingua romanza' 루마니아어;

2) '로망스어'란 용어 자체는 영어에서 따온 말이다. 실제로 로망스어는 언어 분류적인 면에서 영어와는 별 상관이 없는 언어그룹이다.

limbile romanice, 영어; romance languages 등에서 볼 수 있듯이, 여기서 보이는 'roman', 'romance', 'romanzo' 라는 용어들은 라틴어의 지명을 가리키는 Roma(로마)에서부터 나온, 명사 겸 형용사인 romanicus(로마사람, 로마의)로부터 그 의미가 나왔음을 즉시 알 수 있다. 그리고 부사형인 romanice 역시 'romanice loqui (로망스어를 말하다)' 또는 'romanice scribere(로망스어를 쓰다)' 등과 같이 사용되었었다.

그리고 아직도 오늘날 로망스어 사용 영역권을 말할 때 옛 로마시절 로마 영역을 언어적으로 전체를 지칭할 때 사용했던 'Romania'라는 용어를 가장 많아 사용하고 있지만, 원래 이 용어는 로마시절 'Germania', 즉 게르만 민족의 영역과 대조적인 의미로 사용되었던 용어이었다. 이 학술용어인 'Romania(로마권)'는 AD 5세기경에 쓰여진 문헌, 오로시우스(Orosius)에 나타나기 시작하였지만, 이미 그 이전부터 사용되었던 것으로 추측하고 있다.

그리고 오늘날에 와서는 이 로망스어권 전체를 일반적으로 10개의 언어 그룹으로 다시 분리하여 구분한다: 이탈리아어, 사르디니아어, 루마니아어, 레토-로망스어, 프랑스어, 프랑코-프로방스어, 오크어(남부프랑스어와 카탈란어), 스페인어, 포르투갈어 등이 그것들이다. 그리고 오늘날은 사라졌지만 역사적인 관점에서 한가지 덧붙인다면 달마티아어를 첨가할 수 있다.

2. 로망스어의 발생과 기원

이미 앞에서 로망스어란 옛 로마 사람들의 언어인 라틴어가 변형되어 계속되어온 언어라고 언급했다. 그러나 이와 같이 한 개의 언어에서 어떻게, 어떤 연유로 로망스어가 분리되었을까 하는 의심을 안 가질 수 없을 것이다. 거기에 대한 대답은 필연적으로 로마 제국과 관련되어질 수뿐이 없다. 이제부터는 이런 문제점들에 대하여 다양한 시각으로 알아보도록 하자.

로망스어가 태어나고 발달되었던 로마 제국 영역은 주로 로마 군단의 군인이나 제대 군인들에 의해 로마화 되었다. 이들은 라틴어

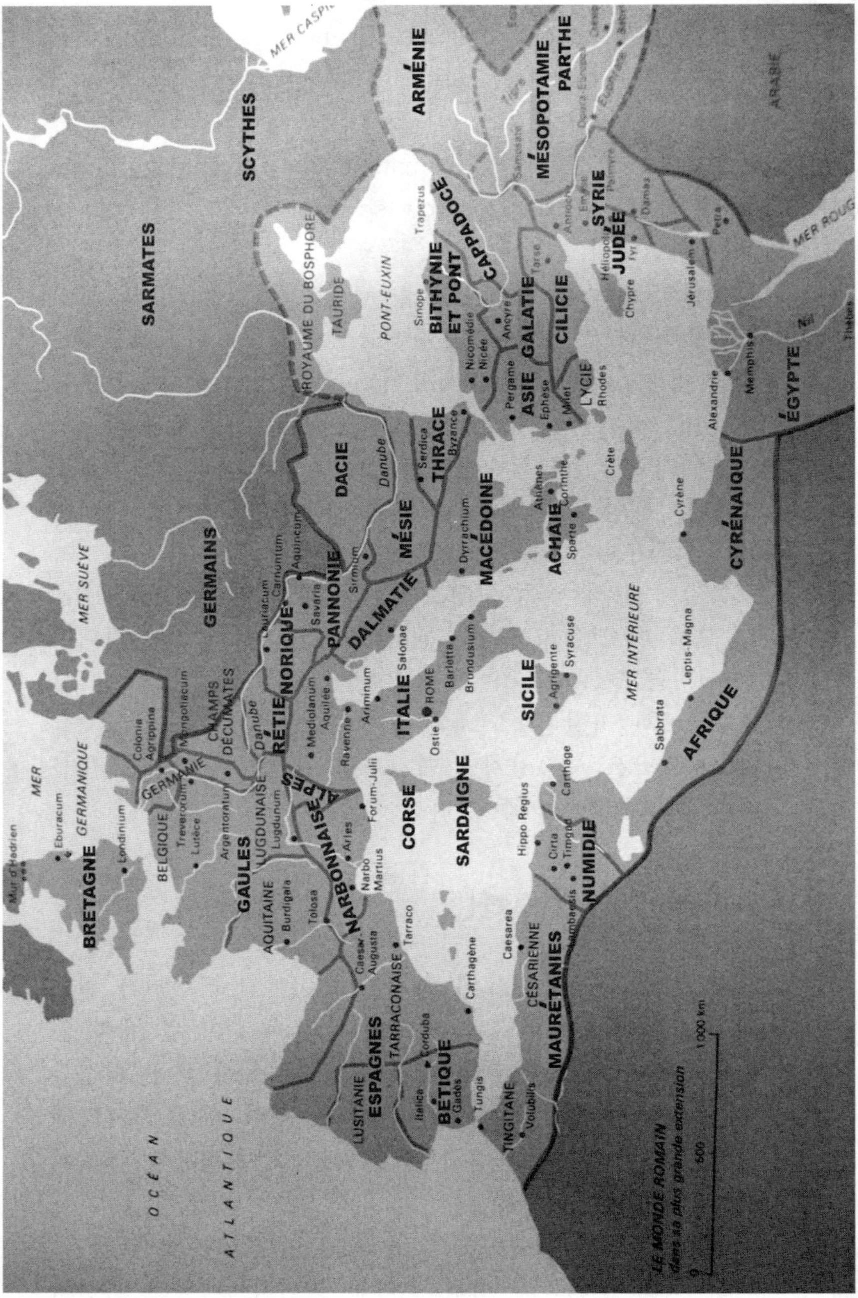
LE MONDE ROMAIN
dans sa plus grande extension
0
500
1 000 km
OCÉAN
ATLANTIQUE
MER GERMANIQUE
MER SUÈVE
MER CASPIENNE
PONT-EUXIN
MER INTÉRIEURE
MER ROUGE
BRETAGNE
GERMANIE
BELGIQUE
GAULES
AQUITAINE
LUGDUNAISE
NARBONNAISE
ALPES
RÉTIE
NORIQUE
PANNONIE
DALMATIE
GERMAINS
CHAMPS DÉCUMATES
SARMATES
SCYTHES
DACIE
MÉSIE
THRACE
MACÉDOINE
ACHAIE
ITALIE
CORSE
SARDAIGNE
SICILE
ESPAGNES
LUSITANIE
TARRACONAISE
BÉTIQUE
TINGITANE
MAURÉTANIES
CÉSARIENNE
NUMIDIE
AFRIQUE
CYRÉNAIQUE
ÉGYPTE
ROYAUME DU BOSPHORE
TAURIDE
BITHYNIE ET PONT
CAPPADOCE
ASIE
GALATIE
LYCIE
CILICIE
SYRIE
JUDÉE
ARMÉNIE
MÉSOPOTAMIE
PARTHE
ARABIE
Mur d'Hadrien
Eburacum
Londinium
Lutèce
Treverorum
Colonia Agrippina
Mogontiacum
Argentoratum
Lugdunum
Burdigala
Tolosa
Narbo Martius
Arles
Forum-Julii
Caesar Augusta
Tarraco
Carthagène
Corduba
Italica
Gadès
Tungis
Volubilis
Caesarea
Hippo Regius
Cirta
Timgad
Lambaesis
Carthage
Sabbrata
Leptis-Magna
Cyrène
Alexandrie
Memphis
Thèbes
Nil
Danube
Mediolanum
Aquilée
Ravenne
Ariminum
ROME
Ostie
Barletta
Brundusium
Salonae
Savaria
Carnuntum
Aquincum
Lauriacum
Sirmium
Dyrrachium
Serdica
Byzance
Athènes
Corinthe
Sparte
Agrigente
Syracuse
Crète
Rhodes
Pergame
Éphèse
Milet
Nicomédie
Nicée
Ancyre
Sinope
Trapezus
Tarse
Chypre
Héliopolis
Tyr
Jérusalem
Petra
Damas
Antioche
Émèse
Palmyre
Samosate
Tigre
Euphrate

로마제국의 영역

를 공식어로서 또는 행정이나 학교 무역의 언어로서 그들의 정복지에 도입시키게 되며, 더 후에는 교회 의식에 사용하는 언어로써 라틴어가 이용됨으로써 제국 내에서 더욱 공통화가 이루어지게 된다.

로마 제국 영역에서 로마화는 실질적으로 같은 융화적인 진행 절차에 따라 여기 저기서 그 효력을 보였다. 예를 들어 기원전 500년경 이탈리아 반도에서 정치적 정복을 시작으로 본격적으로 팽창한 로마는, 기원 후 85년부터 105-106년 사이에 로마 트라이안 황제에 의해 오늘날 루마니아 지역인 다키아 지방 정복에 이르게 되며, 이런 로마의 팽창에 따라 오늘날 언어학자들이 생각한 것은 로마 영역의 다양한 지역과 모든 영역에서 다양한 시기에 도입된 라틴어는 그 스스로 다양했었으며, 그런 연유로 로망스어의 다양화를 가져왔다고 추측하는 것이었다. 이런 것에 바탕을 두고 한가지 예를 찾아 보면, 기원전 238년경에 사르디니아 섬에 도입된 라틴어는 기원 후 50년경에 도입된 오늘날 프랑스 북부 지역인 당시 북부 갈리아 지방에 도입된 라틴어나 또는 기원 후 105-106년에 다키아 지방에 도입된 라틴어와는 얼마간이나마 달랐을 것이라는 그런 추측을 해볼 수 있을 것이다. 그래서 이런 점을 착안하여, 오늘날에 와서 다양한 모든 로망스어의 기원을 이런 로마화의 역사적 연대기 안에서 찾아 볼 수 있을 것이라는 생각이 미치게 되었으며, 결국 그러한 생각에 따라 로망스 언어학이 발달하게 되어 오늘날에 이르게 된 것이다. 결국 로망스어는 로마의 역사와 긴밀한 관계를 가지며, 그 만큼 로마의 모든 역사는 로망스어와 관계를 갖고 있다.

그러나 이런 생각이 받아드려지기 위해서는 로마 제국 각 지역에서 라틴어가 도입된 후, 로마와 로마화된 새로운 지역사이에 관계가 붕괴되어져야한다는 가정이 필요하다. 따라서 로마가 멸망하고 난 이후에는 이런 생각이 옳다고 볼 수 있지만, 당시 로마가 건재하고 제국이 강력한 힘을 과시할 때에는, 역사를 통해 알 수 있듯이, 로마와 로마 정복지와의 관계는 붕괴되지 않았음으로 이런 생각은 별로 타당성이 없음을 알 수 있다.

그럼 도대체 강력한 로마 제국이 건재하고 있을 때 로망스어는 어떻게 그 발달의 동기나 혹은 빌미를 얻어 탄생의 발판을 만들었을까하는 의문을 자연스럽게 갖게 된다. 이런 의문에 따라 다양한 로망스어들의 기원에 대한 좀 더 타당한 이유를 다른 곳에서부터 찾았는데, 바로 그것이 통속 라틴어 이론의 도입이다.

1) 통속 라틴어의 의의

앞에서 언급한 바와 같이 로마 제국이 멸망 이후가 아닌, 로마가 강건한 시기에 다양한 로망스어의 기원에 대해 찾은 결과 그것이 통속적인 라틴어, 즉 저속한 통속 라틴어 이론으로 이어짐을 알게 되었다. 이와 같은 통속 라틴어 이론이 오늘날은 인정을 받게 되어, 비록 근본적인 이유는 아니지만, 고전 라틴어와 대립되는 통속 라틴어 속에서 로망스어 기원의 다양화적인 중심적 이유를 그 속에서 찾아 볼 수 있다.

그럼 통속 라틴어는 무엇인가? 그 답은 간단하다. 저속적인 라틴어, 즉 통속 라틴어는 구어체 라틴어 형태를 말한다. 비록 오늘날은 언어 전달 매개체의 발달로 문장체 문장과 구어체 문장 사이가 그렇게 심각하지는 않지만 그래도 상호간에 대립을 보여주고 있는 것처럼, 옛 로마 시대에도 당시 사람들은 흔히 두 가지의 라틴어, 즉 문장체인 고전 라틴어와 구어체인 대중적이고 저속적인 통속 라틴어의 존재를 생각할 수 있으며, 당시에는 오늘날과는 언어의 사회적 상황이 많이 틀려 이러한 양자의 대립이 더욱 뚜렷하게 틀림없이 나타났다. 이러한 상황은 로마사람들이 두 가지 라틴어 형태를 다음과 같이 부르면서 서로를 대립시키고 있었던 것만 보아도 알 수 있다. 즉 고전 라틴어를 sermo eruditus, perpolitus, urbanus, 통속 라틴어를 sermo cotidianus, inconditus, militaris, plebeius, proletarius, rusticus, usualis, vulgaris 등과 같은 어휘를 사용해 칭하여 왔기 때문이다. 비록 양자를 극단적으로 이질적 언어로 나누고 있지는 않지만, 이와 같은 형용사들의 대립 때문에 고전 라틴어가 문학적인 라틴어였고, 다른 형용사의 의미로 불리던 또 다른 라틴어를 구어체 라틴어였다는 것을 당시 문헌을 통해 쉽게 알 수가 있다.

또한 비록 문학적인 라틴어, 문어체 라틴어가 그것의 사회적 행정적 미적인 명성으로 인하여 구어체 라틴어에 끊임없이 영향을 미쳤지만, 그럼에도 불구하고 로마화 과정에서 로마 제국의 여러 영토 속으로 도입된 언어는 말할 것도 없이 고전 라틴어가 아닌 구어체 라틴어였다. 왜냐면 당시는 글보다 말이 우선이었고 오늘날 같이 인쇄 매체가 발달된 시기가 아니기 때문이다.

그러나 통속 라틴어를 소위 고전이라고 불린 라틴어보다 시기적으로 더 후에 일종의 쇠퇴한 라틴어처럼 여기는 것은 잘못된 생각이다. 왜냐면 통속 라틴어는 고전라틴어로부터 쇠퇴한 언어가 아니라, 고전라틴어와 동시에 존재했던 당시 로마 제국에 존재했던 언어이었기 때문이다. 그 예로 기원 후 3세기에 나타난 언어 변천의 결과만 보더라도, 통속 라틴어가 소위 고전이라는 로마 제국 초기의 라틴어로부터 점진적 분리에 의해 형성된 것이라는 것을 알 수 있기 때문이다.

기원후 3세기에 나타난 언어 변천의 예는 다양하지만, 우선 이 시기에 나타난 로망스어들의 모음 체계에 있어서 아주 중요성을 가진 통속 라틴어의 특징 중의 하나만을 보더라도 그런 것을 알 수 있다. 즉 강세 없는 약음절에서 단음 i와 장음 e, 단음 u와 장음 o의 혼합적인 사용은 이미 기원전 3세기경의 로마 작가인 플라우투스(Plautus) 작품에 나타나고 있으며, 강세 있는 강음절에서 조차도 i를 e로 바꾸어 쓴 예도 이미 기원전 2세기 전반기 경의 비문에도 새겨져 있는 것을 발견할 수 있기 때문이다. 또한 o로 u를 바꾸어 쓴 것도 약음절에서는 기원전 1세기 후반부터, 강음절에서는 기원후 1세기 중엽 경에 그러했음이 증명되고 있다.

철자 형태에서 뿐만 아니라 또 한편 통속 라틴어의 또 다른 많은 특징들이 로마 창건 초기 경부터 사용했던, 고풍의 오래 된 라틴어에서도 발견되고 있다. 고전 라틴어 시기보다 더 이전 라틴어 시기인 고풍의 라틴어 시기의 작가인, 예를 들어 플라우투스 작품 속에서 문장 구문을 살펴보면 통속 라틴어에서는 발견되지만 고전라틴어에서는 절대적으로 허락되지 않은 많은 표현법들을 보여주고 있다.

이와 같은 변화 속에서, 기원 전 3세기 작가인 에니우스(Ennius)

와 그와 동시대의 작가들이 문학적인 라틴어를 창조하였을 때에, sermo urbanus(도시의 공손한 말)와 sermo plebeius(대중의 말)이라는 두 가지 말 사이에 자연스러운 차별이 성립하게 되어 갔다. 그래서 수도 로마의 명성으로, 로마의 말인 '도시의 공손한 말'이 '도시의 공손한 말투(urbanitas)'의 상징이 되어가고 있었으며, 반면에 시골이나 대중으로부터 나온 구어체 언어는 '시골말투(rusticitas)'라 불리는 용법을 형성하면서, 비록 오늘날 이 용법은 정확하지 않은 것으로 판단되고 있지만, 그 나름대로 다소간 불투명한 방법으로 계속 살아가고 있었으며, 그 결과 이런 말투는 구어체 라틴어에서 그것의 일부 환경에서 멈추지 않고 계속적으로 나타났던 것이다. 이런 예는 여기 저기서 찾을 수 있다. 예를 들어 로마의 유명한 정치가며 작가인 키케로(Cicero) 같은 사람도 그의 작품에서 auricula 대신에 oricula라는 형태를 사용하였는데, 이런 형태는 그의 유모들이나 종들로부터 나온 시골적인 말투에 기인함에 틀림없으며, 결국 이런 형태는 당시에 친한 사람들 사이에서 더 친하게 표현하는 말투임을 알 수 있다.

2) 통속 라틴어의 본질

그러면 통속 라틴어가, 고전 라틴어와 로망스어들 사이의 중간 상태로서, 다른 것이 아닌 바로 구어체 라틴어였고, 고전라틴어로부터 로망스어로 계속적인 타락을 거쳐가는 그런 상태였다면, 또 다른 의문점은 어떻게 해서 이런 구어체 라틴어가 결과적으로 오늘날 다양한 고유 언어, 즉 로망스어들로 부스러져 다양하게 되어나갔느냐는 것이다.

이것에 대한 답은 간단하다. 즉 이 의문점에 대한 근본적인 대답들 중의 하나는, 하나였던 구어체 라틴어가 차후에 시간이 지남으로써 틀림없이 아주 동질의 것은 아니었다는 것이다.[3)]

오늘날 로망스어 언어학에서도 단일화된 획일적인 통속 라틴어가

---

3) 동질의 통속라틴어라는 생각은 과거 19세기 말 신-문법학파(néo-grammairiens) 학자들의 생각으로서, 실제적으로는 단지 그들의 만들어낸 생각에 불과한 것이었다.

존재했음을 인정하고 있다. 왜냐면 당시 통속 라틴어의 하나로의 단일성은 지방들 사이의 여러 관계들에 의해 유지되어졌고, 특히 무역의 발달이나 로마 제국 멸망과 게르만 민족의 침입 후, 언어 사용에 있어서, 기독교 사상의 창조로 인하여 발생한, 종교적인 공동체에 때문에, 하나로 단일성을 유지시켜주었다고 보고 있기 때문이다.

그러나 하나의 언어로의 통합 작용에 이상이 있음을 알게 된 시기는 바로 8세기 샤를르마뉴 대제 치하 때다. 이 시기에 있었던 고전라틴어를 재정립시키려는 프랑스 카롤랭쥬 왕가의 언어 개혁의 결과로, 서유럽 사회에서 그 동안 언어가 하나로 통합되어 있다고 느껴왔지만 실질적으로는 문장체 라틴어와 구어체 라틴어 사이에 이미 깊은 괴리가 있음을 깨닫게 되었기 때문이다.[4)]

결과적으로 통속 혹은 구어체 라틴어는 전체적으로 보아 그것이 단일성이 있음에도 불구하고 본질적으로는 절대적 동질이지는 않았다는 점이다. 즉 이 라틴어는 수평적이든 수직적이든 동시에 아주 확실히 미세화로 분리되었다.

다시 말해 수직적으로 구어체 라틴어는 사회 계층에 따라 달라, 특권 계급의 친근한 라틴어는 농부나 검투사의 그것과는 전혀 달랐으며, 또한 그들이 원로원에서 토론할 때와 가족끼리 둘러싸인 분위기에서 말하는 대화는 서로 다른 라틴어로 말했다. 예를 들어 가정에서는 이름도 'Claudia'를 친근하게는 'Clodia'라고 부른 것만 보아도 알 수 있다.[5)]

---

4) 이것에 대한 연구 보고는 프랑스의 뮐레르(H.F. Muller) 같은 언어학자가 프랑스 메로벵쥬 왕조 시대 공문서에 대하여 연구하여 그의 언어학적 의견을 내놓음으로써 알려지게 되었다. 그의 의견에 의하면 메로벵쥬 왕조 시대의 공문서의 언어는 인위적인 긍정적인 언어이며, 지방간의 유대관계나 무역 등에 있어서 그리 긴밀하지 못했던 메로벵쥬 시대는 문화의 쇠퇴와 야만화의 진행 시기였으며, 그리고 또한 기독교화에 따른 언어적 역할은 2가지 효과를 가져왔는데, 하나는 기독교리을 위한 언어는 통합을 가져왔지만, 단순한 신도들의 언어는 다양화를 가져왔다는 것이다. 그리고 그는 덧붙이기를 당시에 1-2세대의 짧은 기간에 단일화 되었던 구어체 라틴어로부터 그렇게 많은 다양한 말투가 나타나게 하기 위해서는 일종의 마술적 작용이 있어야만 했다고 가정하고 있기 때문이다.

5) 로마의 시인인 까뚤루스 Catullus의 작품에서 나옴.

수평적으로는 수많은 지방화적인 말투가 존재해, 지방화적인 일부 말투가 특정 영역에서 은둔적으로 남아있을지 모르지만, 그 밖의 다른 것들은 로마 도시 자체에도 침투해 왔다. 그래서 당시 사람들은 구어체 라틴어가 제공하는 언어적인 요소들 사이에서 어떤 특정 요소들을 선택해야만 하는 상황도 있을 수 있으며, 또한 이 요소들 일부는 여기 저기에서 흔히 더 잘 쓰임으로써 확실히 시대와 장소에 따라 말투의 선호도가 존재하고 있었다는 것은 자명한 사실일 것이다. 예를 들어, 좀 더 고상한 라틴어 형태로 edere와 pulcher, 혹은 비교급에서 종합적 형태를 사용하는 대신, 이것들 곁에는 comedere와 formosus 혹은 비교급을 magis를 사용해 분석적 형태로 사용한 좀 더 덜 경의적인 라틴어가 있었으며, 또한 이것들 곁에는 manducare와 bellus 혹은 비교급을 plus를 사용한 분석적 형태를 사용하기도 했었다. 물론 이 다양한 표현들의 용법을 자세히 조사하기 위해서는 이들 각각의 사용법과 역사의 사항들을 정확히 알아야하겠지만, 중요한 사실은 이것들 각각 모두의 표현이 라틴어에 있어서 모두 훌륭한 용법에 속한다는 것이다.

오늘날 각 국가에서도 그 나라 표준 국어의 존재가 지방적 단어나 표현들의 존재에 잘 적응하고 있듯이, 오늘날 프랑스 땅인 당시 갈리아 땅에선 manducare와 plus bellus를 말했고, 오늘날 스페인 땅인 당시 이베리아 땅에서는 comedere와 magis formosus를 말한 것을 보더라도, 구어체 라틴어는 그것의 단일성 속에서 위와 같은 비슷한 상황으로 그렇게 존재했음을 알 수 있다. 또한 역시 유행 때문에 귀족적인 라틴어의 표현이나 단어가 구어체 라틴어 속에 정착하게 되었을지라도, 통속라틴어의 단일성은 뜻밖의 이러한 이질적 특징에 의해 전혀 전염되지 않고 그렇게 살아나갔을 것이다.

그래서 결론적으로 말해 아주 오래된 초기 라틴어 시대부터 통속라틴어, 즉 하나이면서 동시에 다양해진 구어체 라틴어라고 불리는 것이 존재했으며, 그리고 도시적인 영향으로부터 더 무뎌지게 하면서 동시에 언어의 원심력적인 경향으로 더욱 많은 자유성을 주어졌으며, 그래서 구어체 라틴어는 역사적인 상황과 조화를 이루게 할 적마다, 더 중요성을 가지게 되었다. 흔히 역사에서 기원 후 3세기로 이어지는 시기와 로마 제국이 망하기 시작하는 시기에 이런 현상을 감지할 수 있기 때문이다. 그래서 로망스어의 기원에 대한 해답을 찾기 위해서는 바로 이런 저런 이유 속에서도, 라틴어의 다양화속에서 아주 오래된 초기 라틴어 시기부터 고전라틴어 옆에서 남아있는 다양한 통속 라틴어의 존재 속에서 이루어져야 한다.

3) 라틴어와 통속 라틴어의 형성 모습

현존하는 최초의 라틴어로 쓰여진 문헌은 로마시의 동남쪽에 위치하고 있는 작은 도시인 '프레네스테'(Praeneste)란 곳에 있는 한 에트루리아인의 묘에서 출토된, 머리에 꽂는 비녀에 새겨진 명문(銘文)이다. 이 비녀는 기원전 7세기 말경에 마니우스(Manius)라는 대장장이에 의해서 만들어졌기 때문에 '프레네스테의 비녀X 또는 '니우스의 비녀'라고도 일컬어지고 있다. 이 비녀에 새겨진 문구는 다음과 같다:

"Manios med fhe fhaîed Numasioi"
(Manius made me for Numerius)

위의 간단한 문구에서 볼 수 있듯이, 당시 아페닌(이탈리아) 반도의 중부 지역에선 라틴어 외에도 에트루리아어를 비롯해 또 다른 이탈릭어의 일종인 오스키아어 등이 혼합되어 사용되었던 것으로 알려지고 있다. 물론 당시의 라틴어는 원시적이고 단순한 고대 라틴어의 형태를 벗어나지 못하고 있었다. 그러나 그 후 BC 3세기경 라틴 민족이 주변에 거주하고 있던 타민족들을 정복하기 시작할 무렵부터는 라틴어도 질적 및 양적으로 커다란 변화를 겪게 된다.

그러나 앞에서 언급했듯이, 이같이 팽창한 라틴어도 로마 제국내에서 모두 같을 수는 없었다. 학식이 있었던 사람들의 말투와 당시 오늘날과 같이 대중들의 교육이 발달하지 못한 시대에 서민들의 말투와는 어딘지 모르게 다를 수뿐이 없었으며, 그래서 주로 궁중에서 귀족들에 의해서만 사용되었던 문어체인 고전라틴어(Classic

Latin)와 서민들에 의해서 구어체로만 전해지던 통속 라틴어 (Vulgar Latin)간의 격차는 당연히 있었으며, 시대가 흐름에 따라 점점 더 심화될 수뿐이 없었을 것이다.

그 후 로마제국이 팽창해짐으로써 각종 물질문명이 발달하고 이에 따른 라틴어의 급격한 변화가 불가피하게 되었으나, 귀족 계층 내의 폐쇄된 상류 사회에서 고립되어 사용되었던 문어체 라틴어는 이러한 시대적인 변화 조류에 합류하지 못하고 차후 로마제국의 몰락과 더불어 도태 될 수밖에 없었던 반면, 서민들에 의해서 구어체로만 사용되었던 저속적인 통속 라틴어는 로마제국의 각 식민 지역에서 라틴어가 정착하기 이전에 있었던 그 지방의 토착어와 융화되어 새로운 모습으로 변모하기 시작하였다.

다시 말해 로마제국이 강성해 정치·군사적으로 세력을 유지하고 있었을 당시는 각 식민지역에서 토착어들의 영향이 그리 크지는 않았지만, 로마제국이 쇠퇴하여지자 각 지역의 토착어들의 영향이 높아지면서 점차 그것들의 영향을 받을 수밖에 없었다. 더군다나 각 지역마다 토착어들이 독특한 성격을 지니고 있었던 만큼 로마 제국 영역 내에서 각 지역별로 통속라틴어도 각기 다른 모습으로 갈라지게 되는 현상은 피할 수 없게 되었다.6)

예를 들어 이미 2세기 말경에 모음 사이의 무성파열음 [p, t, k]가 [b, d, g]로 유성음화하기 시작하였는데(예: immutavit > imudavit), 이러한 변화는 이베리아 반도에서 발생하여 점차 동쪽으로, 즉 오늘날 프랑스 영역인 갈리아 지방과 알프스 지방을 거쳐 중·북부 이탈리아 지방까지 파급되었다. 그러나 더 멀리 남부 이탈리아와 발칸 반도의 루마니아까지는 당시에는 미처 전파되지 못 했다.

또한 3세기경 이탈리아 반도 내에서 북부와 중·남부를 가르는 등어선(La Spezia-Rimini)이 그어지게 되었는데 이 선을 기준으로 하여 북쪽에 속해 있던 갈리아 지방은 수브스트라툼(기층어)의 영향을 받아 다음의 예들과 같은 괄목할 만한 음운변화를 가져오기도 했다.

---

6) 토착어 영향에 관한 것이 계층어 이론이다. 2장 4절 참조

1. 간 모음의 무성 파열음(p. t. k)의 유성음화
   seta(비단) > seda
   ortica(기름) > ortiga
2. 중자음의 단순화
   bella(정부) > bela
3. 어말에 오는 모음의 묵음화
   sale(소금) > sal
   cantare(노래하다) > cantar

이 분기선(La Spezia-Rimini)은 단지 이탈리아 반도 내에서 이탈리아어의 방언을 구분하는 경계선 일뿐 아니라 언어학적인 관점에서 볼 때 로마의 언어 영역을 동·서로 구분하는 매우 중요한 역할을 하고 있다. 아래 예들과 같이, 이 선을 기준으로 서쪽, 즉 알프스 지방을 비롯해 갈리아 지방과 이베리아 반도에서는 ① 라틴어의 단어 끝에 -s를 유지하였으며, ② 명사의 복수형 주격은 라틴어의 복수 목적격 형태를 취하고 있으며, ③ 모음 사이, 즉 간모음(intervocalic)의 무성 파열음 [p, t, k]이 유성음 [b, d, g]로 유성음화와 같은 변화를 겪었는데 반면에, 이 경계선을 기준으로 하여 남쪽 및 동쪽, 다시 말하여 중·남부 이탈리아 및 발칸 지역에서는 단어 끝음에 -s가 더 이상 보존되어지지 않고 있으며, 무성 파열음도 모음 사이에서 유성음화 되지 않았으며 명사의 주격 복수형은 라틴어의 주격 복수형태를 그대로 사용하고 있다. 예를 들면 다음과 같다.

① 단어 끝음 -s :

라틴어	포르투칼어	스페인어	이탈리아어	루마니아어
1. canto	canto	canto	canto	cânt
2. cantas	cantas	cantas	canti	cânţi
3. cantat	canta	canta	canta	cântă
4. cantamus	cantamos	cantamos	cantiamo	cântăm
5. cantatis	cantais	cantáis	cantate	cânţati
6. cantant	cantam	cantan	cantano	cântă

② 명사의 복수형

라틴어	포르투칼어	스페인어	이탈리아어	루마니아어
주격 casae 목적격casas	casas	casas	case	case

③ 무성 파열음의 유성음화

라틴어	포르투칼어	스페인어	이탈리아어	루마니아어
focus(불)	fogo	fuego	fuoco	foc
mutare (바꾸다)	mudar	mudar	mutare	muta
capere (잡다)	caber	caber	capire	incăpea

문어체와 구어체 라틴어의 변화에 따른 유형별 등어선들을 관찰하여 보면 기원전 1세기까지는 별다른 차이가 없었으나 기원 후 3-·4세기에는 공통적인 것보다는 서로 상이한 등어선들이 현저하게 많아진다. 이와 같은 사실은 라틴어가 다른 인도-유럽어족에 속해 있는 언어들에 비해서 비교적 늦게까지 옛 형태를 유지해 왔으며,

시기적으로 기원 후 약1세기경부터 변화가 시작하여 3-·4세기경에 이르러서 구어체 라틴어가 급속도로 발전하게 되었음을 증명하는 것이다. 다시 말해 구어체 라틴어는 기원 후 1-2세기에 이르러서 급격한 변모를 하게 되었음을 알 수 있다.

그리고 로마가 멸망 후, 제국이 분열되면서 언어 역시 갈라지게 되는데, 이에 따라 일반적으로 구어체 라틴어인 통속 라틴어로부터 로망스어로의 변화 시기는 대략 로마 제국이 멸망한 시기인 AD 5-6세기경으로 추정하고 있다. 그 후 각 지역적으로 독자적 노선을 걸으면서 오늘날의 로망스어 그룹의 언어들로 형성 발달되어 간 것이다.

시대적으로 변하는 이러한 로망스어 모습은 다음과 같은 어휘을 보면 쉽게 이해할 수 있다. 즉 라틴어 pulcher(아름다운)란 단어도 갓 태어났을 당시에는 전체 로마 영역내(로망스어권)에서 유행되었음에 틀림없을 텐데, 시대가 변천함에 따라 이 단어는 구식이 되고 같은 의미를 가진 formosus(> 포르투갈어 formoso, 스페인어 hermoso, 루마니아어 frumos)에게 그 자리를 양보하게 되며, 이 formosus 또한 어느 시점에서부터는 낡은 형이 되어 보다 시대적 나중에 신조어로 나온 bellus(> 프랑스어 bel, beau, 이탈리아어 bello)에 의해 밀려나게 되어 오늘날 프랑스어와 이탈리아어에서는 이 bellus에서 나온 어휘가 '아름다운'의 의미를 가진 단어로 사용하고 있다.

그리고 또한 당시에 문어체인 고전 라틴어와 구어체인 통속 라틴어의 기본적인 차이점을 음성, 음운론적인 면과 형태 통사론적인 면에서 일어났던 몇 가지 주요한 변화 점을 살펴보면 다음과 같다.7)

① 모음의 길고 짧음에 의해서 구분되어졌던 고전 라틴어의 양적인 모음 체계가 통속 라틴어에서는 모음의 질적인 변화에 의해서 붕괴되면서 강세가 있는 장모음은 폐음으로, 단모음은 개음으로 변하게 되었다.

---

7) 어휘나 형태에 관한 보다 자세한 내용은 4장 4절 참조.

② 성문 유기 파찰음 'h'가 어두와 모음 사이에서 소멸되었고(habeo>abeo ; nehemo>nemo), 비음 'm'이 단어 끝에서 대부분 사라졌으며(templum>templo), 파열음 't'도 단어 끝에서 완전히 소멸되었다.

③ 고전 라틴어에서 존재했었던 중성 명사가 사라지게 됨으로써 오늘날 루마니아어를 제외하고는 다른 모든 로망스어에서 중성 명사가 존재하지 않는다.

④ 고전 라틴어의 지시 대명사(ille, illa)가 그 지시적인 기능이 약화되면서 정관사가 생겼다.

⑤ 수사(unus, una)로부터는 부정관사가 태어나게 되었다.

⑥ 조동사 'habere'와 결합하는 분석적인 미래 시제가 사용되면서 통합적인 형태가 붕괴되었으며(cantabo>cantare habeo) 아울러 조동사 'habere'와 결합하는 과거 시제가 사용되기 시작하였다.

⑦ 고전 라틴어는 격변화 어미들의 통합적인 형태 덕분으로 문장의 어순은 비교적 자유분방한 편이었으나 저속 라틴어에서 목적격의 어미 '-m'이 탈락하게 되고 소유격과 여격 및 탈격 대신에 전치사구를 사용하게 되면서 어순이 중시되기 시작하였다.

위에서 이미 언급한 바와 같이 5-6세기경 로마제국의 멸망과 더불어 특수 계층에서만 폐쇄적이고 제한적으로 사용되었던 고전 라틴어(문어체)는 더 이상 발전하지 못하고 자연 도태된 반면, 서민계층들에 의하여 폭넓게 사용되었던 통속라틴어(구어체)가 각 지역의 토착어들과 융화하여 현대 로망스어들의 모체가 되는 초기 로망스어들로 변모하게 되었다.

3. 로망스어 형성의 언어 외적 요인

언어는 사회 현상에 속한다. 그래서 언어는 언어 외적인 사회 현상에 따라 변하기 마련이다. 이런 언어의 속성 때문에 통속 라틴어의 본질이나 다양한 토착어 등의 영향, 즉 스트라툼(계층어)의 존재만을 가지고 로마 제국 시기를 거쳐 다양하게 나타난 수많은 로망스어의 기원과 발생 과정을 설명해서는 안 된다. 이들 요인 외에 사회 현상으로 이어주는 다른 요인들을 로마의 사회적 정치적 지리적 차이에 의해 고려해 볼 필요가 있다. 라틴어가 변형 분리함에 있어서 일방적으로 분화가 촉진되는 것은 아니다. 왜냐면 비록 오늘날 모든 국가에서 행해지고 있듯이 정책적으로 표준어 개념을 만들어 그 국가의 국어를 단일화하려는 강한 그런 작용이 당시에는 시행되지 못했지만, 그래도 당시 라틴어를 분리하려는 분화 촉진 작용에 반작용으로 그것을 하나로 단일화하려는 강한 작용도 여러 가지 형태로 존재하고 있었기 때문이다. 역사적으로 비록 라틴어를 전체적으로 단일화하려는 일부 많은 요소들이 어떤 순간에서부터 끊기였지만, 이러한 작용과 반작용의 과정에서 라틴어는 분리되어 서서히 로망스어로 변해갔다. 여기서는 언어 외적인 요소들인 이것들에 대하여 알아보자.

1) 로마 멸망 이전 시기의 라틴어 분리화 및 단일화 요소들

A. 라틴어 분리화 촉진 요소들

라틴어를 분리하는데 유리하게 촉진한 요소들은 많이 있다. 그 많은 요소들을 모두 언급하는 것은 불가능하며, 몇몇 주요 요소를 살펴보면 다음과 같다.

① 로마 제국의 다른 여러 지방 속으로 유입된 라틴어의 유입 연대의 차이에 의해서.

② 로마 시민이 되어 아주 잘 라틴어화 된 고대 중부 이탈리아 사람들보다는 오히려 그들보다는 덜 라틴화 된 로마 사람들이었던 이주자들에 의해 이런 저런 지방 속으로 유입된 그런 라틴어의 질적인 차이에 의해서

③ 한 지방의 식민화 과정에서 결정된 한 사회 그룹의 우월성이 형성되는데, 그 우월성으로 사회 문화적으로 다양하게 정착을 일부 유리하게 형성시킴으로써, 그것으로 말미암아 형성된 로마 제국 내에서 사회 문화적 서열의 차이에 의해서.

④ 특히 농업적 식민화이냐 아니면 도시 인구 집중에 의해서냐에 따라서도 달라졌는데, 전자는 입을 통해서 라틴화가 이루어졌지만, 후자는 학교 교육에 의해 더 유리하게 라틴어가 이루어졌기 때문이다. 그래서 이런 결과에 따라 오늘날 언어적으로도 로마 영역 내에서 형성된 로망스어를 동쪽과 서쪽 로망스어로 구별하는데 있어서 이용되는 특징 중 아주 중요한 것 하나를 입증할 수 있었다. 즉 단어 어미에서 s 가 있는냐 없느냐를 아는 것으로, s 가 없는 동쪽의 로망스어 경우는 대중적인 사람들의 발음의 부합에 따라 기인된 것이며, 서쪽의 경우는 문화적인 발음의 부합에 따라 기인 된 것임을 알 수 있게 해주기 때문이다.

그리고 라틴화된 지방에서 다양한 기층어는 매우 확실하게 구어체 라틴어의 분리시키는데 큰 작용을 하고 있었다.

B. 라틴어 단일화 강화 요소들

라틴어를 분리시키는데 작용의 역작용으로, 라틴어를 통합적으로 단일화하려는 요소들은 로마 제국의 정치-행정 단일화에 달렸지만 다음과 같은 것들이 있었다.

① 문학적 명성은 물론, 행정과 학교 교육 언어의 사용에 따른 권위로부터 나오는 문장체 라틴어의 활용.
② 로마 각 주와 수도 로마나 혹은 로마 각 주들 사이로 연결된 고정적이고 수많은 연결 관계 활동.
③ 무역 영역에서는 물론 행정 영역에서도 모든 사람들에게 사용되고 모든 사람들이 이해할 수 있는 공통 언어사용이 요구되는 고정적이면서 수없이 연결된 관계 활동.

그리고 위와 같은 필연적 요소들 때문에, 로마 제국 내에서 라틴어라는 언어 단일화 유지를 위해 저변적으로 가장 중요하고 효과적인 또 하나의 요소를 유발했는데, 그것은 로마 제국 여러 다른 지방에서 나온 식민자들이나 공무원, 군인, 무역상인 등 사이에서 모든 로마 주에서 상호 의사 소통을 유지하기 위해 필요한 표준 언어(라틴어)의 창조와 발달이었다.

그리고 최근 언어학 연구에 의해서 밝혀진 사실이지만, 식민지 땅으로 들여온 언어는 그 언어들의 원래의 땅에서보다 새롭게 형성된 식민지 땅의 거주지 사람들 사이에서 더욱 동질적으로 사용된다는 것이 확증되었다. 그래서 라틴어를 분리시키려고 밀어내기는커녕, 로마 제국의 확장으로 인해 제국 내에서 의사 소통이 필요해 단일화를 강화하려는 경향이 있었기 때문에 그만큼 분리화에 대한 역작용이 존재하고 있었던 것이다.

로마제국이 오래 동안 강하게 조직되고 통일되어 머물러 있었을 때에는, 역시 수도 로마도 오래 동안 제국의 수도로써 손색이 없을 정도로 머물러 있었기 때문에, 라틴어를 단일화하려는 요소들은 라틴어를 분리하려는 요소들과 광범위하게 균형을 이루고 있었다.

그러나 로마 시민권의 일반화, 제국의 다양한 지역에서부터 나온 새로운 지도층의 형성은 물론, 변방의 속주 출신 황제들의 등극, 로마를 통과하지 않은 무역로 형성 등과 같은 여러 가지 이유로 인하여, 이미 기원 후 3세기 이전부터 수도 로마의 중요성이 약화되기 시작했다. 이후 수도 로마의 문화와 언어적 명성은 아주 많이 약화되어갔다. 이런 과정에서 제국의 무정부적 혼란스러운 정치에 개혁하는 것이 목적이였던, 당시 디오클레티아누스(Diocletianus) 황제의 개혁은 한 때나마 근본적으로 효과를 거두어 규율화시켰다. 그러나 그후 284년부터, 제국이 그 스스로도 또 다시 분리된 광의적인 4개의 영역으로 분리되어 분열되었으며, 이것은 오늘날 유럽에서 로망스어 영역권에 커다란 분리를 초래했다. 오늘날 언어학자들이 정확하게 관찰한 결과 로마 영토가 3분화된 이미지를 갖고 있는 오늘날 언어적 특이성이 바로 이 시기로 올라가고 있다고 믿고 있기 때문이다. 즉 동쪽 로마 영토(이탈리아 반도, 시칠리아, 발칸 지역), 섬 지역 로마 영토(코르시카 섬, 사르디니아 섬), 서쪽 로마 영토(아프리카, 이베리아 반도, 알프스 넘어 갈리아 지역, 알프스 이전 갈리아 지역, 노리쿠스Noricus 지역, 파노니아Pannonia 지역)

등이 그것들이다.[8)]

그래서 오늘날까지 이 광의적 영토별로 아주 중요한 언어적 특징을 살펴보면, 섬 지역 로마 영토에서는 고전 라틴어의 장음 e 와 단음 i, 장음 o와 단음 u의 구분하는 것을 계속했으며, 동쪽 로마 지역에서는 어미 s 음의 소멸과 모음 사이의 무성음을 계속 지니게 되었지만, 반면 서쪽 로마 영토에서는 어미 s 음을 보존했으며, 모음 사이의 무성 자음들을 유성화 시켜 지금까지 내려오고 있다.

2) 로마 멸망 이후의 라틴어 분리화 작용과 그 역행 작용

476년의 로마 제국이 멸망함으로써, 한 국가의 의사 소통과 연락관계를 하는 언어의 기능은 마비될 수뿐이 없었으며, 분리화에 역작용을 하고 있던 라틴어의 단일화 작용에 결정적 타격을 주어 라틴어는 분리화되어 조각나게 되었다.

게다가 당시 게르만족의 대 침입은 제국을 멸망시키면서 사회를 완전히 혼란 시켰다. 즉 사회 조직을 밑에서부터 위까지 해체시키면서, 게르만족의 침입은 사회 그룹들 사이의 관계들까지도 변화시켰다. 또한 새로운 국경들이 새롭게 만들어짐으로써, 사회 그룹을 재편하고, 기존의 화려하고 세련된 로마의 문화적 수준을 내려앉게 하거나 모든 문화를 파괴하면서, 제국의 언어인 라틴어 역시 그냥 포기하면서 내버려두었다.

그리고 또한 게르만족의 대 침입은 동쪽 로마 영역을 로마 영역으로부터 고립시켜놓았다. 즉 갈리아 지역의 갈로-로망스어 영역으로부터 레토-로망스어 영역을 잘라 분리시켰으며, 갈리아와 에스파냐 영역을 이탈리아 영역으로부터 분리시켰다. 그래서 5세기부터는 발칸-로망스어, 레토-로망스어, 이탈로-로망스어, 갈로-로망스어, 이베리아-로망스어 지역으로 이미 구분되어지고 있었다. 이와 같은 변화 과정에서 이때쯤에는 저속적인 통속 라틴어에 대하여서는 더 이상 말할 필요가 없게 되었으며, 통속라틴어 단계를 지나 오히려

---

8) 노리쿠스 지역은 오늘날 동부 알프스지역을 말하며, 파노니아는 다뉴브강 유역 오늘날 헝가리에 해당한다.

로망스어 초기 단계에 왔다고 하는 것이 더 정확한 표현이다.

A. 분리화 과정

이와 같은 라틴어의 분리화에 따른 다양화로의 진행은 광역적 영토에 따른 큰 분리들과 별도의 것은 아니다. 도처에서 그 스스로 포기해 내버려진 언어는 분리화의 길로 가는 것을 멈추지 않았다. 분리화는 모든 언어적 활동에 의해서 더욱 유리해졌다. 즉 그 스스로 가장 뒤쳐져 내버려진 작은 지역 속으로까지 파고 스며든 하위-기층어가 곁들여질 수는 있지만, 어떠한 상위적인 모델은 포함하고 있지 않는 자유로워진 기층어 작용이 이 언어에 미칠 수도 있게 되었다. 또한 지방에 따라서는 1개 국어화가 다소간 멀어지면서 2개 국어화의 기간 속에서 다양한 게르만어의 방층어 작용이 일어나기도 했다. 또한 비록 다소간 우연적인 이러 저러한 변화로부터 처음은 출발하지만, 한 인간 집단이 고립되면서 형성된, 각 지점에서 언어 구조가 심각하게 변동될 수도 있고, 언어 체계의 내부 연결로 인하여 지역적으로 일부 언어 구조가 심하게 틀어지게 하는 흔들림과 같은 작용도 있을 수 있었다. 그래서 이러한 다양한 작용으로, 결국에 통속 라틴어가, 오늘날 아직도 그러한 것을 방언이라고 말하고 있지만, 방언들의 급속한 파생으로 운집된 모자이크 같은 그런 상태로 도달하게 되었다. 오늘날 우리가 말하는 방언이라는 것도 미세하게는 아주 작은 시골 마을 단위로 변하고 있는 것이며, 이런 현상이 당시 로망스어 영역에서 일어나고 있었다.

B. 분리화에 대한 역행작용

한편 위와 같이 분리화의 작용이 순조롭게 이루어지고 있었지만, 실질적으로는 그런 라틴어 분리화의 극단적 절차는 그 흐름을 역행시키는 힘들의 장벽에 끊임없이 부딪치게 되었다. 그 이유로는 언어적 무정부 상태에 보이지 않는 작용을 미치면서 이루어졌는데, 비록 과거 로마 제국 내에서 행해졌던 그런 작용들은 더 이상 아니지만, 그것의 역할을 그래도 계속 유지시키려는 사회 문화적 요소에 의해 광범위하게 조성된 유리해진 힘들과 같은, 체계의 내부에서 그것을 늦추게 하거나 또는 여러 곳에서 그것들의 밀접하게 얽히게 하는 힘이나 반박 등과 같은 것이 있었기 때문이었다.

이런 요소들 가운데 특히 카톨릭 교회의 중앙 집중적 지배로 인해 발생한 교회 역할과 같은 것은 분리화의 역작용으로 크게 작용했으며, 당시 카톨릭 교회의 중앙 집중적 지배는 스스로 로마 행정을 대체하고 있었기에 더욱 그러했다.

그래서 이런 연유로 오늘날 일부 언어학자들은 예를 들어 카톨릭 교구의 역할을 특히 강조하고 있다. 그들에 의하면, 당시 카톨릭 교구 경계의 한계는 의사 소통이 가능한 경계선들의 한계선과 일치되며, 의사 소통 가능한 경계 구역이란 한 교구의 주민들이 교회 중심지를 중점으로 하여 그 교구 각 마을의 주민들이 갈 수 있거나 주교 관할 구역 내에서 모일 수 있게 하는 그런 것이라는 말하고 있다.

그밖에 또한 카톨릭 교구는 기독교 축제날에는 크고 작은 시장들을 독점하며, 각기 소규모의 거주 집단의 말투들로의 자연스러운 미세화하는 분리 현상을 방지하면서, 교구 내 언어 통일을 유리하게 하는 움직임을 조성했다. 게다가 언어적 중요성을 가지고 있었던, 행정과 문화의 통합된 단일화를 형성시키는데 당시 카톨릭 교구의 힘이 크게 작용했다. 그래서 이런 사실로 미루어볼 때 같은 교구에 속하는 주민들에 의해 확산된 언어 통폐합 현상들은 교구의 경계선을 한계로 해서 멈추어졌다고 생각하게 하는 것이다.

결국 로마 영역에서 라틴어 분리화 현상은 주교 관할 구역에 놓인 각 구역 거주인 그룹별로 경계를 다시 형성하게 되었으며, 결과적으로 꼭 그렇지만은 않지만 한 교구가 하나의 의사 공동체를 형성케 하는 모자이크의 형상을 띄게 되었다.

3) 카톨릭 교구와 로망스어

A. 로망스어 출현에 카톨릭의 역할

카톨릭 교구의 역할이 언어 공동체의 형성에 중요했음으로 미루어

볼 때, 로망스어 출현에 카톨릭의 역할이 매우 중요했음을 알 수 있다. 여러 다양한 언어들을 사용하고 있었던 유럽 동부의 기독교화와는 달리 서부 유럽의 기독교화는 교회의 언어로 항상 라틴어를 사용했다. 이런 사실로 미루어 볼 때, 라틴어를 분리시키지 않으려는 역작용, 즉 라틴어 단일화를 조금이나마 유지하려는 작용에 카톨릭은 틀림없이 공헌했다. 그러나 로마의 멸망이 있은 다음부터는 상황이 약간 변동되어갔다. 전체의 로마 제국이라는 통일적인 단일화가 없어짐으로 인하여, 제국이 분리될 때 단일화 현상은 단지 각 카톨릭 교구 내 사용자들을 위해서만 각기 유지되어갔다. 그래서 역사적인 일이지만, 8세기의 교황이였던 짜카리(Zacharie, 741-752) 교황도 다음과 같은 이상한 구절, 즉 'In nomine de Patria, Filia et Spiritua Sancta'와 같은 구절로 카톨릭 신부들이 행한 세례에 대하여 승인하지 않을 수가 없었다고 전해지고 있다.9)

이와 같은 예에서 보듯이 라틴어와 대중의 말투들에서 분리화 과정은, 서로 사정은 달랐겠지만, 그 괴리가 많이 진행되고 있음을 알 수 있다. 결국 라틴어와 대중 말투들 사이를 결정적으로 절단시켜진 사실을 알게되는데, 바로 '라틴어에 대한 샤를르마뉴의 르네상스'라고 부르는 역사적 사건에 의해서 이였다. 이미 이 사건 이전부터, 즉 샤를르마뉴 황제 시대 이전부터 언어적 괴리가 심각했음을 알 수 있지만, 결정적으로 이 사건으로 공식적으로 상호간에 괴리가 있음을 알게 되었다.

그래서 교회는 이런 언어적 변혁을 미리 인식해 고려해야만 했었으며, 결국 813년에 와서 카톨릭 고위 성직자들 공식회의인 '투르 공회'(Concile de Tours)에서 이런 변혁에 대해 대처하기를 결정하기에 이른다. 여기서 결정된 사항은 각 교구 주민들이 더 쉽게 이해할 수 있게 하기 위하여, 교회의 언어인 라틴어가 아닌 '시골 로망스어'(rustica romana lingua)를 사용할 것을 카톨릭 교구 신부들에게 공식적으로 지시하기에 이르게 된다. 즉 이것은 교회가 주민들 사이에서 그 임무에 있어서 그 동안 사용해왔던 라틴어 사용을

9) 이 라틴어 구절은 근본적으로 틀린 어법이다.

포기하고, 대중 말투들, 즉 교구별로 형성되어 있는 로망스어들을 장려하였음을 의미하는 것이었다. 이때부터 대중의 말투는 카톨릭 각 교구에서 정상적인 표준어가 되었으며, '시골 로망스어'는 각 교구에서 받아들임으로써 자신의 참모습을 발견하게 되었다. 결국 이 조치는 로망스어의 실체를 공식적으로 인정함을 의미는 뜻 깊은 사건이었다.

B. 카톨릭 교구와 의사 공동체의 형성

옛 로마 시절의 '끼비따스'(civitates: 일종의 도시국가)는 대체적으로 기독교 초기 시대로 오면서 친분이 있는 사람들로 형성된 공동체 집단을 형성시켜갔다. 그리고 차후 카톨릭 교구의 경계가 굳어지게 된 시기로 오면서 거주 집단과 그들의 의사 공동체를 형성시키고 있는 한 의사 공동체 경계선은 흔히 로마의 '끼비따스'나 로마 이전의 '부족이나 국가'(nationes, gentes)의 경계선과 일치하게 되었다. 결국 카톨릭 교구의 경계선들은 '끼비따스'의 경계선들과 거의 일치하고 있었다고 할 수 있다.

그래서 이런 교구 단위의 공동체 형성 자체로 말미암아 교구 관할 지역 내에서는 로마 영역 내에서 라틴어 분리화를 멈추게 할 수 있는, 매우 복잡하고 아주 오래된 역작용 행위가 스스로 만들어지는데 기여하고 있었다.

그러나 엄격히 말하면, 이러한 경계선들이 있었다고 인정하는 것에 다만 중요성을 부여하고 있는 것이지, 오늘날에 와서 정확하게 모든 것이 옛 교구와 언어 경계선이 이루어졌다는 의미는 아닌 것이다. 왜냐면 오늘날 지리 언어학 연구에 의하면 교구와 경계선의 합치를 보는 것에 적합성을 부여하고 있지만, 다른 연구에 의하면 그것에 대한 견해에 대하여 일부 한계를 보여주고 있기 때문이다.

결론적으로 당시 카톨릭 교구의 경계선들이 개별적으로 모든 각 지역 언어, 즉 각 지역의 고유어(속칭 방언)의 근간을 형성시키는 경계를 설정해주었지만, 모든 것이 꼭 이 경계대로만 각 지역 고유어들의 경계가 형성되어 있지는 않았던 것이다.

4. 계층어(stratum) 이론

앞에서 로망스어 형성에서 언어 내적인 요소로써 구어체 라틴어인 통속 라틴어의 기원과 본질을 알아보았으며, 그리고 카톨릭 교구를 비롯한 그 형성에 미친 언어 외적인 여러 가지 요소들을 알아보았다. 그러면 이제는 구어체 라틴어가 어떻게 해서 그 나름대로의 차별화가 존재하며 제나름대로의 특징있는 형태의 언어들로 오늘날의 로망스어로 도달할 수 있었을까하는 문제가 남아있다. 결국 이 문제는 내적인 변화와 외적인 외부의 영향 어느 것에 더 영향을 받아 그렇게 되었을까 하는 문제로 판단할 그런 문제이다. 구어체 라틴어는 반복적으로 새롭게 그 고유 체계 내부에서 상호간 서로 연결시켜갔으며, 오늘날 로망스 언어들에서 볼 수 있는 다양한 언어 구조로 변화시켜 주기 위해 그 스스로 체계를 변화시켜 나가, 내적 변화에 의해서 그렇게 되었다고 생각할 수 있다. 그러나 언어는 내재적으로만 변화가 되지는 않기 때문에 오히려 구어체 라틴어는 내재적 변화와 새로움 사이에서 이루어진 함축이라고 할 수 있다.

따라서 이것을 알기 위해서는 새로움에 해당하는 외적 작용을 찾아야 함을 알 수 있다. 다시 말해 이 문제는 로망스어, 즉 신-라틴어라고 불리는 다양해진 언어들로 세분되어 이어지는 구어체 라틴어의 변화는 로망스어 자체들보다는 오히려 또 다른 다양한 고유 언어들의 외적 작용으로 인하여 일어났으며, 그런 고유 언어들이 로망스어 형성에 영향을 미쳐서 그렇게 되었다고 결론을 내릴 수 있다. 물론 여기서 말하는 다양한 다른 고유 언어들이란 로마가 정복하기 이전에 로마 제국 영역 안에서 사용되었던 언어들이나 혹은 로마 멸망 후 제국 내 침입해 온 침입자나 정복자들의 언어들이다. 그리고 이 언어들이 여러 시대를 거치면서 다양한 조건들 속에서 라틴어와 접촉하게 됨으로써, 라틴어로부터 오늘날 로망스어에서 보이는 언어 형태를 만들었을지도 모르는 연쇄반응을 유발하기도 했으며, 아니면 로망스어 언어 구조를 다소간 흔들면서, 라틴어 고유 구조 속에서 자신들의 구조의 일부 특징을 다소간 불규칙하게 도입시켜나가며 작용을 일으켰던 것이다.

그래서 외적 작용이라고 할 수 있는 이런 설명은 계층어(stratum) 이론이라고 불리어지는데, 역사 언어학에서 아주 많이 소개되는 것으로, 소위 구조주의 언어학자들에 의해 논쟁이 대상이 되기도 했던 이론이다.[10]

프랑스의 유명한 언어학자 마르띠네(André Martinet)가, "모든 언어는 아주 순식간에 변하며, 이런 변화들은 아주 다양한 출발로부터 올 수 있으며, 그 중 일부는 그 언어 내부에서 내재적인 것이며, 다른 것들은 그 언어 외부에서도 역시 올 수 있다"고 말했듯이,[11] 이와 같은 그의 의견이 아니더라도, 언어 변화 현상에 있어서 주어진 역사적 자료를 그 만큼 제외할 수 없음으로 라틴어에서 신-라틴어들, 즉 로망스어들로의 변화에 있어서 스트라툼 이론은 그 만큼 타당성을 가질 수뿐이 없으며, 로망스어로 변해 오는 과정에 그만큼 외적 영향을 미쳤다고 할 수 있다.

스트라툼(stratum)은 원래 지질이나 지리에서 사용하는 지층이라는 뜻을 가지고 있으며, 이 용어를 언어학에서 인용하여 사용한 것이다. 그래서 소위 상층어라고 불리는 수페르스트라툼, 하층어 또는 기층어라고 불리는 수브스트라툼, 방층어라고 불리는 아드스트라툼 등 3가지로 구분하고 있다.

1) 상층어(superstratum)

상층어라고 불리는 수페르스트라툼은 말 그대로 어떤 한 언어 위에 언어가 포개져있다는 의미로 생각하면 된다. 그래서 어느 한 토착 언어의 영토에 새로운 언어를 가지고 온 사람들이 머물게 되는 경우에, 새로운 언어가 계속적으로 그 동안 유지되어 온 그 지역 토착 언어에 영향을 행사하면서, 토착 언어에 대한 새로 온 사람들 또는 새로운 언어의 영향이 적용되어질 때, 언어적으로 상층어 개념을 말하게 된다.

---

10) 스트라툼(Stratum)은 라틴어이며 영어로는 Stratus, 프랑스어로는 Strat라고 불리운다.

11) 마르띠네의 Elément de linguistique générale, Armand Colin 1963년 참조.

로망스어와 관계되는 것으로는 게르만어나, 아랍어 슬라브어 등의 상층어 작용에 대하여 말하고 있다. 로망스어들에 대한 상층어는 여러 곳에서 일어났으며, 이베리아 반도에서 이베로-로망스어에 대한 아랍어 영향과 시칠리아 섬에서의 시칠리아어에 대한 아랍어 상층어의 영향, 그리고 루마니아어에 대한 슬라브어 상층어의 영향은 상대적으로 한정되어 남아있지만, 반면에 로망스어에 대한 게르만어의 상층어의 영향은 아주 훨씬 더 크고 일반화되어 남아있는 것이 특징이다.

A. 게르만어의 영향

게르만 민족에 관계되는 것으로써, 로마 멸망 후 게르만 민족의 로마 영토 내에서의 영향은 매우 많았다. 그런 결과로 인하여 언어적으로도 게르만어 영향이 로망스어에 많이 미쳤지만, 일반적으로 게르만어의 상층어로써 언어적 영향은 그들 민족 침입의 중요성보다는 훨씬 덜 중요하게 나타나고 있다. 그러나 게르만어 영향이 로망스 언어들의 탄생에 작용한 것은 비록 간접적이지만 매우 중요한 영향임에는 틀림없다.

로마 말기 역사에서 게르만족 침입은 로망스어 영역을 조각내었다. 예를 들어 로마 영토로 남아있던 발칸 반도를 게르만족이 침입해, 오늘날 루마니아 지역인 다키아 지방을 고립화시키면서 이곳을 로망스어화하는 계기를 만들었다. 그리고 또한 게르만족은 스위스의 고지대를 점령함으로써, 레토-로망스어를 오늘날 프랑스어의 모체가 된 갈로-로망스어로부터 분리시키기도 했다. 게다가 갈리아 지방과 이베리아 반도 침입해 점령함으로써 이들 영토들과 이탈리아 사이에 있었던 수많은 연결 고리를 깨트려버려 로망스어 형성의 큰 틀을 만드는데 원인 제공을 하기도 했다. 이와 같이 게르만 민족의 영향은 로망스어 영역에 막대했었다.

그리고 게르만족의 침입은 여러 로마 지방에서 통속 라틴어 속에서 존재하고 있었던 다소간의 차이점들의 더욱 촉진 발달시켜 다양한 고유 언어(로망스어)들로 분파되게 만들었다. 결국 이와 같은 모든 것들은 그들의 침입으로 로마 영토에서의 직접적인 의사 소통을 방해했기 때문에 이루어진 것으로, 정복자적 역할을 한 게르만의 로마 영역 내에서 영향은 매우 크다는 것을 알 수 있다.

게르만어의 상층어의 언어적 영향에 대한 연구는 특히 스위스의 언어학자인 바르트부르크(Walter von Wartburg)가 유명한데, 그의 연구 결과는 다음과 같다.

① 게르만족인 롬바르드족이 남긴 이탈리아의 롬바르디아 지방에서의 롬바르디아어의 상층어가 오늘날 이탈리아에서 볼로냐 지방과 피렌체 지방 사이에 정확한 언어 경계 형성을 막았다.

② 프랑스어에서 일반적으로 나타나는 모음 a 앞에서 [k]발음의 경음화 현상이, 예외적으로 북부 프랑스 지역에서의 노르망디-피카르디아 지방어들에서만 특별하게 경음화되지 않았다. 즉 이곳들에서는 chat가 [kat]로 되었다.

③ 남부 프랑스어인 오크어(occitan)와, 오늘날 프랑스 남동부 지역과 스위스에서 사용하고있는 프랑코-프로방스(franco-provençal) 사이의 한계를 그을 수가 없게 했다.

④ 오늘날 프랑스에서 존재하는 북부 프랑스어(프랑스어)와 남부 프랑스어(오크어)의 형성을 초래했다.

그가 이런 이론들을 펼치지만, 이런 이론들은 당시 학계에서 만장일치로 받아드려지지 않았다. 왜냐면 쉬르(Schürr), 메를로(Merlo), 볼렐리(Bolelli) 등과 같은 이탈리아 언어학자들이 이탈리아어와 관계되는, 롬바르디아어의 상층어의 영향을 반대했으며, 프랑스에 관계되는 것은 브룅(A. Brun) 같은 이가 북부 프랑스어와 남부 프랑스어 사이의 갈라짐은 게르만의 영향이 아니라 기본적으로 유사 이전부터 이중화되었기 때문이라고 주장했기 때문이었다.[12] 이와 같은 논쟁처럼 프랑스어에 대한 게르만어의 영향에 대

12) 특히 프랑스어에 관한 것으로, 남부 프랑스의 원천의 토대라고 여길 수 있는, 오늘날 프랑스의 중앙산악지대(le Massif central) 지역에 잔존하는 어

해 오늘날 많은 과제가 남아있다.

그러나 프랑스에서 프랑스어의 모체인 북부의 오일어(북부 프랑스어)와 남부의 오크어(남부 프랑스어)로 분리를 하게 한 유일한 이유로 게르만족의 상층어로만 고려할 수는 없지만, 반대로 게르만족의 영향이 로망스어들 중에서 가장 게르만어화한 언어인 프랑스어를 만드는데 아주 많이 공헌했다는 것은 모두 인정하고 있다.

그래서 모든 로망스어에서 게르만 요소들을 발견하지만, 특히 프랑스에서 메로벵쥬 왕조 시대와 9세기말까지의 카롤렝쥬 왕조의 긴 기간에 걸쳐 당시 북부 프랑스에서는 로망스어-게르만어로의 2개국어를 사용하였기 때문에, 이 긴 시기를 통해 수많은 어휘들을 프랑스어가 게르만어로부터 차용하였다. 이런 특징은 모든 로망스어들 중에서 프랑스어에서만 가장 많이 나타나고 있는 것으로, 이런 결과만 보더라도 프랑스어에 대한 게르만어 영향은 매우 컸음을 알 수 있게 해주고 있다.

그리고 또한 게르만어 영향은 프랑스어에서 어휘뿐만 아니라 음운이나 형태론, 더 나아가 지명이나 문장 구문론 같은 곳에서도 발견되고 있다.

음운에서 예를 들면 다른 로망스어에는 없는 유음 h를 프랑스어가 받아들인 것이나, 형태에서 원래 기원이 게르만어인 접두사가 프랑스어에서는 아주 많다든가 하는 것을 들 수 있다. 그리고 지명도 남부 프랑스어를 사용하는 남부 프랑스에서보다 프랑스의 북부

휘들이나 지명들의 연구가 더 이상 진척이 없어서 브룅의 주장은 뒷받침되지 못하고 너무 가정적으로 남아있지만, 일반적으로 그의 주장에 대해서는 2가지 사실만 인정하고 있다. 즉 하나는 프랑스에서 두가지 언어로 갈라진 선은 다른 방향이 아닌 동쪽으로부터 서쪽이었는데, 이 선은 단지 언어적 경계로만 갈라진 것이 아니라 오래 전부터 내려온 법적 인종적 문화적 토지적인 경계의 선이었다고 강조한 점이고, 두 번째는 비록 게르만족의 수페르스트라툼의 연구 활동에 의해 (북부)프랑스어와 남부프랑스어 사이의 언어 경계의 형성에 대한 의문점을 정확히 해결된 것처럼 여기고 있지만, 실은 그의 주장에 따라 유사 이전의 프랑스의 남과 북의 이중성이 있었는지에 대한 타당성에 대하여 앞으로 풀도록 과제로 남겨놓았다는 점이다. 하여간 실제적으로 프랑스 영역에서 이 분야에 대해서는 해야 할 발견들과 작업들이 아직도 많이 있는 것이 현실이다.

에서 훨씬 더 많은 게르만어 지명이 살아있다.

문장 구문에서도 특히 고대 프랑스어에서의 구문은, 예를 들어 피한정어(명사) + 한정사(형용사) 같은 것도 오늘날 대체적으로 사용하는 단어 순서와는 달리, 한정사 + 피한정어와 같은 순서를 선호하는 것으로 나타나고 있다. 이런 구문은 게르만어, 즉 오늘날 독일어나 영어에서와 같은 언어 특징으로 당시 게르만어 영향을 받았음을 알 수 있게 해주는 것이다. 그래서 오늘날 프랑스에서 북부 프랑스 지역에서는 Neuchâtel, Chaumont이라는 지명을 찾아 볼 수 있는데 반하여, 이와는 대조적으로 남부 프랑스 지역에서는 Castelnau, Moncaut 또는 Moncaup라고 지명을 사용하고 있음을 엿볼 수 있다.

오늘날까지도 남부 프랑스 지역에서 사용하고 있는 현대 남부 프랑스어는 단어 순서에서 아주 많은 경우에 이와 같은 단어 순서의 경향을 보여주고 있는데, 이것은 (현대)프랑스어와는 다른 특징을 보여주는 현상이다. 그래서 예를 들어 (북부)프랑스어에서 la grand-ferme(큰 농장)은 남부프랑스어로 la boria granda, 프랑스어에서 un bel arbre(아름다운 나무)는 남부프랑스어로 un aubre bèl 등과 같이 사용하고 있다.

B. 아랍어의 영향

711년 북아프리카로부터 침입해 온 아랍인들은 이베리아 반도를 점령을 시작하는데, 그들은 이베리아 반도 거의 전부를 11세기까지 점령했다. 비록 이후 스페인의 재정복 결과로 북부 이베리아 반도는 스페인에게 다시 정복당하지만, 이베리아 반도 남부는 1492년까지 거의 8세기 동안 아랍인들에 의해 점령당한다. 이와 같은 아랍인들에 의한 이베리아 점령으로, 당시 아랍화된 기독교인들인, 즉 '모자랍인(Mozarab)'들이 2개국어를 말하고 있었지만, 아랍어의 상층어 영향은 특히 로망스어, 특히 스페인어 어휘 부분에 많은 작용을 했다. 이런 어휘들의 많은 부분이 특히 과학의 영역에서 폭넓게 다른 모든 로망스어로 퍼져나갔다. 그리고 아랍어의 상층어로써 영향은 언어적 특징보다도 오히려 고유 문화나 문명적인 특징을 더 많이 가지고 있다.

C. 슬라브어의 영향

6세기경부터 오늘날 루마니아 지역인 다코-루마니아어 지역으로의 슬라브인들의 침입은 불확실하지만 특히 원시 루마니아어 시기에 그 영향을 행사한 것으로 나타나고 있다. 그러나 오늘날 루마니아어에서 찾아 볼 수 있듯이 슬라브어는 틀림없이 루마니아어에 영향을 미쳤음을 알 수 있다. 특히 슬라브어는 로망스어 말투의 구조를 심하게는 변동시키지 않고, 어휘 부분에 영향을 끼치고 있는 것이 특징이다. 그리고 또한 슬라브어 영향은 루마니아어의 형태 체계는 물론 음운 체계에서도 그 영향을 찾아 볼 수 있다. 단어 형성에 있어서도 루마니아어에서 오늘날까지 살아있는 매우 많은 접두사나 접미사들은 슬라브어에 기인하고 있는 것이 많이 있다.

2) 기층어(substratum)

상층어와 반대적으로 일어나는 현상으로 기층어가 있다. 즉 일정한 영토에서 그 영토 안에 본래 있었던 언어가, 정복이나 기타 이유로 인하여 새로 들어온 언어로 대체된 결과, 그 영토에서 새로 들어온 언어로 대체해 사용하고 있는 상태에서 본래 있었던 언어의 영향이 나타날 수 있는데, 바로 이와 같이 일정 영토에서 사라진 언어(본래 있었던 언어)가 지속되는 언어적 현상에 대하여 기층어라는 명칭을 언어학에서 부여하고 있다.

더 단순히는 보통 기층어를 쫓아내진 언어라고 부르기도 한다. 그래서 예를 들어 오늘날 프랑스 땅인 옛 갈리아 영토에서 로마가 정복해, 로마에 의해 도입되어 정착한 새로운 언어, 즉 라틴어에 관해서 말할 때, 갈리아 영토에서 라틴어에 의해 쫓아내어진 본래 있었던 갈리아어의 기층어 현상이 프랑스어에 존재하고 있다고 말한다.

그리고 기층어 이론에 따라, 오늘날 사람들의 능력으로 언어의 옛 자취를 알아낼 수 있는 시기의 그것보다 더 오래 전에 쫓아내진 언어들이 그것들의 본래 영토에서 그 스스로 회복되어 나타났다는 것도 거의 확실시되고 있다. 따라서 이와 같이 기층어 언어들 보다 더 오래 전에 쫓아내진 언어들을 하위-기층어라고 불리어지기도 한다. 그래서 알프스 산맥이나 피레네 산맥 지역에서 아주 오래 전의 언어인 선-인도유럽어라는 하위-기층어 영향이 있음을 말할 수 있는 것이다.

기층어와 하위-기층어 사이에 존재하는 여러 관계들에 대하여 그렇게 많이 명백히 오늘날 알고 있지는 않지만, 기층어의 언어와 하위-기층어의 언어가 일정 기간동안 서로 옆에서 같이 존재했다고 생각하는 것이 일반적이다. 왜냐면 기층어의 언어인 갈리아어가 일정 기간동안 라틴어와 함께 갈리아 지방에서 같이 공존했다는 사실이 그것을 뒷받침해주고 있기 때문이다.

그리고 역시 또한 다른 언어들을 하나씩 내쫓아야만 하는 어떤 언어가 정립되었을 때 하위-기층어와 기층어가 그때까지도 일정기간 서로 옆에서 공존해 살아있을 수 있다는 것도 생각할 수 있다. 왜냐면 프랑스 랑그독 지방에 있는 앙세륀(Ensérune)에서 발견된 비문에 의하면, 랑그독 지방에서 기원후 2세기경에 라틴어와 갈리아어 그리고 더 오래된 언어가 서로 옆에서 같이 사용되었다는 것을 보여주고 있기 때문이다.[13)]

이와 같이 오늘날 일부 많은 가정들이 라틴어 속에서 라틴어 이전에 있었던 언어들의 살아남은 일부 변화에 대하여 설명하기 위해 기층어 이론에 근거를 두고 설명하고 있다.

A. 이베리아 반도

이베리아 반도와 피레네 산맥 넘어 프랑스 지역에서는 바스크어와 이베리아어의 기층어가 존재한다. 바스크어를 사용하고 있는 바스크 사람들은 프랑스 남서부 지역인 아키텐느 사람들과 같은 친족

---

13) 여기서 더 오래된 언어는 그것의 알파벳은 해독할 수 있었지마는 아직도 정체가 확실히 밝혀지지 않고 있으며, 이베리아어라고만 추측하고 있는 상태이다.

인 옛 가스코뉴 지역의 사람들이었다. 그리고 그들 언어는 코카서스 언어들과 친족 관계가 있는 선-인도 유럽어가 확실하다고 보고 있다. 그래서 프랑스 가스코뉴 지역에서 가스코뉴 말투에서 바스크어의 기층어를 찾아 볼 수 있다. 예를 들어 보통 남부 프랑스어로는 lo riu라고 말할 것을 이곳에서는 l'arriu 라고 하는 말투가 많이 있음을 알 수 있는데, 바로 이런 것이 바스크어의 기층어의 영향이다.

그리고 한편 이베리아인들은 북아프리카에서 왔고, 함족의 언어에 속하는 사람들이라고 오늘날 사람들은 추정하고 있다. 그래서 언어 현상에서 예를 들어 r 음 앞에서 a 음의 어두음 첨가 현상을 이베리아어의 기층어 영향으로 보고 있다. 그리고 또한 스페인어에서 f 음이 h로 변해 간 것도 역시 이베리아어의 기층어로 보고 있다.

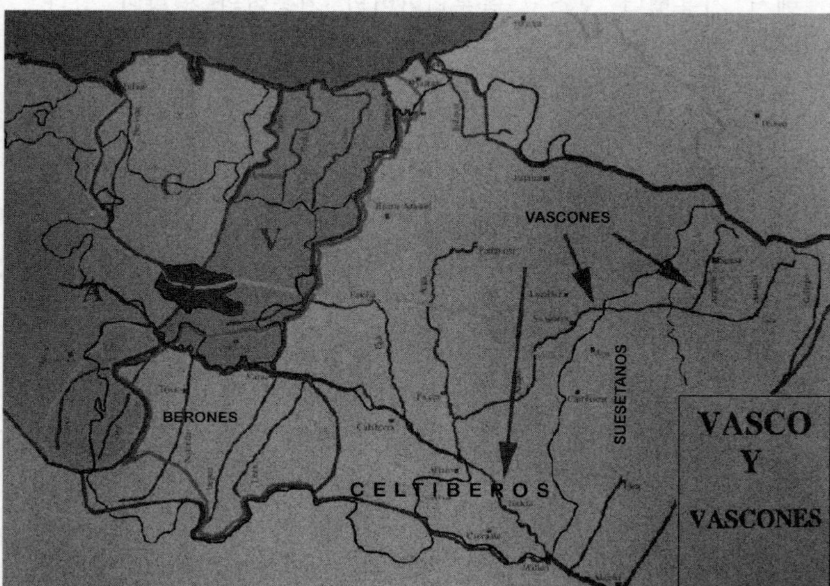

《바스크어 영역과 확장 범위》

B. 갈리아 지방

갈리아어 기층어의 영향은 로망스어 영역에서 받을 수 있는 것 중에서 가장 강한 것이다. 켈트어 요소들은 프랑스와 북부 이탈리아 지명에서 더욱 그러하다. 비록 갈리아어의 기층어 영향에 대한 문제는 오래 동안 논쟁의 대상이 되었고, 일부는 아직도 해결이 미루어진 상태지만, 라틴어의 u [u] 음을 프랑스어음 u [y]로 변하게 한 것 같은 언어 현상을 갈리아어의 기층어 영향으로 여기고 있다. 또한 라틴어의 자음군 -ct-가 간모음의 위치에서 -it-로 변하게 된 것도 갈리아어의 기층어적인 영향으로 보고 있다.

C. 이탈리아 반도

① 이탈릭어의 영향[14)]

로마가 정복 이전 시기에 이탈리아 반도 중부와 북서부 지역에서 사용했던 오스코-움부리아어의 기층어의 영향이 있다. 우선 이탈리아 중북부 지역에서는 -nd-를 -nn-으로 그리고 -mb-를 -mm-으로 되는 동화 현상을 찾아 볼 수 있다. 이탈리아 반도를 중부와 남부로 특징 지우는 이 동화 현상은, 카탈란어와 아라곤어를 사용하는 이베리아 반도 북동부의 스페인과, 피레네 산맥과 접하는 프랑스의 가스코뉴 지방에서도 발견되고 있다. 그리고 같은 현상이 프랑스 북부 피카르디아 지방의 피카르디아어와 벨기에 프랑스어 지역의 프랑스어, 사르디니아 섬의 사르디니아어에서도 만날 수 있다. 바로 이런 현상을 설명할 수 있는 것이 기층어 이론이다. 즉 이 동화 현상은 자연발생적인 동화라고 생각할 지도 모르지만, 이베리아 반도에서 동화 현상을 기층어의 영향에 따라 설명이 가능하다. 왜냐면 과거 이탈리아 반도에 살았던 오스크 지방사람들이 이베리아 반도 북동부 지역을 식민화했으며, 우에스까(Huesca)와 예리다(Llerida) 두 도시가 이 현상의 확산 중심지였으며, 이 지역이 과거에 이 두 도시의 영토이었다는 것이

14) 이탈릭어란 라틴어 이전에 이탈리아 반도에 있었던 언어를 말한다.

확인됨에 따라, 이베리아 반도의 이 영역에서 오스크어의 영향에 따른 기층어가 있었다고 말할 수 있기 때문이다.

② 에트루리아어 영향

에트루리아의 기층어 영향은 오늘날 이탈리아어에서 모음사이의 무성 자음을 기식음으로 변형하는 것에 기여했다. 이 현상은 이탈리아의 토스카나 말투를 특징지워주고 있으며, 토스카나 지방에서 이런 현상을 '토스카나 목젖 소리'라는 표현을 써서 지칭하고 있다. 15)

③ 리구리아어 영향

북부 이탈리아에서는 리구리아어의 기층어를 찾아 볼 수 있다. 즉 피에몬테 지방과 롬바르디아 지방, 에밀리에 지방에서 찾아볼 수 있으며, 프랑스 프로방스 지방에서도 찾아볼 수 있다. 즉 모음 사이의 -l-음의 약화가 바로 그것으로, 이탈리아 제노바 지방 말투에서 가장 많이 나타나고 있으며 이 지방에서 ala를 aa로 말하고 있는 것이 바로 그것이다.

D. 발칸 반도

루마니아어가 언어 계보학적 관점에서 로망스어에 속한다는 사실은 의문의 여지가 없다. 그러나 루마니아어의 기본 어휘 중 -물론 이 기본 어휘에서 여러 어휘군으로 오늘날 파생되어 나왔지만- 라틴어에서 유래된 어휘 수는 학자들간에 다소 견해 차이는 있지만, 최근 언어 통계학에 의하면 1500-1600개에 이르며, 한편 아직 루마니아어에서 어원이 밝혀지지 않은 어휘가 약 160개 정도 있는 것으로 알려지고 있다. 이 숫자는 라틴 어원 어휘의 약 1/10에 해당하는 비율로써, 이 비율은 타 로망스 언어들에 비하여 비교적 높은 편이다. 그래서 이들 대부분의 어휘들은 라틴 문화가 보급되기 이전부터 카르파티아 산맥 일대와 발칸 반도 지역에서 널리 사용되었던 그 이전의 고대 인도 유럽어에서 나온 것으로 추정하고 있어

15) 롤프(G. Rohlfs)같은 로망스어 언어학자는 에트루리아어의 기층어에 대해 회의적인 반응을 보이고 있다.

서 인도 유럽어에 속하는 이 지역 언어였던 트라코-다키어의 기층어가 오늘날 루마니아어에 남아있음을 보여주고 있다.

그리고 또한 160개의 어휘들중에서 60-70개는 알바니아어와 공통적이고 나머지 100여개는 루마니아에만 단독으로 존재한다는 사실이 밝혀졌고, 이 160여개의 기층 어휘들이 루마니아어의 주요 방언들인 다코-루마니아어, 아루마니아어, 메글레노-루마니아어 및 이스트로-루마니아어 등에 분포되어 있음도 밝혀졌다.

그래서 이와 같이 어휘들이 분포되어있는 통계적 수치에 의하면 루마니아어의 기층어휘 160개 중에 약 1/3에 해당하는 53-56개가 단지 다뉴브강 이북 지방의 방언인 다코-루마니아어에만 존재하고 있어 로마 이전 시기에 기층어적인 요소가 다뉴브강 이북지방에서 더욱 강하게 보존되어 있으리라 여겨지며, 루마니아어는 기층어휘를 통해 로마 이전 이 지역 원주민들인 트라코-다키아 민족과 로마인들과의 밀접한 유대관계가 이루어지고 있을 당시에 형성된 것으로 판단하고 있다.

결국 고대 로마인들이 진입하기 이전에 다뉴브강 이남의 발칸반도에는 두 종족의 인도-유럽어족이 거주하고 있었는데, 하나는 일리리아 민족이고 다른 하나는 트라키아 민족으로써, 이 중에서 특히 트라키아 민족에 의한 기층어 현상이 오늘날 루마니아어에 많이 남아 있음을 알 수 있다. 그리고 이런 기층어 현상은 발칸반도에서 루마니아어뿐만아니라 알바니아어에서도 나타나서 발칸반도에서 기층어 현상이 있었음을 뒷받침해주고 있다.

이런 기층어 영향으로 루마니아어의 기층 어휘가 고대 인도 유럽어에 속한다는 것은 오늘날의 루마니아어 어휘에서 찾아 볼 수 있는데, 특히 루마니아어에서 인도 유럽어의 의미를 지니고 있는 어근들이 출현되고 있고, 루마니아어가 카르파티아-발칸 지역의 고대 사템어의 음운 규칙에 따라 발달한 음운체계를 지니고 있으며, 루마니아어의 어휘 형성에 인도유럽어의 접미사와 일치하는 부분이 많이 있다는 점들이 그러한 것들이다.

3) 방층어(adstratum)

계층어 이론에서, 방층어라는 것이 있다. 이 역시 앞에서 언급한 두 개의 스트라툼(계층어) 이론과 더불어 한 언어가 다른 언어에 영향을 미치는 것을 말한다. 즉 한 개의 살아있는 언어 옆에 다른 살아있는 언어가 존재해 이 두 개의 언어가 상호간에 미치는 영향을 지칭하는 것을 말한다. 그러나 방층어의 영향은 로망스어 언어들의 형성 시기보다 시기적으로 이후에 많이 형성되어서 오히려 로망스어 언어들의 역사와 관계되고 있다. 게다가 오늘날 상층어와 방층어 의미를 정확히 구별하는 것도 매우 미묘한 문제로 남아있어, 흔하게는 양자간 구별이 어려운 것이 특징이다.

5. 로망스어의 출현

통속 라틴어로부터 발생한 로망스어의 출현은 라틴어의 언어 내재적인 변화를 비롯해 언어 외적 요인 등과함께, 라틴어의 분리화와 그것에 역작용, 즉 단일화 작용이 상호 미치면서 최종적으로 카톨릭 교구라는 공동체들의 경계를 한계점으로 해서 형성되어 나갔다. 그리고 더 넓게 생각해보면, 로망스어의 형성은 복잡한 수많은 요소들, 즉 한편으로는 언어적인 요소들과 또 한편으로는 언어 외적 요소들이 혼합해 그런 작용에 기인하고 있다고 해야 옳을 것이다. 그리고 이런 복잡하고 수많은 요소들은 아주 오랜 옛부터 작용해 온 것이며, 로마 제국과 더불어 라틴어의 팽창에 의해 다소간 이미 제국내에 포함되어있던 것이기도 하며, 또 한편으로는 라틴어 그 자체에 의해 변형되었거나 변형하면서, 로마 제국 멸망과 함께 힘을 얻은 그런 것들이라고 할 수 있다.

그러나 이런 것들은 로망스어 형성 단계까지를 알아본 것이지, 실체 모습을 보여주고 있는 로망스어의 구조나 완성 제작품이라고 할 수 있는 그런 것은 아닌 것이다. 즉 다시 말해 로마 영역 내에서 언어(라틴어) 분리화 단계까지 알아보았지, 오늘날의 로망스어들에 대하여 특징 지울 수 있는 그것들의 구조나 실제 형태에 이르는 그런 단계까지는 알아보지 못했다. 그럼 그런 것에 대하여 알아보기로 하자.

1) 초기 로망스어

로망스어 기원에 대하여 말하면서, 로망스어의 형성 과정은 말할 수 있지만, 로망스어의 탄생 순간에 대하여는 정확히 말할 수 없다는 것을 깨달을 수 있다. 왜냐면 로망스어에 속하는 모든 개별적 고유어들은 실질적으로 라틴어의 연장이며, 연속성이란 한계 없이 계속 이어지는 것이기 때문이다.

그러나 로망스어 각 고유어들의 존재를 어느 순간에 깨닫게 되었는가 하는 문제는 어렵지만, 대략 그 존재의 실체가 나타나는 시기는 추측할 수 있다. 앞에서 이미 말했듯이 로망스어 실체가 나타난 때를 8세기말경과 9세기초로 확실하게 잡고 있는데, 그 이유는 813년 프랑스 '뚜르 공회' 회합의 결정이 모든 카톨릭 신부들에게 '시골 로망스어로(in rusticam romanam linguam)' 그들의 설교를 하도록 요구하였기 때문이다.

그리고 비슷한 시기에 오늘날의 사전과 같은 역할을 했던 단어 '주석집(glose)'들이 나타나게 되는데, 성경 어휘에서 가장 어려운 라틴어 단어들을 로망스어 단어들로 바꾸어 이해가 쉽게 번역해 놓은 것들이다. 오늘날까지 남아있는 당시의 이런 주석집으로는 라틴어 형색을 한 가장 대중적인 단어들로 설명해 놓은 '라이슈노 주석집(Gloses de Reichenau)'과, 로망스어 단어들이라고 알아차릴 수 있게 끔 써있는 라틴어 단어들을 이 단어들과 똑같은 의미를 가진 게르만어 단어로 설명해 놓은 '카셀 주석집(Gloses de Kassell)'이 있다.

그리고 또한 비슷한 시기에 쓰여진 것으로 로망스어 형태를 갖춘 문서들 또한 오늘날까지 내려오는데, 모든 로망스어 영역에서 가장 오래된 문서라고 생각되는 일명 '베로나의 수수께끼(Indovin- ello veronese)'라는 문서가 그것으로, 이 문서는 아직 정확한 연대를 알지 못하지만 당시의 속 라틴어를 명백하게 드러내 보이고 있다.

이 문서의 일부 내용은 다음과 같다.[16)]

Se pareba boues
alba pratalia
albo uersorio teneba
negro semen seminaba

이밖에도 초기 로망스어 형태를 갖춘, 10세기경의 주석집들도 나타나는데, 스페인 로그로노(Logrono) 지방에 있는 '산 밀란 델라 꼬고야(San Milan de la Cogolla)'나 카스티야 지방에 있는 '실로스(Silos)' 등에서 스페인어로 된 주석집들이 발견되었다.

그러나 '베로나의 수수께끼'나 '라이슈노 주석집'을 비롯해 '카셀 주석집'이나 산 밀란 델라 꼬꼬야 주석집 혹은 실로스 주석집 등과 같은 것들은 통속 로망스어로 의도적으로 직접 썼다는 것을 증명하지 못하고 있다. 즉 다시 말해 아직 언어적으로 문법이나 어휘 등에 있어서 언어적 규칙에 맞게 써 있지도 않고 그 쓰임이 너무 미비해 정확하게 그 로망스어의 실체를 파악하기에는 어려운 그런 것들이었다.

그리고 이와 같이 실체를 규명하기 어려운 단어나 문장 같은 것들로 쓰여진 문서들은 7-9세기의 고대 남부프랑스어로 써진 것들도 여기 저기서 일찍부터 발견되기도 했다.

2) 초기 로망스어 문헌

실체를 파악하기 힘든 문서들이 나타났지만, 결국에는 초기 로망스어의 실체를 파악할 수 있는 문헌이 나타나는데, 바로 속칭 최초기 프랑스어로 쓰여졌다는 '스트라스부르의 맹약(Serments de Strasbourg, 842년)'이 그것이다. 이 문헌은 당시의 통속 로망스어로 의도적으로 작성된 가장 오래된 문헌으로 당시의 로망스어의 언

---

16) A. Monteverdi의 해석을 따랐으며, Saggi neolatini(Rome,1945)에 실린 그의 A proposito dell' indovineelo veronese, 참조 바람

어적 상태를 파악하기에 충분하며(당시에는 어떻게 철자 같은 것을 써야할지 못하는 상태에서) 의도적으로 작가가 당시의 언어로 써놓아 오늘날 우리들에게 보여주고 있다. 물론 '스트라스부르의 맹약'이 써질 당시를 전후에서 당시 언어로 이 같은 글들을 썼을 거라고 추측하고 있지만 아직 이것보다 더 이전의 것은 발견되지 않고 있어 오늘날 우리가 가지고 있는 가장 오래된 문헌으로 '스트라스부르의 맹약'을 말하고 있는 것이다.

그리고 '스트라스부르의 맹약'과 비슷한 시기인 900년경에 북부프랑스 지역 말투로 써진 '성녀 욀라리의 속창(Séquence de sainte Eulalie)'를 비롯해, 10세기 경에 필사본으로 남부프랑스 최초의 문학이라고 할 수 있는 '오브(aube)' 같은 문헌들이 나타나기 시작해 로망스어가 본격적으로 그 모습을 나타내 보이게 된다.[17)]

특히 옛 갈리아 지역 남부는 물론 북부 지역에서도, 문학적 특징을 가진 작품들이 탄생함으로서 프랑스에서 로망스어 존재가 충분히 명확해졌으며, 스페인 지역에서도 로망스어로 쓴 '카르하스(kharjas)' 같은 작품이 나타나 일찍부터 이베리아 반도 지역에서도 그러했음을 보여주고 있다.[18)]

하여간 이와 같은 문헌들로 인하여, 10세기부터는 로망스어의 존재가 확고부동해졌으며, 이 당시의 문헌들은 당시 로망스어의 언어적 특징에 대해 단순한 증명을 넘어 실체를 파악할 수 있게 해주고 있다.

이와 같이 로망스어가 무르익어 감으로써, 그후 로망스어 각 지역에서는 그 지역 고유의 로망스어로 쓴 작품들이 쏟아져 나왔다. 오늘날까지 후세에 전해 내려오는 그 유명한 11세기경의 프랑스의 '롤랑의 노래(Chanson de Roland)'나, 고대 남부프랑스의 길렘 데 뻬이띠에우스(Guilhem de Peitieus, 1071-1127)의 서정시라든가 12세기경 스페인에서는 '시드의 노래(Cantar de mio Cid)' 등과 같은 것들이 바로 그것들이다. 그리고 당시 이탈리아어 형태를 띈 로

---

17) '오브(aube)'는 미사 때 입는 의식복의 한 종류임.
18) '카르하스'는 '무와사핫트(muwassahat)'라고 불리는 서정시의 마지막 시절을 말한다.

망스어도 렝보 드 바께라스(Raimbaut de Vaqueras)가 12세기경 문학적으로 사용함으로써 이탈리아에서의 로망스어 실체도 명백히 등장하게 되었다.

그러나 이미 이때부터는 문학 작품이나 문헌들이 더 이상 로망스어의 초기 기원 형태를 벗어나고 있었다. 다시 말해 라틴어 분리화가 시작된 후, 크게 보면 오늘날 로망스어 국가 단위와 비슷한 영역을 이룬 로마 영역 각 지방별로, 미세하게 보면 라틴어가 분리화가 종착된 최소 단위의 공동체적인 지역별로, 각기 로망스어 고유어로 발달해, 오늘날 우리가 알고 있는 언어들, 즉 프랑스어 이탈리아어 스페인어 등과 같은 로망스어 개별 고유어들로 구성되는 단계에 들어가고 있었다. 그리고 이 때의 로망스어가 각 고유어 개별적으로 형태가 재구성되면서 서서히 바뀌어 가고 있었기 때문에, 오늘날에 와서는 로망스어 사용하는 각 개별 국가별로, 즉 프랑스, 이탈리아 스페인 등으로 비록 시기적으로는 약간씩 틀리지만, 이들 국가들의 고대 초기 단계의 언어들이 되었으며, 오늘날 고대 프랑스어, 고대 스페인어, 고대 이탈리아어 등으로 부르고 있는 것이다.

제3장

로망스어의 유형 및 분류

1. 표준어로의 변천 과정

1) 사투리와 방언의 개념

먼저 로망스어 발달 과정을 말하기 전에, 사투리(patois)와 방언(dialect), 국어(language: langue)의 차이를 정확히 알 필요가 있다.

프랑스의 유명한 사전인 '로베르' 사전에 의하면 이것들의 정의를 다음과 같이 하고 있다.

> "국어(langue)는 성공한 방언(dialect)이고, 사투리는 지위가 떨어진 방언이다. 그래서 방언은 더 이상 쓰지 않을 때 퇴화하며, 더 이상 쓰지 않으면서 방언은 다수의 변이로 분리되고, 소위 상류 사회에서 공통의 언어를 채택하기 위해 구어 용법에서 방언을 사용하는 것을 멈출 때 스스로 추락하여 와해 분리된다."

따라서 이 같은 정의에 의하면, 이미 앞에서 알아보았듯이, 라틴어의 와해 과정의 끝은 정확히 말해 작은 지역 말투 조각으로 나누어진 라틴어의 분리화에 따른 최후의 원자화되는 것이다.

그래서 (로망스)언어학에서 사투리라고 부르는 것은 이 작은 지역 말투들이며, 언어학적 관점에서, 예를 들어 프랑스 쥐라 지역 말투니, 아니면 이탈리아 사르디니아 섬 지역 말투니 하는 그런 것 등은, 비록 어떠한 명성도 없고 완전히 사라져 가고 있는 중이지만, 다른 어떤 국(가)어와 마찬가지로 역시 완벽한 로망스어의 한 고유어인 것이다. 그리고 어떠한 시골 말투들도, 비록 사람들이 그것들을 사투리라고 부르지만, 그 나름대로 언어 규칙이 있으며 때에 따라서는 문법 속에서 가르쳐진 언어들보다 훨씬 더 엄격한 규칙을 종종 가지고 있기도 하다.

그리고 실제적으로 옛 갈리아라고 불린 프랑스의 예를 보더라도, 14세기 이전에 프랑스에서는 지배적인 말투(혹은 언어)가 전혀 있지 않았으며, 많은 방언들만 있었다. 14세기 후에야 하나의 지배적인 말투, 즉 오늘날 프랑스 파리를 중심으로 한, 일-드-프랑스 지역 방언이 하나의 문학과 문장 언어가 형성되어 감에 따라 다른 방언들은 사투리가 되었다.

현실적으로 사투리나 대중 말투들은 소위 사람들이 방언들이라고 부르는 것과 함께 공존하고 있다. 자연스럽게 그것들의 차이를 찾을 수는 없다. 즉 차이점은 단지 그것들을 특징지우는 언어적 특색의 양과 질적인 차이 속에서만 존재하고 있다.

사투리(patois)에 비하여 방언(dialect)은 어떤 말투도 다른 것과 정확하게 비슷하지 않은 말투들이지만, 일부 언어적 특색을 공통점으로 갖고 있는 말투들의 전체 집합이라고 할 수 있다. 그리고 일부 이런 특색들은, 말하는 사람들의 귀에서와 마찬가지로 언어학자의 관점에서도 이것들이 갖는 중요성에 의해 질적으로 특권화 되어 있다.

한편 방언들 사이에서 그것들끼리 서로 비교해 정의하면, 한 개의 방언은 그것들을 결합하는 친족 관계에 있음에도 불구하고, 이웃한 말투와 구분되는 말투라는 인상을 주는 독특성들을 공통으로 갖는 집합체라고 할 수 있다.

2) 국어의 개념과 성립 과정

A. 국어의 정의와 방언

지금까지 앞에서 말한 것으로 알 수 있는 사실은 언어학적 관점으로 엄격하게 방언의 개념을 생각해보면, 방언은 글로 쓰이거나 안 쓰이거나 별로 중요하지 않다는 점이다. 그래서 문학 수단으로, 글로 쓰여진 방언을 사람들이 상대할 때가 되면, 바로 사람들이 하나의 방언에서 하나의 국(가)어로 인도되는 길 위에 이미 서있는 처지에 놓인 것과 같다.

그래서 국(가)어, 즉 한 국가의 언어를 정의하면, 앞에서 국어에 대하여 언급한 '로베르' 대사전의 정의, 즉 '국어는 성공한 방언이다'라는 정의가 아니라 한편으로는 '성공한 방언이 국어다'라고 정의할 수도 있다.

이 같은 정의에 따르면 한 예로 '벨기에 발롱 지방의 방언'으로 쓴 문학은 '발롱의 국어', 즉 발롱어란 말로 말해 질 수 있다.[1] 그러나 방언이 성공했다는 의미는 다소간 상대적 의미를 가지고 있다. 예를 들어 이탈리아 토스카나의 방언이 이탈리아 국어가 되는데 성공해서, 오늘날은 토스카나 방언이라고 말하지 않고 있지만, 반면 중세기에 토스카나 방언과 처지가 비슷했던 앙글로-노르망디의 방언과 피카르디의 방언은 이 방언들이 중세에는 문화적으로 매우 중요해 그 지위가 높았음에도 불구하고, 오늘날 이 언어들은 국(가)어 위치에 오르지 못하고 아직까지도 앙글로-노르망디 방언 또는 피카르디 방언이라고 말해지고 있는 것을 보면 알 수 있다.

한 방언은 일부 친족 관계가 있는 다른 이웃 말투들과 더불어 국어라고 명칭을 받을 수 있는 일종의 연합을 형성시키기도 한다. 또한 이런 일부 언어 친족 관계가 그 방언을 더 넓은 언어 공간의 내부에서 다른 이웃한 말투들과 결합하는데, 방언은 바로 이 더 넓어진 언어 공간 속에 포함된, 상대적으로 축소된 공간 안에서 기본적으로 구어체 언어로 남아 있게 된다. 그래서 이와 같은 예로 고대 그리스어를 들 수 있는데, 고대 그리스어는 결코 다른 것이 아닌 바로 그리스 방언들의 묶음이었기 때문이다.

B. 방언에서 표준어로 변천한 로망스어

방언의 개념과 비교하여 국어의 개념을 정의하는 것이 더 어렵다는 것을 알 수 있었다. 하나의 국가어, 즉 한 국가의 국어는 실질적으로 성공한 방언일 수 있다. 바로 우리들이 알고 있는 오늘날의 프랑스어나 이탈리아어 스페인어 등이 그러한 것들이며, 프랑스어는 프랑스 일-드-프랑스 지방의 방언에서 나왔으며, 이탈리아어는 피렌체을 중심으로하는 토스카나 지방의 방언에서, 스페인어는 옛 카스띠야 지방의 방언이 성공해서 나온 국어들이기 때문이다. 그러나 고대 남부프랑스어의 경우는 그러하지 못했으며, 이 언어는 한 지방의 방언에서 나온 것이 아니고 다양한 여러 방언들의 특징들이 집합적으로 형성된 표준어이기 때문에 더욱 그러했다. 그리고 다양

1). 왈롱어는 오늘날 벨기에 프랑스어를 말한다.

한 남부 프랑스어 방언들 사이가 횡적 체계로 만들어져있었으며, 오늘날까지 와서도 그런 상태에서 벗어나지 못해 남부프랑스어는 성공하지 못한 경우이다. 그리고 국가어의 개념을 적절하게 적용할 수없는 경우도 있다. 예를 들어 로망스어의 한 부류인 사르디니아어의 경우가 그러하다. 비록 사르디니아어가 성공하지는 못했지만, 그래도 언어학자들에 의해 별종의 언어처럼 여겨지고 있지는 않다. 왜냐면 사르디니아어의 경우는, 정치나 문화적 특색들, 즉 다시 말해 정치적 통일과 독립, 문화나 문학적 기능과 같은 특색들이 나타나거나 결핍되거나에 따라 국가어의 개념을 적절하게 정의할 수 없다는 것을 보여주고 있으며, 그런 예를 가지고 있는 언어이기 때문이다. 그리고 레토-로망스어도 사르디니아어와 같은 경우를 가진 언어라고 할 수 있다. 그러나 이와는 반대로 이 같은 국가어의 개념을 갖는 특색들은 스페인어나 이탈리아어 프랑스어에게는 유효하게 작용하고 있다.

그리고 또한 반면에 남부 프랑스어의 경우는 이런 경우도 아니다. 정치적 통일이나 독립은 제외되고, 단지 문화적 문학적 기능만 유효하게 작용하고 있는 경우가 바로 남부프랑스어의 경우다.

한편 스페인 동북부 지역의 카탈란어는 이것이 비록 독립한 국가의 언어는 아니지만 하나의 국어로써 남아있다. 또한 비록 오늘날 스페인 서북부 지역의 갈리시아어가 스페인이나 포르투갈 국가들이 형성되기 이전 시기인, 옛 초기 시절에 포르투갈어와 단일화된, 다시 말해 거의 포르투갈어와 똑같은 언어형태를 가졌고, 오늘날 갈리시아어 시인들의 언어도 일반적으로 그 당시의 포르투갈어와 구별되지 않게 쓰고 있음에도 불구하고, 오늘날 갈리시아어는 스페인의 한 방언처럼 여기고 있지만 반면에 포르투갈어는 국어 반열에 오른 지위를 가지고 있다.

결론적으로 한 국어는 순수하게 언어적 기준과 동시에 역사적, 정치적, 문화적, 문학적 등의 다른 부류의 요소들에 의해서 결정되어 질 수 있기 때문에, 방언으로써 로망스어들과 국어로써 로망스어들 사이의 차이를 정확하게 구분하게 하는 정확하고 유일한 기준은 결코 존재하고 있지 않다.

그러나 로망스어 각 언어에게 고유한 공통의 한 묶음의 특색들에 의해서, 정의된 로망스어, 즉 국어로써 로망스어가 존재하고 있음은 부인할 수 없지만, 만약 엄격한 언어학적 관점에서 사람들이 로망스어를 생각한다면, 로망스어 방언들을 말하거나 말했던 사람들의 운명에 따라 다양하고 희로애락적으로 특징지워진, 로망스어 방언들만 존재할 뿐이라고 하는 것이 더 타당한 말이 될 것이다.

2. 로망스어의 분류와 역사적 배경[2)]

다양한 로망스어를 국(가)어로든 방언별로든 구분하고 분류하는 것은 어렵다. 그러나 로마 멸망 후 라틴어가 분리되어 나온 로마 영역 내의 각 지방 별로 분포되어 있는 로망스어, 엄밀하게 말해 로망스어 방언들이 라틴어에서 나왔던 과정과 옛 로마의 영토를 생각한다면 구분하고 분류하는 것에 대하여 아주 쉽게 이해되어질 수 있다. 왜냐면 옛 로마 영역 안에 윤곽을 그을 수 있는 소위 말해 멸망 후 지리적으로 남아있는 '계속된 로마 영역'이라고 사실상 사람들이 불렀던 영역이 오늘날까지도 존재하고 있기 때문이다. 오늘날 로망스어 고유어들에 대하여 다양한 분류를 설명하는 것도 바로 이 지리적 영역에 의한 것이다.

그럼 여기서 라틴어가 분리된 후 옛 로마 영역에서 지역별로 독자 노선을 걸어 성장한 로망스어, 엄밀하게 말해 아직 국어로써 미처 성장하지 못한 시기에 존재하고 있었던 방언들에 대하여 분류한 것을 알아보자. 분류는 각 언어학자마다 차이가 있으며, 비록 약간씩 다르지만 대체적으로 다음과 같이 나누고 있다.

① 이탈리아 언어학자인 몬테베르디(A. Monteverdi)의 분류

ㄱ. 다코-일리로-로망스어 말투들

---

2) 여기서의 로망스어는 엄밀하게 말하면 국가어, 즉 국어로써 로망스어가 아니라 방언들로써 로망스어로서, 차후 이 중 일부가 국가어로써 발전해 오늘날 한 국가의 국어가 된 것임. 3장 3절 참조

ㄴ. 이탈로-로망스어 말투들
ㄷ. 갈로-로망스어 말투들
ㄹ. 이베로-로망스어 말투들

② 이탈리아 언어학자 딸리아비니(C. Tagliavini)의 분류는 앞의 몬테베르디의 분류를 대부분 받아들이고 있지만, 달마티아어를 몬테베르디는 다꼬-일리로-로망스어 말투에 포함시키는데 반하여 그와는 달리 딸리아비니는 달마티아어를 이탈로-로망스어에 포함시키고 있으며, 카탈란어를 몬테베르디는 이베로-로망스어 말투에 포함시키는데, 딸리아비니는 갈로-로망스어에 포함시키고 있다.

③ 프랑스 언어학자 벡끄(P. Bec)도 위와 대동소이하게 분류하고 있지만, 남부 프랑스지역 언어인 옥시따노-로망스어 그룹을 고유의 갈로-로망스어와 이베로-로망스어 중간 형태로 보고 있다. 그래서 옥시따노-로망스어는 이 때부터 중부 오크어와 북부 오크어, 가스코뉴어와 카탈란어 등을 포함하게 된다.

④ 영국 언어학자인 엘콕(W.D. Elcock)은 5개 그룹으로 나눈다.

ㄱ. 갈로-로망스어: 오일어와 오크어
ㄴ. 이베로-로망스어: 스페인어, 포르투갈어, 카탈란어
ㄷ. 이탈로-로망스어: 이탈리아어, 사르디니아어
ㄹ. 레토-로망스어
ㅁ. 발칸-로망스어: 루마니아어

이밖에 엘콕은 다른 학자들과는 달리 카탈란어를 갈로-로망스어와 유사한 것으로 여기고 있으며, 북부 이탈리아 지역의 언어들을 이탈로-로망스어와 갈로-로망스어의 중간으로 보고 있다.

⑤ 스위스 언어학자 바르트부르그(W. von Wartburg)는 거의 확

실하지 않은 하위적 분류를 포기하고, 로망스어 영역을 3그룹으로 나눌 것을 제안하는데, 프랑스어 그룹들과 루마니아어 그룹, 그리고 나머지 모두를 포함시키는 남부 지중해 언어들 그룹으로 분류하고 있다.

로마제국 영역내 식민지마다 정복된 시기가 각기 다르고, 로마인들이 진입하기 이전에는 각 지역마다 원주민들의 신앙, 언어, 풍습 등 문화면에서나 경제 및 행정 체계 등이 달랐다. 그리고 한편 각 식민지역에 로마 문화를 보급하는 매개체 역할을 하였던 당시 로마인들의 계층적인 차이 등으로 인하여 각 식민 지역마다의 로마화 과정은 각기 다른 양상으로 전개될 수밖에 없었다.

오늘날 이 같은 여러 로망스어들이 존재하게 된 연유로서는 이미 앞에서 알아보았듯이 로마문화의 보급 시기, 즉 로마인들이 각 식민지로 진출한 시기와 로마 문화를 각 지역에 보급한 사람들의 사회적 계층 등의 영향을 무시할 수는 없지만, 이에 못지않게 중요한 요소로서 로마인들이 진입하기 이전 그 지역에 거주하고 있었던 토착민들의 문화와 로마인들이 철수한 이후에 그 지역 주인이 되어 오랫동안 영향력을 행사하였던 민족이 끼친 문화적인 영향 또한 간과할 수 없다. 아래 도표가 그러한 것을 보여주고 있다.

결론적으로 위의 여러 학자들의 분류를 종합해보면 다음과 같다.

이베로-로망스어(Ibero-romance):

① 포르투갈어
② 스페인어
③ 카탈란어

갈로-로망스어(Gallo-romance):

①프랑스어
②오크어

구분 \ 지역	이베리아(Iberia)	갈리아(Gallia)	다키아(Dacia)
정복 시기	BC 201-219	BC91: Gallia cisalpina BC50: Galliatransalpina	AD 106-107
계 층	계급 의식이 있는 로마의 관리 계급층	문화 수준이 높은 상류 계층	로마 군인계급 및 여러지방에서 온 이주민
기 층 어 (substrat)	이베리아어, 켈트어, 바스크어	켈트어, 갈리아어	다코-게티아어
상 층 어 (superstrat)	아랍어	게르만어(프랑크어)	슬라브어

이탈로-로망스어(Italo-romance):
① 이탈리아어
② 레토-로망스어
③ 사르디니아어

발칸-로망스어(Balkan-romance):
① 루마니아어
② 달마티아어

이 분류를 보면 로망스어들 중에는 현재 한 국가의 국어로 사용되고 있는 5개의 언어, 즉 포르투갈어, 스페인어, 프랑스어, 이탈리아어, 루마니아어와 비록 한 국가의 국어로 사용되지는 않지만 개별 로망스어로 인정되고 있는 언어들이 있다. 이런 언어들은 중요성이 오늘날에 와서는 떨어지지만 아직까지도 중요 언어로 남아있는 형편이다.[3]

---

3) 4장 참조.

우선 이베로-로망스어와 갈로-로망스어 사이의 교량 역할을 해 온 카탈란어(catalan)와 오크어(occitan)를 들 수 있다.

카탈란어는 바르셀로나, 발렌시아, 알리칸테시를 포함하고 있는 이베리아 반도의 동해안 지방인 까딸루냐 지방에서 사용되는 언어로서 13-16세기에는 이 지방 출신의 문학가들이 대거 작품 활동을 벌린 까닭에 카탈란어가 문화적인 언어로 평가되기도 하였었다.

오크어는 남부 프랑스지역의 언어로써, 갈로-로망스어가 루아르강(Loire)을 경계로 크게 랑그도일(langue d'oïl)과 랑그독(langue d'oc)지역으로 구분되어 있어서 랑그독 지역의 언어이다. 즉 프랑스의 수도인 파리를 중심으로 한 수도권에서는 프랑시엥어(francien)가 사용되고 있었는데 반하여 프로방스 지방을 중심으로 하는 프랑스 남부 지방에서는 오히려 카탈란어에 가까운 오크어가 사용되어 오늘날까지 내려오고 있다. 그러나 오늘날 그 사용 지역의 범위가 점차로 축소되고 있다.

레토-로망스어는 이탈리아와 스위스의 알프스 산악지대에서 사용되고 있는 로망스어로서 언어 유형적인 관점에서 볼 때 프랑스어와 이탈리아어의 혼합 형태라고 말할 수 있다. 레토로망스어는 19세기 후반에 들어와서야 학문적으로 인정을 받게 되었다.

사르디니아어는 로망스어들 중에서도 가장 보수적인 성격을 지닌 것으로서 주로 사르디니아 섬의 중부 지방인 로구도로(Logudoro)와 남부지방인 캄피다노(Campidano)에서 사용되고 있다.

달마티아어는 이탈로-로망스어와 발칸-로망스어의 교량 역할을 담당하였던 언어였으며, 달마티아어의 최후의 화자인 안토니오 우디나 (Antonio Udina)가 1898년에 사망함으로써 오늘날 사어가 된 언어다.[4] 그러나 발칸반도에서는 로마인들이 가장 먼저 진입(BC 229) 한 곳의 언어로서 로마 문화와의 오랜 접촉으로 한때는 피우메(Fiume) 남쪽에 위치하고 있는 쳉크(Zengg)에서부터 북으로는 안티바리(Antivari: Bar)에 이르고 남으로는 카타로(Cattaro: Kotor)에 이르는 지역까지 사용되었던 언어이기도 하다.

---

4) 3장 2절 참조

1) 이베로-로망스어

이베리아 반도에서 가장 오래된 원주민으로는 인도-유럽어 민족이 이 지역으로 이주하기 이전부터 거주하였던 바스크족을 들 수 있으며, 그 후 청동기 시대에 북아프리카에서 이주해온 이베르족과 약 BC 9세기 경부터 중부 유럽으로부터 이주해온 것으로 추정되는 켈트족을 꼽을 수 있다. 바스크족은 이베리아 반도의 북서지방에 정착하여 살았고 이베르족은 반도의 남부와 동부지방에 거주하였으며 켈트족은 반도의 북부와 서부지방에 안착하였다. 이베르족과 켈트족의 경계지역에 소위 혼혈 민족인 켈트-이베르족이 형성되었고 이들은 반도의 고원지대를 점유하게 되었다.

로마 군대가 카르타고와 두 차례에 걸친 전투 끝에 BC 201년 이베리아반도의 남부 해안지대에 발을 들여놓게 되면서 이베리아 반도는 약 600년에 걸친 로마제국의 지배가 시작된다. 로마인들이 이베리아 반도로 진입한 경로는 크게 두 개로 구분되는데, 하나는 남부지방인 배티카(Baetica) 지방을 또 다른 하나는 동부 타라코넨시스(Tarraconensis) 지방을 거점으로 하는 경로이다. BC 197년 로마인들은 이베리아 반도를 '저편의 이스빠니아(Hispania ulterior)'와 '이쪽의 이스빠니아(Hispania citerior)'로 구분하였다. 이베리아 반도가 완전히 로마제국에 속하게 된 것은 아우구스투스 시대인 BC 19년에야 비로소 마지막 원주민들이 투항이 이루어짐으로써 이루어진다. 아우구스투스 시대 이후 이베리아 반도내의 로마 문화의 보급은 급진전하게 된다.

5세기 초 이베리아 반도는 수많은 게르만 민족의 침입을 받게 되는데, 그중 이미 기독교화되어 있었으며 로마 문화에 친숙한 서고오트족이 주위의 게르만족들을 평정하기 시작하여 507년에 이베리아 반도 톨레도를 거점으로 하는 왕국을 세워서 711년 아랍인들에게 패해서 이 지역을 물려줄 때까지 약 200년 동안 통치한다. 711년 타릭(Tariq) 장군이 이끄는 아랍군대가 지브랄타(Gibraltar: 아랍어로 Djebel al Tariq)에 처음 발을 들어 놓은 후, 전투에서 서고오트족의 왕이 지휘하는 군대를 무찌른지 불과 7년 만에 거의 이베리아 반도 전체는 완전히 아랍인들에 의해 정복된다. 그러나 이베리아 반도에서의 이슬람화 과정은 느린 속도로 진전되었으며, 이주해 오는 아랍인들과 더불어 이미 로마 문화에 동화된 기독교인들이 병존하게 되었다. 이와 같이 아랍인들의 지배하에 있었던 로마화된 기독교 주민을 모자랍(Mozarab)인들이라고 일컬었으며 그들이 사용하는 언어를 '모자랍어'라고 칭하였다.

이베리아 반도에서 아랍인들의 지배문화는 8세기 중반부터 11세기 중반까지 그 절정에 달한다. 1238년 이후는 오로지 그라나다(Granada)에 아랍인들 최후의 왕국을 구축하고 있다가, 11년이나 계속되었던 전쟁 끝에 '카스티야' 군대가 그라나다를 정복함으로써 아랍인들은 1492년에 완전히 이베리아 반도에서 물러가게 된다.

약 8세기에 걸친 이슬람 문화와 기독교 문화의 접촉으로 인하여 포르투갈어와 스페인어는 아랍어로부터 지대한 영향을 받게 되었다. 특히 군사적인 용어, 식물 명칭, 행정 용어나 학문이나 문화 분야에 많은 아랍어휘의 자취를 남겼다. 예로써 라틴어와 아랍어의 합성어인 'holgazán(게으른)'이나 강 이름 'Guadalupe' 등과 같은 어휘들은 당시 두 문화의 병존을 잘 나타내고 있다.

로마 문화를 계승한 기독교들이 이베리아 반도를 이슬람교도들로부터 재탈환하려는 운동은 722년 이베리아 반도 북부 지방에서 있었던 코바동가(Covadonga) 전투를 계기로 하여 오비에도(Oviedo)를 수도로 하는 아스투리아(Asturia) 왕국이 건립되면서 시작되었다고 볼 수 있으며, 이 때부터 이 지역에서 아랍인들의 지배가 느슨한 틈을 이용하여 로망스어를 모국어로 하는 5개의 소국가가 기독교들에 의해 건립되었다: 즉 북서부 지방에 갈리시아(Galicia)와 아스투리아스(Asturias), 북동부 지방에 나바로-아라곤(Navarro-Aragonia)와 까딸루냐(Cataluña) 그리고 북서부와 북동부 사이에 카스티야(Castilla)가 그것들이었다. 이들 5개 국가의 기독교들의 재탈환(Reconquista) 운동과 더불어 이 다섯 개의 방언들이 이베리아 반도 남쪽으로 확장되는 과정에서 북서부 지방의 갈리시아 지방 언어인 갈레고어(Gallego)가 포르투갈 지역으로 확장되었으며 북동부 지역의 까딸루냐 지방의 언어인 카탈란어(Catalán)와 중앙에 위치하고 있던 카스티야 지방의 언어인 까스떼야노어(Castellano)가 주축이 되어 오늘날 스페인 전 지역으로 발전하게 되었다.[5)]

2) 갈로-로망스어

로마인들은 이탈리아 반도의 북부 알프스지역을 '알프스 이전 갈리아(Gallia cisalpina)'로 오늘날의 프랑스 지역을 '알프스 넘어 갈리아(Gallia transalpina)'로 구분하였다. '알프스 이전 갈리아'는 BC 191년에 이미 로마제국의 관할 행정구역으로 편제되었고, '알프스 넘어 갈리아' 중에 남부 지중해 연안 지방(provincia Narbonesis)은 BC 121년에, 그리고 나머지 갈리아 전 지역은 BC 51년 시이저에 의해서 완전히 정복되었다.[6)] 시이저는 갈리아를 정복한 후 그의 종군 기록문인 '갈리아 전기(De bello Gallia)'에서 갈리아를 3지역으로 구분하였다.

① 아키타니아(Aquitania) : 피레네산맥과 지롱드 강(Gironde)과 가론느 강(Garonne) 사이의 지역으로써 로마 군대가 진입할 당시 이베로-바스크어족이 거주하고 있었던 지역.

② 리용 지방(Provincia Lugdunesis) : 라틴어 지명 루그두네(Lugdunne: 오늘날 Lyon)을 따서 일컬었으며 중부 갈리아 지역으로써 주로 갈리아족이 거주하고 있었음.

③ 벨기에(Belgia) : 갈리아의 북동부 지역으로써 당시 게르만화된 켈트족이거나 켈트화된 게르만족이 거주하고 있었음.

갈리아 지역에서의 로마 문화의 보급은 제국 내의 타 지방에 비해 매우 빠른 속도로 진전되었으며 갈리아 지방의 주요 기층어(substrat)였던 갈리아어가 라틴어에 의해서 완전히 밀려나게 된 시기는 4-5세기 경으로 추산된다.

---

5) 까스떼야노어는 오늘날 스페인어를 가르킨다.

6) 남부 지중해 연안지역은 당시는 Narbo로서 오늘날 프랑스 나르본(Narbonne) 지역임

《옛 갈리아지방의 언어 분포》

갈로-로망스어의 특성을 부여하는데 결정적인 역할을 담당한 장본인은 게르만족의 일파인 프랑크족이다. 250년 경부터 알레만족이나 부르군트족 등 여러 게르만 민족들이 갈리아 지방으로 이주하기 시작하여, 중부유럽에서의 패권을 서로 장악하기 위한 전투를 벌였다. 프랑크족도 4세기 중반에 오늘날 벨기에 브라방(Brabant) 지방에 정착한 살리에(Salier) 부족과, 5세기 중반에 쾰른 지방에 정착하였던 리퓌에르(Ripuaires) 부족이 서로 힘을 합쳐, 북부 갈리아 지방을 장악하면서 세력을 펼치기 시작하여, 5세기 말부터 6세기 초에 걸쳐서 갈리아 지역 내의 다른 게르만족들을 무찌르고 6세기 중엽부터는 갈리아 전 지역을 장악하게 된다. 그러나 프랑크족의 핵심지역은 마스강(Mass)과 모젤강(Mosel)을 잇는 선에서 중부 갈리아 지방의 루아르 강 사이였으며, 그 후 약 300년 동안 이 지역에선 프랑크족의 언어(Lingua Theddiska)와 갈로-로망스어가 병존하여 사용되었으나 결국은 로망스어만 남게 되었다.

특히 프랑크족의 중심 주거지역이었고 그들의 지배가 오래 지속되었던 솜므강(Somme) 이북지역에서 기독교와 로마문화가 근절될 정도로 프랑크 문화의 영향이 강하게 미쳤고, 솜므강과 센느강(Seine) 사이 지역에선 기독교와 로마문화가 생존할 수 있었으며, 센느과 루아르강(Loire) 사이 지역에선 프랑크 문화의 영향이 보다 약하게 미쳤다.

한편 루아르 강 이남에서는 418년에 툴루즈를 중심으로 서고오트족 왕국이 건립되어서 약 90년간 지속되었으나 507년 부이유(Vouille) 전투에서 프랑크족에게 패하고 이베리아 반도로 옮겨가 그곳에 톨레도를 수도로 하는 왕국을 세우게 된다. 이 서고오트족은 갈리아 지역으로 들어올 당시 이미 로마문화에 동화되어 있었으므로 갈로-로망스어에 별로 커다란 영향을 끼치지 못한 것으로 알려지고 있다. 따라서 중세부터 갈리아 지역에선 루아르 강을 경계로 하여 그 이북지역과 이남지역 간의 심한 언어적인 차이를 보이기 시작하게 되었다.

3) 이탈로-로망스어

아페닌 산맥을 주축으로하는 이탈리아 반도의 첫 번째 이주자에 대하여 역사상 입증하는데 논란이 많기는 하지만, 후에 고대 이탤릭 민족들에 의해서 시칠리아 섬으로 쫓겨가 이 섬의 원주민이 된 시쿨리(siculi)족을 제외하면, 크게 2부류의 고대 이탤릭 민족을 들 수 있다. 그 하나는 BC 12세기 경에 북쪽으로부터 이주해 와서 티베르(Tiber) 강 상류에서 아드리아 해안에 이르는 동부지역에 정착한 움부리아족과, 보다 더 남하하여 아풀리아(Apulia), 캄파니아(Campania) 및 루카니아(Lucania) 지방으로 흩어진 오스크족이며,

다른 하나는 이들보다 약 200년 후에 반도로 이주해와 중서부인 라티움(Latium)을 중심으로 하여 티베르 강 좌·우안에 정착한 팔리스코-라틴(Falisco-Latin)족이다.

한편 이탤릭 민족은 아니지만 인도유럽어족에 속해 있는 일리리아 민족이 BC 1000년 경에 아드리아해를 건너 아풀리아 지방 해안으로 정착하였고, 이와 비슷한 시기에 페니키아족이 시칠리아를 비롯한 주변 섬들에 그들의 거점을 확보하였다. 그들에 곧 이어서 고대 그리스인들이 남부 시칠리아로부터 아페닌 산맥 지역의 남해안지대로 이주하기 시작하였다. 동 알프스산맥 지역에서 BC 800년 경부터 아페닌 산맥 지역의 북부지방을 거쳐 중부지방까지 진입해 온 에트루리아족과, BC 500년 경 독일 동남부 지역에서부터 중부 유럽 전반에 걸쳐 대대적으로 민족 이동을 한 켈트족과, 인도유럽어 민족이 아닌 리구리아족이 북부이탈리아의 서부알프스 산악지대를 차지하게 되었다.

따라서 기원전 3-4세기 경 라틴족이 유럽 정복의 대장정이 시작하기 직전의 이탈리아 반도는 여러 민족들이 마치 춘추 전국시대를 방불케할 정도로 활거하고 있었다. 기원전 5세기 경 당시 중부 이탈리아 지역을 장악하고 있었던 에트루리아족으로부터 독립을 하게 된 라틴족은 BC 270년 경부터 남부 이탈리아 지역을 시작으로 BC 240년 경엔 시칠리아와 사르디니아 및 코르시카 섬들을 정복하고 BC 220년대에는 이미 북부이탈리아의 포 강 평야지대를 평정함으로써 그 세력을 떨치기 시작하였다.

이렇게 부흥하기 시작한 이탈리아반도에서의 로마는 결국 기원후 4세기말에 이르자, 이미 그리스 문화 영향권에 들어가게 된 동로마제국에 이어서 476년 서로마가 게르만민족에 의해서 정복됨으로써 로마제국는 멸망하였다. 로마가 멸망하자 이탈리아 반도는 여러 게르만족들의 활동 무대가 되었다. 5세기 중반 서고오트족, 5세기 후반 동고오트족, 6세기 후반 롬바르드족, 7세기 프랑크족, 8세기엔 노르만족 등에 의해, 이탈리아반도는 여러 게르만족들의 정복 및 침입의 무대가 되었다. 한편 250년 경 프랑스의 남서부 산악지대를 거점으로 하고 있다가 부르군트족에 의해서 스위스와 이탈리아의 알프스 산악지대로 밀려 그곳에 정착하게 된 알레만족은 오늘날 레토-로망스어를 유발케한 장본인으로 꼽을 수 있다.

4) 발칸-로망스어

로마인들이 발칸지역으로 발을 들여놓기 시작한 것은 BC 229년 현재 알바니아 지역인 뒤라치움(Dyrrachium: Durazzo: Durrës) 지방을 점령하면서 비롯된다. 그러나 그들의 관심은 북부 이탈리아지방(BC 223년)에 이어서 이베리아반도(BC 201)로 옮겨졌으며, 다시 발칸지역으로 발을 돌리게 된 시기는 아드리아해를 건너 일리리아 지역(오늘날 유고, 알바니아)로 진입했던 BC 33년이었다. BC 29년 모에시아(불가리아 북부)에 이어 10년 파노니아(오늘날 헝가리 지역) 및 AD 46년 트라키아(불가리아 남부)를 정복함으로써 다뉴브강 이남의 발칸지역을 차지하게 되었으며, 106년 다키아(Dacia)를 정복함으로써 로마제국은 사상 최대의 영토를 차지하게 되었다.

그러나 로마인들이 유럽 남동지역인 발칸반도로 진입하기 이전 이 지역 상황도 그리 단순하지는 않았었다. 발칸 반도의 남쪽을 차지하고 있었던 고대 그리스인들과 BC 3세기 초에 중부 유럽에서 발칸 반도를 경유하여 소아시아로 이동했던 켈트족이 사베강 어구에 집단을 이루고 있었던 것을 제외하면, 발칸 지역은 크게 두 인도-유럽어 민족들이 차지하고 있었다고 볼 수 있다 반도의 서부에는 BC 13세기 경 중부 유럽으로부터 이주해 와서 아드리아 해안을 거점으로 정착한 일리리아 민족이, 동부에는 그 이전인 BC 2000년 경부터 이주해온 것으로 추정되는 트라키아 민족이 거주하고 있었다. 알바니아인들의 조상으로 간주되고 있는 일리리아 민족과 트라키아 민족 간의 정확한 국경에 관하여 언급한 문헌은 없지만 대략 모라바(Morava) 강을 경계로 하였을 가능성이 많다.

한편 다뉴브강 이북에는 다키아(Dacia) 민족이 상주하고 있었고 뉴브강 하류인 흑해 해안가에는 트리키아 민족의 한 종족으로 알려져 있는 게티아(Getia) 민족이 자리를 잡고 있었는데 고대 그리스 역사가들의 사기에 의하면 다키아 민족과 게티아 민족은 언어가 서로 같고 공통적인 신앙을 믿고 있었던 것으로 전해지고 있다.

이러한 민족으로 구성되어있었던 발칸반도에서의 발칸-로망스어는 지역적인 여건으로 인하여 로마제국의 멸망 후 그 역사적인 운명과 더불어 타 로망스어들로부터 고립되었고 그 후 한동안 그리스 문화권에 속하게 되었으며 곧 이어서 이 지역으로 이주해온 슬라브 민족들과의 접촉으로 인한 슬라브 문화의 영향을 받게 되어 로망스어들 중에서도 독특한 언어적인 특성을 지니게 되었다.

발칸-로망스어로서 이탈로-로망스어와 다코-로망스어의 중간에 속해 있는 달마티아어는, 이미 앞에서 언급했듯이 1898년 리예카(Rijeka: Fiume) 시에 인접해 있는 크르르(Krk: Veglia) 섬에 살고 있었던 달마티아어를 말할 수 있었던 최후의 화자인 안토니오 우디나(Antonio Udina)라는 사람이 사망하게 됨으로써 달마티아어는 죽은 언어가 되었으며, 결국 루마니아어가 현존하는 유일한 발칸-로망스어로 남게 되었다.

3. 로망스어 개별 언어의 분류와 방언들

앞에서 로망스어 분류에서 보았듯이 문제의 복잡함과 이 분야 전문 언어학자들의 합의가 일치하지 않지만, 대체적으로 스위스 언어학자 바르트부르그의 관점에 따라 로망스어 그룹 방언 전체를 10-11가지로 나누어 살펴보면 다음과 같다. 즉 포르투갈어 그룹, 스페인어 그룹, 카탈란어 그룹, 프랑스어 그룹, 오크어 그룹, 이탈리아어 그룹, 레토-로망스어 그룹, 사르디니아어 그룹, 루마니아어 그룹, 달마티아어 그룹, 프랑코-프로방스어 그룹 등이다.

1) 포르투갈어 그룹

포르투갈 지역 언어들, 정확히 말해 포르투갈의 방언들은, 비록 오늘날 4개의 지역 방언으로 구분하고 있지만, 스페인어 방언들보다 훨씬 더 동질화되어있다.

La Coruña
Oviedo
Asturias
Lugo
Santiago
1
2
León
Pontevedra
Orense
Vigo
León
DIALECTS
GALICIAN
1. Western Galician
2. Eastern Galician
NORTHERN PORTUGUESE
3. Dialects of Trás-os-Montes and Alto Minho
4. Dialects of Baixo Minho. Douro and the Beiras
CENTRAL AND SOUTHERN PORTUGUESE
5. Central / coastal dialects
6. Central / inland and southern dialects
Viana do Castelo
Bragança
Braga
Zamora
Vila Real
3
Porto
4
Salamanca
Viseu
Aveiro
Guarda
Coimbra
5
0 km 100
Castelo Branco
Cáceres
Portalegre
Santarém
Extremadura
Badajoz
LISBOA
Setúbal
Évora
6
Beja
Andalucía
Sevilla
Huelva
Faro
Boundary of Galician / Portuguese
Portuguese / Spanish frontier (where different from above)
Dialect boundaries
Boundaries of Spanish regions
Cádiz

《포르투갈어 분포도》

첫째: 북부 지역 방언들로 서쪽의 '민오또 말투(falar minhoto)'와 동쪽의 '트라스몬따노 말투(falar trasmontano)'가 있다.

둘째: 중부 지역 방언들로 동쪽에 '까스뗄로 브랑꼬와 뽀르딸레그레 말투(falar do Castelo Branco e Portalegre)'와 '베이렝우 말투(falar beirão)'가 있고, 서쪽에 '바이수 보우가와 몽데고 말투(falar de Baixo Vouga e Mondego)'가 있다.

셋째: 남부 지역 방언들로 에스트레마두라(Estremadura), 알렝떼주(Alentejo), 알가르베(Algarve) 등과 같은 지역을 차지하며 포르투갈 절반 정도 차지하는 지역으로, 알렝떼주 말(alentejano)와 알가르베 말(algarvio)로 구분하고 있다.

넷째: 아소레스(Açores)와 마데레(Madère) 지역의 섬들의 방언들을 말하며, 이 방언들은 포르투갈 남부의 그것들과 많은 공통의 특징들을 가지고 있다.

그러나 앞에서 언급했듯이 포르투갈에서 이런 방언들은 매우 동질화 되어있으며, 이런 상대적 동질성은 포르투갈 왕국이 북쪽에서 남쪽으로의 움직임에 따라 기인한 것으로 설명되어지고 있다.

이와 같은 포르투갈 말투들의 그룹에, 이베리아 반도 서북부에 위치하고 있으며 옛 갈리시아 왕국의 영토 위에 살아있는 갈리시아(Galicia) 지역 말투들을 결합시킬 수 있다. 중세기에는 포르투갈 말투들과 갈리시아 말투는 거의 동질의 친밀한 관계에 있었으며, 포르투고-갈리시아어로 된 서정시들에 의해 화려하게 빛나기도 했었다. 그러나 오늘날은 정치적으로 갈리시아 지역이 스페인 영토에 포함되어 있어, 이런 정치적 이유가 오늘날 상호 두 개의 말투의 언어적 관계를 멀어지게 하는 요인으로 작용하고 있다.

2) 스페인어 그룹

스페인어 그룹 언어들, 즉 더 정확히 말해 스페인어 지역의 방언들은 카탈란어 지역과 바스크어 지역, 갈리시아어 지역을 제외한 스페인의 정치 행정적 영역에 있는 것들로 여러 개의 언어들이 존재하고 있다. 한 개의 방언으로써 스페인어 구조는 프랑스어나 이탈리아어 보다 훨씬 더 빈약하고 더욱 단일화적이었다. 그리고 오늘날 국가어로써 스페인어의 모체가 된 카스티야어도 역시 스페인 지역의 한 방언이었으며, 이 방언이 눈에 띄게 유리한 입장을 가진 것은 바로 스페인의 이슬람 세력권을 '재정복'하는 과정을 통해 이루어진 것이었다.

중세 시대에 아랍 지배 아래에 있는 스페인 지역에서는 로망스어 방언, 즉 '모자랍(mozarabe)'이라는 언어가 존재해 있었으며, 권위를 박탈당한 말투인 '모자랍'은 '재정복'이 진행됨에 따라 남쪽을 향

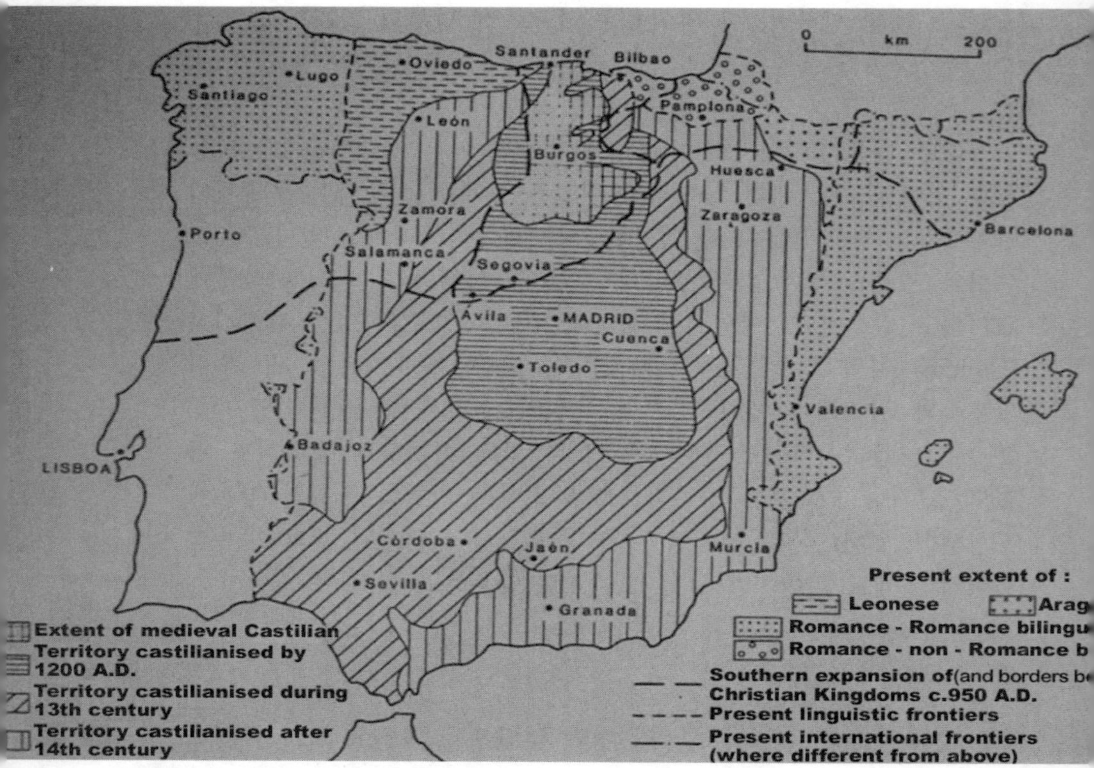

《스페인의 언어 분포 및 변화도》

해 점진적으로 카스티야어 사용자들에 의해 급속히 순화되었다.

오늘날 스페인어 지역의 방언들은 북부의 방언들과 남부의 방언들로 나누어진다. 우선 북부의 방언들로는 오비에도(Oviedo)를 중심으로하는 아스투리아스(Asturias) 지방의 아스투리아어(asturiano), 레온(León)을 중심으로 하는 레온 지방의 레온어(leonés),[7] 피레네 산맥 밑에 위치하고 있는 우에스까(Huesca) 지방을 중심으로 하고 있는 아라곤어(aragonés), 그리고 원래 부르고스(Burgos)를 중심으로 남쪽으로 확장해 내려와 오늘날 국가어로 성공한 카스티야어(castellano), 즉 다시 말해 '카스티야 지방 방언'도 여기에 속한다. 이 방언들은 이베리아의 통속 라틴어로 거슬러 올라가며, 문학적 용법으로도 사용되었었다.

그리고 특히 이베리아 반도 중심이 카스티야의 방언에 의해 점령당하면서, 1140년경 그 유명한 '시드의 노래'가 써진 것과 1241년 페르디난도 3세 왕의 명령에 의해 '비지고트왕국의 법률(Lex Visigothorum)'으로부터 파생되어 나온 스페인 기본 법전인 '푸에로 후스고(Fuero Juzgo: Forum Ludicum)'가 번역 된 것도 바로 당시의 카스티야 지방 방언이었다.[8]

한편 남부 방언들은 우선 안달루시아(Andalucía) 지방의 안달루시아어(andaluz)와 까나리아 군도의 말투들이있다. 남부 스페인의 방언들은 직접적으로 통속 라틴어로 올라가지는 않지만, 카스티야어의 지방적 분화들로부터 나온 것들이다.

그리고 또 하나의 스페인어 방언이 있는데, 15세기 말에 스페인에서 추방된 스페인의 유대인들은 그들이 피난한 북아프리카나 터키, 로드 섬(Rhodes)이나 마케도니아 등과 같은 곳으로 그들이 사용했던 스페인어를 가져갔으며, 유대인-스페인어라는 이름으로 알려진 이들의 고풍형태의 스페인어는 오늘날은 사라지고 있는 실정이다.

---

7) 레온 지방 언어는 자세히는 행정구역과 언어 구역의 경계가 일치하지 않고 있다.

8) 더 정확히 '시드의 노래'는 피레네 산맥 아래 지방인 나바라(Navarra) 지방과 아라곤 지방의 말투가 섞인 나바로-아라곤어 말투의 흔적도 있다.

3) 카탈란어 그룹

스페인의 카탈란 지방의 공식적인 경계는 수세기를 거쳐오면서 변해왔으며, 다시 바뀌고 있는 상태다. 오늘날에 와서도 정확히 카탈란어 지역을 정확히 지적하는데는 어려움이 있다. 카탈란어 지역을 보는데는 두 가지 방법이 있다. 넓게 보는 것과 좁게 보는 시각이다.

좁게 보는 시각의 스페인에서 카탈로니아 지방은 오늘날 스페인에서 까딸루냐(Catalunya)라고 불리는 자치 지구와 일치하고 있다. 약 32000 km²의 면적을 차지하고 있다.[9] 그것은 지중해 해변과 피레네 산맥의 동쪽 끝으로 형성된 이베리아 반도 북동쪽에 삼각형 모양을 하고 있는 지역이다.

넓게 보는 시각은 오늘날 카탈란어가 말해지는 지리적 영역을 말한다. 대부분의 카탈로니아 지방 사람들은 그 어떤 것보다도 언어로써 유대관계를 이루고 있다. 국가는 그들의 문화와의 결합으로 된 국민으로 만들어지기 때문이다.

오늘날 국가로써 카탈로니아의 경계선은 불가능하며 그곳의 주민수도 파악하는 것도 불가능하다. 1989년 유럽 통감에 의하면 카탈로니아 지방의 인구가 약 610만 명으로 나타나고 있고 스페인 전체에서 카탈란어를 말할 수 있는 사람의 수는 약 950만 명으로 나타나고 있지만, 약 700만 명만 정확하게 말하는 것으로 추정하고 있다.
카탈란어 사용 영역은 다음과 같다.

첫째: 프랑스에서 루시용(Roussillon) 지방과 세르다뉴(Cerdagne) 지방

둘째: 안도라(Andorra) 공화국

셋째: 스페인에서는 아라곤 영토 일부와 옛 까딸루냐 공국으로 바르셀로나(Barcelona), 헤로나(Gerona), 따라고나(Tarragona) 레리다(Lerida) 등과 같은 도시를 포함하고 있는 고유의 까딸루냐 지방, 그리고 발렌시아(Valencia)와 알리깐떼(alicante) 지방 대부분, 발레아레스 섬들(Islas Baleares)

---

9) 까딸루냐 지리연구소에 의함

《까딸루냐와 카탈란어 지역》

넷째: 사르디니아 섬에서 도시 알게르 지역으로, 이곳은 1353년 이 지역이 아라곤 왕국에 편입된 적이 있어서 그때 카탈란어가 수입되었기 때문이다.

그리고 까딸루냐 말투는 일반적으로 두 지역으로 구분하는데, 동부 지역과 서부 지역이 그것이다. 동부 지역에 속하는 것으로는, 바르셀로나, 헤로나는 물론 따라고나와 레리다 지방 일부에서 사용되는 소위 고유의 동부 카탈란어 비롯해 발레아레스 섬들의 말투와 루시용 지방 말투, 알게르 지방 말투 등이 있다. 서부 지역에 속하는 것은, 안도라, 스페인쪽 세르데뉴 지역, 레리다 지방 일부, 헤로나, 우에스까(Huesca), 사라고사(Saragossa), 가스떼욘 델 라 쁠란따, 따라고나 등지에서 사용하는 레리다 지방 말투, 그리고 가스떼욘 델 라 쁠란따 지방 일부, 발렌시아, 알리깐떼 등지에서 사용하는 발렌시아 말투 등이 있다.

근대에 와서 문법 학자 뽐뻬우 파브라(Pompeu Fabra)에 의해 표준화된 카탈란어는 안도라 공화국의 공식어이기도 하다. 즉 공화국 정부의 공식어임은 물론 과거 스페인에서 프랑코(Franco) 지배 시절까지 '까딸루냐의 대중(Generalidad de Cataluña)'의 공식어였으며, 프랑코 시절 그의 전제주위적 발상으로 전 스페인에서 스페인어 외에 다른 언어를 사용하지 못하는 독재적 조치로 일시적 핍박을 받았으나 그의 체제가 무너진 후 다시 카탈란어는 그 모습을 찾았으며, 그 후 후안 카를로스 체제와 더불어 자치구역이 된 까딸루냐의 공식어로 그 지위를 다시 얻게 되었다.

4) 프랑스어 그룹

프랑스어 그룹, 더 정확하게 말해 오일어의 방언들은 갈로-로망스어 영역의 북부 지역을 차지하고 있다. 즉 이 언어 집단은 정치적 영역으로 프랑스 북부 지역으로써, 서쪽으로 브르따뉴 지방과 프랑스 북쪽의 됭께르끄(Dunkerque)나 하제브루크(Hazebrouck)가 위치하고 있는 플랑드르 지방 북쪽 극단 지역을 제외시키며, 여기에 프랑스 동부의 알자스 지방과 로렌 지방 일부도 제외시킨, 나머지 프랑스 북부 전 지역에 있는 언어 그룹이다. 그리고 또한 프랑스 밖에서는 벨기에 남부 발로니(Wallonie) 지방과, 앙글로-노르망디 섬들인 제르세(Jersey), 게른제(Guernesey)를 비롯해, 스위스 베른 지방의 쥐라 지역의 큰 영역을 포함시키고 있다.

프랑스어 집단에 속하는 여러 방언 언어들의 경계를 정확히 설정하기는 어렵다. 보통 15개 정도의 언어들을 인정하고 있는데, 일반적으로 옛 프랑스 지방이름을 따른 것이며, 큰 영역으로 다시 재분리시킬 수 있다. 즉 다시 말해 프랑스 북부 노르망디어 일부와 피카르디 지방의 피카르디어(picard); 프랑스 북서부 남부노르망디

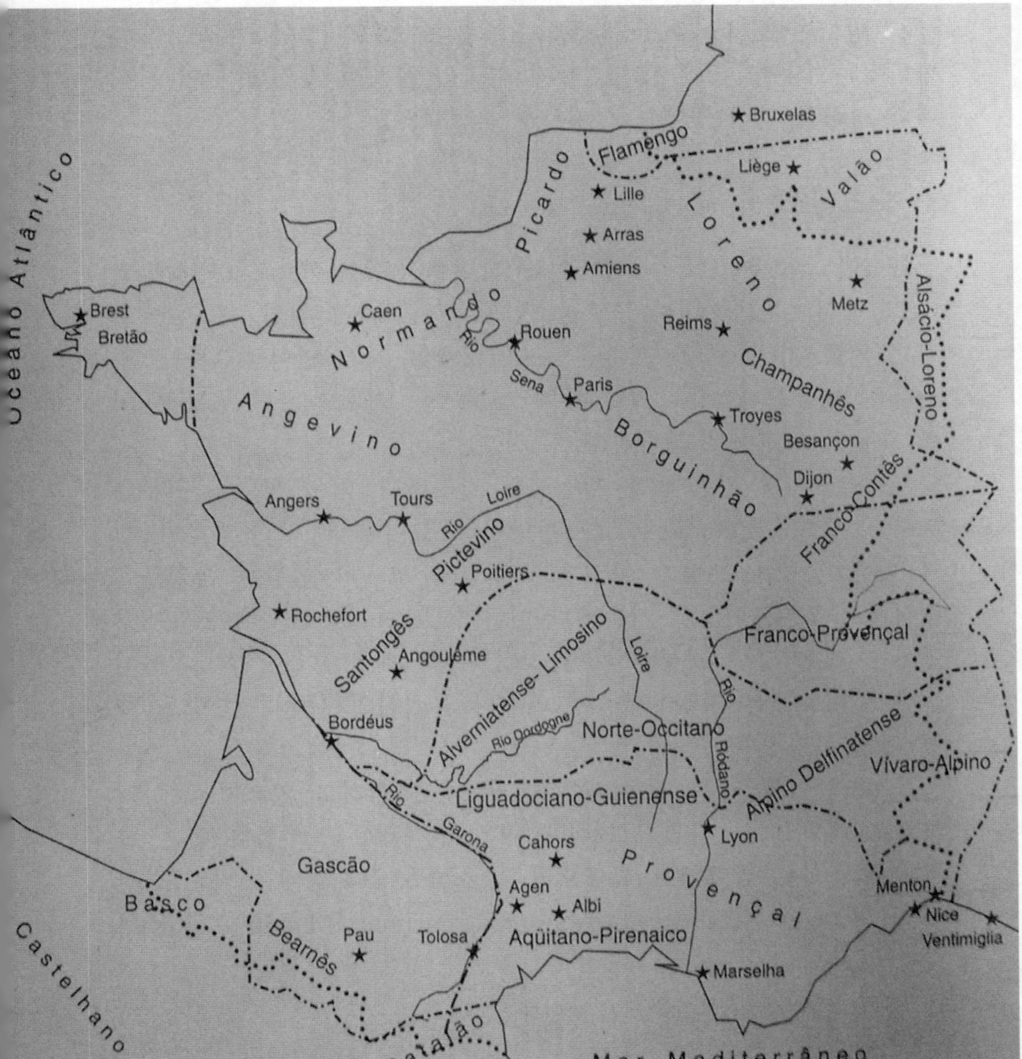

《프랑스의 언어 분포도》

지방의 노르망디어, 갈로어(gallot)[10], 투렌어(tourangeau), 앙주어(angevin); 북동부에 발롱어(wallon); 동부에 로렌어(lorrain); 남동부에 프랑슈-꽁뜨어(franc-comtois), 부르고뉴어(bourguignon), 부르봉어(bourbonnais); 남서부에 생똥쥬어(saintongeais), 뿌아뚜어(poitevin), 베리어(berrichon); 중부에 샹빠뉴어(champenois), 일-드-프랑스어(francien)[11] 등으로 나누고 있다. 이런 방언들에다가 1066년에 정복왕 윌리엄 1세에 의해 영국으로 들어가게 된 앙글로-노르망디어(anglo-normand)를 첨부할 수 있으며, 이 앙글로-노르망디어는 12세기부터 15세기까지 영국의 문학과 행정에 있어서 위대한 명성을 가진 언어로써 행사를 하였다.

5) 오크어 그룹

오크어 그룹은 모든 로망스어들 사이에서 위치적으로 중간에 있다. 그래서 이것에 대하여 로망스어의 교차로라고 말할 수 있는 그런 위치를 가진 로망스어이다. 크게 2개의 지역 언어로 나누는데, 하나는 프랑스 남서부 지역의 가스코뉴어, 그리고 프랑스 남부 지방 고유의 오크어로 분리한다.

가스코뉴어도 많은 하위 방언들로 갈라지며, 하위 방언들 일부는 프랑스 랑그독(Langue d'oc) 지방의 오크어와 매우 유사하며 그 외 다른 것들은 프랑스 아키텐느 지방의 고유의 독특한 특징들을 축적하고 있다. 이것들 가운데 베아른어(Béarnais), 즉 베아른 지방 언어는 매우 강한 개성을 가진 것이다. 즉 베아른어는 18세기까지 문장 언어로 남아있었으며, 이 언어의 공식적인 사용은 프랑스 혁명 때에 사라졌다.

가스코뉴어 영역은 옛 아키텐느 지방을 포함하고 있으며, 로마의 시저도 이 언어가 다른 갈리아 지역과 언어적으로 다름은 물론 습관과 법률과도 다르다고 말했으며, 가스코뉴어의 경계는 가론느 강을 삼고 있었다(Gallos ab Aquitanis Garunna flumen dividit)고

---

10) 켈트어에 속하는 브르통어(breton)가 아님

11) 보통 프랑시엥어라고도 함

말한 그런 언어이다. 그래서 가스코뉴어 영역은 대체적으로 대서양과 피레네 산맥, 뚤루즈Toulouse까지 이어지는 가론느 강을 경계로 삼고, 계속해서 아리에쥬 지역으로 나아가 점진적으로 서쪽으로 멀어지면서 피레네 산맥에 도달한다. 그리고 가스코뉴 말투를 사용하는 '아랑 계곡(Val d'Aran)'를 거쳐 스페인으로 들어간다.

소위 고유의 오크어는, 단테에 의해서는 랑그독(langue d'oc)이라고 불리고, 중세 음유시인들 사이에서 그들 스스로는 흔히 자주 리무젱어(limousin)라 불리거나, 최근의 로망스어 학자들에게는 프로방스어(provençal)라고 불리면서, 중세 음유시인들의 언어가 오늘날까지 내려 온 그런 언어그룹이다.

오크어의 고유 영역은 남쪽으로는 카탈란어와 남서쪽에서는 가스코뉴어와 이웃하고 있다. 오늘날의 경계는 지롱드 강 선상지부터 남쪽으로 강 뚝을 따라가 다시 상류로 향해, 서쪽으로 앙굴렘(Angloulême)을 두고 북쪽으로 올라간다. 계속해서 리무쟁 지방과 오베르뉴 지방을 포함시키며 샤뗄동(Châteldon)에서 프랑코-프로방스어와 만난다. 그리고 계속해 발랑스(Valence) 아래에서 론느(Rhône)강을 가로지른 후, 그르노블(Grenoble) 위를 살짝 지나 알프스 산맥에 도달하며, 여기서 오크어는 정치적으로 프랑스가 아닌 이탈리아 영토로 가볍게 침범해 들어가 결국에는 다시 남쪽으로 향해 프랑스와 이탈리아 국경과 합치면서 끝난다.[12)]

프랑스어 언어학자인 삐뇽(J. Pignon)에 의하면, 오크어는 11세기와 12세기 초기에는 프랑스 뿌아뚜(Poitou) 지방 일부, 특히 최초의 음유시인으로 알려진, 아키텐느 공작, 길렘 드 뿌아띠에르(Guilhem de Poitiers)가 살았던 이 지방의 수도, 뿌아띠에르의 언어였다는 것을 보여주고 있어, 이 당시에는 이 지방도 오크어 영역이었다고 추측하게 하고 있다.

고유의 오크어는 두 개의 영역, 즉 북부 오크어 지역과 중부 오크어 지역으로 나누고 있다. 북부 오크어 지역은, 대체적으로 도르도뉴 강 위쪽에 위치한, 꼬레즈, 오뜨-비엔느, 크뢰즈 등의 프랑스

12) 그르노블 지역인 '드락 계곡(vallée du Drac)'에서는 최근까지 오끄어 방언을 말하고 있었다.

의 여러 '도(Département)'에서 사용되는 리무쟁어; 북부 깡딸(Cantal), 쀠이-드돔(Puy-de-Dôme), 오뜨-루아르(Haute-Loire) 등과 같은 도에서 사용하는 오베르뉴어(auvergnat); 그리고 야르데슈(Ardéche), 드롬(Drôme), 오뜨-알프(Hautes-Alpes), 북부 바스-알프(Basses-Alpes) 등과 같은 도에서 사용하는 알프스 프로방스어 등으로 구성되어있다.

중부 오크어 지역은, 프로방스 지방, 브네셍(Venaissin) 백작령, 니스, 론느강 위에 위하고 있는 님므(Nîmes)와 위제스(Uzès) 말투들을 포함하고 있는 프로방스어와, 그리고 카탈란어, 가스코뉴어, 북부 오크어, 프로방스어 등으로 둘러싸여 그 중앙에 위치하고 있는 랑그독어(languedocien)로 구성되어있다.

중부 오크어와 특히 베지에르(Béziers), 로데(Rodez) 뚤루즈의 영역의 랑그독어 방언들은, 중세기의 고전격인 오크어부터 내려온 가장 보수적이고 가장 덜 변화된 말투들이다. 15세기까지 오크어는 남부 프랑스 오크어 영역에서 법률 언어와 행정언어로써 사용되었을 만큼 그 위세가 높았던 언어였었다.

최근에 공공 교육에서 이 언어 위치를 인정하고 공식적으로 언어의 위치를 찾아가려고 하고 있다. 이와 더불어 이 언어는 19세기이래, 알려지지 않은 소수 언어의 위치를 보이고 있는 핸디캡에도 불구하고 확장해 나가는 문화적 르네상스를 맞고 있다.

6) 이탈리아어 그룹

스페인어와 포르투갈어 지역들의 말투와는 대립적으로, 이탈리어 그룹에 속하는 말투들은 극단적으로 매우 다양하다. 보카치오의 작품을 거의 700개의 방언으로 번역할 수 있었다고 할 정도로 이탈리아 내에서 언어가 매우 다양하게 존재하고 있었으며, 그 만큼 방언이 아주 많이 존재하고 있었다.

그리고 이탈리아어 지역에서 다양한 언어들은 아주 뿌리가 깊고 생명력이 강하다. 프랑스에서 순수 프랑스어 지역이었던 북부 프랑스 지역 말투들은 국가어가 된 프랑스어,즉 일-드 -프랑스어(프랑

GERMANY
Basel
Zürich
BERN
SWITZERLAND
LIECHTENSTEIN
AUSTRIA
Graz
BUDAPEST
HUNGARY
(R-Romance)
(German)
(Ladin)
(Franco-Provençal)
(Friulan)
(Slovene)
Ljubljana
Zagreb
Lombardo
Milano
Piemontese
Torino
(Occitan)
Veneto
Venezia
Verona
Padova
Trieste
Rijeka
Istriano
Pola
(Serbo-Croat)
YUGOSLAVIA
Ferrara
Bologna
Emiliano-Romagnolo
Ravenna
Rimini
Ligure
Genova
La Spezia
Nica
Firenze
Toscano
Livorno
Ancona
N. Marchigiano
Perugia
Umbro
Split
Dubrovnik
Corso
Ajaccio
Abruzzese
Pescara
L'Aquila
Laziale
ROMA
SC
A
Molisano
Foggia
FP
Campano
Bari
Pugliese
Napoli
Brindis
Taranto
Salentino
G
Lucano
N
Catalani
(Sardinian)
Cagliari
Ligure
Calabrese
Messina
Palermo
Siciliano
Reggio
Istriano Italian dialects
(Sardinian) Neighbouring languages
A Albanian
G Greek
SC Serbo - Croat
FP Franco - Provencal
N Northern Italian
(linguistic islands in S. Italy)
Siciliano
Boundary of Italian-speaking area
International frontiers (where different above)
Boundary between Northern and Southern Italian dialect blocs
Boundaries of dialect groups
(Maltese)
0 km 200

《이탈리아의 언어 분포도》

시엥어)를 제외하고는 사라지고 있는 실정인데, 이탈리아의 다양한 언어들, 특히 북부 이탈리아의 다양한 언어 말투들은 아직도 교양 있는 사회 계층에서 조차 종종 말해지고 있으며, 전 이탈리아를 통해서 그것들의 방언 문학도 오늘날 아직까지도 중요하게 자리잡고 있다.

보통 이탈리아 말투들을 언어학적으로 3개의 지역으로 나눈다.

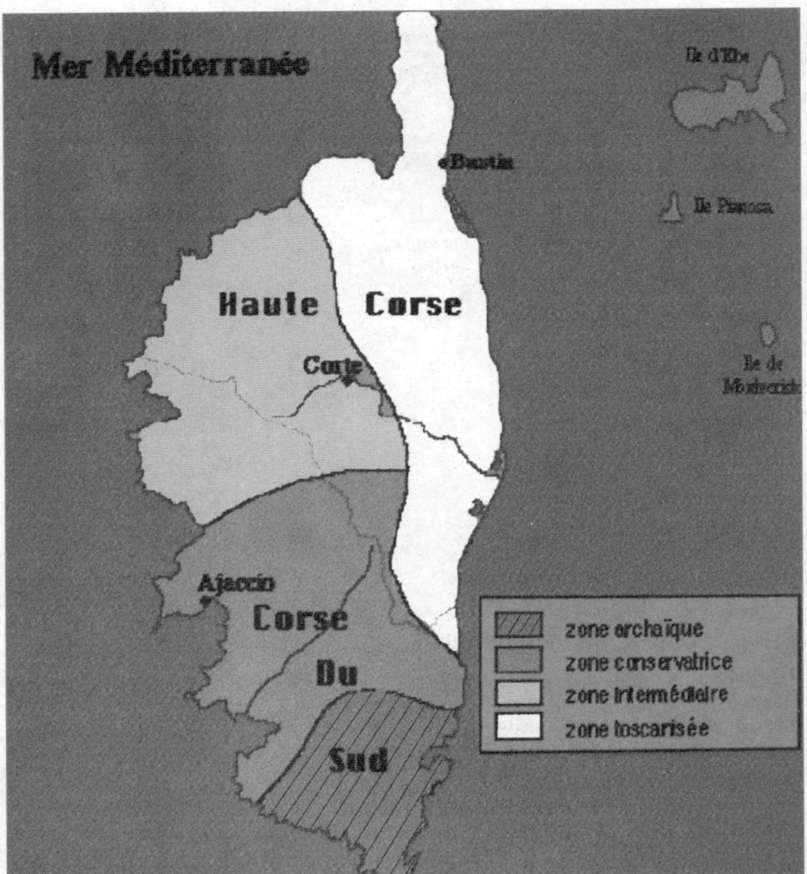

《코르시카에서 언어 분포》

첫째가 피에몬테(Piemonte), 리구리아(Liguria), 롬바르디아(Lombardia), 에밀리아-로마냐(Emilia-Romagna) 등의 말투들을 포함하는 갈로-이탈리아어 그룹, 그리고 좀 더 동북부쪽으로 위치하고 있는 베니치아어, 그리고 더 아래쪽으로 위치하는 이스트리아어 등 3개로로 구성되는 북부 언어(방언) 그룹

둘째가 중앙에 피렌체어를 가지는 토스카나 방언들.

셋째가 이탈리아 중부와 남부 지역의 언어들 그룹으로 이 그룹은 그 자체가 다시 3개의 하위 그룹으로 나누어진다.

즉 마르께(Marche), 움브리아(Umbria), 로마(Lazio) 지역의 언어 그룹, 아브루쪼(Abruzzo), 북부 뿔리아(Puglia), 몰리제(Molise), 캄파니아(Campania), 루카니아 지역의 언어 그룹, 그리고 깔라브리아(Calabria), 시칠리아(Sicilia) 지역의 언어 그룹이 그것들이다.

코르시카 말투는, 일부 언어학자들과 오늘날 코르시카의 학자들이 코르시카 말투에 관하여 말하고 있지만, 일반적으로 토스카나 언어와 친족적인 것으로 여기고 있다.

그리고 북부에서 피에몬테 언어와 리구리아 언어는 미세한 정도지만 이탈리아어 그룹의 말투들과 오크어 그룹의 말투들 사이의 중간과정의 특색을 보여주고 있다.

7) 레토 로망스어 그룹

레토 로망스어는 알프스 로망스어라고도 하며, 스위스 그리종(Grisons) 지방과 아드리안해에 있는 트리에스떼(Trieste) 시까지 이어지는 알프스 사이에 위치하는 알프스 계곡들을 차지하고 있다. 게르만족 이주하기 전에, 이 말투들은 모든 저지대 알프스 평원들에서 토착어, 즉 본토박이 말이었으며, 갈리아 지역 쪽 경향이 강한 언어들이다.[13)]

---

13) 이 저지대 알프스 평원들은 로마 제국 때 속주로써 라에띠아(Raetia) 주와 노리꿈(Noricum) 주였다.

이 말투는 대체적으로 고립된 3개 그룹으로 나누어진다.

첫째는 서쪽 그룹으로 스위스 그리종 지방에 있는 것들로 쉬르셀벵 언어(surselvan)와 앙가딘 언어(engadinois) 등으로, 이 두 개의 주요 변이 형태를 갖고 있는 로몬츠romontsch, rumantsch) 말투들의 그룹이다.[14)]

둘째는 중앙 그룹으로 이탈리아 돌로미띠(Dolomiti) 지역에 라딘어(ladin) 말투들로 구성된 그룹이다.

셋째는 동쪽 그룹으로 이탈리아 동북쪽 끝에 위치한 우디네(Udine) 시를 중심으로 형성된 프리울리(Friuli) 지역의 프리울리어(frioulan)이다.

1938년 로몬츠 언어는 스위스에서 4번째 국가어, 즉 국어로 인정되었으며, 그것으로 교육을 하고 있다.

《레토 로망스어 분포도》

14) 루만츠라고도 불림

8) 사르디니아어 그룹

사르디니아 그룹은 오늘날 스페인의 까딸루냐(Cataluña) 지역 언어, 즉 까딸루냐어(카딸란어)를 사용하는 알게르(Alguer) 섬과 제노아 지역 언어를 사용하는 두 섬 깔르로-포르떼(Carlo-Forte)와 깔라세따(Calasetta) 섬들을 제외한 사르디니아 섬 영역을 차지하는 언어그룹이다.

《사르디니아 섬의 언어 분포도》

사르디니아에서 말해지는 언어들(방언들)은 4가지 그룹으로 나누어진다. 우선 두 그룹은 북부의 사사리(Sassari) 지방과 그 가까운 그 주변 말투 그룹이며 또 다른 하나는 갈루라(Gallura) 지방어이다. 이 두 그룹에 속하는 말투들의 형태나 구문 어휘 등은 이탈리아에서 온다. 그래서 일부 로망스어 학자들에 의하면 이들 2개 그룹언어들을 사르디니아 언어 그룹이 아니라 이탈리아어 그룹, 더 정확히는 토스카나 지역 언어에 첨가시키기도 한다.

이 두 지방의 오랜 옛 문서들은 아주 순수한 사르디니아 언어로 작성되었으며, 12세기부터 이탈리아 반도의 토스카나 지역 언어에 의해 침입을 받았다. 그리고 갈루라 지방의 말투는 남부 코르시카 지역 언어 형태이다. 즉 옛부터 그런 것이 아니라 16세기 말부터 정착된 코르시카 사람들의 이주로 인하여 그렇게 된 것이다.

한편 나머지 두 그룹은, 위의 두 그룹과는 달리 순수 사르디니아의 고유 지역 언어들의 변이들로써, 섬의 중앙에 로구도리아어(logoudorien) 와 남부의 깜뿌다니아어 (campidanie)이다. 로구도리아어는 탁월한 사르디니아어로써 여겨지고 있으며, 문학에서도 빛나는 사르디니아어라고 칭해질 정도로 이용되는 말투이다.

9) 루마니아어 그룹

습관상 루마니아어 그룹은 크게 넷으로 구분한다.

첫째는 오늘날 크로아티아에 있는 리에카(Rijeka: 또는 이탈리아어로 피우메Fiume) 시에서 멀지 않은 곳에 위치하는 동부 이스트라(Istra) 지역에 수천명의 사용자를 가진 이스트로-루마니아어 방언

둘째는 그리스 테살로니아(Thessaloniki) 시 북쪽으로 위치한 지역에서 수천명의 사용자를 가지고 있는 메글레노-루마니아어(mégléno-roumain)

셋째는 특히 그리스 북부 지역에서 많으며, 유고슬라비아, 불가리아, 알바니아 등지에서 약 35만명 정도의 사람들에 말하

고 있는 마케도-루마니아어(macédo-roumain 혹은 아루마니아어 aroumain라고도 함)

넷째는 다뉴브 강 북쪽에 있는 근본적인 루마니아어인 다코-루마니아어(daco-roumain) 등이 그것들이다.

다코-루마니아어는 약 2300만 명에 의해 말해지고 있으며, 이 인구의 대다수는 오늘날 루마니아에 살고 있지만, 나머지 소수로써 구 연방 유고슬라비아의 바나트(Banat) 지역과 루마니아와 경계 지역에 위치하고 있는 헝가리와 불가리아의 약간의 마을들에서 살고 있다. 그 밖에 440만 명의 다코-루마니아어 사용자들이 우크라이나와 특히 몰도바 공화국에 살고 있다. 게다가 다코-루마니아어는 드니에스테르(Dniester) 강 너머까지도 퍼져있다.

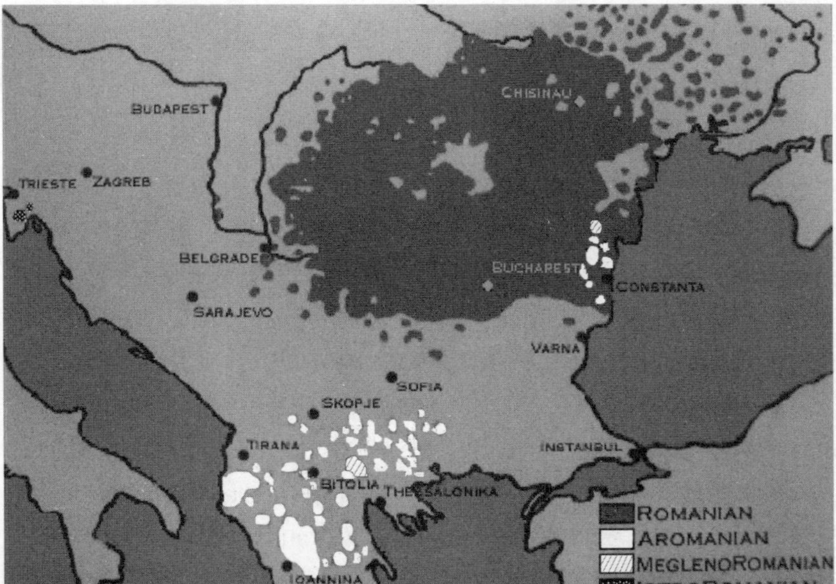

《루마니아어 분포도》

그리고 언어학에 따른 언어 정체성에 대하여 정당함을 인정하지 못하고 있는 몰도바 공화국은 기본적으로 정치적 동기 때문에 공식적으로 몰도바어의 존재를 공식적으로 인정하지만, 실제적으로 이 몰도바어는 몰도바 방언을 아주 가볍게 가미한 문어체 루마니아어의 잡종 형태에 지나지 않는 언어이다.

10) 달마티아어 그룹

달마티아어 말투들은 오늘날 크로아티아에 위치하고 있는 벨리아(Veglia) 섬(유고어로 크르크 Krk) 지역과 자다르(Zadar), 스플리트(Split). 두브로브니크(Dubrovnik) 도시 등과 같은 곳에서 확인되었으나, 오늘날은 사라진 언어다. 앞에서 이미 언급했듯이 조사에 의하면 달마티아어를 말하는 최후의 벨리아 사람이 1898년에 죽었다고 알려져 이 언어는 오늘날 사라진 로망스어로 남아있다. 그래서 달마티아어 영역 중 로망스어 영역은 베네치아어에 의해서 흡수되고, 슬라브어 영역은 크로아티아어에 의해 흡수되고 말았다.

11) 프랑코-프로방스어 그룹

프랑코-프로방스어는 이탈리아의 피에몬테 지방어와 스위스의 알레만어와 북부 프랑스의 오일어와 남부 프랑스의 오크어 등이 접촉해 있는 지역의 언어 그룹으로서 별개의 로망스어 그룹으로 인정하는데 있어서 학자들 사이에 의견이 분분하다.

프랑스에서는 리용 서쪽에 위치한 포레(Forez) 지방과 도피네 지방, 사부아 지방 등의 지역 대부분과 프랑슈-꽁떼(Franche-Comté) 지방 남부 일부에서 사용되었거나 아직도 사용하고 있으며, 스위스에서는 스위스 프랑스어 사용지역(suisse romande)으로 뇌샤뗄(Neuchâtel), 프리부르(Fribourg), 보(Vaud), 쥬네브(Genève), 발레(Valais) 등과 같은 주에서 사용되었거나 사용하고 있다. 그리고 이탈리아에서는 '아오스따 계곡(Val d'Aosta)'에서 사용하고 있다.

이 말투들도 크게 두 지역으로 나눈다. 첫째는 스위스 보, 발레 등의 주들과 프리부르 주와 뇌샤뗄 주 대부분을 차지하고 있는 북부 지역과 그리고 쥐라 산맥과 방언 분리가 두드러지게 나타나고 있는 독일어 영역으로 고립된 지역 등이 있으며; 둘째는 쥬네브나 그라노블 특히 리용과 같이 대도시들이 위치하고 있는 중부 지역이다. 그리고 둘째의 이런 대도시들은 중세기에 리용 말투를 근간으로 하여 상대적으로 통일된 필사체를 형성시킴은 물론, 당시 일종의 '도시의 언어'로 발달하기도 했었다.

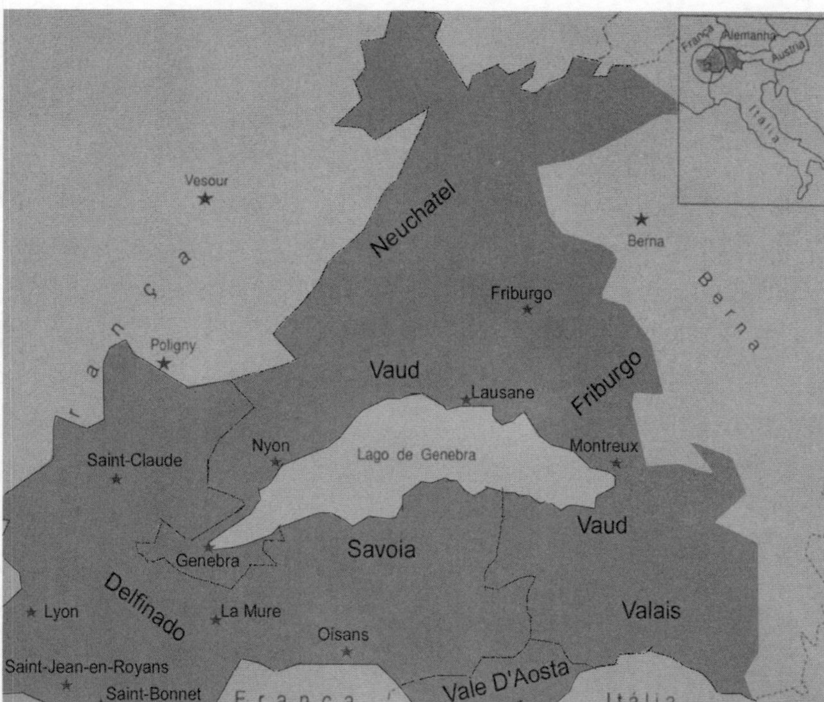

《프랑크-프로방스어 범위》

제4장
로망스어 개별 언어의 모습과 특징

역사의 변천과 순환은 로망스어들로 하여금 똑 같은 운명을 갖도록 허락하고 있지는 않다. 앞 절에서 언급한 수많은 종류의 로망스어들 중에서, 달마티아어 같은 것처럼 과거에는 명성을 가지고 있었지만 도태하여 이미 사어가 된 것도 있으며, 반대로 다양한 진전을 거듭하는 과정에서 생존경쟁에서 성공함으로써 오늘날 일개 국어로 자리매김하게 된 로망스어들도 존재하고 있으며, 한편 오크어와 같이 그것의 독창성에 의해 방언이 아닌 국(가)어로 지위에 오를 정도로 과거에 명성이 있었고, 국어로서 지명받을 만했었지만 오늘날은 한 지역 방언으로 몰락하게 된 것들도 있다.

1. 한 국가의 국어로 자리 잡은 로망스어

1) 포르투갈어

A. 포르투갈어와 갈리시아어

포르투갈어는 고대 로마 제국의 식민지였던 이베리아 반도의 북서부 지방인 오늘날 스페인영토인 갈리시아(Galicia) 지방에서 사용되었던 언어가 남쪽으로 확장되는 과정에서 형성된 언어이다. 갈리시아 지방이 1094년에 뽀르또(Porto)를 중심으로 설립되었던 백작령을 흡수하였으나 곧 1139년부터 정치적으로 이곳이 갈리시아(Galicia)와 분리되었고, 곧 이어 1147년에는 리스보아(Lisboa)와 그 후 1250년에는 알그라베(Algrave)로 확장되어나가면서 오늘날의 포르투갈이 형성되어 그 언어가 지속되어 내려온 결과다.

그러나 근대 포르투갈 문학어의 형성에 있어서, 비록 그런 과정이 이슬람 영역의 재정복 과정에 따라 부분적으로 조건에 제약을 받았지만, 그럼에도 불구하고 스페인어의 형성과는 아주 다른 특징을 보여주고 있다.

무엇보다도, 아주 오래된 시기에 포르투갈 말투들과 갈리시아 말투들과 친근하게 동질의 관계가 있었던 갈레고-포르투갈어 (gallegoportugues)에 기원을 둔 포르투갈어는, 이 초기의 통일성을 깨트리면서 명확하게 특화되어 나갔다. 그러나 정치적 독립과 더불어 포르투갈어는 국어로써 로망스어가 되었는데, 반면 정치적 독립을 못한 갈리시아어는 스페인의 한 방언처럼 여겨지는 처지로 오늘날 남게 되었다.

결과적으로 스페인어의 경우처럼, 문학 포르투갈어가 된 것은 옛 루지따니아(Lusitania) 지방의 북부 방언이 아니다.[1] 재정복 동안에 알폰소 엔리끄(Alfonso Henriques) 왕의 승리들의 결과로, 8세기부터 12세기 아랍의 지배동안 형성되고 '로망소 모사라비꼬(romanço moçaràbico)'라는 이름으로 알려진 로망스어 말투들을, 북부 말투가 이것들과 일체가 되면서, 흡수했다.[2] 그러나 15-16세기부터 포르투갈의 문학 언어는, 북부 미뇨(Minho) 지방에서는 알려지지 않은 특징들을 보여주고 있었는데, 이런 특징들은 반대로 중부(베이라 Beira)와 남부(에스뜨라마두라 Estramadura) 지방들의 특징이었다.

이와 같은 것들로 판단해 볼 때 포르투갈어는, 스페인어나 이탈리아어 프랑스의 경우처럼, 한 개의 방언이 우세한 결과로 만들어진 것이 아님을 알 수 있다. 포르투갈의 다양한 지방들의 방언들이 포르투갈어 형성에 기여하면서 포르투갈어는 그것들의 부분을 가지게 되었으며, 특히 중부와 남부에 있는 꼬임브라(Coimbra)와 리스보아(Lisboa)에 있었던 언어 특징 일부분들도 가지고 있다.

그래서 포르투갈어의 발전 과정은 시대적으로 크게 두가지로, 즉 13-16세기의 고대 포르투갈어와 16세기 중반 이후 새로운 변화를 겪으며 발전하게 된 현대 포르투갈어로 구분된다.

포르투갈어는 방언의 차이가 비교적 적은 편이며, 표준어격인 문어체는 미뇨(Minho)와 떼조(Tejo) 지역사이에서 사용되는 언어를 지칭한다고 볼 수 있다.

포르투갈어로 쓰여진 최초의 문헌은 1192년 오뽀르또(Oporto)의 북쪽 지방인 바르셀로스(Barcelos)의 바이랑우(Vairão)라는 사원의

---

1) 루지따니아 지방은 로마 시대 오늘날 포르투갈 지역의 이름이었음.

2) 오늘날 이 로망스어 말투들에 대해서는 잘 알려진 것이 없다.

유산 분할 증명서(Auto de Partilhas)로 전해지고 있다.

포르투갈어는 오늘날 포르투갈 영토와 브라질에서 사용되고 있으며 그 외에도 아시아와 아프리카 일부 지역에서 사용하고 있는 크레올 언어들의 근간이 되고 있다.

B. 언어적 특징

포르투갈어는 이베리아 반도의 언어들 중에서 가장 보수적인 성격을 띠고 있다. 현대포르투갈어의 대표적인 특징은 4단계의 다양한 모음 체계를 들 수 있다. 포르투갈어의 모음은 저속라틴어의 개·폐음의 구별(ɛ/e ɔ/o)을 유지하고 있을 뿐만 아니라, a 모음의 개·폐음(ɑ/a)도 구분된다.

스페인어와는 대조적으로 통속라틴어의 개음 [ɛ]와 [ɔ]가 이중모음화되지 않았으며(라틴어 corpu- > 서어 cuerpo, 포어 côrpo ; 라틴어 caelu- > 서어 cielo, 포어 céo 등), 타 로망스어에서는 대부분 단모음화된 라틴어의 이중 모음을 포르투갈어는 그대로 보유하고 있다(라틴어 'aurum금' > 포어 ouro, 서어 oro, 프랑스어 or, 이탈리아어 oro, 루마니아어 aur 등). 그 밖에도 모음 i나 u와 결합되는 12개의 이중 비모음을 지니고 있고 또한 5개의 비모음(ã ẽ ĩ õ ũ)을 갖고 있다.

자음 체계의 특성으로는 스페인어와는 달리 라틴어의 자음군 pl-, fl-, cl- 이 모두 ch[ʃ-]로, 소위 구개음화되었다(라틴어 'plorare 울다' > 서어 llorar, 포어 chorar ; 라틴어 'flamma 불꽃' > 서어 llama, 포어 chamma ; 라틴어 'clamare부르다' > 서어 llamar, 포어 chamar 등). 또한 모음 사이의 -d-, -l-, -n-이 소멸되었다(라틴어 'fide- 믿음' > 포어 fé ; 라틴어 'dolor아픔' > 포어 dôr ; 라틴어 'luna 달' > 포어 lua 등). 자음군 -ch- > -ei ('factu- 사실' > feito)와 라틴어 자음 f 는 스페인어와는 달리 포르투갈어에서는 그대로 보존되고 있다(라틴어 factu- > 서어 hecho, 포어 feito).

단어 형태와 문장 구문 분야에서의 포르투갈어의 특징으로는 역시 보수적인 모습을 들 수 있다. 예로써 라틴어의 과거와 대과거 및 미래 시제의 형태나 의미를 그대로 보존하고 있다. 결과적으로 포르투갈어에서는 통합적인 형태와 분석적인 형태가 병행되고 있다(예: 과거 'amei / tenho amado사랑했다'; 대과거 'amara / tinha amado사랑했었다'; 미래 'amare/terei amado사랑할 것이다'). 특히 라틴어 미래 시제로부터 발전한 포르투갈어에서 독특한 부정법(infinitive)이 사용되고 있다(예: é uma vergonha não saber lêr. '읽을 줄을 모른다는 것은 하나의 수치다' - é uma vergonha não saberdes lêr).

어휘에서도 포르투갈어는 스페인어에서는 이미 사라진 라틴어휘들을 보유하는 보수적인 면을 보이고 있다. 예로써 스페인어에서는 더 이상 사용되지 않는 라틴어 'genuculu무릎'에서 유래된 joeho(서어: rodilla)가, 라틴어 'janua문'에서 유래된 janela(서어: ventana) 등이 사용되고 있다.

2) 스페인어

A. 스페인어와 카스티야어

스페인어 형성은 문학 이탈리아어의 그것과는 매우 다른 특징을 가지고 있다. 스페인어는 이베리아 반도의 북부지방인 깐따브리아(Cantabria)에 위치하였던 옛 카스티야 지방 방언이 기독교도들의 의한 이베리아 반도의 재탈환 과정에서 주변의 방언들인 아스투로-레온 지방 방언과 나바로-아라곤 지방 방언을 흡수함으로써 확장된 것이다. 즉 스페인어 형성은 구-카스티야(Castillla la vieja) 지방의 방언이 이 지방에서 성립된 카스티야 왕국의 정치적 우위와 패권에 의함으로서 이 방언의 점진적 확장에 기인하고 있다. 원래 구-카스티야 지방 방언, 즉 카스티야어는 동쪽으로는 카탈란어와 서쪽으로는 갈리시아어 사이에 위치하고 있는 아라곤어와 레온어(leonés)와 함께 스페인 북쪽에 편협해 있었던 한 개의 지방 방언이었지만, 11세기에 후반에, 카스티야 왕국이 나바르 왕국과 레온 왕국의 약화를 틈타 그 영향을 펼치게 되며, 그와 더불어. 카스티야어

castellano는 동쪽의 아라곤어와 서쪽으로 레온어를 희생시키며 12세기에 확장된다.

카스티야 왕국의 우위 아래 이끌려진, 기독교 국가들의 이슬람에 대한 재정복(Reconquista)이 시작하자, 카스티야어는, 아랍 지배아래 형성되었던 남부 모자랍인들의 로망스어 방언들을 억누르거나 흡수하면서, 남쪽으로 까디스(Cádiz)까지 확장해 간다. 13세기에 카스티야어의 확장은 스페인 전 영토에서 알폰소 10세(Alfonso X)의 권위와 커져가는 궁정에 힘입어, 그에 따른 알폰소 10세와 그의 궁전의 문학 활동 덕분에, 특히 스페인어 산문문학의 창작에 유리하게 전개되어나가게 된다. 당시 그의 궁전의 주요 지적 활동들은 주로 히브리어 책들이나 아랍어 책들의 번역 작업들이었다.

1479년 아라곤 왕국의 페르디난드 2세와 카스티야 왕국의 이사벨라 1세의 결혼을 통하여 두 카톨릭 왕국이 연합하여 1492년 이슬람교도의 마지막 보루였던 그라나다(Granada)를 정복하면서 스페인어 명칭이 'español(스페인어)'로 통용되기 시작하였다.

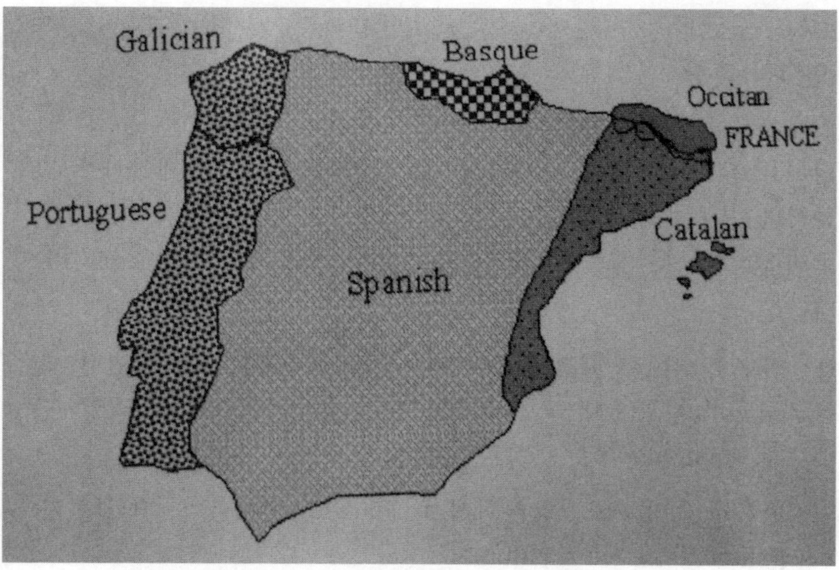

《이베리아 반도의 포르투갈어, 스페인어, 카탈란어의 모습》

결국 아랍의 지배를 종식시키는 그라나다 함락과 더불어, 카스티야어의 패권은 확보되었다. 카스티야어는, 당시 왕성한 문화적 생명력을 가지고 있었던, 갈리시아어와 카탈란어를 희생시켜가면서 전 스페인의 문학 언어가 되었다. 그러나 최소한 이런 과정은 스페인어, 즉 다시 말해 국어가 된 카스티야어의 패권에 대해 까딸루냐 지방에서 이의를 제기해, 결국에는 19세기 카탈란어는 재부흥되는 결실을 맺게 된다.

1492년 콜럼부스가 미 대륙을 발견한 것을 계기로 스페인의 해외 진출 정책이 펼쳐짐으로써 스페인어는 오늘날 브라질을 제외한 전 중남미 대륙에서 국어로 사용되고 있으며, 그 밖에도 서인도와 아프리카 및 아시아의 일부 지역에서 스페인어가 근간이 되고 있는 크레올 언어도 사용되고 있다.

스페인어로 된 최초의 문헌은 10세기에 '산 미얀 데 꼬고야(San Millàn de Cogolla)'라는 수도원에서 쓰여진 '에밀리아넨세 주해집록(Glosas emilianenses)'이며, 최초의 문학 작품은 12세기에 쓰여진 영웅 서사시 '시드의 노래(El Poema del Cid; 일명 Cantar de Mio Cid)'로 알려지고 있다.

B. 언어적 특징

스페인어의 발달 과정은 3단계로 구분하여 설명할 수 있다. 즉 고대 카스티야어, 근대 스페인어(카스티야어), 현대 스페인어가 그것들이다.

고대 카스티야어가 주위의 타 방언들과 구분되었던 점들은 다음과 같다:

① 통속 라틴어의 개음 [ɛ]가 폐음절에서 이중모음화 되었다(예: 'castella성곽도시' > castiella > castilla ; 'populu- 백성, 민족' > pueblo 등).

② 자음군 'mb'가 모음사이에서 'm'으로 단자음화 되었다(예: 'palumba비둘기' > paluma).

③ g가 e 모음 앞에서 소멸되었다(예: genuariu > enero).

④ 자음군 -ct-가 모음 사이에서 ch[ʧ]로 변했다(예: 'nochte 밤' > noche ; 'octo여덟' > ocho).

⑤ 어두음 f가 묵음 h로 변하였다(예: 'facere-하다, 만들다' > hacer ; 'filiu아들' > hijo).

⑥ 자음 + l 이 ll[λ]로 변했다(예: 'clave열쇠' > llave, 'flamma 불꽃' > llama ; 'plicare도착하다' > llegar 등).

스페인 역사의 황금 시대(Siglo de Oro)라고 일컬어지는 15세기부터 17세기말 사이에 스페인어는 카탈란어와 포르투갈어에 비해 심한 변화를 겪게 된다.

① 유성마찰음 [z], [ʒ]가 무성음화 되면서 [s], [ʃ]와 일치되었다.

② 무성마찰음 [ʃ]와 유성파찰음 [ʤ]이 17세기 이후부터 성문마찰음인 [χ]로 변했다(예: 'dijo말했다' 고대[diʃo] > 근대[diχo]; 'ojos눈들' 고대[oʤos] > 근대[oχos]).

③ 무성파찰음 [ts]가 [Θ]로 마찰음화되었다(예: 'plaza장터, 광장' 고대[platsa] > 근대[plaΘa] 등).

1713년 왕립 언어 학술원이 발족하면서 스페인어가 정립되었고, 19세기에 접어들면서 스페인어의 특성들이 두드러지게 나타나면서 이베리아 반도내의 언어적인 차이가 확대되었다.

e 모음과 o 모음에 있어서 개·폐음의 구별이 사라지고 중간적인 음질의 성격을 띠게 됨으로써 3단계의 모음 체계가 되었으며 또한 주위의 포르투갈어나 카탈란어에 비하여 이중모음수가 축소되었다.

그리고 스페인어의 자음체계는 비교적 단순한 편으로써 19개의 자음으로 구성되어 있다. 어두음 r와 중자음 rr은 스페인어에서 독특한 자음소를 형성한다(예: rojo[rroχo] '붉은색의').

형태 통사적인 면에서는 스페인어도 포르투갈어와 마찬가지로 라틴어의 대과거 및 미래 완료 시제를 보유하고 있다. 포르투갈어와 공통적인 것은 또한 지시 대명사의 3단계 용법을 들 수 있다(예: ‘este이것’, ‘ese그것’, ‘aquel저것’).3)

스페인어 어휘는 타 로망스어들에 비하여 상당한 차이점을 보여주고 있는 것이 특징이다. 그 이유는 첫째, 이베리아 반도가 비교적 빠른 시기에(BC 201년 시작) 로마인들에 의해 식민지화되기 시작한 점과 둘째로 이베리아 반도가 로마 본토로부터 멀리 떨어져 있으므로, 즉 로마 제국의 중심권으로부터 벗어나 있었으므로 이탈리아어나 프랑스어에 비해 비교적 오래된 어휘들을 보유하고 있기 때문이다(예: 스페인어 ‘hallar발견하다’, 프랑스어 trouver, 이탈리아어 trovare ; 스페인어 ‘querer원하다’, 프랑스어 vouloir, 이탈리아어 volere ; 스페인어 ‘verano여름’, 프랑스어 été 이탈리아어 estate 등).

어휘적인 특성의 요인으로는 무엇보다도 500년 이상 지속되었던 이슬람교도인 아랍인들의 지배에 따른 문화적인 영향을 들 수 있다. 최근 통계에 의하면 약 1,500개 어휘의 일상 생활 용어가 아랍어로부터 차용된 것으로 알려지고 있다(예: arroz ‘쌀’, arrabal ‘교외’, alcalde ‘시장’ 등). 르네상스 이후에 많은 라틴 어휘들이 재등용되었고 중세(13-14세기)와 18세기 이후 프랑스 문화의 영향으로 수많은 프랑스 어휘들이 차용되었다는 것도 스페인어 어휘에 있어서 간과할 수 없는 점이다.

3) 프랑스어

A. 프랑스어와 프랑시엥어

프랑스어 형성은 일-드-프랑스(Ile-de France) 지방의 옛 방언, 즉 옛 프랑시엥어(francien)에게 조성된 여러 가지 우위성에 따른 우세의 결과고, 더 정확히 말하면 파리 말투에 역사적으로 만들어진 우세의 결과이다. 이 우세성은 처음부터가 아니고 단지 나중에 상대적으로 늦게 결정적으로 얻어진 것이었다. 비록 1182년부터 아

---

3) 3장 4절 참조

르투아(Artois) 지방 출신 시인인 꼬농 드 베뛴(Conon de Béthune)이 그의 피카르디어(picard) 악센트 때문에 파리의 궁전에서 야유를 당했지만, 아주 오래 동안 프랑시엥어는 당시 영국의 앙글로-노르망디 문화의 지지를 자랑할 수 있는 노르망디어 (normand)와 특히 문학적 관점에서 피카르디어에 의해 경쟁을 당하기도 했으며, 이들보다도 우위에 놓였던 언어도 아니었다.

피카르디어 글씨 형태는 풍요로운 부르주아 문학으로 빛나기도 했었다. 중세 프랑스 연대 작가인 프루아사르(Froissart, 1333-410)는 14세기에 아직도 피카르디어로 썼던것을 보더라도 피카르디어는 그만큼 중요한 언어의 위치에 있기도 했었다.

그러나 결국 현대 프랑스어는 한때 파리를 중심으로 한 일-드-프랑스(Ile-de-France) 지방에서 사용되는 프랑시엥 방언에 불과했었는데, 파리에 왕정이 들어서면서 교육과 법조계의 중심지로서 부각되고, 생-드니(Saint-Denis) 지역의 대수도원이 왕국내의 정신적인 지주 역할을 담당하게 됨으로써 파리 및 그 주위에서 사용되던 언어인 이 방언이 프랑스의 국어가 될 수 있는 유리한 입지조건을 갖게 되었으며, 12-13세기 이후 프랑시엥어는 프랑스의 중부 및

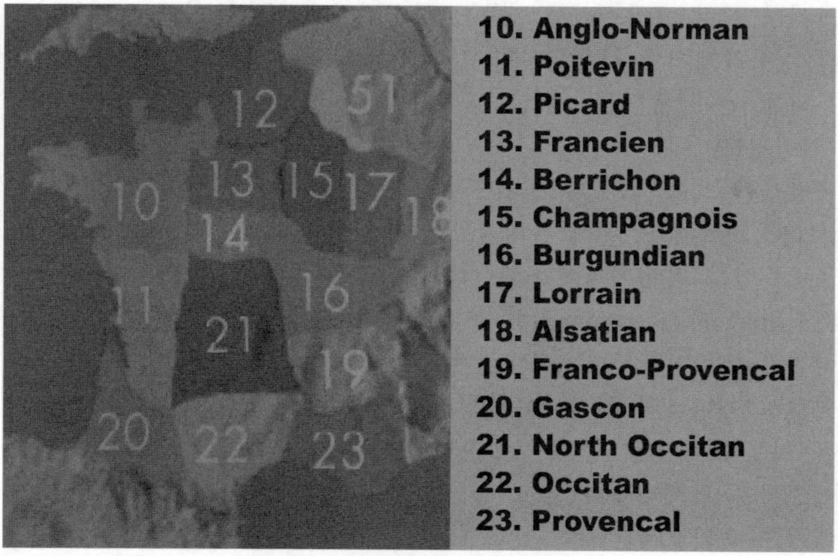

《프랑스의 지역별 언어》

북부지방에서 문어체는 물론, 또한 역시 지식인들의 구어체로서 점차 표준어로 인정받게 되어 오늘날의 프랑스어로 변모하게 되었던 것이다.

프랑스 왕실의 정치적 활동과 더불어 일찍부터 '왕국의 이상적 심장'이라고 할 수 있는 생-드니 수도원의 종교적 시적 문학 활동에 의해 별도로 지지를 받은 왕의 말투, 즉 프랑시엥어가 다른 지방의 언어들과의 경쟁에서 승리하게 되었으며, 그것의 기원이 어떠하든 간에, 프랑시엥 지방의 글씨 형태는 14세기 동안에 부각했으며, 15세기에는 프랑스 문학 언어가 되었다고 할 수 있다.

그 후 발표된 빌레르-꼬뜨리 칙령도 오일어 지역 여러 지방들의 문어체 언어들의 존재에 대하여서는 큰 영향을 갖게 하지 못했을 것으로 보고 있지만, 이 조치는 프랑스어를 전 프랑스 왕국에서 행정 언어로써 부각시키는데 큰 작용을 가져왔으며, 왕국의 중앙집중 정책으로 강하게 지지된 언어의 통일에 대한 독단적 강행을 인쇄술의 발달과 더불어 더욱 강요하게 했다.

16세기의 프랑스어는 발음이나 문장 구문에서 매우 자유로운 그런 언어였으며, 언어 통일은 '좋은 용법(Bon usage)'라는 개념의 승리와 함께 17세기에 와서야 결정적으로 얻게 되었다.

그러나 이런 프랑스어도 남부 프랑스지방에서는 초기에는 대도시들의 상류층에서만 사용되다가 점점 도심지에서 떨어진 도외지까지 침투하게 된 것은 한참 후인 19-20세기에 접어들어서야 가능하게 된 일이었다.

프랑스어로 된 최초의 문헌으로는 9세기 후반에 쓰여진 것으로 '스트라스부르의 맹약'이 전해지고 있다.

프랑스어는 유럽지역에서 프랑스와 모나코 왕국, 스위스의 프랑스어권(la Suisse romande), 벨기에의 발로니 지방(Wallonie), 북부이탈리아의 아오스타계곡(Val d'Aosta), 룩셈부르크 등이며 미주지역에선 캐나다의 아카디아 및 케벡주와 미국 남부의 루지지애나 등을 비롯해 하이티 등과 북아프리카의 알제리 모로코, 튀니지, 중부아프리카의 세네갈과 콩고 등 약 16개국의 소위 검은 프랑스어권에서 사용되고 있다.[4)]

B. 언어적 특징

프랑스어 발달 과정은 크게 3단계로 구분된다. 고대프랑스어(11-13세기), 중기프랑스어(14-15세기), 현대프랑스어(16세기부터 오늘날까지)가 그것들이다.

그러나 프랑스어가 형성되기 이전 시기에는 켈트민족의 한 언어였던 갈리아어가 있었기 때문에 오늘날 프랑스어는 갈리아어의 영향도 남아있다. 그리고 루아르강 이북에선 이남 지역에 비해 라틴어의 영향이 비교적 약했으므로 자연히 갈리아어가 다소 늦게까지 머물러 있게 되었으며, 이로 인해 프랑스어 지역, 즉 오늘날의 북부 프랑스 지역에는 갈리아어의 발음 습관이 남아 있을 수 있었다. 그래서 예를 들어 자음군 -ct-가 고대 프랑스어에서 -χt-로 발음되었고 라틴어의 장모음 u가 [y]로 발음된 것도 갈리아어의 영향으로 간주하고 있는 것이다.

어휘에 있어서도 'soc보습(쟁기)의 날', 'ruche벌통', 'chêne떡갈나무' 등의 농촌 생활 용어들이 갈리아어에서 온 것으로 알려져 있다.

그리고 로마 멸망 후 북부 프랑스 지방에서 이주한 프랑크족은 농부로 정착하기 시작하였으며, 7-9세기에 걸쳐 약 300년간 두 민족의 언어가 병존하여 사용되면서 이 지역의 프랑스어는 프랑크족의 언어 습관에 의해서 지대한 영향을 받게 된다. 발음상으로는 현대프랑스에선 자취를 감췄거나 일부 방언들에서만 남아있는 게르만어들의 h(honte '수치') 및 w(gue '얕은 여울') 등을 들 수 있으며, 어휘에선 약 500개 이상의 게르만어휘가 귀족들의 생활에서부터 농민들의 일상 용어에 이르기까지 각 분야에 널리 퍼져있다(예: maréchal '대원수', pleige '보증', ble '밀' gerbe '다발' 등).

또한 갈리아족과 프랑크족 외에도 9세기경에 노르망디(Normandie) 지방에 진입한 노르만족의 영향으로 항해 및 어획에 관한 분야의 용어가 차용되었으며(예: vague '파도', hune '장루', turbot '가자미의 일종' 등), 이것들은 프랑스 어휘의 특색에 결정적인 역할을

4) 엄격히 말하면 프랑스에서도 프랑스 중부와 북부지역이며, 이탈리아의 발다오스타 지역은 프랑코-프로방스어 지역임.

하게 되었다.

11-12세기 경의 고대프랑스어의 모음 체계는 모음소 및 이중이나 삼중 모음의 수가 지나칠 정도로 많았던 것이 특징이다(11개의 모음소, 12개의 이중모음, 43개의 중모음, 8개의 비모음). 이 시기에 또한 자음들의 모음화 현상이나 중자음들의 단모음화 현상이 일기 시작했다(예: 라틴어 factu '사실' > 고대프랑스어 fait, corpus '몸, 신체' > corps, ordine '순서' > orne 등). 이러한 특성이나 변화에도 불구하고 고대프랑스어는 당시까지만 해도 타 로망스어들과 커다란 차이점이 없었다.

13세기경부터 프랑스어는 심한 변화를 겪기 시작하게 되었다. 고대프랑스어의 이중모음들이 단모음화(예: uo > [ø], ou > [u]) 되고, 중자음들 또한 단음화([ts], [ʧ] [ʤ] > [s], [ʃ] [ʒ]) 되었으며 대부분의 단어 끝자음은 묵음화되었다. 14-15세기에는 비강세의 이중모음 e가 소멸(예: sairement > serment '맹세')되었으며 모음 중복의 배척 현상(예: aaise>aise '편함', eage>age '나이', reonde >ronde '원' 등)도 일어났다.

이런 변화에 의해 많은 모음들이 사라졌지만, 아직까지도 근대프랑스어의 모음 체계는 타 로망스어들에 비해 풍부한 모음소(16모음소)를 갖고 있다(포어 14개, 서어5개, 이탈리아어 7개, 루마니아어 7개). 즉 전설 a와 후설 a, e, i, o, u, ɔ, ɛ 의 8개 모음 외에도 전설 원순모음 y, ø, œ와 4개의 비모음인 ã œ̃ ɛ̃ ɔ̃ 및 ə 등과 같은 모음소들로 구성되어 있다.

16세기 말엽에 이미 근대 프랑스어의 특성으로 간주되는 기본적인 변화가 일단락 지어졌는데, 근대 프랑스어는 타 로망스어들에 비하여 극단적으로 어형이 축소되었다(예: 라틴어 'pulce벼룩' > 포어 pulga, 서어 pulga, 까딸루냐어 pussa, 오크어 piuze, 프랑스어 puce, 이탈리아어 pulce, 루마니아어 purece 등; 라틴어 'augustus 8월' > 포어 agosto, 서어 agosto, 카탈란어 agost, 오크어 agost, 프랑스어 août, 이탈리아어 agosto, 루마니아어 august 등). 이와 같이 어형의 축소로 인하여 끝에서 세 번째 음절에 악센트를 갖는 단어들(Proparoxytona)과 끝에서 두 번째 음절에 악센트가 오는 단어들(Paroxytona)이 더 이상 존재하지 않고 주로 끝음절에 악센트를 갖게 되었으며 그 결과로 발음상 단어 끝 모음 [ə]가 묵음되면서 단음절화되는 새로운 경향이 일어났다(예: 라틴어 populus > pueble > peuple[pœ-plə] > peuple[pœpl]). 그리고 중자음들의 단순화 현상 및 단어 끝 자음의 소멸로 인하여 전체 어휘의 80% 이상이 모음으로 끝나게 되었다. 그러나 후에 단어 끝 모음(-e)이 탈락하여 자음이 남게됨으로써 남성명사는 대부분 모음으로 끝나며 여성 명사는 자음으로 끝나게 되는 결과를 낳게 되었다. 단어 끝음절의 소멸로 인하여 단지 소수의 명사들만이 단어 끝에 복수 표기를 갖고 있게 되었으며(예: cheval[ʃəval] '말' / chevaux[ʃəvo]), 그밖에 대부분의 명사들은 발음상에서 단수와 복수가 차이가 없게 되었다(예: livre[li:vr] '책' / livres[li:vr]). 동사의 인칭어미도 발음상에서 더 이상의 변별력을 갖게 되지 못하게 되었으며(예: je chante, il chante, ils chantent 모두가 [ʃãt]로 발음됨), 비강세 인칭 대명사가 일종의 접두어로 사용되는 현상이 일어났다.

4) 이탈리아어

A. 이탈리아어와 토스카나어

이탈리아어, 특히 이탈리아 문학어는 그것이 형성된 방법도 로망스어들 가운데서 특이한 경우다. 한마디로 이탈리아어는 피렌체 방언이 성공해서 이루어진 언어다.

오늘날 남아있는 이탈리아어로 된 첫 회화어는 960년 남 이탈리아 카푸아에서 열린 재판으로 알려져 있는데, 증인의 증언이 양피지에 기록되어 남아있다. 즉 이것은 이탈리아어로 쓰여진 선서문 형태의 문헌으로써는 '플라치토 카푸아나(Placito Capuana, 일명 Placiti Cassinesi)'라고 전해지고 있다. 그리고 13세기 전반의 '시칠리아파'의 서사시에 사용된 남이탈리아의 혼성어가 있으나, 본격적인 문장어는 단테의 출현과 함께 시작되었다.

단테는 그의 작품 '향연'에서 "이탈리아어는 라틴어가 몰락하는 지점에서 떠오르는 새로운 빛, 새로운 태양이며, 암흑 속에 있는 사람에게 광명을 안겨다 주는 것이다."라는 확신에 찬 예언을 하고, 당시 라틴어와 대비하여 속어로 불리던 이탈리아어를 '빛나는 말'로 닦아 '신곡'을 완성하였다. '신곡'이 이탈리아어의 운문이라면 '향연'은 산문의 전형적이라고 할 수 있다. 이렇게 만들어진 문장어는 보카치오와 페트라르카에 의해 기초가 굳어졌으며, 당시 단테의 문장어와 오늘날의 문장어 사이에는 이상할 정도로 차이가 거의 없을 정도로 유사했다. 그 후 이탈리아 문장어도 시대의 추이에 따라 외부의 영향을 받았고, 특히 프랑스어의 영향을 받아 크게 혼란을 겪었다.

이탈리아어는 이탈리아 그룹 언어들, 즉 이 그룹의 여러 방언들이 항상 실질적으로 매우 많은 생명력이 있는 덕분에, 이탈리아어는 토스카나어의 특징, 더 정확히는 피렌체 지방 방언의 특징을 보여 주고 있다는 것을 쉽게 깨달을 수 있다. 앞에서 이미 언급했듯이 이 특징은 단테나 보카치오(Boccaccio), 페트라르카(Petrarca)의 작품의 중요성에 기인했다. 이 세 작가의 문학적 명성이 14-15세기에 있었던 시도, 즉 피렌체 방언 외에 다른 방언들을 문학어로서 촉진시키기 위한 모든 시도들에게 장애를 만들었기 때문이었다.

그러나 근본적 단계는 문학 이탈리아의 발달사에서 인문주의자이며 시인이었던 벰보(P. Bembo, 1470-1547)의 공헌도 컸다. 벰보는 한편 이들 3대 문호들의 작품들이 타지방으로 소개 될 수 있도록 중개 역할을 담당한 사람으로써, 그는 다른 인문주의자들이 민중어인 토스카나 방언으로 문예활동을 해야 한다고 주장함에도 불구하고 그 당시까지 각 지방 방언들 간의 심해진 격차를 극복하기 위하여 계층 사이는 물론 시간과 공간을 초월할 수 있는 민중어로 쓰여진 페트라카의 시나 보카치오의 산문 등을 모델로 제시하려고 노력하기도 했다. 이러한 노력은 그가 그의 저서 '저속어의 산문집(Prose della volgar lingua)'을 발행했을 때, 드러내졌다. 이 책에서 그는 16세기의 구어체 피렌체 말이 아닌 문학어의 모델로써, 앞의 위대한 세 작가, 즉 단테와 보카치오 페트라르카 등에 의해 빛나게 된 14세기의 순수 피렌체 말(방언)을 썼기 때문이었다. 벰보의 의견이 광범위하게 받아드려졌으며, 1582년 창립된 '크루스카의 학술원(Accademia della Crusca)'이 1612년에 발행한 최초의 표준 어휘집의 모델로서, '14세기(Trecento)' 작가들의 언어, 특히 보카치오의 언어를 선택했을 때, 피렌체 방언은 결정적으로 승리를 거두게 되었다.

비록 17-18세기에 이탈리아는 정치 경제적으로 통일된 국가가 아니라 분리되어 있었지만, 이 승리는 17-18세기동안에 방언들의 활기찬 접촉으로 인해 생길 수 있는 이탈리아 국가어의 탄생을 자연스럽게 막는 방패가 되기도 했다. 또한 갈리레오 갈리레이(Galileo Galilei, 1564-1642)같은 과학자도 당시 자연과학 분야에서 지배적이었던 라틴어 전문 용어들을 민중어로 대치시키는 작업을 실현시켜나갔다.

특히 16세기부터 오래 동안 논쟁했던 문학 이탈리아어의 피렌체 어화에 대한 문제는 이탈리아의 정치적 통일로 19세기에 결정적으로 해결되었다.

18-19세기에 와서는 이탈리아어의 통일 논쟁이 벌어졌는데, 토스카나어의 우위문제에 있어서도 14세기 거장들의 문장어를 순수하게 지키려는 측과 외래어를 인정하려는 측 사이에 논쟁이 벌어지기도 했지만, 당시 북이탈리아 밀라노 출신인 만쪼니(Alecsandro Manzoni, 1785-1873)는 '현용어' 이론으로 이 논쟁에 참가하여 이탈리아인이 공통적으로 이해할 수 있는 피렌체 방언을 장려하였다.

만쪼니와 같은 시인들이 교육적인 목적을 지녀야 했던 그들의 작품을 독자들이 쉽게 이해할 수 있는 대중어인 토스카나 방언을 사용하여 소개함으로써 그 이후 토스카나어는 이탈리아의 표준어로써 대중 매체의 효율적인 역할을 담당하게 되었다. 1830-1840년 사이에, 만쪼니의 작품 덕택으로 더욱 그렇게 되었으며, 그는 그의 소설 '약혼자들(I promessi sposi)'에서 예를 보여주면서, 교양있는 피렌체사람들의 구어체 피렌체어의 살아있는 원천으로 이탈리아어를 소생시키는데 성공했다. 그래서 의심할 여지없이 피렌체어에 바탕을 둔 문학 이탈리아어는 통일 이탈리아의 언어가 되었다.

이런 만쪼니의 노력에 힘입어, 오늘날 이탈리아 전역에서 사용되고 있는 조화롭고 감미로우면서도 힘찬 이탈리아 표준어가 완성되어 언어 통일 논쟁은 종지부를 찍었다.

초판부터 13년의 세월에 걸쳐 언어 수정을 계속한 만초니의 '약혼자(1840)'는 이탈리아 산문의 모범일 뿐만 아니라, 그가 즐겨 사용한 언어는 민중의 회화어에서 널리 받아드려지게 되었다. 만쪼니가 언어 수정을 함에 있어서는 피렌체 상류사회의 회화어를 그 모범으로 삼았기 때문에, 그 산문은 단테 시대의 이탈리아 문장어에 비하여 연화된 이탈리아어라고 할 수 있는 그런 언어였다.

그러나 통일된 이탈리아의 수도인 로마에서는 이미 15세기부터, 피렌체어가 로마 방언(romanesco)으로 된 문학 용법 속으로 침투해 발걸음을 내딛고 있었는데, 이 방언 역시 로마 주변의 방언일 뿐이였으며, 특히 토스카나어 특징을 가진 로마의 새로운 말투가 그 이후 로마에서 형성되어나갔다. 그리고 이탈리아 통일 이래 수도 로마는, 특히 세계 1차 대전 이래로, 피렌체 말에 기본적 근간을 둔 국어인, 문학 이탈리아어의 확장의 중심이 되어 나갔다.

이탈리아어는 이탈리아 영토 외에도 말타섬에서도 사용되고 있으며 프랑스의 남해안 도시인 니스와 모나코 왕국, 그리고 스위스의 그리죠니(Grigioni)와 브레갈리아(Bregaglia) 주 등에서 사용되고 있다.

B. 언어적 특징

라틴어휘 'italicus', 'italu' 주로 이탤릭 민족을 나타내는 뜻으로 사용되었으며, 오늘날 사람들이 '쓰고 있는 이탈리아어'라는 용어에서 이탈리아어라는 의미인 'italiano' 또는 'lingua italiana'는 비교적 시기적으로 매우 늦게 새롭게 등장한 단어로 알려지고 있다. 이탈리아의 대문호 단테는 이탈리아어라는 표현으로 'volgare italico'라는 단어를 사용하였으나 그가 'italiano'라는 단어를 알고 있었는지는 확실치 않다. 이 표기가 문어체에서 사용되기 시작한 시기는 14세기 중반 이후이며, 15세기에는 토스카나어(lingua toscana)란 표기와 공동으로 사용되다가 16세기에 접어들면서 완전히 정착하게 되었다.

이탈리아어는 로망스어들 중에서 가장 방언의 차이가 심한 언어로써 그 원인은 역사적 지리적 및 종교 정치적 여건에서 기인한다고 볼 수 있다. 앞에서 이미 언급된 바와 같이 3세기 경 갈리아어의 영향으로 인하여 이탈리아 내에 '라 스페찌아(La Spezia)'와 '리미니(Rimini)'를 잇는 등어선이 그어지게 되었으며, 이 선의 이북 지역인 피에몬테(Piemont), 롬바르디아(Lombardei), 에밀리아(Emilia), 리구리아(Liguria) 및 베네치아(Venezia)5) 등과 같은 지방의 언어들은 이탈리아의 중·남부 방언과는 현저한 차이를 보이고 있다. 그 차이점들은 다음과 같다.

① 중자음의 단순화 현상(예: 중부 'cavallo말' ; 북부 cavàl)

② 모음 사이의 무성 파열음(-p-, -t-, -k-)이 유성음화 현상 (예: 'seta비단' -seda, 'amica여자친구' -amiga, 'capelli머리카락' -cavei 등)

③ 비자음 -n 앞에서 모음의 비모음화 현상 (예: 'pane빵' -pã 혹은 pang ; 'vino포도주' -vĩ 혹은 ving 등)

④ 비강세모음의 축약현상 (예: 'sellaio마구상' -slér)

⑤ -a 모음을 제외한 기타 어말 모음의 소멸현상 (예: 'sale소금' -sal, 'cantare노래하다' -cantar 등)

⑥ 라틴어 자음군 -ct- 가 -it-또는 -ć로 됨 (예: 라틴어 'lacte우유' > 표준어 latte- 북부방언 lait, lać)

북부 이탈리아 방언들의 특성들은 대부분 갈로-로망스어들과 공통적인 면이 많은데, 그 이유는 이 등어선이 또한 동쪽 로망스어(중·남부 이탈리아어, 발칸-로망스어)와 서쪽 로망스어(북부이탈리아어, 레토-로망스어, 이베로-로망스어)를 구분하는 분기선의 역할을 하고 있기 때문이다.

또 한편 이탈리아어의 남부 방언의 분기선이 되는 로마(Roma)와 안코나(Ancona)를 잇는 등어선 이남 지역의 방언 또한 중부 이탈

---

5) 베네치아(Venezia) 방언은 그 특성으로 인하여 별도로 취급되기도 한다.

리아어와 두드러지게 차이점을 보이고 있으며, 그 특성은 다음과 같다.

① 무성파열음(p,t,k)이 비자음(n,m)뒤에서 유성음화되는 현상(예: 중부 tempo - 남부 tiembu, monotone-mondone, ancora-angora 등)

② 어근의 강세 모음이 단어 끝 모음 -i와 -u 앞에서의 변모음화 현상(예 : 중부 denti-남부 dienti, corpo-cuorpo, solo-sulu 등)

③ 어두의 자음군 pl-이 중부에선 pi-로 남부에선 chi-로 변화됨 (예: 라틴어 plus> 중부 qiù- 남부 chiù 등).

중부 이탈리아 방언(토스카나 지방 방언)은 북부 이탈리아 방언이나 남부 이탈리아 방언에 비해 보수적으로써 통속라틴어의 성격

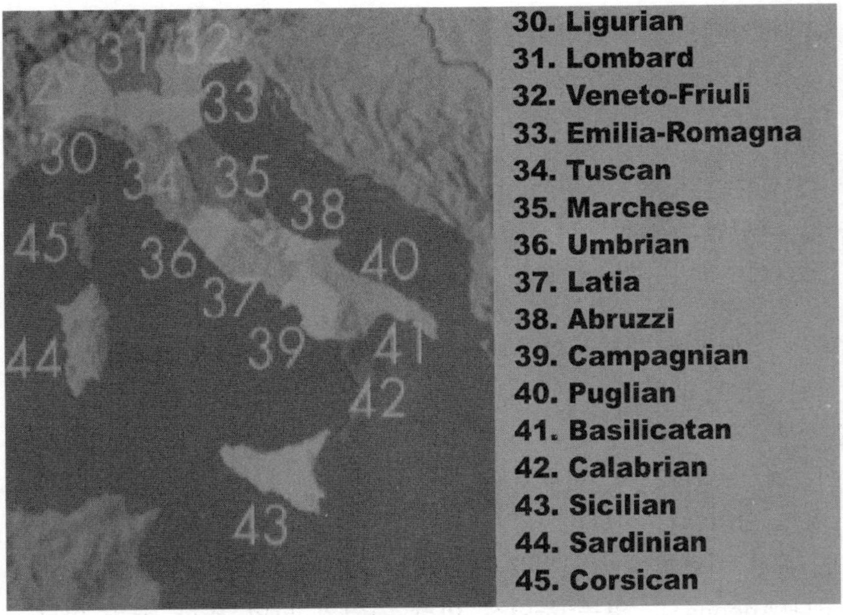

《이탈리아의 지역별 언어》

을 비교적 많이 보유하고 있으므로 남북 양쪽 지방 사람들이 쉽게 이해할 수 있었고, 특히 이 지방 출신의 대 문호들인 단테(Dante, 1265-1321), 페트라르카(Petracra, 1304-1374) 보카치오(Boccaccio, 1313-1375) 등에 의해 토스카나 방언으로 쓰여진 작품들이 타지방으로 소개되었으며, 또한 피렌체(Firenze)가 당시 정치 경제적으로 이탈리아의 중심 도시였던 이유 등이, 토스카나 방언이 이탈리아의 표준어로 승격되는데 큰 작용을 하게 되었다.

그래서 표준어격인 이탈리아어의 모음 체계는 단지 통속라틴어의 개음 ε>ie와 ɔ>uo(예: 라틴어 'ferru- 쇠' > fiero ; 라틴어 'focu- 불' > fuoco 등)로 각각 이중 모음화된 것 이외에는 거의 통속라틴어의 모음 체계를 유지하고 있다.

자음 체계에서 가장 주목할 만한 변화는 라틴어의 단어 끝 자음들이 대부분 소멸 또는 묵음화되었으므로 어휘들이 대부분 모음으로 끝나게 된 것이다.

라틴어로부터 변화된 것 중에는 자음군 pl-, cl-, fl-에서 자음 l의 모음화 현상(예: 라틴어 'clave열쇠' > chiave, 'plus더한' > più, 'flamma불꽃' > fiamma 등) 및 라틴어 자음군 -ct- > -tt- 등의 역행 동화현상(예: 'octo 여덟' > otto, 'septe- 일곱' > sette) 등을 들 수 있다.

5) 루마니아어

A. 루마니아어와 다코-루마니아어

기원전 카르파티아 발칸 반도 지역 일대에 거주하였던 고대 인도유럽어 민족의 한 종족인 트라코-다키아인들이 사용했던 언어를 기층어로 갖고 있는 루마니아어는 언어 계보적인 관점으로 보아 라틴어, 특히 구어체 라틴어였던 속라틴어에서 유래된 로망스어에 속해 있으며, 루마니아어의 문법 구조는 라틴어를 근간으로 하고 있다.

이미 소멸된 달마티아어를 제외하면 유일하게 현존하는 발칸 로망스어로써 루마니아어는 그 지리적인 여건과 역사적인 운명으로 인하여 일찍부터 라틴 계열의 여러 자매 언어들과 교류가 단절되면서 독특한 발달 과정을 겪게 되었다.

AD 107년에 로마에 정복됨으로써 로마제국의 관할 행정 지방으로 편제된 오늘날 루마니아가 있는 다키아(Dacia) 지역에는 로마군대 뿐만 아니라 제국 내에서 많은 이주자들이 몰려 왔으며 원주민들과 이주민들은 라틴어를 의사소통의 언어로서 채택하였다. 다키아에서 사용되었던 라틴어는 매개체 역할을 담당하였던 로마 군인들과 주위의 발칸 반도 내의 다른 식민지로부터 이주해 온 사람들에 의해서 보급되었기 때문에 제국내의 기타 지역에 보급되었던 라틴어와는 질적으로 차이가 있었다. 271년 로마제국이 다키아를 게르만민족의 한 종족인 고트족에게 양보하고 그곳에서 군대를 철수함으로써 다키아는 로마 문화권과의 교류가 단절되면서 한동안 고대 그리스 문화권에 속하게 되었다.

그 후 6세기경부터는 발칸지역으로 대대적으로 이동해와 정착하기 시작했던 슬라브 민족들에 의한 문화적 영향 등으로 인하여 루마니아어는 로망스어들 중에서도 독특한 언어적인 특성을 지니게 되었다.

로마 제국이 동서 양분되어 비잔틴 제국의 영향권 내에 속하게 되면서 카르파티아 발칸 지역은 슬라브 민족이 남동 유럽으로 이주하면서 이 지역의 주민들에게 정치 사회 문화적으로 지대한 변화를 가져왔다. 특히 로망스어를 사용하는 민족인 루마니아인의 조상들은 도심지로부터 벗어난 곳이나 산악지대로 피신하였다가 시간이 경과하면서 점점 카르파티아 산맥 지대에서 발칸지역 일대에 걸쳐 방대한 유목 생활로 영위하게 되었다.

결국 7세기말부터 남동 유럽 지역에는 로망스어를 사용하는 민족과 슬라브 민족간에 두 개의 언어가 공존하며 사용되었다. 그리고 9세기 중반에 접어들면서 다뉴브강 북쪽의 슬라브족은 점차로 라틴문화에 동화되었으며 이에 따라 발칸 로망스어가 슬라브족에 의해 공용어로 받아들여짐으로써 10세기경 고대 루마니아어로 변모하게 되었다. 반면에 다뉴브강 남쪽에서는 슬라브 민족이 그들의 입지를 확고히 함으로써 로망스어를 사용하던 주민들이 그들의 본거지인 다뉴브강가를 떠날 수밖에 없었다.

그래서 루마니아어의 4개의 방언이 다뉴브강 북쪽에 위치하고 있는 루마니아 영토뿐만 아니라 다뉴브강 남쪽의 발칸 지역에 걸쳐 흩어져 있는 역사적 배경을 여기서 찾아볼 수 있는 것이다.

이 밖에도 고대로부터 이어오는 발칸지역의 고유한 정치 사회 문화적인 생활양상으로 인한 발칸지역 언어들의 공통적인 요소들도 루마니아어가 기타 로망스어들과는 다른 특성을 갖게 하는데 중요한 역할을 담당하였다. 앞에서도 약간 언급했지만 루마니아어의 방언은 크게 4개로 구분된다.

① 다코루마니아어:
루마니아 영토와 인접국가들의 일부 지역, 즉 프루트(Prut)강 동쪽의 몰도바 공화국과 우크라이나 지방, 헝가리, 구연방 유고와 불가리아에서 3천 3백만명의 사용인구를 가지고 있다. 그리고 이 다코루마니아어도 크게 두 지역으로 구분되는데, 그 하나는 서방의 영향을 많이 받은 트란실바니아, 크리샤나, 마라무레시, 바나트 지방이며, 다른 하나는 동방의 영향을 많이 받은 몰도바, 문테니아, 베사라비아, 부코비나, 도부로제아 등과 같은 지방의 그것이다.

② 아루마니아어(일명 마케도루마니아어):
북부 그리스와 마케도니아 국경지역 및 알바니아의 국경 지대에서 사용하고 있다.

③ 메글레노-루마니아어:
그리스의 살로니카시의 북서쪽에 위치한 메글렌(Meglen) 산악지대에서 사용되고 있다.

④ 이스트로루마니아어:
아드리아 해안의 이스트리아 반도의 동부 지방인 우츠카 고라(Učka Gora; Monte Maggiore)에서 사용되고 있으며 점차 사용인구가 줄어들고 있다.

이 루마니아 방언들은 모체가 되는 공통의 조상 언어를 가지고 있었다. 그러나 이 방언들은 슬라브 민족들이 이 지역으로 이동하여 들어오기 이전까지는 서로 밀접한 유대 관계를 이루면서 공통적인 발전을 하였으나, 약 8세기 전후로 현재의 사용지역으로 분리되어 나가게 되어, 그 후 유구한 역사를 통하여 주위의 언어들과 융화되어졌음을 의미한다. 즉 남슬라브족이 이 지역으로 이동해옴으로써 오늘날 위치하고 있는 지역들로 이주하여 그 지역의 언어들과 동화되어나갔던 것이다.

그 후 루마니아어는 16세기 초반까지 주로 이 지역의 농부나 목동들에 의해 사용되었으며, 고대 루마니아어의 형성 시기는 슬라브어와의 상호 언어적인 영향을 주고받은 후인 10-11세경으로 추정하고 있다. 그리고 또한 루마니아어는 중세 이후부터 키릴문자(Cyrillic Alphabet)로 표기되어졌던 언어이기도 하다.

문학 루마니아어는 상대적으로 다소 늦게 나타났으며, 그리고 나타난 때의 역사가 바로 루마니아 말투들을 사용하는 사람들의 역사를 설명해준다. 루마니아어로 된 최초의 문헌을 타 로망스어들에 비해 훨씬 늦으며, 확실한 날짜를 알려주는 최초의 텍스트는 1521년 써진 발라키아 지방의 한 지주 부호였던 네아크슈라(Neacşu)라는 귀족의 편지로 전해지고 있다. 책으로는 1599년에 출간된 루터의 교리 문답서를 루마니아로 번역한 것이 있다.

16세기 중엽부터 문학 언어의 확장은 카톨릭 교회의 부제였던 꼬세리(Coseri)와 그의 제자들의 많은 활동에 힘입었다. 17세기 후반과 18세기 초반에, 다코-루마니아에 근거를 둔, 특히 종교적인 것이지만 역시 세속적인, 텍스트의 생산이 아주 왕성하게 이루어졌다. 그런데 바로 슬라브어(slavonic)가 루마니아 사람들에게 공식어로 종식되는 것도 바로 이 시기였다.[6] 이 시기가 옛 루마니아 문화의 황금기처럼 여겨지며, 동시에 옛 루마니아어의 고전시기이기도 하다.

그리고 17-18세기 전 유럽에서 일었던 민족주의와 문예 부흥 운동의 영향으로, 18세기 중엽부터 19세기 중반에 걸쳐 고조되기 시작한 루마니아 학자들 사이에서 특히 트란실바니아 학파에 의해 주창된 루마니아 전 지역에 걸쳐 라틴 문화 복고운동이 확산되었다.

---

6) 슬라브어는 오늘날 러시아나 불가리아, 세르비아 등에서 사용된 옛 슬라브어임.

이 기간에 수많은 루마니아어의 비 라틴계열의 어휘들이 라틴어, 이탈리아어, 및 프랑스어 어휘들로 대치되었다. 그러나 이 복고 운동은 주창자들의 과도한 언어 수정 작업 때문에 경우에 따라 혼동을 야기하여 국민들에 의해 반발을 사기도 했었다. 그리고 연이어 19세기 중반에 옛 루마니아의 두 공국인 발라키아와 몰다비아가 연합되면서(1859년) 부쿠레슈티(부카레스트)를 수도로 하는 독립국가 즉 루마니아가 탄생하면서, 중세 이래 키릴 문자를 쓰던 루마니아어도 새로운 변화를 겪게 되고 라틴어 문자로 바꾸는 혁신을 단행하게 된다.

다시 말해 서쪽 로망스어들과는 달리 발칸 로망스어는 라틴문화권과 교류가 단절되었기 때문에 13세기부터 루마니아 어휘와 고유명사들은 키릴문자로 고대 교회슬라브 언어로 표기되기 시작하였으며, 18세기 중엽부터 고조되기 시작한 라틴문화의 복고운동과 19세기 중엽 두 공국이 연합될 때가지도 키릴문자의 퇴치는 완전히 달성되지 못하였으며, 오늘날과 같은 라틴체 자모의 전면적인 도입은 20세기에 들어오면서 가능케 되었다. 그래서 현재 사용하고 있는 로마 라틴체 문자는 금세기에 들어 와서야 공식적인 인정을 받고 전국적으로 사용될 수 있었던 것이었다.

결국 현대 루마니아가 결정적으로 형성된 것은 바로 19세기로, 특히 19세기 후반부로, 프랑스 혁명 사상의 영향과 트란실바니아(Transylvania) 지역의 카톨릭화에 힘입은 루마니아 국민들이 라틴계 기원을 가지고 있다는 자각의 영향 하에, 루마니아 국가 부흥에 단합된 활동에 의해 형성된 것이다. 이 형성은, 애국자나 사상가 등을 비롯한 아주 많은 위대한 루마니아 사람들의 활동에 막대한 힘을 입은 탓에다가, 이들 각자가 서구에 비하여 이들의 문명이 늦음을 깨달아 이런 후진성을 메우기를 간곡히 원하면서 이루어진 것이었다. 민속의 기여와 루마니아의 옛 연대기의 언어를 단호하게 떠받치면서, 이들은 이탈리아어나 프랑스어를 비롯한 모든 서구 문화의 자원에 힘을 받았다. 대중적 원천에 기인한 재-루마니아화에 의한 세계주의적 효과와 균형을 이루면서, 현대 루마니아어는 우리가 오늘날 알고 있는 아름다운 국어가 되었다.

그래서 오늘날 라틴 문자로 표기할 수 없는 음은 약간의 특수한 기호를 'a i s t'의 4문자에 붙여서 표기하고 있다.

B. 언어적 특징

발칸-로망스어의 모음 체계의 특징으로는 우선 고전 라틴어의 단모음 ŭ가, 기타 로망스어에선 통속라틴어의 폐음[o]을 거쳐 모음 o로 변화된 것에 반하여, 그대로 모음 u로 남아 있는 것을 들 수 있다(예: 고전라틴어 'furca 삼지창' 통속 라틴어 forca > 포어 forca, 서어 horca, 프랑스어 fourche, 이탈리아어 forca, 루마니아어 furcä). 그 외에도 루마니아어의 모음 체계에는 타 로망스어에서는 찾아보기 힘든, 그 기원에 관하여 아직도 학자들간에 의견이 분분한, 중·후설모음인 ă[ə] 와 â= î[ɨ]가 있다: 대부분의 비강세 단어 끝 모음 a가 ă로 되었고(예 :라틴어 casa '집' > 루마니아어 casă), 비자음 m, n 앞의 모음 a 는 î 로 되었다.(예: 라틴어 campus '들판' > 루마니아어 câmp ; lana '양털' > lână 등).

공통루마니아어의 특성으로 간주되는 것으로는 어간에 강세가 있는 e와 o 모음이 끝음 -a 또는 -e 앞에서 각각 ea와 oa로 되는 이중모음화 현상을 들 수 있다(예: 라틴어 'sera 저녁' > 루마니아어 seară, 'sil(e) 태양' > soare 등).

루마니아어의 자음 체계의 특성으로는 라틴어 s와 t와 sc가 전설모음(i, e) 앞에서 구개음화되어 각각 ș [ʃ], ț[ts], șt[ʃt]로 변화한 것을 들 수 있다(예: 라틴어 tenere '잡다' > 루마니아어 ține, 라틴어 복수형 formosi '아름다운' > 루마니아어 frumoși, 라틴어 scire '알다' > 루마니아어 ști 등). 자음 체계의 특성 중 슬라브어의 영향을 받기 이전에 이미 음운 변화된 것으로 간주되는 것으로는 모음 사이의 자음 l 이 r 로 변화된 것(예: sole > soare, sale '소금' > sare 등)과 자음군 -ct-가 -pt-로(예 : 라틴어 nocte '밤' > noapte, lacte '우유' > lapte 등), qu 가 a 모음 앞에서 p 로(예: aqua '물' > apă) gu 가 b 로(예: lingua '언어, 혀' > limba) 변화된 것 등을 들 수 있다.

음성 음운론적인 특성 중 슬라브어의 영향으로 간주되는 것들로는 일부 어휘에서 나타나고 있는 현상인 어두음 e-가 [je-]로 발음되는 소위 '반모음 i 첨가 현상(ioticisation)' (예: el '그 남자[jel]', ea '그 여자[jea]' 등)과 성문 마찰음 h [h 혹은 x] (예: 루마니아어 hrană[hranə] '양분, 음식물', duh[duh] '영혼') 등을 들 수 있다.

루마니아어의 특성 중 단어 형태나 문장 구문론적으로 가장 두드러진 것은 이미 언급된 바와 같이 발칸 언어의 특성으로 간주되는 어미 정관사적 용법 (예: 루마니아어 omul '그 사람' < 라틴어 homo + ille > 기타 로망스어 ille home의 변형)과 미래 시제에서 조동사 voi (라틴어 volere '원하다')와 결합한 형태인 소위 우언법 (예 : voi cânta '나는 노래 부를 것이다')이 있다.

C. 어휘와 어원

어휘는 언어의 다른 요소들에 비하여 쉽게 차용되어 질 수 있으며, 바로 이러한 연유 때문에 루마니아어는 슬라브어를 비롯한 인접 언어들과 접촉으로 라틴어원의 어휘층이 엷어지게 되었던 것이다.

지난 150년 동안 루마니아어에서 라틴어 복고 경향을 가장 많이 보여준 분야가 어휘였다. 최근의 언어 통계학 자료에 의하면 루마니아어의 복고 경향이나 국제적인 공용어휘의 도입으로 인하여 다소 비율이 감소되기는 했지만 루마니아어의 전체 어휘를 어원별로 살펴보면 슬라브어 어원을 가지고 있는 어휘 수는 전체 어휘의 약 40%에 이르고 있으며 라틴 어원의 어휘수도 이와 비슷하게 전체 어휘의 약 40%를 차지하고 있다. 그러나 기초 어휘만을 대상으로 한 통계 자료에 의하면 60%가 라틴어 어원이고 20%가 슬라브어 어원이며 나머지 20%가 기타 인접한 언어들로부터 유입된 것으로 나타나고 있다. 또 한편 일상생활에서 활용 빈도가 높은 약 200여 개의 기본 어휘로만 대상으로 어원을 조사해 보면 90% 이상이 라틴어원을 가지고 있는 것으로 규명되었다.

<기층어원>

발칸 로망스어에 있어서 기층어의 영향에 관한 자료가 충분치 못하므로 확실한 증거를 제시하기가 어렵지만 그 중요성을 인지하여 많은 인도-유럽어 언어학자들과 발칸지역 역사비교 언어학자 및 어원학자들에 의해서 심층적으로 연구되고 있다.

발칸 지역언어들에 속하는 언어들간에 형태 통사론적인 공통성 이외에도 루마니아어와 알바니아어 간에는 라틴어 어원이 아니면서 공통적으로 소유하고 있는 소위 동족 어휘가 존재하고 있다. 이러한 현상은 두 언어간에 공통적인 기층어 영향의 증거로 간주될 수는 있지만, 알바니아어와 루마니아어가 단일 공동 기층어를 가지고 있다고는 단언하기 힘들다.

<라틴어 어원>

앞에서 언급했지만 루마니아 지역의 고대 명칭인 다키아에 보급된 라틴어는 주로 군인들과 제국 내의 각처에서 이주해 온 이주민들에 의해 사용되었던 비교적 단순하고 수준 낮은 라틴어였다.

그래서 라틴 어원을 가지고 있는 단어들 중의 대부분은, 고대 로마제국의 식민지들인 이베리아 반도, 갈리아 및 이탈리아 반도에 초기에 보급된 라틴어휘들 보다는 새로운 형태이지만, 3세기 이후 루마니아가 로마 문화권으로부터 고립된 후에 이탈리아에서 새롭게 만들어져 서쪽 로망스어들로 파급되었던 라틴어휘들 보다는 오히려 보수적인 성격을 띠고 있다. 이와 같이 배경 아래에서 라틴어 어원을 가지고 있는 루마니아 어휘 중에서 서쪽 로망스어들에서는 더 이상 사용되지 않고 단지 루마니아어에서만 존재하는 일상생활 용어 수는 110여개가 있다(예 : 라틴어 adiutorium '도움' > 루마니아어 ajutor ; creationem '크리스마스 이브' > crăcium ; iudicium '행정, 행정구역' > judeţ 등).

결국 원래부터 풍부하지 못한 라틴어 어휘를 물려받은 발칸 로망스어는 서쪽 로망스어들과 교류가 단절되면서 부족한 어휘를 인접 민족의 언어들로부터 차용하여 보충시킬 수밖에 없었다.

<슬라브어원>

슬라브어가 발칸 로망스어에 미친 영향은 서쪽 로망스어에 있어서 게르만어가 미친 그 역할 이상으로 지대하다고 할 수 있다. 루마니아어에 슬라브어 어휘가 도입된 시기에 따라 크게 두 종류로 구분된다. 그 중 한 부류는 약 6-8세기경부터로 추산되는 발칸로망스어와 남슬라브어 간의 접촉으로 인하여 유입된 대중적인 어휘로써 당시 슬라브 민족은 정복자로써 또한 지주로써 군림하였다. boier '지주', gospodar '주인', voivoid '왕후, 후작' 등이 있다. 다른 부류는 13세기 이후부터 차용되어진 기술 및 학술 용어들이 대부분이다.

그 외에도 루마니아어의 종교 용어들 중 상당수가 슬라브어 성격을 띠고 있다. 11세기 초반에 루마니아 교회가 불가리아 정교회에 속하게 되면서 많은 고대 교회 슬라브어 어휘가 루마니아어에 유입되기도 했다.

<그리스어원>

고대 교회 슬라브어 어휘들의 기원을 추적해 보면 대다수가 고대 그리스어에서 유래된 것으로 규명되고 있다. 왜냐면 루마니아어의 종교 용어에 있어서 고대 교회슬라브어는 중간 매개체 역할을 담당하였기 때문이다. 즉 루마니아 교회나 불가리아 교회가 그리스 정교회에 속해 있을 당시까지는 고대 그리스어가 발칸 지역 교회 용어로 통용되었기 때문이다. 예를 들어 루마니아어의 chile '수도원, 작은방'은 원래 기원이 고대 그리스어 kelion인데 교회슬라브어 kelija를 거쳐 루마니아에 들어온 것이다. 그리스어 어휘는 교회 슬라브어를 통해서뿐만 아니라 구어체 슬라브어를 매개체로 하여 루마니아어로 유입되기도 했다.

또한 터키 지배하에 있었던 루마니아의 공국들인 몰다비아와 발라키아가 터키 정부를 대신해 그리스의 피나리오트 가문에 의해 통치되었었는데, 통치 시기인 1711-1821년 사이에도 많은 그리스 어휘가 루마니아어에 유입되기도 했다.

<기타 외래어 어원>

앞에서 언급한 그리스 가문에 의한 통치시기에 적지 않은 터키 어휘가 직간접적으로 루마니아어에 들어왔지만 대부분 그 자취를 감추어 버렸으며 현재 루마니아어의 전체 어휘 중 약 3% 정도가 터키어 어원으로 추산되고 있다. 터키어가 루마니아의 몰다비아와 발라키아 지방에 큰 영향을 끼쳤지만 반면에 오스트리아-헝가리 제국에 속해 있었던 트란실바니아 지방은 헝가리어의 영향을 많이 받았다.

한편 지난 2세기 기간에 걸쳐 라틴어와 서쪽 로망스어들은 루마니아어에 커다란 영향력을 발휘하였다. 18세기부터 트란실바니아 학파들에 의해서 주창된 라틴 문화의 복고 운동은 루마니아어 철자법의 기원을 찾아 사용할 것을 시도했을 뿐만 아니라 루마니아어 어휘 중 라틴어 어원이 아닌 외래 어휘를 라틴어 어휘에 근거를 둔 단어들로 대치시켰고 또한 새로운 신조 어휘를 만들었다. 이들이 루마니아어에 기여한 점은 인정되지만, 트란실바니아 학파의 이러한 루마니아어 순화 및 정화 작업은 한편으로는 그렇지 않아도 복잡했던 루마니아어의 어휘 어원을 연구하는데 있어서 그 어려움을 가일층 시켜놓기도 했다.

2. 소멸과 위기에 처한 로망스어

1) 달마티아어

앞에서 보았듯이, 벨리아어(Vegliote)와 관련된 것으로, 달마티아어는 19세기말에 사라졌다. 그리고 이미 두브로브니크 지역의 말투도 15세기 말경에 사라졌다. 다른 도시들의 달마티아어의 여러 지역 방언들은 이 보다 훨씬 더 일찍 사라졌다.

오늘날 달마티아어는 지명학에 대한 자료 외에도 보관된 문서들을 남겨놓고 있으며, 이 언어의 어휘 잔재들을 베니치아어와 크로아티아어 속에 남겨놓고 있다.

2) 프랑코-프로방스어

프랑코-프로방스어 운명은 근세기에 와서 약간 나아졌다. 이 언어는 아직도 프랑코-프로방스 사투리들 속에 지속되고 있다. 중세기에 이 언어는 무시할 수 없는 문학 작품들을 남겨놓고 있는 중요한 언어였지만 오늘날은 그 중요성을 상실하고 있다. 특히 그르노블, 리용과 포레(Forez) 지역에서의 '도시의 언어'로 써진 증거물들을 통해서는 물론, 마그리뜨 됭(Marguerite d'Oingt)의 작품들을 보면 그러한 것을 알 수 있다. 방언 문학은 16세기에 탄생했으며, 18세기에는 더욱 생생했었다.7)

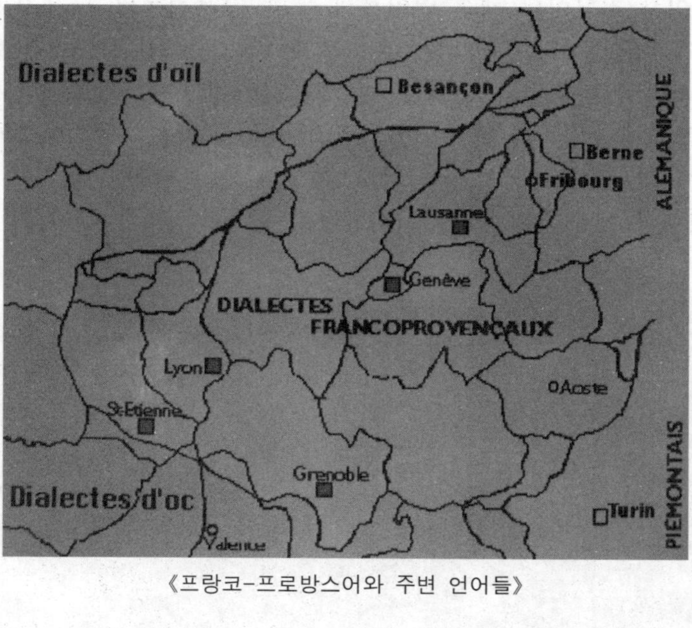

《프랑코-프로방스어와 주변 언어들》

7) 프랑스 로망스어학자 죠르쥬 스트라까(G. Straka)에 의해 편집된 생-떼띠엔느(Saint-Etienne)의 방언으로 된 시집을 참조하면 프랑꼬-프로방스어에 대한 언어적 특징을 볼 수 있다

3) 사르디니아어

A. 사르디니아 섬과 사르디니아어

사르디니아어는 로망스어들 중에서 가장 보수적인 언어로 알려져 있으며, 주로 사르디니아 섬의 중부 지방인 로구도로(Logudoro) 지역과 남부 지방인 깜비다노(Campidano) 지역에서 사용되고 있는 언어이며, 이미 언급한 바와 같이 이 섬의 알게로(Alghero) 지방에선 카탈란어가, 북부지방인 사사리(Sassari)와 갈루라(Gallura)에선 코르시카 섬의 방언과 마찬가지로 이탈리아 토스카나 지방어의 영향을 많이 받은 방언이 사용되고 있다.

사르디니아어가 위대한 문화의 언어인 적은 전혀 없었다. 그러나 반대로, 의사 전달이나 행정 언어로써 특히 11세기부터 14세기까지는 상대적으로 중요성을 가졌는데, 그 이유는 이 시기에는 사르디니아어 대신 카탈란어가 그리고 곧 카탈란어에 연이어 스페인어가 행정 언어로서 그 지위를 빼앗아버렸기 때문이었다. 그리고 스페인어에 이어 오늘날은 이탈리아어가 그런 지위를 차지하고 있다.

사르디니아어는 오늘날 약 100만명의 민족 언어로 남아있으며,

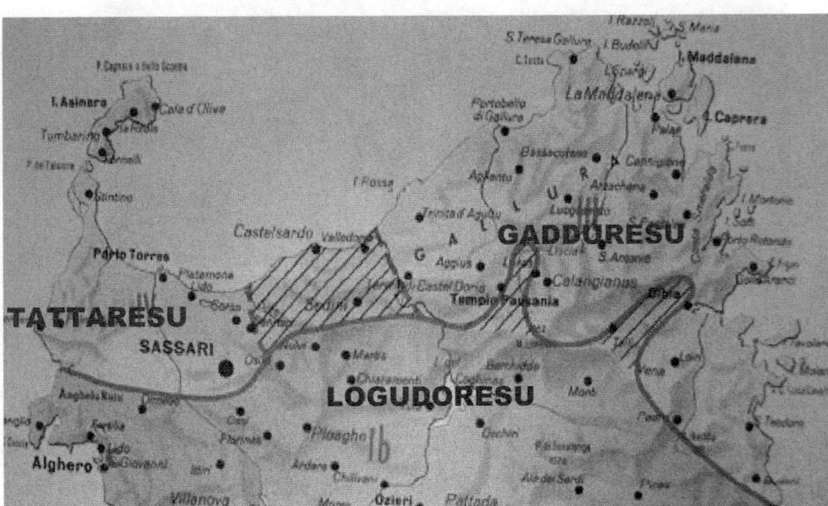

《사르디니아 섬 북부의 언어 모습》

새로운 문화적 허용과 수용이 사르디니아어를 위해 구상되고 있다.

B. 언어적 특징

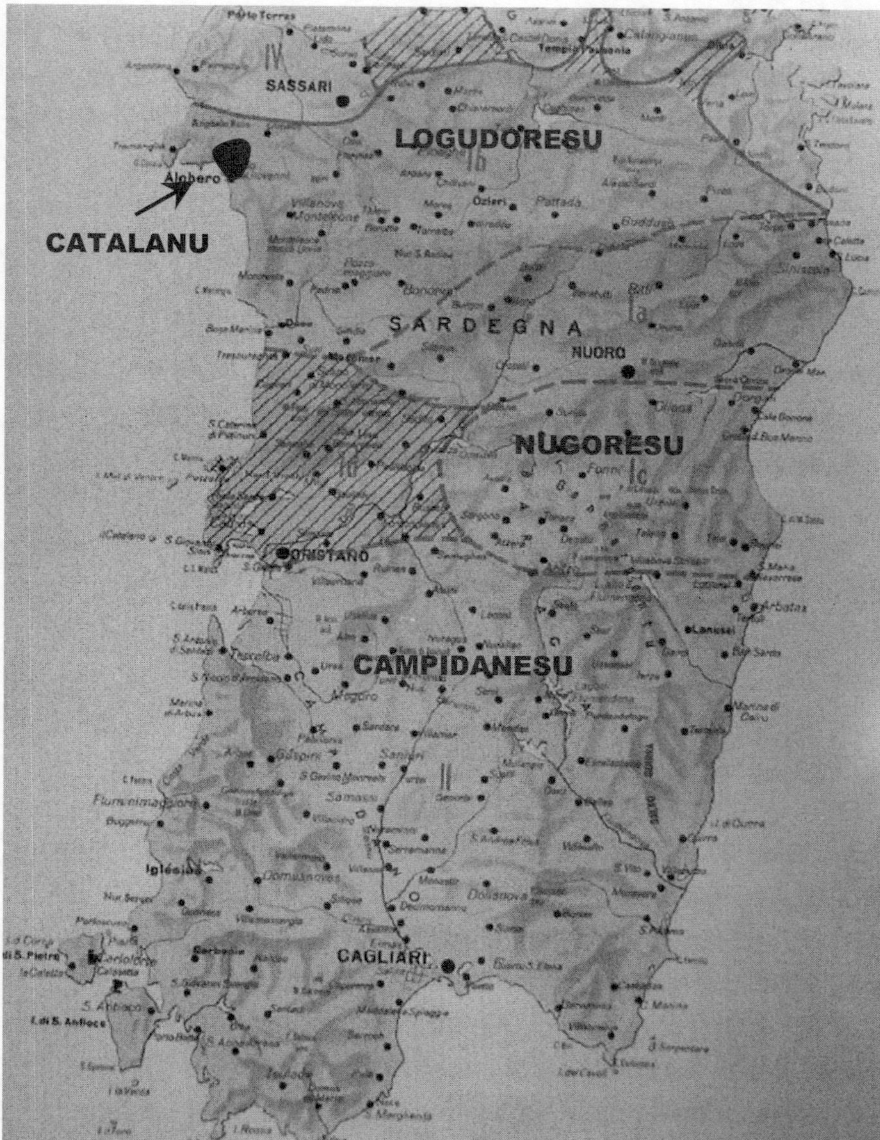

《사르디니아 섬의 언어 모습》

사르디니아어의 특성으로는 고대 라틴어의 성질을 많이 보유하고 있다는 점이다:

① 전설모음 앞에서 연구개 파열음의 보유(예: kentu '100')

② 어말 자음 -s와 -t의 보유(예: pekus '가축', faket '만들다'의 3인칭 단수)

③ 고전 라틴어의 단모음 ĭ와 ŭ가 속 라틴어와 같이 각각 ē 와 ō와 함께 e 폐음이나 o 폐음으로 변화하지 않은 현상 (예: 고전라틴어 piper '후추' > 통속 라틴어 peper, 이탈리아어 pepe, 사르디니아어 pipere(pibere) ; 고전라틴어 musca '파리' > 통속 라틴어 mosca, 이탈리아어 mosca, 사르디니아어 muska 등)

④ 라틴어 gu > b (예: 라틴어 lingua '언어, 혀' > 이탈리아어 lingua, 사르디니아어 limba)

⑤ 라틴어 gu[kw] > p(bb) (예: 라틴어 aqua '물' > 이탈리아어 acqua, 사르디니아어 abba 등).

그밖에 어휘에서도 라틴어의 발달 과정에서 후기라틴어 시기, 특히 통속라틴어에서 이미 사라져버린 단어들을 사르디니아어에서 보유하고 있다.(예 : onus '짐', kuzzu '빠른' 등)

3. 언어적 명성을 갖지 못하고 있는 로망스어

로망스어 일부 중에는 불행한 운명에 처한 언어들도 있고, 성공해 오늘날 세계적인 언어로 성장한 방언도 있지만, 그와는 달리 오늘날에 와서는 과거보다 훨씬 불행한 운명을 가진 언어가 있는데, 바로 오크어그룹에 속하는 언어들과 레토-로망스어 그룹 언어들이다. 특히 오크어는 과거에는 아주 그 명성도 대단하였지만, 쓰라린 역사로 인하여 오늘날은 그렇게 성공하지 못한 언어로 전락하고 말았다. 레토-로망스어 그룹 언어들도 오늘날 국가어로서 자리잡고 있지만 아직 그렇게 행복한 운명에 처한 언어는 아니다.

비록 오늘날까지 꿋꿋하게 버티어 있지만, 사용 인구의 감소와 사회 문화적 상황에 따라 이들 언어들의 운명이 달려있다고 할 수 있다.

1) 레토-로망스어

A. 스위스의 국어

레토-로망스어(Rhéto-roman, Rhaetoromance)는 스위스의 그리종(프랑스어 Grisons, 독일어 Graubünden) 주에서 사용되고 있는 로망스어를 일컫는 말이었는데 이 표현이 19세기에 티롤 지방사람들에 의해서 남부 티롤 지방과 프리울리 지방까지 확장되었으며, 이탈리아의 언어지리학자인 아스꼴리(Ascoli)는 이 레토-로망스어를 '라디노(Ladino)'라고 지칭하기도 했다.[8)]

레토-로망스어는 이미 언급한 바와 같이 언어 유형학적인 관점에서 보면 이탈로-로망스어와 갈로-로망스어의 중간에 속해 있는 언어로써 크게 세가지 방언으로 구분된다:

① 로몬츠(Romontsch, Rumantsch)로 알려진 쉬르셀방어와 앙가딘어(혹은 서라딘어 또는 일명 그리종 라딘어, 또는 그라우뷘덴라딘어라고도 불림) 등은 스위스의 그리종(또는 그라우뷘덴) 주에서 약 40,000명 정도에 의해서 사용되고 있으며, 1938년부터 현재 스위스 국어의 하나로 인정받고 있다.

② 중앙 라딘어는 남부 티롤 지방인 돌로미티(Dolomiti)산맥 계곡 일대와 북부 이탈리아의 중앙 동쪽 일부 지역에서 15,000명 정도가 사용하고 있으며 일명 돌로미티 라딘어라고도 불린다.

③ 프리울리(Friaul, Friuli) 지방의 프리울리어(혹은 동라딘어)는 우디네(Udine)와 고리지아(Gorizia) 도시 주위로 약 600,000명의 사용 인구를 가지고 있다.

레토-로망스어 방언들 가운데, 약 60만명의 사용 인구를 가진 프

---

8) 아스꼴리는 동라틴어, 서라틴어, 중앙라딘어 등으로 구분하고 있다.

리울리어(frioulan)은 문학, 특히 시 분야에서 가치있는 도구로 자리 잡고 있다. 그리고 한편 가장 오래된 옛 문학 문헌으로는 스위스 그리종(Grisons) 지방에서부터 오는 로몬츠어(romanche)로 쓰여진 것으로서 12세기로 올라간다. 이미 앞에서 언급했듯이 스위스의 4번째 국가어로 인정받았지만, 명백히 언어적 잇점이 형성되어 있는 공식어인 독일어, 프랑스어 이탈리아어와 같은 처지는 결코 아니다.

오늘날 로몬츠어는 초 중고등 교육에 파고들었으며, 무시할 수 없는 문학 수단이기도 한 언어이다. 그러나 불행하게도 로몬츠어는 단일 언어로 스스로 형성시키는데 도달할 수가 없었다. 그리종의 카톨릭 지방에서는 쉬르셀방어(surselvan)를 가르치고 있으며, 프로테스탄 지역에서는 앙가딘어(engadinois)를 가르치고 있다.

B. 언어적 특징

앞에서 설명한 세 가지 방언들이 공통적으로 지니고 있는 특성, 즉 레토 로망스어의 특성은 다음과 같다.

① 연구개 파열음이 모음 a 앞에서 구개음화되는 현상(예: 라틴어 carru- '마차' > ǩar[ʧar] ; 라틴어 galla- '암탉' > ǧal [ʤal]).
② 단어 끝음 -s의 보유(예: 라틴어 fratris '형제들' > frars).
③ 라틴어의 이중모음 -au-의 보유(예: 라틴어 auru- '금' > aur).
④ 라틴어 자음군 cl-, fl-, gl-, pl- 등의 보유(예: clave '열쇠' > claf) 등이 있다.

2) 카탈란어

A. 카탈란어와 스페인어

카탈란어는 피레네 산맥의 북쪽과 남쪽지역에서 사용되었던 라틴어에서 유래된 로망스어의 일종이지만, 그러나 카탈란어 지역 명칭인 '까딸루냐(Cataluña)'에 대한 이 어휘의 어원은 오늘날까지 수많은 학술적인 연구에도 불구하고 분명히 밝혀지지 않고 있다. 스페인어로 카탈란어(catalán)라는 단어는 14세기부터 최초로 쓰여 지기 시작하였으며 중세에는 아라공 왕국의 관용어로 사용된 적이 있었으나 1716년 스페인어로 대치되는 운명을 맞는다.

언어학에서 카탈란어는 19세기 초까지 남부 프랑스지방인 남부 프랑스어(오크어) 방언으로 간주되었으나 1856년 로망스 언어학의 효시인 디이츠(Friedrich Diez)에 의해서 독립된 로망스어로 인정을 받게 되었다. 그 후에도 로망스 언어 계보학에서 카탈란어의 소속 문제에 관하여 많은 논란이 거듭되다가 1926년 카탈란어는 스페인어(카스티야어)와 오크어 중간에 위치하는 독립적인 로망스어라는 결론에 이르게 되었다.

오늘날 비록 그 영역에 있어서 스페인 영역에 있지만, 고대 카탈란어는 남부 프랑스에 있었던 고대 오크어와는 근소한 차이만 있었고, 오히려 같은 프랑스 영역에서 프랑스 남서부 지역의 가스코뉴어가 고대 오크어와 차이가 나는 것보다도 고대 카탈란어와 고대 오크어의 차이가 훨씬 덜 하였었다. 그만큼 카탈란어(catalán)는 언어적으로 보면 스페인 보다 오히려 남부 프랑스 쪽에 가깝다고 할 수 있다.

카탈란어로 된 최초의 문헌으로는 11-13세기에 쓰여진 일부 문장들과 1300년 경에 오르가냐(Orgaña) 교회에서 쓰여진 것으로 추정되는 설교문의 일부분이 보존되고 있다.

13세기 말까지 까딸루냐의 시인들은 음유시인들의 언어인, 고유 오크어로 썼다. 그리고 이런 경향은 아주 고전적인 방법으로 쓴 것은 아니지만, 그 이후 15세기까지 계속 이어져나갔다.[9)]

그리고 문학에서 아주 강하게 오크어 냄새가 나지만 카탈란어로 까딸루냐의 초기 작품들을 쓴 사람은 바로 라몬 률(Ramon Liull, 1235-1315)이었다. 또한 역시 카탈란어로 철학적이고 서술적 산문을 창조한 사람도 바로 그였다.

14세기에 와서는 카탈란어는 아라공 왕실의 공식어가 되었으며, 중세 까딸루냐 문학 언어의 근간이 된 것도 바로 왕실 법원의 카탈란어였으며, 다양한 까딸루냐 연대기는 이 중세 카탈란어로 써졌다. 이 후 스페인, 즉 카스티야어 지역과 통합으로 카탈란어가 그리 활발하지는 못하였지만, 이 지역 공동체의 추억은 다시 19세기에 활발해졌으며, 이 때 카탈란어는 '예모시나어(llenga llemo- sina)'라고 흔히 불리어졌다.

즉 다시 말해 1479년 카스티야 왕국과 합병이 이루어지면서 카탈란어는 스페인어 앞에서 힘을 잃어가면서 사라지게 되며, 사투리 아니면 방언의 상태로 축소되어진다. 그러나 19세기에 카탈란어는

《까딸루냐와 스페인 프랑스의 경계 모습》

---

9) 15세기 시인들로 아우지아스 마르츄(Auzias March)나 죠르디 데 산트 죠르디 (Jordi de Sant Jordi) 등이 있다.

바르셀로나의 경제적 명성에 뒷받침되어 강력한 부흥을 인정받게 되며, 다소 사소한 방언적 차이가 있었던, 카탈란어는 뽐뻬우 파브라(Pompeu Fabra) 덕분에 단일화를 이루게 된다. 1931년에 카탈란어는 마시아(Macià)에 의해 선언된 까딸루냐 공화국의 공식어가 되었으며, 1939년 프랑코가 권력을 잡을 때까지 '까달루냐의 대중'의 자치 정부의 공식어로 남게 된다. 정치적 변화에도 불구하고, 카탈란어는 오늘날 매우 풍요롭고 부유한 문학어로써 뿐만 아니라 까딸루냐 국민의 자발적으로 이루어지는 광범위한 의사 전달 언어로써, 아주 생동감있는 활동을 증명해 보이고 있다.

카탈란어의 사용지역은 오늘날 스페인 동북부지역으로 다음과 같다.

① 피레네 산맥의 안도라 공화국
② 프랑스쪽의 피레네 산맥(Département Pyrénées Orientales)의 루시용지방
③ 이베리아 반도의 동해안 지방인 카탈루냐 지방과 아라공 지방의 동부
④ 지중해 연안의 군도
⑤ 사르디니아 섬의 알게르(Algher, Alghero) 시 등을 들 수 있다.

B. 언어적 특징

이미 앞에서 카탈란어는 로망스 언어에 속한다고 언급하였다. 그리고 귀를 잘 기우리면서 들으면 포르투갈어를 가미하면서 스페인어와 프랑스어 사이의 그런 발음을 가지고 있음을 알 수있다.그렇다고 이런 언어들이 혼합된 크레올 언어는 아니다. 그것은 라틴어에서 직접 분리된 토착적인 고유어로써 형성된 한 언어이다. 교육받은 스페인 사람이나 프랑스 사람이라면 어느 정도의 문어체 카탈란어를 이해할 수 있다. 그러나 구어체 카탈란어는 외국인에게는 아주 침투하기 어려운 언어이기도하다. 왜냐면 카탈란어 음운에 있어서 그것 자체의 음운을 가지고 있기 때문이다.

문장 구문과 어휘에 있어서 카탈란어는 특히 남부 프랑스어와 가

깝다. 그 이유는 카탈란어와 오크어(남부 프랑스어) 지역이 로마 시절 동안 유사한 식민지 과정을 거쳤기 때문이다. 하지만 형태면에 있어서 카탈란어는 스페인어와 더 가깝다. 왜냐면 까딸루냐 지역이 역사상 스페인 중앙에 위치하고 있는 오늘날 스페인어의 모체인 카스티야어 지역에 의해 지배된 이래로, 카탈란어는 카스티야어에 많은 영향을 받게 되었으며, 카탈란어 사용을 억압하는 정책이 이 언어를 지방 방언으로 유도하기도 했으며, 또한 카탈란어 고유 사용자들의 낮은 문맹률이 이런 추세에 더한층 가세했기 때문이다. 그러나 오늘날 실정은 훨씬 나아져서 스페인 정부의 언어 정책부에서도 이런 병폐에 대한 치유를 모색하고 있는 실정이다.

순수 언어학적인 관점으로 보아 현대 카탈란어는 문법 구조 및 어휘면에서 약 70%가 오크어와 20%가 스페인어(카스티야어)와 공통적인 성격을 나타내고 있으며, 약 10%정도가 카탈란어 만의 고유한 특성을 지니고 있는 것으로 밝혀지고 있다.

카탈란어는 크게 동·서 카탈란어로 구분된다. 서 카탈란어는 안도라(Andorra) 공화국과 레리다(Lérida) 지방과 바르셀로나(Barcelona)의 중앙을 잇는 등어선의 서쪽과 남쪽 지역인 레리다(Lérida) 지방과 발렌시아(Valencis) 까스테온(Castellón) 및 알리깐떼(Alicante)를 포함하고 있는 지역에서 사용되고 있으며 동 카탈란어는 프랑스의 피레네 산맥 지방인 루시용(Roussillon)과 스페인 헤로나(Gerona) 지방, 바르셀로나와 타라고나의 동부 지방 및 지중해 연안의 군도인 마요르카(Mallorca), 메노르카(Menorca), 이비사(Ibiza), 포르멘테라(Formentera) 등지에서 사용되고 있다. 이 동·서 카탈란어 사이의 주요 차이점은 비강세 모음의 처리에서 가장 두드러지게 나타나고 있다. 즉 동 카탈란어에서는 비강세 a와 e가 [ə]로, 또한 비강세 o와 u가 [u]로 발음되고 있는 것이 특징이다.

카탈란어는 포르투갈어나 오크어와는 똑같이 e와 o 모음의 개음과 폐음이 별개의 음소로 구분되어 있으므로 7개의 모음소로 구성된 4단계의 모음 체계를 가지고 있다. 다시 말해 카탈란어에서는 라틴어의 개음 [ɛ]와 [ɔ]가 스페인어(카스티야어)와 같이 이중모음화되지 않고 그대로 보존되고 있다(예: 라틴어 septem '일곱' > 포어 sete,

스페인어 sieta, 카탈란어 set, 오크어 set ; 라틴어 porta '문' > 포어 porta, 스페인어 puerta, 카탈란어 porta, 오크어 porta 등).

자음 체계의 특성으로는 스페인어와는 달리 자음군 -ct-가 -it-로 변했고(예: 라틴어 nocte '방' > 포어 noite, 스페인어 noche, 카탈란어 nuit, 프랑스어 nuit, 오크어 nueit 등), 라틴어 f와 자음군 fl-, cl-, pl-을 보유하고 있다.(아래 표 참조)

라틴어	filu- '실'	clave- '열쇠'	flamma- '불꽃'	planu- '평평한'
포르투갈어	fio	chave	chamma	chão
스페인어	hilo	llave	llama	llano
카탈란어	fil	clau	flama	pla
오크어	fil	clau	flama	pla(n)

또한 어두음 l- 이 ll[λ]로 구개음화되었다(예: 라틴어 lunma '달' > 포어 lua, 스페인어 luna, 카탈란어 lluna, 오끄어 luno).

문장 구문론적인 특성으로는 부정 과거(Pretério indefiido) 시제를 구어체에서 'anar가다'라는 조동사의 현재 인칭 변화 뒤에 본동사의 부정형을 사용하는 것을 들 수 있다(예: vaig cantar '나는 노래불렀다', vas cantar '너는 노래 불렀다' 등). 어휘에 있어서는 이미 언급한 바와 같이 카탈란어는 스페인어보다는 오크어와 같은 어원을 가지고 있는 어휘수가 훨씬 더 많다.

3) 오크어

A. 오크어와 프랑스어

중세까지 프로방스 지방의 언어(Provençal)로서 알려졌던 오크어의 사용 지역은 주로 가론느강 어구로부터 북상하여 중앙산악지대

(Massif central)와 세벤느(Cevennes) 산맥을 거쳐 남하하여 리용(Lyon)과 그르노블(Grenoble)의 남단을 지나 알프스 산악지대의 프로방스 지방에서 이탈리아 방언들과 경계를 이루고 있다. 12-13세기에 오크어, 즉 고대남부프랑스어는 음유시인들 덕분에 문어체로 널리 알려졌었으며, 이탈리아의 대문호인 단테(Dante)도 14세기초에 집필한 그의 논문 'De vulgari eloquentia(통속어로 쓰여진 작품에 관하여)'에서 오크어를 'lingua d'oc(긍정적인 대답의 불변화사 'oc'를 가지고 있는 언어)'라고 칭하였다. 중세 프랑스에서는 이미 '랑그도일(langue d'oïl)' 언어권과 '랑그독(langue d'oc)' 언어권으로 구분되었으며, 이 당시 프랑스에선 북부지방 사람들을 '프랑시쥬니(francigenae)'로 남부프랑스 사람들을 '프로벵시알(provinciales)'이라고 칭하였다.

순수 고유의 오크어는 문학적인 로망스어들 중에서 가장 파란 만장한 운명을 가지고 있다. 중세기에 오크어는 가장 위대한 문명을 가지기도하고 그것의 민족적 가치와 서정시의 영향에 의해 가장 중요한 문명의 언어이었었다. 이 언어로 쓴 시는 당시 이베리아 반도나 이탈리아 시칠리아 등의 남쪽으로는 물론 영국이나 게르만 국가들의 북쪽으로도 퍼졌었다.

11세기 중엽에 초기 행정 문헌들에서부터 형성된, 일반적인 오크어 글씨체는, 문학 언어로써 이용된 것뿐 만아니라 법률이나 과학의 언어로써 그대로 이용되었다.[10] 그리고 또한 15세기말까지 법률과 행정적인 '도시의 언어(langue de cité)'로써 남아있었던 그런 위대한 언어이었었다. 그러나 이러한 '도시의 언어'는 프랑스 남부 알비 지역인들(Albigeois)에 대한 십자군 전쟁 결과 프랑스 왕국의 랑그독 백작령의 영토를 조차함으로, 언어적으로 쇠퇴기를 맞이하게 된다. 비록 이때부터도 역시 오크어는 이곳에 나타나기 시작한 '프랑스 왕의 언어' 즉 프랑스어(북부 프랑스어)의 위세에 오래 동안 저항하였지만 그 위세는 서서히 사라지고 있었다.[11] 그리고 그

---

10) 행정 문서로는 몽뻴리에르 영주 길렘 4세(Guilhem IX)의 충성 맹세 참조.

11) 알비인들에 대한 십자군 운동 시절 때의 사람인, 음유시인 베르나르 시까르 드 마르베홀스(Bernard Sicart de Marvejols)는 오크어인 '센네르

후 프랑스에서 빌레르-꼬뜨레(Villers-Cotterêts) 칙령이 있던 때에 프랑스어의 위세는 이미 살아남은 오크어에 대면해 이미 오크어 지역인 남부 프랑스 지역에 잘 정착해 있었다. 문학적 관점에서 오크어는 16세기에 최초의 부흥이 있었다. 그러나 남부프랑스에서 사회적으로 말하고, 비록 항상 대중적으로 매우 살아 생동해 있었지만, 오크어는 이미 사투리 상태로 격하되어 있었다. 그리고 프랑스 혁명과 특히 프랑스의 대외 전쟁들이 오크어를 사회적으로 더욱 비참하게 만들었지만, 그러나 낭만주의와 대중 사상이 이 비참의 진행 속에서 남부 프랑스 국민의 언어에 대한 권위 사상을 도입하였다.

그래서 19세기에 미스트랄(Mistral)과 펠리브리쥬파(le Félibrige)와 더불어 오크어 말투들의 부흥 운동이 이루어졌다.12) 비록 이때 일종의 프로방스 말을 사용하는 작가 모임인 '펠리브리쥬파'에 의해 도입되었던 'occitan', 즉 오크어란 표현은 한동안 관철되지 못하였으나, 뚤루즈(Toulouse) 지역을 중심으로한 문학 작가들에 의해 프로방스 지방어(provençal)라는 표현보다는 광의의 '오크어(occitan)'가 선호되어, 이 표현이 오늘날 프랑스 내에서뿐만 아니라 국제 언어학계에서도 일반화되었다.

20세기의 이 부흥은 '오크어 연구회(Société d'Etudes occitanes)'와 문법가 루이 알리베르(Louis Alibert)의 작품과 더불어 계속 추구되었다.13) 그러나 이런 오크어의 위상을 반영하듯이 오늘날 프랑스 중앙 정부에 의해 교육에서도 오크어에게 매우 인색한 조치를 해주고 있다. 그리고 언어학적으로 '미스트랄주의(mistralisme)'에 대한 일시적인 논쟁에도 불구하고, 현대 오크어는 의사 전달이나 새로운 문화적 관용을 맛보고 있으며, 자각적 민족의 문화의 권위를 바라고 있다.

(Senher)' 대신, '시르(Sire)' 라는 이름으로 프랑스 사람들의 천한 인사하는 것을 궁전에서 듣는 것에 화가 난다고 말하고 있다.

12) 미스트랄은 오크어 부흥에 선봉 역할을 한 19세기 남부 프랑스 출신 작가임.

13) '오크어 연구회'는 나중에 '오크어 연구소'로 바뀜. 오늘날 프랑스 파리-소르본느 대학교(파리 4)에 있음

B. 언어적 특징

오크어는 로망스어들 중에서도 보수적인 언어들 부류에 속하는데 우선 라틴어의 자음 모음 체계를 보존하고 있다는 점에서 프랑스어와 큰 차이를 보이고 있다.

고대 오크어는(프로방스어)의 특성은 다음과 같다.

① 라틴어의 강세 a 모음을 보존하고 있다
(예: 라틴어 sal '소금' > 프랑스어 sel, 오크어 sal)

② 통속 라틴어의 e와 o 모음의 개/폐음(ɛ/e, ɔ/o)구별을 보유하고 있다.

③ 라틴어의 이중모음 au를 보유하고 있다.

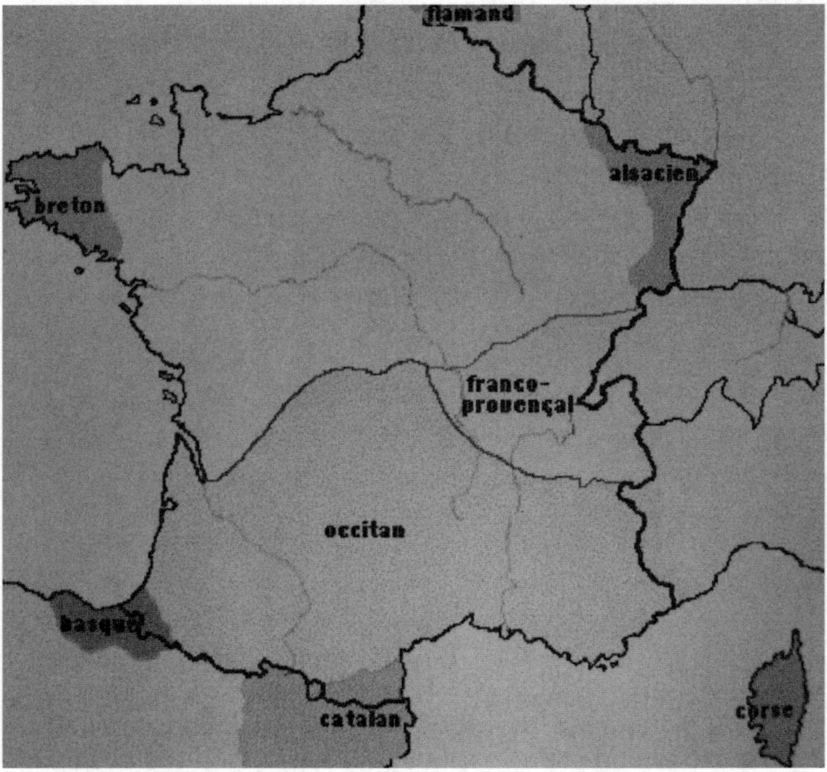

《오크어 지역》

④ 라틴어 연구개 파열음 c[k]가 중설모음 a 앞에서 구개음화되지 않은 상태로 보존하고 있다(예: 라틴어 capra '염소' > 프랑스어 chèvre, 오크어 cabra).

⑤ 비자음의 소멸로 인하여 비음이 약화되었다(예: 라틴어 bonus '좋은' > 프랑스어 bon, 오크어 bo).

⑥ 무성파열음 -p-, -t-, -k-는 -b-, -d-, -g-로 유성음화되었지만 프랑스에서처럼 소멸되지는 않았다(예: 라틴어 super '위에' > 프랑스어 sur, 오크어 sobre; 라틴어 amicus '친구' > 프랑스어 ami, amie, 오크어 amic, amiga; 라틴어 vita '삶, 생활' > 프랑스어 vie, 오크어 vida 등).

⑦ 라틴어 자음군 -st-를 보유하고 있다(예: 라틴어 castellum '성곽'> 프랑스어 château, 오크어 castel).

⑧ 단어 끝 자음들이 프랑스어에 비하여 많이 보존되고 있다(예: 프랑스어 ami, 오크어 amic, 프랑스어 pré, 오크어 prat 등).
현대 오크어에서는 고대 오크어의 [o]가 [u]로 변했고 단어 끝모음 -a 도 -d로 되었으며 이중모음이나 3중모음들이 첨가되는 등 적지 않은 변화를 보이고 있다.

오크어의 어휘는 대체적으로 프랑스어 어휘에서 크게 벗어나지 않으며 오히려 많은 오크어 어휘들이 프랑스어로 흡수된 편이다(예: abeille, cap, cabane, langouste, radeau 등).

C. 가스코뉴 지방어와 오크어

한편 가론느강의 서쪽 지방에서부터 피레네 산기슭에 이르는 지역인 가스코뉴(Gascogne) 지방과 베아른(Béarn)지방에서 사용되는 가스코뉴 지방 언어는 오크어와 상당한 차이를 보이고 있으므로 일부 학자들은 이 방언을 카탈란어와 더불어 이베로-로망스어와 갈로-로망스어의 과도 언어로 간주하고 있다.

가스코뉴 지방 언어의 특성 중 대표적인 것은 스페인어에서와 같이 라틴어 f가 h로 되었으며(예: 라틴어 factu- '사실' > 서어

hecho, 카탈란어 fet, 프랑스어 fait, 오크어 fach, 가스코뉴 het), 스페인의 아라곤 지방 방언과 같이 단어 중간 -ll-이 r로(예: 여성형 bella '아름다운' > bera), 단어 끝음 -ll이 t로(예: 남성형 bellu- '아름다운' > bell > bet)로 변했다.

어휘에서도 가스코뉴 방언은 스페인의 북부 지역 방언들인 아라곤 지방 방언이나 카탈란어와 공통적인 면을 많이 가지고 있다(예: 가스코뉴어 brenà '아침식사하다', 카탈란어 berenar, 아라곤어 berendar 등)

4. 로망스어 상호간의 비교와 언어적 특징

앞에서 이미 각 언어들의 특징을 언급했지만, 오늘날의 로망스어들을 특징지우는 모든 현상을 말하기는 어렵다. 여기서는 로망스어들 사이에서 서로 다르거나 혹은 매우 흡사한 것들에 관하여 일반적인 주요한 특징들만 알아보고자 한다.

1) 철자 및 음성-음운

A. 모음

모음 체계에 관한 것으로, 우선 일부 특수한 경우는 별도로 하고, a를 제외한 라틴어의 끝모음들은 프랑스어, 오크어, 레토-로망스어에서 사라졌다. 루마니아어의 모음체계는 후음(guttural)화된 모음 î의 존재로 인하여 다른 로망스어들의 모음 체계와 구분되고 있다. 그리고 프랑스어와 오크어(카탈란어 경우는 제외)도 라틴어 u 음을 대체한 구개음화된 모음 ü의 출현으로 다른 로망스어들과 구분되고 있다. 이 ü음은 북부 이탈리아 갈로-이탈리아어 말투들에서도 역시 발견된다.

a. 단모음의 변화

라틴어 음운은 i, e, a, o, u 의 5개로 장모음와 단모음을 가지는 아주 단순한 체계를 가지고 있었다. 그러나 라틴어에서 초기 로망스어로 오면서 음운학적으로 소리의 음질(즉 입안의 개폐)로 음량(다시 말해 음의 장단)을 대체시키는 새로운 체계가 만들어졌다. 그래서 장음 단음 합해 10개로 되어있던 라틴어 모음은, 모음 i와 열린 e, 닫친 e, 모음 a, 열린 o, 닫친 o, 그리고 모음 u 등의 7개로 된 체계로 변화되었다. 이 체계는 루마니아어와 중부 이탈리아 말투와 사르디니아어를 제외하고 모든 로망스어에서 공통적이었다.

이후 이 모음 체계 모습을 다시 변화시키는데 가장 공헌한 것 중의 하나는 바로 이중모음화로, 초기의 이중모음화와 그 다음에 일어나는 이중모음화이었다. 이탈리아어, 오크어, 스페인어, 포르투갈어는 이중모음화 현상들이 프랑스어와 루마니아어보다는 아주 훨씬 덜 두드러진 것이 특징이다.

① 이탈리아어는 단지 자유음절에서만 로망스어 이중모음화을 겪었다: 즉 폐쇄음절(예: porta)과는 대조적으로 자유 음절을 가진 단어(예: piede, buono)는 이중모음화됨.

② 오크어는 (열린 모음 o의 일부 지역적 변화만 제외하고는) 자연 발생적인 로망스어 이중모음화는 맛보지 않았지만(예: couor / couor), 단지 조건적으로 이중모음화되었다(예: lieit, nueit, uelh, buou). 그러나 예외로 카탈란어는 반모음 i 앞에서 열린 e, o의 이중모음화와는 다른 결과를 가져왔으며(예: lit, nit, ull), w 에 의한 조건적 이중모음화도 없었다(예: bou).

③ 스페인어는 열렸거나 닫친 음절에서 로망스어 이중모음화가 나타났지만, 구개음 앞에서는 이중모음화가 없었다(예: pie, bueno, puerta, tierra, 그러나 ojo).

④ 포르투갈어는 자연발생적이든 조건적이든 이중모음화의 부재가 특징이다(예: pé, bom, noité).

⑤ 프랑스어는 다양한 조건하에서 오래 전에 광범위하게 이중모

음화가 일어났으며, 이 이중모음화는 차후에 다시 단모음화나 [wa] [wi] [wẽ] 등과 같이 발음 변화되었다. 그래서 (열렸거나 닫쳤거나) 자유 음절에 o의 이중모음화는 열렸거나 닫친 oe 로 되었다(예: meule < mŏla, neuf < nŏ펴, neveu < nepōte, fleur < flōre). e모음에 있어서 열린 e는 ie[je, jɛ]로 되었고(예: fiel < fĕl, pied < pĕde), 닫친 e는 먼저 ei로 되었다가 다시 oi나 [wa]로 되었다(예: toile < tēla). 모음 a의 이중모음화는 e[e, ɛ]로 되었다(예: mer < mare, aimer < amare).

또한 프랑스어의 특징은 다양한 형태의 이중모음이다. 즉 main(manu), doyen(decanu), paix(pace), voix(voce), voisin (vecinu), puits(puteu), saint(sanctu), coin(cuneu), juin(juniu).

결국 옛 이중모음들의 대다수의 축소로 인하여 현대 프랑스어를 다모음화 발음하는데 있어서 빈약한 언어로 만들고 말았다.

⑥ 루마니아어는 프랑스어와는 달리 21개의 이중모음과 8개의 3중모음을 갖게 되는데, 특히 강세 e, ie, o의 모음 굴절이라는 중요한 현상에 의한 결과이며, 대중 언어에서 그러한 수많은 중요한 현상을 찾아 볼 수 있다.

b. 이중모음의 변화

라틴어의 이중모음은 ae, au, ei, eu, oe, ui 등이 있었으나, 구어체 라틴어에서 유일한 이중모음은 au로써 이 이중모음은 루마니아어와 고유의 오크어에서는 그대로 이중모음으로 발음되나, 프랑스어, 카탈란어 스페인어, 이탈리아어에서는 단모음 o로 변한다(예: 오크어 causa; 루마니아어 cauză; 이탈리아어, 스페인어, 카탈란어 cosa; 프랑스어 chose). 그리고 포르투갈어에서 au는 중간 단계라고 할 수 있는 ou로 머물르게 된다(예: cousa). 그밖에 로마 제국 때 레티아 지방, 즉 오늘날 스위스 동부지방(레토-로망스 지역)과 이탈리아 남부, 시칠리아 섬에서도 이 이중모음은 역시 보존되었으나, 사르디니아어에서는 a(예: casa)로 단순화되었다.

단어 첫 음에 나오는 au는 이탈리아어에서 u가 되었다(예: udire < audire). 그리고 프랑스어에서는 일단 이중모음화되어 eau가 된 후, 차후 16세기에 [o]발음으로 단순화되었다.

c. 모음의 개폐에 따른 발음 문제

로망스어에서 나타난 특징을 구별하는 중요한 특징으로 초기 로망스어 모음체계에 의해 형성된 특색이 오늘날까지 나타나는 것들이 있다.

이탈리아어는 이 모음체계를 유지하고 있으며, 음운 대립도 항상 모음체계에 관여되어있다. 포르투갈어에서는 e와 o의 개폐가 역시 모음체계에 관여되어있다(예: sède/séde; còrte/córte).

스페인어에서 초기 로망스어 시절의 è와 é, ò와 ó의 대립은 중간의 /E/와 /O/로 혼합되었다. 그러므로 이 모음들의 개폐는 음운적으로 관여되지 않고 있다. 즉 발음상 동일하게 한다.

오크어에서는 특별한 경우 이외에 /E/의 개폐가 관여하고 있다. 그리고 초기 로망스어 시기에 닫친 o, 즉 ó는 고유의 오크어에서 u로 되었다.

프랑스어에서는 이중모음화의 다양한 현상으로 어지럽혀졌다.

루마니아어에서는 개폐에 따른 음색의 구별은 존재하고 있지만, 자유스러운 변이형(variant)나 결합에 의한 변이형과 같은 음성학적 특색이지 음운학적 특색이 아니었다.

d. 비모음화와 모음 접변 현상

비록 일부 로망스어에서 나타나지만 로망스어에서 나타나는 특색으로 비모음화를 들 수 있다. 비모음화, 즉 콧소리 나는 현상은 프랑스어와 포르투갈에만 있다. 반정도의 비모음화 현상은 오크어 말투들 중 많은 일부에서는 정상적인 현상이기도 하다.

[ai]를 [ei]로 발음하는 모음 접변 현상은 카탈란어, 스페인어, 서쪽의 오크어, 프랑스어에서 찾아볼 수 있다.

약모음들의 중화와 폐쇄는 포르투갈어와 오크어에서 일어나고 있다. 그리고 특히 모음 중화는 프랑스어와 포르투갈어 카탈란어에서 알려져 있고, 이 모음 중화 현상은 약음 위치나 어미, 또는 악센트 있는 음절 앞에서만 일어난다. 그러나 포르투갈어나 카탈란어에서 일어나는 이 중화 현상은 프랑스어에서는 보통 무음 e라고 불리는 것으로 순모음화 된다.

B. 자음

자음에 있어서도 로망스어에서 공통점이 많이 나타난다. 그러나 이런 일반적 현상외에도 여러 가지 복잡성이 나타나고 있다.

a. 단어 첫음에서의 자음

<루마니아어와 이탈리아어>

초성 자음, 즉 단어의 처음에 오는 자음에 관해서, 루마니아어와 이탈리아어는 보수적이다.

이탈리아어에서 초성 자음들은 아래와 같은 몇가지 예외를 제외하고는 그대로 남아있었다.

① 구개음[k]와 반모음[j](라틴어의 j, g)는 [ʧ] [ʤ]로 되었다 (예: città, genero).
② 구개음화된 l을 가지고 있는 라틴어 kl, gl, pl, bl, fl는 l을 반모음 [j]로 축약시킨다.

루마니아어에서도 구개음화 경우를 제외하고 그대로 남아있다.

① 구개음 [k]와 [g]는 이탈리아어처럼 [ʧ] [ʤ]로 변했다.
② l 음을 가진 자음그룹들에서는 단지 kl과 gl만 구개음화되었다 (예: cheie, ghindă, 그러나 plin, blestemà floare).
③ i 앞에서 습음화되거나 ie와 함께 복합화된 l은 사라진다 (예: iertà < libertare, iepure < leporem).
④ [kw] [gw]의 양순음 요소를 이탈리아어가 가지고 있는데

반해, 루마니아어는 이 요소를 상실했다. 후음은 a 앞에서 그대로 남아있지만(quam > ca), 그 밖에서는 구개음화 된다(quaero > cer).

<스페인어와 포르투갈어>

한마디로 스페인어에서보다도 포르투갈에서 단어 첫음의 자음들이 더욱 많이 단순화 되었다.

① 구개음 [k] (c + e, i)는 포르투갈어에서는 [s]로 변했고, 스페인어에서는 [θ]로 변했다.
② [j] (반자음 i, 또는 g + e)는 포르투갈에서 모든 경우 [ʒ](철자로는 j, g로 씀)로 변했다. 그러나 스페인어에서는 y(yace, yerno)로 변했거나, 또는 호따(jota)라고 불리는 소리로 변했거나(joven, juego), 또는 결과적으로 사라진 기식음으로 변했다(hermano, helar).
③ 구개음화된 l을 가진 kl, pl, fl 그룹들은 스페인어에서는 습음 l(llave, lleno, llama)로 변하지만 포르투갈어에서는 [ʃ](chave, cheio, chamma)로 변했다.

이상과 같은 것은 악센트 앞에서만 이루어지지만, 유추 현상에 의해 예외가 있을 수 있다.

④ 스페인어처럼 포르투갈어도, a 앞에서 kw, gw를 보존하고 있지만, 다른 모음들 앞에서는 w 발음을 사라지게 한다. 그리고 오늘날 포르투갈 대중 말투에서 a 앞에서도 순음인 w가 사라지는 경향을 보이고 있다.
⑤ v와 b도 발음에 있어서 스페인어에서는 혼합해 같은 발음으로 하지만, 포르투갈에서는 구별된다.

스페인어에서만 독특한 것으로는 다음과 같다.

① 스페인에 남아있는 이슬람교도 사람들로부터 차용된 단어에서 s-는 호따(jota)로 변했다 (예; jabon < saponem).

② [θ] 발음에서 [s]로의 발음 이동은 안달루시아 지방 발음의 '세세로'에 기인한다 zahorra(saburra).

③ 피레네 산맥 안쪽으로 가스코뉴어에서 발견되는 f에서 h(hijo, harina)로의 발음 이동은 바스크어의 영향에 기인한다.

<프랑스어와 오크어>

① 프랑스어와 오크어에서 c + e, i는 구개음화되었으며, 결과적으로 s로 된다.

② 반자음 j와 g + e, i는 두 언어 모두에서 [ʒ]로 변했으나, 오크어(북부 오크어 제외)는 a 앞에서 [k] [g]은 프랑스어와 반대로 구개음화 되지 않았다(예; cat/chat, gamba/jambe).

③ kw와 gw는 오크어(가스코뉴어와 카탈란어는 제외)에서처럼 프랑스어에서도 양순음 요소를 상실한다.

④ cl-, gl-, pl- 등의 자음 그룹들은 두 언어에서 보존되었다.

⑤ 프랑스어에서는 게르만어가 기원인 단어들에서 유음 h가 나타나며, 이것은 유추에 의해 일부 다른 단어들에서도 나타난다(예: haut).

⑥ 사라진 기식음은 16세기부터 유음 h가 모음 생략을 못하게 함으로써 프랑스어에서는 다시 살아났다(예: la hache, 그러나 오크어에서는 l'apia).

b. 모음 사이에서의 자음

a) 폐쇄음의 변화

<루마니아어>

루마니아어에서 폐쇄음들은 그것들이 유성음이든 무성음이든 어떤 약화도 일어나지 않았다(예: 유성->foc muta, ripa, 무성->cruda, lega). 라틴어 v와 b를 보여주고 있는 v만 유일하게 모음사이에서 사라졌다(예: cal < caballum, la < lavare).

<이탈리아어>

이탈리아어에서 모음사이의 무성자음은 어미에서 두 번째 음절에 악센트있는 단어들에서는 그대로 남아있게 된다(예: fuoco, sete). 그러나 끝에서 3번째 음절에 악센트가 있는 단어들에서는 일반적은 아니지만, 약화되는 경향도 있다(예: segale, redina, povero). 그래서 악센트 앞에서 c는 g로 약화되지만(예: pagare), t와 p는 그대로 남아있는다(예: maturo, nipote). 그리고 유성 자음들도 그대로 남게 되지만(예: legare, nuda, cavallo), g는 악센트 앞에서 사라지려는 경향이 있다(예: reale, fraore).

<스페인어, 포르투갈어, 오크어>

이 3개 언어에서 모음사이의 폐쇄음은 거의 같은 방법으로 변화되었다.

무성 자음은 유성 자음이 되었다(예: 스페인어, 포르투갈어, 오크어, pagar, mudar ; 스페인어,오크어, riba). 그러나 유성 자음은 유지되거나 약화되었다. 즉 g는 악센트 다음에 유지되었다(스페인어 llaga, 포르투갈어 praga. 오크어 plaga). 그러나 악센트 받은 모음 앞에서는 사라졌다(스페인어, 포르투갈어, 오크어 liar ; 오끄어 ligar). d는 오크어에서 먼저 파열음이 된 후 다시 z로 변했다. 스페인어에서는 파열 d는 악센트 다음에 흔히 유지되었지만(스페인어 vado, nuda), 사라지는 경향(스페인어 prea, feo, creo)도 가졌다.

b와 v 사이의 구별은 포르투갈어에서 초성 자음에서는 구별되었지만, 스페인어와 일부 오크어(카탈란어, 가스코뉴어, 프랑스 랑그독지방 방언)에서는 두 자음이 혼동되었다. 그래서 이 3개 언어들에서 철자적 구분은 어원적 고정 관념에 의한 결과이기도 하다.

<프랑스어>

프랑스어는 모음 사이의 자음들이 가장 변질된 언어이다. 무성 자음들은 유성으로 변했으며, 계속해서 유성음으로 취급되었다(라틴어 pacare > pagare > 프랑스어 payer; plaga > plaie). 즉 자음

c는 연구개 모음 앞에서는 아주 사라졌다(securum > sûr). t와 d도 역시 무음화 되었다(mutare > muer, sudare > suer). p와 b 역시 유성 순치 파열음 v로 변했다(tropare > trouver, cubare > couver, lavare > laver).

b) s 음의 변화

모음 사이의 s 는 루마니아어에서는 [s]로 남아있다. 이탈리아어에서는 문어적인 토스카나어의 발음에서는 뚜렷하게 구분되어있지 않다(예: casa, cosa, naso, asino, arnese, difesa posi, -oso, etc 등에서는 무성 [s]으로 rosa, tesoro, bisogno, chiesa, usura, cortese 등에서는 유성음 [z]로 발음함). 유성 발음은 북부 이탈리아 지역 발음이고, 무성은 중부와 남부 이탈리아 지역 발음이다.

프랑스어, 오크어, 포르투갈어에서 유성음화가 있다. 옛 스페인어에서도 마찬가지였지만, 16세기에 -s-는 현대 스페인어에서는 무성으로 되었다.

c) 자음 그룹 kw, gw의 변화

루마니아어에서 특이하게도 모음사이에서와 특히 단어 내부에서 kw, gw가 p로 변형된다(예: aqua > apă, equa > iapă, lingua > limbă). 사르디니아어에서도 lingua > limba, aqua > abba가 되어 비슷한 특징이 발견된다. 한편 프랑스어와 오크어에서 단어 첫음에서와 모음 사이에서 양순음 발음은 사라졌다.

스페인어와 포르투갈어, 이탈리아어에서는 모음 사이에서 보이는 특징은 단어 첫음에서와 같다. 즉 스페인어와 포르투갈어에서는 원칙적으로 a 앞에서 양순음 발음은 보존되었지만 다른 모음들 앞에서 이 발음은 사라졌다. 그러나 이탈리아어에서는 a 앞에서뿐만 아니라 다른 모음들 앞에서도 역시 양순음이 보존되었다.

d) 유음의 변화

모음사이의 유음은 각 언어에서 약간의 독특한 점들이 있다.[14]

프랑스어, 오크어에서 유음은 일반적으로 보존되었지만, 예외적으로 가스코뉴어에서 n은 사라졌다(예: luna > lua). 가스코뉴어(luna > lua)처럼 안달루시아 지방의 방언적 말투에서만 제외하고, 스페인어도 역시 모음 사이의 유음은 보존되었지만, 반면에 포르투갈어는 -l-, -n-이 소멸되었다(예: caelum > ceo, volare > voar, colorem > coor, tenere > ter, femina > femea).

문학 이탈리아어도 역시 모음사이의 유음은 유지되었다. 그러나 방언적으로 북부 이탈리아에서 -l-은 -r-로 바뀐다. 그리고 예를 들어 프랑스 로제르(Lozère) 지방 오크어에서도 역시 발견되는 이 특징은 루마니아어에서도 같은 특징을 보여주고 있다(예: solem > soare).

e) 이중 자음의 변화

이탈리아어는 특히 악센트 다음에서 라틴어 때부터 항상 붙어 있는 이중자음(두 개 자음)의 엄격한 보존 때문에 다른 로망스어들과 구분되어진다.

예를 들어 자음들의 단어 내부에서, 특징적인 것으로 ct가 있다. 즉 이탈리아어에서 ct는 tt로 동화되었으며, 루마니아어에서는 ct가 pt로 바뀌었으며, 그밖에 포르투갈어에서나 일부 오크어에서 또는 프랑스어에서는 yt로 머물게 된다.[15] 그러나 스페인어에서와 일부 오크어에서 yt는 계속해서 [ʧ]로 변해갔다(예: 이탈리아어 fatto, nutte ; 루마니아어 fapt, noapte ; 포르투갈어 feito, noite ; 프랑스어 fait, nuit ; 오크어 fait/feit, nueit/neit 또는 fach, nuech ; 스페인어 hecho, noche).

cs같은 것은 거의 균형적으로 변해간 특징을 보여주고 있다(예; 이탈리아어 taxum > tasso ; 루마니아어 coxa > coapsă ; 포르투갈어 teixo ; 프랑스어 coxa > cuisse ; 오크어 cueissa ; 스페인어 tejo).

---

14) n은 유음이 아니지만 유음에 포함해 설명함.

15) 이미 앞에서 언급했지만, 프랑스어에서는 차후에 이중모음은 다시 한번 변형을 한다.

f) 반모음 i [j]

모든 로망스어에서 반모음 i는 모음 사이에서 변했다.

① n + [j]는 [j]로 축약된 루마니아어만 제외하고 다른 언어들에서는 그대로 남아있다(예: 이탈리아어 vigna ; 프랑스어 vigne ; 오크어 vinha ; 포르투갈어 vinha ; 스페인어 viña; 루마니아어 vie).

② l + [j]는 이탈리아어 포르투갈어에서는 그대로 남아있었으며, 오크어도 최근의 약간의 말투를 제외하고 그대로 대부분 남아있다. 그러나 루마니아어와 프랑스어에서는 [j]로 변했으며 스페인어에서는 호따(jota)로 변했다(예: 이탈리아어 folia > foglia ; 오크어 folia > fuelha ; 포르투갈어 folia > folha ; 스페인어 folia > hoja ; 프랑스어 folia > feulye > feuye > feuille ; 루마니아어 folia > facie).

③ r + [j]는 단지 루마니아어에서만 그대로 존속되었으며, 이탈리아어에서는 r가 없어졌으며, 다른 언어들에서는 [j]가 도치되었다(예: 루마니아어 area > arie ; 이탈리아어 area > aia ; 프랑스어 area > aire ; 오크어 area > aira ; 포르투갈어 area > eira ; 스페인어 area > eira > era).

④ 순음 + 반모음 i 의 경우는 이탈리아어에서 반모음 i 앞에 자음을 이중으로 하면서 보존하였다(예: sapiat > sappia, rubeum > robbio, cavea > gabbia, vindemia > vendemmia). 루마니아 경우는 특히 b + [j]의 경우 반모음과 b가 도치되었다(예: habeat > aibă, robeum > roib). 포르투갈어에서도 p, b, v + 반모음 [j]는 도치되었다(예: saiba, ruivo). 스페인어의 경우는 p + 반모음 [j]의 경우만 도치되었다(예: sepa, 그러나 rubio, gavia, vendimia는 도치 안됨). 오크어의 경우는 도치가 안 되었지만, p + [j]의 경우는 일부 방언에서 아주 자음화되어 버렸다(예: gabia, vendemia, sapia 또는 sacha). 프랑스어의 경우 순음이 사라지면서 [ʃ] [ʒ]로 자음

화되어 버렸다(예: sache, cage, vendange).

⑤ t + [j]는 프랑스어에서만 반모음 i가 남게 되며 나머지 언어들에서는 없어졌다(예: 프랑스어 puteus . puits ; 이탈리아어 puteus > pozzo ; 스페인어 puteus > pozo ; 포르투갈어 puteus > poço ; 오크어 puteus > potz ; 루마니아어 puteus > puţ). 그리고 특히 이탈리아어에서 악센트 앞에서 t + 반모음 i는 [ʤ] [ʧ]로 변했으며, 루마니아에서도 악센트 있는 o.u 모음 앞에서 이렇게 변했다(예: 이탈리아어 rationem > ragione ; 루마니아어 titionem > tăciune).

⑥ k + [j]는 이탈리아어에서만 경구파찰음 [ʧ]로 변했다(예: 이탈리아어 braccio ; 스페인어 brazo ; 프랑스어 bras ; 오크어 braç ; 루마니아어 braţ).

c. 단어 끝음절에서의 자음

유일하게 이탈리아어만 자음이 단어의 어미, 즉 단어 끝에 오지 않는다.

스페인어, 포르투갈어 이탈리아어는 라틴어 어미 -u(m)을 -o의 형태로 보존하고 있으며, 오크어와 루마니아어는 일반적으로 이 모음을 탈락시킨 후 자음 어미를 갖게 된다. 그리고 프랑스어는 일부 복원한 경우만을 제외하고는, 어미가 된 자음을 무음화시키면서 가장 닮아 떨어진 형태를 보여주고 있다.

2) 형태-구문

형태나 구문에서도 여러 가지 변화 현상은 많다. 일부 주요한 사항만 알아보자.

A. 로망스어들간의 공통 특징

① 스페인어, 포르투갈어, 오크어는 다음과 같은 공통의 특징을 보여준다. 즉 라틴어 직설법 과거 -abam 형태가 1군 변화에

서는 -eam으로 2, 3군 변화에서는 -iam으로 변했다. 그리고 지시사처럼 정관사를 사용하였으며, 접속법으로 부정 명령을 하였다. 그러나 프랑스어와 루마니아어에서는 긍정 명령에서처럼 부정 명령에서도 직설법을 그대로 사용한다.

② 오크어 중에서 카탈란어 가스코뉴어 프랑스 랑그독 지방어 일부만 다음과 같은 경우에만 스페인어와 포르투갈어와 같은 용법을 제공한다. 즉 a에 의한 직접 목적어 도입과, 부분을 나타내는 형태 결여, 조건의 의미를 가진 -ra로 과거완료 표시.

③ 스페인어, 포르투갈어, 가스코뉴어/카탈란어는 venden과 같은 형태같이 -(i)unt 어미가 사라진다.

④ 스페인어와 포르투갈어는 끝에서 3번째 음절에 악센트 있는 부정사는 공통적으로 사라졌다(예: perder).

⑤ 스페인어와 일부 오크어(카탈란어, 가스코뉴어 일부, 프랑스 랑그독 지방어)는 미래의 의미로 접속법 현재를 사용한다.

⑥ 이탈리아어와 일부 오크어(가스코뉴어)는 -ava, -eva, -iva 형태로 과거 형태를 가진다.

⑦ 이탈리아어와 오크어, 프랑스어는 중성 대명사를 가지고 있으며, 프랑스어 오크어는 en으로, 현대 이탈리아어에서는 ne, 고대 이탈리아어나 이탈리아 방언에서는 nde 형태로 쓰고 있다.

⑧ 프랑스어와 오크어는 또 다른 중성 대명사 y(i)를 가진다.

⑨ 이탈리아어와 루마니아어는 다른 로망스어에 의해 표시되는 복수 -s의 형태를 갖지 않는다. 즉 이탈리아어와 루마니아어에서 일반적으로 남성복수는 -i로 여성 복수는 -e(루마니아어에서는 -i 형태도 있음). 그리고 이 두 언어들은 모든 동사에서 2인칭 단수에서 -i로 동사 변화한다.

B. 개별 로망스어의 특징

<포르투갈어>

포르투갈어는 인칭 부정법을 발달시켰다(예: sem me veres).

<이탈리아어>

이탈리아어는 수동태로 하기 위해 재귀동사 사용을 특별히 발달시켰다. 그리고 단수 부정 명령을 위해 부정사를 사용하고 있다.

<오크어>

오크어는 삽입사 -g-로 과거를 표시하기도 한다.

<루마니아어>

다른 로망스어들에 비하여 가장 독특하고 특별한 특징을 가진 것은 루마니아어다.

① 관사를 단어 뒤에 덧붙인다. 이를 전접현상이라 부른다(예: lup, lupul).
② 다른 로망스어에서는 사라진 격변화를 아직도 가지고 있다(예: 1격과 4격은 casă, 2격과 3격은 case, 1격과 4격은 lupul, 2격 3격은 lupului).
③ 중성도 아직 유지하고 있다.
④ 접속법에 의해 부정법을 대체한다(예: scio scribere > stiu sa scriu).

<프랑스어>

프랑스어 역시 다른 특징들에 의해서도 그렇지만 체계적 관점에서도 루마니아어 만큼이나 다른 로망스어들로부터 멀어진 언어이다.

프랑스어는 다른 로망스어에서는 볼 수 있는 접미사에 의한 조어법이 발달되지 않았다.

동사 변화에서 인칭 대명사의 형태를 알 수 있게 하는 형태소가 퇴화되어, 아주 단순화 되었다(예: 프랑스어에서 les loi étaient justes와 la loi était juste에서 차이는 단 한가지 les와 la의 차이만 있음. 그러나 이탈리아어에서 le leggi erano giuste / la legge era giusta ; 루마니아어에서 legile erau juste / legea erà justă ; 오끄어에서 las leis èran justas / la lei èra justa).

다른 로망스어의 어휘보다 프랑스어의 그것들은 접미사의 한정성 때문에, 만드는데 가능할 수 있는 단어들을 매우 한정시키면서, 아주 인색하게 그런 어휘 작용으로 단어들을 파생시키지 않은 것이 특징이다. 예를 들어 오크어의 단어 어간 carga는 프랑스어의 charge인데, 프랑스어가 charge를 가지고 파생시키거나 복합시킬 수 있는 어휘 수 보다 오크어는 5 배 정도 더 어휘를 형성시킬 수 있다. 그리고 또한 프랑스어 어휘의 특징은, 단어들의 친족 관계의 파괴(예: 오크어 aiga/aigós ; 프랑스어 eau/aqueux)가 있는 능기(signifiant)와 소기(signifié)사이에 동기화가 약하며, 동음이의어가 많고, 단어의 자치성이 약해서 말재롱이나 단어 놀이 등이 쉽다는 점이다. 이런 특징은 프랑스 어휘를 다른 어떤 로망스어 어휘들보다 더욱 많이 언어의 구문이나 일반적 구조를 결속하게 만들고있다.

《로망스어에서 비교급 사용의 예》

3) 어휘

어휘에 있어서도 모든 로망스어에서 공통적으로 비슷한 사실을 가지고 있는 반면에 각 언어별로 각기 독특한 특징을 가지는 것도 다소 갖고 있다.

A. 라틴어에 의한 어휘 상황

먼저 공통적으로 로망스어들은 라틴어라는 공통의 바탕을 가지고 있지만, 지역적인 어미 굴절 변화들을 가진다.

① 이탈리아어는 고전 라틴어의 어휘를 더 많이 유지해 가지고 있다.

② 스페인어와 포르투갈어는 이탈리아에서 조차 사라진 수많은 고전 어휘 형태들을 보존하고 있다.

③ 프랑스어와 오크어는, 프랑스어가 오크어보다 훨씬 혁신적이지만, 거의 같은 라틴어 토대를 보존하고 있다.

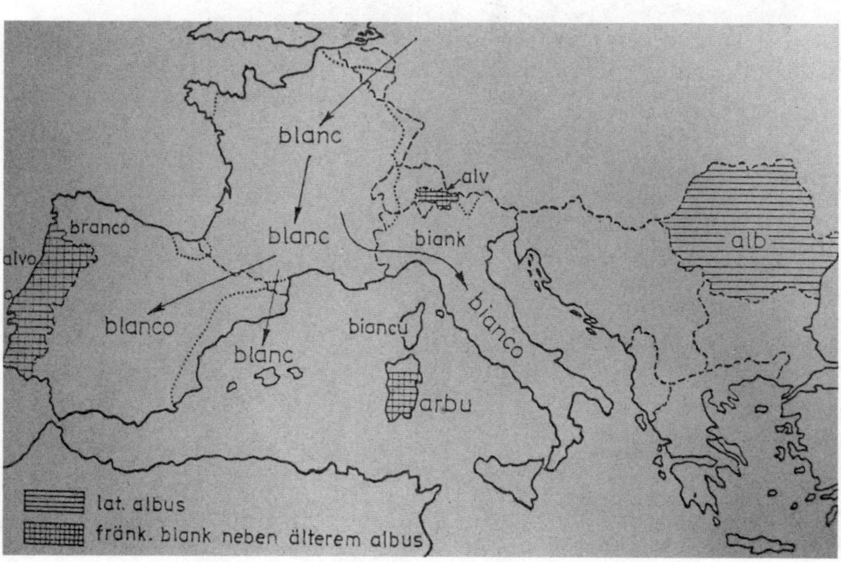

《라틴어 albus와 프랑크어 blank의 변천 모습》

④ 루마니아어는 다른 로망스어 지역의 그것들과 같은 라틴어 토대를 가지고 있지만, 이탈리아어와 비슷하게 나누어 가짐으로써 발생된 어휘들 중에서는 루마니아어만 가지는 일부 특이한 특징들을 보여주고 있다. 게다가 루마니아어는 루마니아어만 갖는 약간의 라틴어 어휘소를 가지고 있기도하다.

특히 시대적 배경을 고려하여 볼 때, 기원 후 107년에 트라이안(Trajan) 황제에 의해 로마 제국의 관할 행정구역으로 편제되었던 오늘날 루마니아 지역인 다키아 트라야나(Dacia Trajana) 지역에 보급된 라틴어는 다른 로마 영역에 비해 시대적으로 늦게 편입되었다. 그래서 당시 이미 로마제국의 영역에 속해 있던 타지방, 즉 이탈리아, 갈리아 및 이베리아에 비해 비교적 새로운 형태의 라틴어를 다키아 지역은 보급 받았지만, 그 후 다키아 지방의 고립 등과 같은 여러 변수로 인하여, 3세기경에 이탈리아에서 새롭게 만들어져 로마의 타 영역에 보급되었던 라틴어보다도, 오히려 더 오래된(3세기 이전) 형태를 많이 가지고 있는 것이 특징이다.

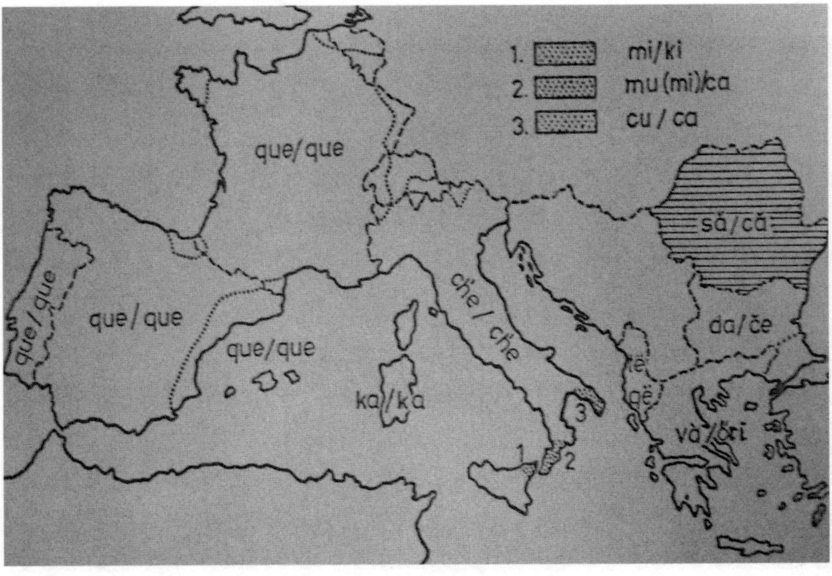

《접속사의 각 국가별 사용 모습》

B. 계층어에 의한 어휘 상황

수브스트라툼(기층어)과 수페르스트라툼(상층어), 아드스트라툼(방층어)에 의한 영향으로 로망스어들의 어휘가 다르게 물들려지기도 했다.16)

프랑스어의 초기 로망어 시기의 기층어는 스페인어, 포르투갈어, 오크어의 그것과는 다르다. 루마니아어도 역시 아주 오래된 지역적인 기층어를 소유하고 있다.

켈트어의 기층어는, 슬라브어 상층어와 헝가리아어 방층어의 출현으로 특징되어지는 루마니아어만 제외하고는, 일반적으로 모든 로망스어들에게 공통적이다. 그리고 스페인어와 포르투갈어, 일부 오크어는 바스크어로부터 어휘적 기층어을 포함하고 있다.

C. 차용어에 의한 어휘 상황

게르만어로부터 차용어는 특히 서쪽 로망스어들에서 발견되지만,

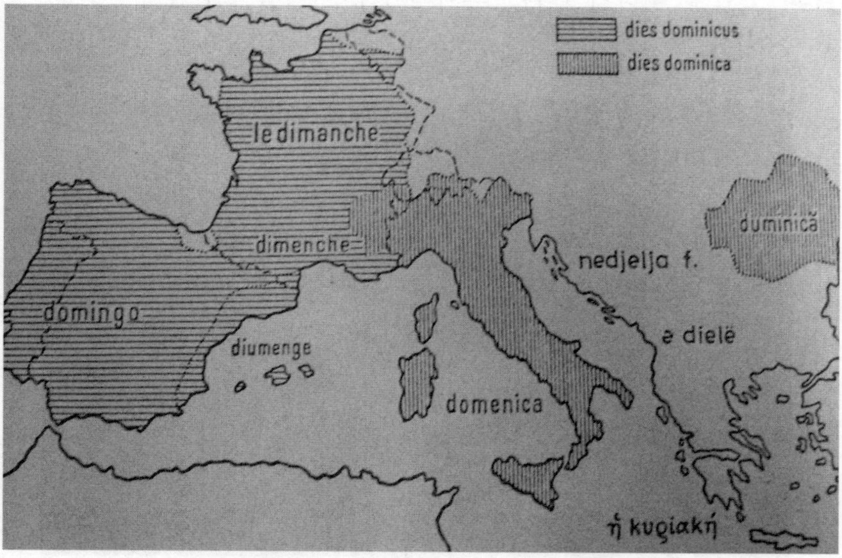

《'dominicus 일요일'의 국가별 변화 모습》

16) 스트라툼에 관하여서는 2장 참조.

특히 프랑스어에 더욱 많이 있다. 그러나 오늘날 프랑스 영역에 같이 있는 오크어는 예를 들어 'asirar 미워하다(게르만어 hatjan에서 옴)'와 같이 빈번하게 쓰이는 단어나 아니면 'sause 버들나무', 'fau 너도밤나무' 등과 같이 친근하게 쓰이는 단어들을 제외하고는 게르만어에서 온 것이 별로 없다.17)

아랍어화는 포르투갈어에서는 덜 빈번하고, 특히 스페인어에 많지만, 이런 아랍어화한 어휘들은, 루마니아어에서만 제외하고 다른 로망스어들에서는 이런 어휘들이 다시 차용되어 그 쓰임이 발견되기도 한다. 그리고 루마니아어에서 있다면 그것은 차후 프랑스어에서 다시 차용한 그런 것들이다. 아랍어화한 것들은 과학과 관련된 당시 문명을 나타내는 용어들이다. 예를 들어 프랑스어의 alambic, algèbre, zénith, chiffre 등이 그러한 것들이다. 이런 어휘들은 스페인어에서나 포르투갈어에서뿐만 아니라 프랑스어, 이탈리아어에서도 역시 발견된다. 그러나 alcade, albañal 등과 같은 행정이나 기술적인 용어 등은 이베리아 반도에서만 국한되어있는 것들이다. 그리고 반면에 루마니아어는 그리스어나 터키어에서 일부 가져온 것들도 있다.

《'크리스마스'를 뜻하는 로망스어 모습》

17) 이 단어들은 각각 라틴어 ad-irare, salicem, fagum 등에 해당함.

차용어들은 다양한 뜻으로 수없이 많다. 이탈리아어는 이탈리아어 발음의 보수성 때문에 많은 어휘를 분별하지 않으면서 아주 많은 라틴어 단어들을 일찍부터 재도입했다. 오크어도 역시 이탈리아어와 같으며, 옛 오크어의 학식적 어휘들 형태가 직접적으로 발음에 적응됐다. 반대로 프랑스어에서 학식적 차용어들은 대중적 형태들을 갖춘 이중어(doublet)를 창조시키면서, 많은 어휘들을 아주 잘 구분되게 형성시켰다. 현대 프랑스어는 중세기 라틴어나 고전 라틴어에서 차용한 수없이 많은 것을 가지고 있지만, 반면에 초기에 근간이 되었던 수많은 대중적 어휘들을 잃어버렸다는 특징을 가지고 있다.

한 로망스어가 다른 로망스어로부터 차용한 어휘들도 역시 많이 있다.[18] 이탈리아어는 그것 고유의 방언들로부터 무수히 차용했으며, 역시 스페인어나 포르투갈어도 이베리아 반도의 다양한 말투들로부터 도움을 받았다. 루마니아어 역시 대중 말투들로부터 도움을 받았다. 게다가 이탈리아어는 궁전 단어들을 스페인어로부터 차용했으며, 다른 여러 어휘들은 오크어나 프랑스어로부터 아주 많은 양을 차용했다. 스페인어는 중세기부터는 수많은 프랑스어법을 받아드렸으며, 프랑스어가 그러했던 것처럼 16세기에는 이탈리아어법도 받아드렸다. 그리고 또한 16세기에 아메리카 대륙의 스페인어 용어들을 받아드렸다. 루마니아어는 대중 말투들의 보고 속에서 어휘들을 발굴했으며, 동시에 프랑스어 영향을 광범위하게 받았다.

5. 로망스어 상호간의 작용과 타 언어에 끼친 영향

로망스어는 라틴어 이래로 상호간 여러 가지 영향을 미치고 있다. 상호 영향을 미침으로써 로망스어 내적 확장, 특히 어휘나 문법적 확장이 일어났다. 로망스어의 외적 확장, 다시 말해 지리적 영역 확장은 특히 언어 외적 요소들에 좌우되었으며, 아직도 좌우되고 있다.[19] 그리고 로망스어에게 매우 큰 역할을 했거나 하고 있는 또

18) 4장 4절 참조

다른 종류의 확장이 있다. 보통 그런 작용을 내적 확장 또는 상호 언어(inter-languages, interlinguistic) 작용이라고 불린다.

언어 외적 요소들의 역할을 무시할 수 없지만, 언어학적 요소들도 많은 중요성을 가지고 있다. 그 이유는 이 요소들이 언어들의 같은 구조에 대하여 다소간 영향을 미치고, 특히 어휘적 구조는 물론, 문장 구문 구조에 대해서도 영향을 미치기 때문이다.

내적 확장 또는 상호 언어 작용에 관해서는 3가지 종류로 구분하고 있다. 첫째는 각 로망스어의 같은 내부에서 일어나는 것으로, 라틴어 사용 확장으로 인한 이동으로 나타나며, 둘째는 하나의 로망스어에서 또 다른 로망스어에게로 나타나는 것으로 로망스어 사용으로 인한 확장이다. 셋째는 로망스어 영역 밖에서 일어나는 것으로 유럽에서 라틴어-로망스어 사용으로 인한 확장이다.

1) 라틴어의 영향

언어학적으로 소리 법칙에 기인하여 자연 발생적인 형성 과정을 거쳐 로망스어가 만들어져서 그런 형태로 로망스어가 남아있고, 로망스어들이 단지 라틴어 계승이라는 그것들의 고유 바탕 위에서만 살아왔다면, 각각의 로망스어들은 오늘날 가지고 있는 모습과는 상당히 다른 모습을 가졌을 것이다. 그러나 라틴어와는 별개로 새로운 언어들로써 처음 나타났을 때부터 로망스어는 라틴어로부터 스스로를 확장하는데 있어서 다방면으로 활짝 열려있었다. 특히 어휘적 관점에서 쉽게 눈에 띄는 라틴화라고 불리는 현상이 문장 구문에서나 의미론적 측면 등을 비롯한 다방면으로 그 영향을 로망스어에 미치면서 더욱 다양해졌기 때문이다.

루마니아어만 제외하고 모든 로망스어에서, 일상적 라틴어로부터 온 학문이나 지식적인 용도에 사용되는 소위 '학식적인 단어들'의 수가 극단적으로 증가되었다.

중세의 상황을 그대도 다른 로망스어보다 많이 알려주고 있는 프랑스어와 남부 프랑스어의 예를 들자면, 고대 남부 프랑스어(오크

---

19) 언어 외적 지리적 확장은 5장 참조.

어)에서 과학 용어의 어휘들이 전부 라틴어였을 정도로 라틴어는 학문에 많이 기여했다. 그리고 남부 프랑스어의 문법과 수사적 특징들을 통해 안 사실이지만, 중세부터 수사학이나 법률적인 프랑스어 어휘도 전부 라틴어라고 알려지고 있다. 또한 역시 의학이나 신학의 어휘들은 먼저 오크어가 먼저이고 그 다음이 프랑스어라는 것도 알려지고 있어 당시 중세에 오크어의 중요성을 알려주고 있다. 물론 이것은 중세 때 프랑스 몽뻴리에르 의과 대학의 위상과 남부 프랑스 오크어 지역에서 종교적 공동체들이 이단이든 아니든간에 저속적인 라틴어를 사용했기 때문이기도 하다.

비록 오크어 지역에서 행정에 관한 문서들을 통해서 저속적인 라틴어가 서기나 공증인 등과 같은 사람들에게 라틴어를 그만큼 사용하게 직접적으로 만들었다고 하더라도, 실제적으로 행정 기관, 법률 등과 같은 것에 쓰이는 행정언어는 라틴어로 물들어버렸을 정도로 라틴어 사용이 심화되어 있었다.

오크어와 비슷하게 파리의 왕실 법원의 언어인 프랑스어도 같은 길을 쉽게 따랐다. 프랑스어는 그 스스로 다시 라틴어화하기 위해 문예부흥과 인문주의자들이 나타나는 15세기까지 기다리지 않았다. 15세기 이전에 부단히 라틴어의 작용이 있었다. 오크어에서처럼 프랑스어에서 라틴어의 확장은 로망스어 언어들의 초기 시대로 올라갈 수 있다.

이탈리아어에서도 마찬가지이다. 단테나 보카치오에 힘입어 라틴어 단어들의 많은 할당 양이 이탈리아어에 재도입된 것이 확실하다. 그러나 이탈리아어의 발음들은 프랑스어의 발음보다 아주 훨씬 더 보수적이라는 점을 감안해 볼때, 이 학식적인 단어들은 원래 기원을 가진 어휘 집단으로부터 훨씬 덜 뚜렷하게 나타나고 있어서 직접적으로 라틴어에서부터 도입된 것이 아님을 알 수 있다. 결국 라틴어와 비슷한 어휘를 가진 다른 로망스어로부터 재도입했다는 것을 보여주는 것이다.

이런 예로 판단해 볼 때 로망스어 중에서 족보상으로 가장 덜 라틴어 같은 프랑스어가, 차용어들에 의해 가장 라틴화된 것처럼 나타나는 언어이기도 한 것은 바로 이 사실로부터 기인하고 있다.

그래서 예를 들어, 오크어 aigós; 이탈리아어 acquoso; 스페인어 aguanoso; 루마니아어 apos 와 같은 단어들은 그 기원을 찾아볼 때 여러 경로를 거친 단어에서 나온 것이지만, 오크어 aiga; 이탈리아어 acqua; 스페인어 agua, 루마니아어 apă; 프랑스어 acqua 등의 어휘들은 라틴어 aqua(물)라는 단어에서 직접 파생된 단어들인 것이다.

유일하게 역사의 혼란으로 로마의 전통과는 떨어진, 루마니아어는 기원부터 이런 라틴어 확장이 알려지지 않았으며, 라틴어 역할이 이곳에서는 슬라브어에 의해 이루어졌던 것이다. 그리고 근세에 이르러 루마니아어는 트란실바니아 지역의 카톨릭 계층 사람들의 영향 덕분에 18세기말에 라틴어 팽창이 빨리 그리고 매우 광범위하게 열리기도 했다.

2) 로망스어 상호간의 영향

로망스어 상호간 이동 또한 활발하였다. 그러나 오늘날 로망스어를 사용하고 있는 국가들의 각 역사의 흐름이 서로 달라 중세기 이후의 언어 흐름은 각기 다양할 수뿐이 없다. 스페인은 15세기까지 아랍의 지배를 받았으며, 이탈리아는 통일도 안 된 지방 분권의 그런 국가의 형태를 이루고 있었다. 유일하게 프랑스만 일찍이 카톨릭 국가의 형태로 왕국의 위상을 보이고 있었다. 따라서 이와 같은 역사로 볼 때 프랑스에서 로망스어의 여러 국가로 그 영향을 막대하게 미쳤음을 알 수 있으며, 이에 따라 언어도 특히 프랑스어에서 다른 로망스어 국가로 많은 영향을 미쳤음을 알 수 있다.

한 로망스어에서 다른 로망스어로의 확장 움직임은 다양한 시기에 걸쳐 있어났다. 프랑스 카롤렝쥬 왕가 시절부터 중요한 이동이 갈리아 지방에서 이베리아 반도와 이탈리아 반도로 퍼졌다. 그래서 수많은 스페인어 단어들(ceniza, cereza, cerveza, guiar, meaja..)과 이탈리아 단어들(arrivare, cervoglia, ciliegia, cinigia, guarire, mangiare...)은 샤를르마뉴 시절 갈로-로망스어의 영역으로부터 이전한 것들이다. 어휘 외에도, 예를 들어 접속법의 -ss- 같은 것도

10세기초에 프랑스에서 이탈리아에 도착한 것이다.

프랑스어의 언어적 확장은 많은 부분은 성지 순례 덕분에 일어났으며, 부분적으로는 끌뤼니 수도원 영향에 의해 일어나기도 했다.[20] 특히 12세기에 오크어와 프랑스어의 언어적 영향이, 성지 순례 방향인 이탈리아나 스페인 포르투갈 방향으로, 남부 프랑스의 음유시인들의 찬란한 문명과 프랑스의 영웅 서사시의 명성 때문에 일어났다.

그리고 '종합적' 형태를 갖춘 새로운 미래의 로망스어 형태가 프랑스로부터 다른 로망스어 지역속으로 점진적으로 퍼지게 되었다. 예를 들어 스페인어와 포르투갈어에서 접미사 -ança나 이탈리아어에서 -anza의 확산은 오크어의 직접적 영향 때문에 기인하고 있다. 프랑스를 중심으로 해서 알프스 넘어와 피레네 산맥 너머의 언어들은 중세기부터 프랑스어와 오크어로 가득차 있었으며, 그 분야는 주로 기사도나, 성직 혹은 교회의 분야이거나 또는 문학적 영역이었으며, 얼마 안되지만 행정적인 영역도 있었다.

그러나 반대로 16세기에 와서는 스페인어와 이탈리아어, 오크어가 프랑스어에 영향을 많이 끼쳤으며, 오크어 중에서 특히 가스코뉴어를 비롯한, 스페인어와 특히 이탈리어는 아주 많은 영향을 프랑스어에 끼쳤다. 이 당시의 오크어의 영향은 스페인어와 이탈리아어의 영향과 종종 혼합되기도 했다. 그래서 17세기 초기에는, 단어 형태 또는 문장 구문론과 문체론 관점에서, 프랑스의 유명한 작가 말레브(Malherbe)가 프랑스어에서 가장 위급한 언어적 의무는 궁전에서 프랑스어에서 가스코뉴어화를 제거하는 것이라고 말했을 정도를 가스코뉴어의 영향은 많았다.

그러나 18세기부터는 확장의 움직임이 프랑스어에서 다시 다른 로망스어들로 광범위하게 진행되었다. 특히 18세기는 물론 19세기까지도 포르투갈어에 대한 프랑스어의 영향은 모든 외국어들에서 가장 중요했으며, 어휘 분야뿐만 아니라 단어 형태나 문장 구문에서도 그러했다. 그리고 역시 스페인어 구문도 18세기와 19세기에

---

20) 라틴어로 stratae francigenae, 스페인어로 camino francés 참조.

태어난 프랑스어풍으로 얼룩지어졌음이 발견되고 있다. 특히 남미 아르헨티나의 리오 델라 쁠란따(Rio de la Planta)지역에서 수많은 이탈리아 이민자들이 이 지역에서 이탈리아어의 영향을 우세화하는 것에 성공하지 못했는데 반하여 프랑스어는 이 지역에서 더욱 눈에 띄게 영향을 두드러지게 나타냈다.

루마니아어에 대한 영향도 프랑스어는 막대히 미쳤는데, 마끄레아(D. Macrea)의 지도 아래 편찬된 루마니아 아카데미에 의해 편찬된 '현대 루마니아어 사전(Dicționarul limbii romîne moderne)'을 보더라도 프랑스어의 루마니아어에 대한 영향을 알 수 있다. 루마니아어의 프랑스어 단어의 퍼센티지는 29.69%이며, 반면 루마니아어에서 기원이 이탈리아어, 스페인어, 영어, 독일어, 러시아어 등의 것은 모두 합해서 겨우 3.81%라는 것을 보더라도 루마니아어에 대한 프랑스어의 영향이 얼마나 많은지를 짐작케 함을 알 수 있다.

3) 로망스어 외의 타 언어에 끼친 영향

라틴어와 로망스어 사용으로 인한 확장은 로망스어 외의 다른 언어들에게로도 일어났다. 이런 확장은 단지 유럽 언어로만 들어간 것이 아니라, 현대 국제적인 언어적 표현으로 다양하게 들어가 확장을 이루고 있다.

A. 영어에 미친 영향

영어의 경우, 영어 어휘의 많은 부분이 로망스어이다. 앵글로-색슨족이 브리튼 섬에 침입하기 전에, 앵글로-색슨족은 이미 라틴어에서 butter, cheese, kitchen, mile, street, wall, satur(day), bishop 등과 같은 단어들을 차용했다. 라틴어의 많은 요소들이 지명이름에서도 발견되고 있다(예; Lancaster에서 caster은 라틴어에서 온 것임). 중세기로 오면서 기독교화로 인한 라틴어 단어들이나, alter, angel 등과 같은 제도나 교회의 교육에 관한 단어들은 물론 camel, circle, place, purple, silk, tiger 등과 같은 많은 단어들이 넘쳐흘러 들어왔다.

14세기부터는 라틴어의 영어로의 번역 결과, 수백의 기술적 학식적인 표현들이 영어에 받아드려졌다. 그리고 이런 라틴어의 팽창은 오늘날까지 계속되고 있다.

게다가 11세기 노르망디 공의 영국 정복에 의한 영국에서의 300년에 걸친 2개국어 사용동안에 수천의 프랑스어 단어들이 자연스럽게 영어에 도입되었다.

그리고 이와 같이 영어에 라틴어-로망스의 결합으로 인하여, 라틴어-로망스어의 언어적 영향이 영어에 의해 전 세계로 다시 파급되어져서, 이 영어는 서구 세계는 물론 그밖에 다른 세계에서 기원이 라틴어(그리스어도 있음)로 특징지어지는 수많은 과학 용어들을 확산시키고 있다.

B. 독일어에 미친 영향

영어와 마찬가지로 라틴어의 영향도 일찍부터 독일어에도 행사했다. 로마 시저 시절부터 라틴어는 독일어에 영향을 미쳤으며, 18세기까지 과학과 종교 언어로써 독일에 남아있었다.

기독교 초기 시대부터 독일어는 집이나 농업, 군사, 법률, 정치, 상업 종교 등과 관련된 라틴어 단어가 많은 몫을 차지했다.

예: 집 = mauer, fenster, pforte, küche, tisch, schüssel 등
농업 = frucht, pflanze, kirsche 등
군사 = wall, kampf, pfeil 등
법률과 정치 = pacht, kerker, zoll 등
상업 = pfund, strass, kauf 등
종교 = kreuz, münster, predigen 등

르네상스 시대에 두 번째로 라틴어의 확장으로 인하여 많은 용어들이 독일어에 도입됐다(예: universität, student, doktor, kurieren, zitieren, polzei 등). 그리고 독일어 어휘에서 아주 많은 용어들이 형태만 게르만어이지, 의미적으로 관념적 내용은 라틴어-로망스어

인 것들이 아주 많다.

예: ausnahme<exceptio, auslesen<eligere, anschauen<intueri, barmherzig<misericors, erziehen<educere, gegenstand <objectum, grossmut<magnanimitas, herabsehen<despicere, lebenslauf<curriculum vitae, mitleid<compassio, vaterland<patria terra, wohlwollen<benevolentia.

그리고 다른 로망스어들에서 차용한 단어들보다 더 중요성을 띠고 있는 수많은 프랑스어 단어들이 11세기와 12세기에 독일어에서 받아드려졌으며, 계속해서 14세기, 그 후 특히 17, 18세기에 받아드렸다. 11, 12세기에는 기사도 문화에 관련된 용어가 특히 많았으며, 17, 18세기에는 군사 용어나 화장이나 사회 생활과 관련된 어휘들이 많았다. 그리고 얼마 안 되지만, 십자군이나 르네상스 시절에 이탈리아어에서도 독일어는 어휘를 차용하기도 했다.

C. 슬라브어에 미친 영향

슬라브어 그룹의 언어들도 로망스어의 보급을 받아드렸다. 러시아만 언급해도, 피터 대제부터 러시아어는 프랑스어 용어를 받아드렸으며, 러시아가 18, 19세기에 유럽 생활에 점점 더 광범위하게 닮아가면서, 러시아어는 독일어 영어, 프랑스어 등을 받아드렸는데, 특히 매 일상 문화에 관한 어휘에 속하는 프랑스어를 받아드렸다. 또한 현대 러시아어는 그리스어-라틴어 기원의 국제 과학 어휘와 많이 닮았다.

제5장

유럽의 주요 로망스어 국가

오늘날의 로망스어 국가하면 유럽에서 여러 국가가 있다. 2개 국어 공용어 국가까지 포함하면 전세계 수없이 많은 국가들이 로망스어권의 국가들이다. 이들 국가는 오늘날의 모습은 각기 다르다, 앞에서 이미 로망스어의 형성과정에서 각각의 개별 언어 발달 과정에서 각 국가의 역사에 대하여 일부 언급하면서 주로 언어 이야기를 했지만, 개별 국가의 역사에 대하여는 알아보지 못했다. 여기서는 개별 국가별로 그 국가의 역사와 그 언어의 현황과 지리적 영역에 대하여 문화적인 측면을 중시하여 알아보도록 하다.

그리고 물론 한 개의 언어는 그 팽창 과정이 단지 지리적 영역으로 넓혀짐으로 나타날 수 있지만, 로망스어와 같이 여러 개의 언어들이 속해 있는 경우에는 언어 팽창 과정을 크게 두 가지로 나눌 수 있다. 하나는 그 언어의 외부적 지리적 확장으로 그 언어의 사용 영역이 넓혀지는 경우이다. 그리고 다른 하나는 그 언어 영역 내부에서 확장하는 경우로써 그 언어들 내부 영역에서 상호 서로간의 영역 팽창을 의미한다.[1] 이러한 점을 고려하여 세계 속에서 로망스어의 팽창 과정도 곁들이도록 하였다.

1. 로망스어의 영역

1) 유럽에서의 영역

고대 로마 시절 라틴어는 결코 로마 제국 전 영역을 점령하지는 못했다. 즉 다시 말해 제국의 동쪽에서는 그리스어가 남아있었기 때문이었다. 그러나 제국 동쪽을 제외한 다른 곳에서도 라틴화 과정이 같은 기간에 여기저기서 일어난 것도 아니었다. 당시 야만인인 게르만족의 침입이 일어나려고 할 때에, 이런 라틴화 과정은, 로마 제국 공동체에 다소간 늦게 편제된, 제국의 중심으로부터 떨어진 지방에서는 자연스럽게 그 라틴화 과정은 상대적으로 다른 곳보다 약할 수뿐이 없었다.

그리고 야만인이었던 게르만족의 침입이 있은 후, 라틴어를 사용

1) 언어 내적 팽창에 관하여서는 4장 5절 참조.

하였던 일부 로마의 영역은 잃어버리게 되었다. 바로 그 잃어버린 영역은 오늘날 영국 섬을 비롯해 플랑드르 지방과 라인강 하부 지역, 알자스 지역과 스위스 북부 지역, 오늘날 독일 남부 바이에른 지방의 알프스 영역, 발칸 지역과 (오늘날 루마니아를 제외한) 다뉴브 강 지역, 북아프리카 지역 등이 그러한 곳들이다.

오늘날 프랑스 서부 아르모리끄 지역(l'Armorique)도 역시 라틴어 영역에서 멀어진 지역이다. 게르만족의 침입 시기에 당시 영국섬으로 침입했던 게르만족으로 말미암아, 그들에 의해 켈트어 영역이었던 영국 섬에서 쫓겨난 켈트족에 속하는 브리튼사람들이 침입하여 그들 영역이 된 곳이 아르모리끄 지역으로써, 오늘날 이 지역 역시 라틴어 영역에서 제외되었으며, 그 결과 아르모리끄 지역에서는 고대 켈트어에서 나온 브르통어(le breton)를 사용하고 있다.

이와 같은 일부를 제외하고는 로마 제국 영토에 게르만족의 침입 후 변한 유럽에서 라틴어 영역권은 결코 변하지 않았다. 그래서 오늘날 로망스어 영역권도 거의 그때와 비슷한 양상으로 남아있는 것이다.

2) 유럽 밖에서의 영역

라틴어에서 나온 로망스어가 근대 시기에 지리적 영역에서 주목할 만한 팽창을 가져온 것은 유럽 밖에서였다. 그러나 이런 양적인 팽창에 대해 질적으로는 정확히 파악하기는 어렵다. 왜냐면 팽창의 성질이, 로망스어 영역권을 형성하는 유사한 언어 영역으로의 유입과 같은 경로를 통하거나 또는 경제생활, 행정, 종교 또는 과학 같은 일부 기능들을 행사할 목적으로 하나의 로망스어로부터 또 다른 언어로 포개 겹쳐 놓는 방법 등과 같은 여러 경로를 통해, 이식부터 단순한 문화적 명성에 의해서까지 다양하게 그 모습을 보여주기 때문이다. 그리고 이식(implantation)이란 로망스어가 전송된 국가에서 그 국가 주민들의 대다수의 모국어가 되는 경우를 말하며, 문화적 명성에 의해서란 한 언어의 영역 밖에서 그 언어와 유사한 언어를 사용하는 국민의 일부분에 의해 연구되어지는 것을 말하며, 바로 오늘날 영어의 경우가 문화적 명성의 예로써 팽창된 언어이다.

하여간 이러한 방법들에 의해 근대에 와서 로망스어는 유럽 밖으로 팽창을 했으며, 새로운 라틴어 영역권, 즉 로망스어 영역의 팽창은 특히 스페인어와 포르투갈어, 혹은 프랑스어에 의해 이루어졌으며, 이탈리아어는 기본적으로 팽창보다는 오히려 문화적 영향에 의해 확장되었다고 할 수 있다.

로망스어 사용지역은 전세계적으로 광범위하게 퍼져있다. 유럽은 물론 아프리카 대륙과 아메리카 신대륙에서도 사용되고 있으며, 아시아는 물론 태평양을 비롯한 대서양 인도양 등지에서도 사용되고 있다. 사용 인구로 보면 정확하게 추산하기는 힘들지만, 프랑스어 스페인어, 포르투갈어 루마니아어 이탈리아 등 모두 합쳐 전 세계적으로 약 7억5천만 정도의 인구가 사용하는 것으로 추정하고 있다.[2)]

2. 스페인

1) 자연 개관

스페인의 전 영토는 두 개의 주요 다도해인 지중해에 위치한 발레아레스 제도와 대서양에 카나리아 군도를 포함해 517,068km²이다. 이 두 다도해는 정치적으로 중요한 스페인의 부속도서이다. 유럽에서 스위스 다음으로 스페인은 평균적으로 가장 높은 고지에 위치하고 있다. 낮은 땅들은 주요 강과 계곡을 따라 이루어진 지역이나 지중해를 따라 이루어진 해안선 지역과 북부프랑스와 접해있는 비스케인 만으로 한정되어있다.

스페인 영토의 약 20%는 해발 약 1000m 이상으로 형성되어 있고 40%는 해발 500-1000m 사이에 있으며, 그리고 나머지 40%가 해발 500m이하이다. 그리고 특이하게도 전 영토의 약 10%가 그냥 벌거벗은 암석으로 되어있으며, 35%가 높은 고지 때문에 실질적으로 비경작지이고, 45%만 겨우 조출하게 생산할 수 있는 경작지이다. 그러나 이런 경작지도 물이 귀하고 기후 조건이 매우 어려운

---

2) 2003년 통계 수치임

형편이다. 그리고 전 국토에서 이런 지역들을 제외한 나머지 10% 만이 예외적으로 좋은 경작지를 형성하고 있다.3)

2) 스페인 역사

A. 로마 정복 시기

이베리아 반도는 2세기동안의 전쟁을 거쳐 BC 26년에 로마제국의 부분이 되었다. 로마는 1-2차 포에니 전쟁에서 카르타고에게 승리했으며, 승리 후 일부 지역적으로 산재하고 있던 민족들을 정복해 나갔다. 그래서 스페인은 로마에 의해 최초로 통일을 보게 되며, 그후 약 400년간 통치된다. 오늘날 나뉘어져 있는 것처럼 로마는 이베리아 반도를 7개의 지방으로 설정해 총독을 내보내 다스렸다. 새로운 도시들이 건설되기도 했으며, 기존에 있던 도시들은 확장해 나갔고, 여러 민족이 하나의 사회로 융화되어갔다.

로마가 스페인사람들의 충성을 지니는 데는 두 가지 방법이 있었다. 하나는 시민권 부여이다. 시민권 부여로 스페인사람들은 조공은 줄어들었고, 땅을 부여받았으며, 공정한 대우를 받게 되어 더욱 로마에 충성을 안 할 수가 없게 되었다. 다른 하나는 야망과 능력이 있는 자에게는 길을 열어주었다는 점이다. 이런 이유로 스페인 출신의 유명한 로마인들이 아주 많았다. 유명한 철학가 마루스 세네카를 비롯하여 기타 여러 분야에 많은 스페인 출신이 있으며, 특히 로마 황제도 배출하여 트라이안, 마쿠스 아우렐리우스, 테오도시우스 등과 같은 로마의 유명한 황제들도 스페인 출신이었다.

동서로 분열 이전에 로마의 마지막 황제인 테오도시우스는 기독교로 개종했으며, 결국 그의 칙령으로 제국은 그의 사후 동서로 분열된다. 그래서 AD 395년 이후 동로마는 콘스탄티노플에서 지배하고, 서로마는 계속 로마에서 지배하게 된다. 결국 이렇게 나누어진 서로마 제국에 속해 있던 스페인은 AD 409년 게르만족의 침입으

---

3) 이와 대조적으로 스페인보다 약간 영토가 큰 프랑스는 경작지가 스페인의 약 2배에 달하고 있다.

로 제국의 일부분으로써 붕괴를 맛보게 된다.

B. 게르만 민족의 침입과 서고트 왕국

이베리아 반도 내에서 로마에 의해 남겨진 빈 공간을 채우기 위해, 북 유럽으로부터 온 게르만민족의 일파들인 수웨브족과 반달족 그리고 이들과 함께 내려온 아시아 민족인 알란족이 이베리아 반도로 쏟아져 내려와 원주민들을 지배한다.

이베리아 반도에서 당시 야만인이었던 이들 게르만 민족들의 침입으로부터 로마의 문화적 계승은 견디어 내었지만, 사회 정치적 모습과 단위는 이베리아 반도 사람들이 정복되도록 노출시키면서, 붕괴되었다. 최초의 게르만족 침입자들은 그들의 지배권을 성립시키는데 성공하지 못했다. 그들의 분할 정복지에서 그들 스스로 싸웠기 때문에, 이들보다 더 늦은 AD 414년에 스페인으로 이동해온 게르만족의 또 다른 일파인 서고트족에 의해 최초의 게르만 침입자들은 정복되고 만다. 결국 이베리아 반도에 서고트 왕국이 형성되고, AD 585년경에 이베리아 반도 서북 지역인 갈리시아 지방이 점령되면서 서고트족은, 당시 그대로 독립된 영토를 가지고 있었던 바스크 민족 지역을 제외하고는, 전 이베리아 반도에 지배권을 세우게 된다.

그 후 거의 300년동안 서고트족은 톨레도(Toledo)를 수도로 삼고 스페인을 다스렸다. 비록 서고트족의 영향은 로마인들의 영향보다 덜 지속되었지만, 차후 그들은 이슬람교도인 무어인들이 정복한 후에도 거의 800년동안 잠복되어 지속되어 나가는 중요한 유산들을 그 땅에 남겨놓았다. 첫 번째가 종교다. 서고트족은 처음에 종교가 아우리스파였지만, 차후 카톨릭으로 개종한다. 두 번째가 법이었다. 다양한 서고트족과 이베로-로마인들의 다양한 법들을 하나의 법전으로 개작함으로 만들어진 법이 654년에 제정되었으며, 이것이 스페인 사회의 재결합을 육성시켰다. 세 번째가 군주 정치가 제도적으로 정립되었다는 점이다. 스페인에서 로마와의 통합은 로마 황제의 지배권에 근간을 두었으며, 그의 의지가 그의 대리인인 총독에 의해 행사해졌지만, 서고트족의 왕들은 왕국이라는 한개의 나라 안에서 통일된 한 국가를 다스렸던 최초의 사람들이었다.

C. 무슬림의 정복 시기

711년 아프리카 북단에 위치하고 있던 이슬람교도인 무어인들이 지브롤타를 통해 침입해, 불과 8년 동안 전 이베리아 반도를 차지하며, 서고트 왕국의 기독교인들은 북부 산간 지방으로 도망가 피신해 지내게 된다.

정복 후 거의 800년 동안 이베리아 반도에 남아있던 이슬람교 침입자들은 단일 민족이 아니었다. 흔히 그들을 아랍인 또는 무어인들이라고 불리고 있지만, 그들은 시리아인이나 베르베르인, 북아프리카나 중동 아시아의 다른 종족들로 포함하고 있다. 이들 셈족계의 민족들을 결합한 것은 711년 스페인에 가지고 온 이슬람교의 믿음이었다. 이들은 지브롤타를 건너 와 AD 718년에 그들의 승전이 멈추어질 때까지 이베리아 반도로 퍼졌다. 겨우 718년에 와서야 오늘날 스페인 북부 아스투리아 산악지대에 위치한 꼬바동가(Covadonga)에서 뻴라요(Pelayo)라는 서고트족의 귀족에 의해 이끌린 기독교들에 의해 이들은 처음으로 패하게 된다. 이론적으로는 춥고 쌀쌀한 이베리아 북부 지방에서 무슬림들로부터 손이 미치지 않은 이 내버려진 기독교도들의 고립된 보루에서 기독교들이 싸우러 나오면서, 스페인의 재정복은 이 해부터 시작된 것이지만, 11세기까지 재정복은 이러타할 진전이 없었다.

당시 이슬람 세계의 지배는 시리아에서 당시 이슬람교를 지배하고 있던 우마야드 왕조로써, 다마스커스의 칼리프 제국(caliphate)에 종속된 하나의 단일 이슬람 왕국(emirate)으로 통일되어 다스려지고 있었다. 이베리아 반도에서의 이슬람교의 지배 역시 예외는 아니어서 칼리프 제국에 종속된 이 우마야드 왕조에 의해 다스려지고 있었다. 그러나 750년 이란에서 반란이 일어나 마호메드의 후예인 아불 압바스가 이와 결탁하여 우마야드 왕조를 무너뜨리고 압바스 왕조(Abbas 750-1258)를 열었다. 이를 동칼리프 제국이라고 한다. 한편 우마야드 왕조가 망하자, 폐위된 우마야드 왕조의 한 왕자인 압두 알-라흐만(Abdu al-Rahman)이 스페인으로 도망쳐와서, 당시 새로 등극한 압바스 왕조의 칼리프의 명으로 스페인을 다스리고 있던 꼬르도바 왕국을 패배시킨 후, 그 자신이 756년 꼬르도바를 수도로 하는 동칼리프 제국으로부터 독립된 알 안달루스 왕국(emirate)을 선언하여, 후 우마야드 왕조(756-1031)를 열면서, 다마스커스의 동 칼리프 제국과는 모든 것을 단절시킨다. 이 왕국이 차후에 서칼리프 제국으로써 이때부터 이슬람교국은 두개의 칼리프 제국으로 갈라졌다.

그 후 서칼리프 왕국은 스페인에서 모든 군소 이슬람 왕국들을 통합하는데 거의 2세기가 걸린다. 출중한 압두 알-라흐만(1세)과 그의 후계자들은, 750년 우마야드 제국이 망한 후 이베리아 반도 여기저기에 새로이 독립된 작은 왕국들을 세운 지방의 무슬림 족장들로부터 도전을 받았기 때문이다. 그러나 꼬르도바 지배에 최후로 저항한 잔여 세력이 없어지고, 다마스커스의 칼리프 제국과 같은 크기의 독립된 왕국(서칼리프제국)으로 변화된 것은 압두 알-라흐만 3세(912-961)의 제위 시절이었다.

꼬르도바 왕국과 특히 차후 제국으로 성장한 서 칼리프 제국은 많은 학자들이 서부 유럽에서 존재했던 가장 찬란한 문명 중의 하나로 여기는 중심지가 되었다. 로마 제국이 갈라지고 야만인들에 의해 서로마제국이 유린되어 황폐해 짐에 따라, 학식과 배움은 기독교 세계에서는 깊은 침체에 빠졌지만, 그것은 중동아시아에서 이슬람 학자들에 의해 살아 지켜지고 있었다. 그러나 학식과 배움은 이베리아 반도의 침입자인 아랍인들과 더불어 스페인을 통해 유럽으로 되돌아갔으며, 이들 침입자들은 그리스 로마의 지식뿐만 아니라 동양의 지식까지 가지고 왔다. 무슬림 스페인의 경이로움은 당시 전 서부 유럽의 학자들과 상인들을 매료시켰다.4)

---

4) 압두 알-라흐만 3세의 개인 소장 도서가 60만권, 알-안달루스에 150개 이상의 공공 도서관을 세운 것으로 알려지고 있다. 스페인에서는 법률 철학 문사 수학 지리 물리 천문학 식물학 음악 건축 의학 연금술 등과 같은 학문이 유례없이 번성했으며, 장식 예술도 발달했고, 유리도 9세기에 꼬르도바

압두 알-라흐만 3세가 961년에 죽은 후, 그의 영리하지 못한 후계자들의 잘못된 정치로 쇠퇴해 갔으며 그로부터 50년 후인 1011년에, 알-안달루스의 무슬림 귀족들 사이에 내전이 일어났다. 내전 20년 후 강성했던 칼리프 제국은 붕괴되고, 타이파(taifa)라고 불리는 독립된 작은 이슬람 왕국들이 붕괴된 제국 속에서 출현하게 된다. 그라나다(granada), 꼬르도바(cordoba), 세빌야(Seville), 무르시아(Murcia), 레리다(Lerida), 사라고사(Zaragoza), 발렌시아(Valencia), 바다호스(Badajoz), 알게시라스(Algeciras), 톨레도(Toledo), 말라가(Malaga) 알메리아(Almeria) 등이 그런 왕국들이다.[5)]

그러니 이때는 이미 정치적 분열이 통일된 종교적 믿음에 의해 다시 결합되어지지는 않았다. 스페인의 모든 이슬람교는 시아파의 색조가 없는 수니파였으며, 정신적 지주가 없고, 칼리프의 부재로 믿음은 느슨하였다. 결국 이런 무슬림 스페인에서 이슬람교는, 재정복에 사로잡혀 있는 열광자들이나 순교자들로 물들어있는 이베리아 북부에 자리 잡고 있었던 기독교 스페인 지역에서의 기독교와는 극적으로 대조된 상태였다. 바로 이때에 이슬람교는 운명적으로 불리한 상태에 놓여있었으며, 결국 기독교 진영에 재정복의 기회로 이어주게 된다.

D. 재정복 시기

꼬바동가 전투 후 250년 동안, 기독교인들은 이베리안 반도 북쪽 4분원 정도의 위치하면서 그 중간을 흐르는 도우로(Douro) 강 이남보다 더 멀리 무슬림들을 밀어낼 수가 없었다. 도우로 강 아래 무슬림들이 참호를 파고 구축하고 있었으며, 기독교인들을 유리하게 전개시켜주는 1031년 알-안달루스가 붕괴되기까지 기독교인들은 앞으로의 진전은 전혀 없었고 그 이상은 오도 가도 못하고 있었다. 그런데 알-안달루스 왕국의 망함으로 인하여 무슬림의 스페인

에서 발명했으며, 종이는 중국을 통해 스페인을 통해 들어왔다. 그밖에 농사법이나 각종 농작물들이 유럽으로 도입되었다.

5) 말라가와 알메리아는 작은 항구 도시보다 약간 큰 왕국이지만, 후배지 덕분에 외부의 침입으로부터 보호가 잘되어 견고하였다.

은 분열되어 있었으며, 그리고 이때는 기독교 스페인이 종교적 십자군 운동을 추구할 정도로 통합되어질 무렵이었다. 1031년쯤에 스페인에는 718년 무슬림을 물리친 전사자들의 후예들에 의해 다스려진, 5개의 기독교 왕국이 있었다. 즉 레온(Leon), 카스티야, 나바르, 아라곤, 카탈로니아 등이 그것들이었다. 스페인 북부에서 기독교 지배권이 천천히 확장되면서, 그들은 정치적 발로를 위해 전투와 결혼을 통해 그들끼리 경쟁하고 있었다.

카스티야 왕국의 알폰소 6세가 카스티야인, 레온인, 갈리시아인, 아스투리아인, 바스크인, 나바르인, 아라곤인 등으로 뭉친 군대를 이끌면서, 무어인들로부터 톨레도를 차지함으로써, 무슬림 영역에 대한 재정복이 1085년 본격적으로 시작되었다. 비록 이들 기독교인들이 아직 정치적으로 하나의 스페인사람들로 결합되지는 않았지만, 이들은 이슬람교에 대한 공통의 증오를 가지고 카톨릭인들로써 정신적으로 이미 결합되어있었다. 결국 다음 200년 동안은 기독교인들과 무슬림인들은 각자의 땅을 위해 치열하게 싸울 수뿐이 없었다.

상호간 치열한 싸움 속에서 1195년 무슬림은 알라르꼬스(Alarcos) 전투에서 기독교인들을 격파해 한때 상승세를 나타내 보였지만, 1212년에 기독교인들이 무슬림인들을 똘로사(Tolosa)의 라스 나바스(Las Navas)에서 재정복 과정에서 단일전투로써는 가장 중요하게 기록될 수 있는 승리를 거두었다. 이 승리가 이슬람교에 대한 기독교인들의 전쟁의 전환점이 되었으며, 이후에 무어인들은 기독교인들을 결코 다시 일시적이나마도 남하를 멈추게 할 수가 없었으며, 1236년과 1248년 동안에 꼬르도바, 하엔(Jaen), 세빌야, 무르시아 등이 카스티야 왕국으로 떨어졌다. 그리고 1238년에 발렌시아는 아라곤 왕국에 함락되었으며, 13세기 말경에는 타이파(taifa)로써 그라나다(Granada) 왕국만 제외하고 이베리아 땅 대부분이 기독교 왕국의 통치하에 있게 되었다.

이 무렵에 기독교 왕국들도 셋으로 축소되었다: 나바르, 아라곤, 카스티야 왕국이 그것들이다. 통합된 스페인 국가로 이끌었던 사건으로, 스페인 역사에서 3개의 위대한 결혼을 통한 합병이 있었다. 첫 번째 합병으로 카탈로니아가 아라곤의 일부가 된 사건이다. 즉

1137년 아라곤의 왕위 계승자가 카탈로니아의 군주와 결혼함으로써, 그들의 후손들이 두 왕국이 합병 확장된 국가로써 아라곤 왕국을 다스렸다. 그리고 결혼을 통한 두 번째의 합병으로는 카스티야 왕국과 레온 왕국의 합병으로 1230년 이 두 왕국은 카스티야 왕국으로 영구히 통합되었다. 그리고 마지막 3번째는 1469년이 일어났는데, 카스티야 왕국의 왕위 계승자인 이자벨라가 아라곤 왕국의 왕위 계승자인 페르디난도와 결혼함으로써 스페인에서 마지막 합병이 이루어졌다. 1479년 이자벨라와 페르디난도가 각각 그들의 독립된 왕위를 계승함으로써 스페인은 이슬람 영역인 그라나다 왕국(타이파)와 북서부의 나바르 왕국을 제외하고는 스페인 전체가 이자벨라와 페르디난도의 결합된 왕권으로 다스려지게 되었다.

그러나 결국 1481년 그라나다 타이파에 대한 전쟁이 시작되었으며, 11년 후인 1492년 1월 2일에 페르디난도 왕과 이자벨라 여왕이 그라나다 시와 왕국의 열쇠를 받고, 최후의 무슬림 왕과 그 가족을 스페인에서 추방함으로써 스페인에서 마지막 이슬람교 영역인 그라나다 타이파(왕국)은 사라지고 말았다.[6]

711년 아랍인들의 침입 후, 거의 800년 후에 와서야 스페인은 다시 카톨릭 국가가 되었으며, 기독교와 이슬람 사이의 마지막 투쟁에서 이자벨라와 페르디난도의 역할 때문에 이후 두 사람은 카톨릭 왕으로써 주목을 받게 되며. 그 후 스페인은 카톨릭 국가의 맹주 역할을 하게 된다.

그리고 이자벨라 여왕이 죽은 후 8년 뒤인 1512년 페르디난도가 스페인에서 마지막으로 남아있는 왕국인 나바르 왕국을 점령함으로써 스페인 전 영토는 기독교인들로서 통일된 국가를 이루게 되었다.

E. 영광과 쇠퇴의 합스부르그 왕조 시기

페르디난도 왕이 죽은 후, 16세기에 와서는 스페인은 독일 합스부르그 가문에 의해 다스려지게 되며, 스페인 역사에서 길이 남을 영광의 시기를 재현하게 된다. 즉 이자벨라 여왕과 페르디난도 왕

---

6) 1492년 1월 2일은 스페인 역사에서 가장 중요한 날이다.

이 세상을 떠난 후, 독일의 합스부르그 가문이 스페인을 지배하게 된다. 당시 오스트리아 합스부르그가의 막시밀리안 1세가 신성로마제국의 황제이었는데, 그의 아들인 필립과 스페인의 이자벨라 여왕과 페르디난도 왕 사이의 딸인 후아나(Juana)가 결합함으로써 필립과 후아나의 후손이 스페인과 신성로마제국 양쪽을 전부 다스리게 되었기 때문이다.

이자벨라 여왕이 1516년 죽을 때, 후아나가 카스티야 왕국을 계승했지만, 그녀의 아버지인 페르디난도는 1516년에 죽을 때 그의 아라곤 왕국을 그의 딸인 후아나에게 남기지 않고 그녀의 아들, 즉 외손자인 찰스에게 넘긴다. 왜냐면 그의 딸인 후아나가 정신적으로 이상이 있어서 수도원에 갇혔기 때문이었다. 결국 찰스의 어머니인 후아나는 그녀의 정신병과 갇힘에도 불구하고 카스티야의 여왕으로써 그 권위를 얻지 못하고 그의 아들 찰스에게 스페인을 남겨주게 되어, 찰스는 서고트 왕국 시절 이후로 처음으로 단일 왕권으로 전 스페인을 다스리는 최초의 군주가 되었다.

그는 16살에 스페인에서 찰스 1세로 왕이 된 후, 3년 후에 신성로마제국의 찰스 5세로써 황제로 선출되어 명실 공히 유럽의 제왕이 된다. 결국 그는 이런 광활한 여러 국가의 황제이기 때문에 찰스 5세의 제위는 스페인의 역사보다는 유럽의 역사에 더 많이 등장하는 그런 황제로써 세계 역사를 만들었다. 오늘날의 독일과 오스트리아 그리고 체코, 크로아티아, 슬로베니아, 폴란드의 일부 지역과 네덜란드와 플랑드르 지방, 벨기에, 프랑스의 일부, 이탈리아의 절반, 북미의 많은 부분을 포함하며 브라질을 제외한 모든 신대륙, 그리고 스페인 전 지역이 당시 그의 왕국이었다. 그는 왕국을 통해 정치적으로 결합되고 카톨릭을 통해 정신적으로 결합된 전체의 유럽을 꿈꾸는 황제이었다. 그리고 새로운 항해로 신대륙을 발견함으로써 신대륙으로 이런 결합을 확장하기 위해 그는 그의 깃발아래 기독교 군인들과 선교사들을 보내 그런 계획을 꿈꾸었던 것이었다. 비록 조직적으로 탄탄하게 통합되어 있지는 않았지만, 광활한 그의 영토는 프랑스 영국 등 당시 유럽 국가들을 위협했으며, 결국 유럽의 거의 대부분의 지역을 차지하고 있는 황제로써 찰스1세는 많은

적을 가질 수뿐이 없었다. 그들 중에는 영국의 헨리 8세나 프랑스의 프랑수아 1세, 오토만 제국의 슐레이만 1세, 교황 클레멘 7세, 그리고 당시 신교를 외친 마틴 루터 등이 있었다. 그는 정치적 우위 다툼 때문에 영국의 헨리 8세와 프랑스의 프랑수아 1세와 싸웠으며, 교황이 프랑스와 연합하는 것을 깨기 위해 로마를 포위해 교황 클레멘7세를 감옥에 넣기도 했다. 그리고 이슬람의 이름으로 비인을 위협하는 터키군과도 싸워야했으며 그의 유럽 보편주의에 대하여 정신적으로 통일을 위협하는 당시 신교를 퍼트린 마틴 루터의 사상을 깨기 위해서도 애써야만 했었다.

결국 유럽 전역에 걸친 보편주의와 형제애와 안전에 대한 그의 꿈은 실현되지 않았으며, 1555년 그는 지치기 된다. 그는 국가주의 사람들 사이에서 국제주의 사람으로 당시 그의 시대에 너무 앞장서 있었으며, 정신적으로 이단파들이 난무할 때 정신적으로 정통파 믿음의 소유자로써 역시 그의 시대 사상을 수용할 수 없었다. 또한 그는 그의 지배 영역이 유럽 대륙 전체에 걸쳐 있었지만 집조차 없는 그런 신세였었다. 결국 그는 그의 권력을 단념하기로 결정하고, 1555년 벨기에에서 퇴위한다. 합스부르그 가문의 제국은 그의 동생인 페르디난드에게 주고 그의 아들 필립에게는 스페인과 북남미 신대륙과 이탈리아, 그리고 네덜란드, 벨기에, 플랑드르 등을 주었다. 그는 퇴위 후 어린 시절에 살던 마을에서 살다가 1558년 생을 마감한다.

찰스1세의 아들 필립은 군주로써는 최초의 스페인 사람이었다. 즉 그는 그의 아버지처럼 플랑드르 사람도 아니었으며, 이자벨라 여왕처럼 카스티야 사람도 아니었고, 페르난도 왕처럼 아라곤 사람도 아니었다. 그는 스페인 사람들에게 영광을 가져올 특징과 가치를 지닌 왕이었다. 스페인 전역을 즉시 달릴 수 있는 마드리드로 왕국의 수도를 선택했으며, 종교적으로 카톨릭 정통주의를 통해 정치적 통일을 추구했다. 영토적으로도 필립2세는 포르투갈을 물려받아 그의 부친 못지않게 스페인의 영광을 꾀했다.

그러나 이런 광활한 영토와 스페인의 영광은 필립2세 이후 왕위 계승자들의 실정으로 사라지기 시작한다. 결국 필립 2세 이후 합스부르그 가문의 마지막 왕들은 쇠퇴의 길을 걷게 된다. 필립 3세, 필립 4세, 찰스 2세로 이어지면서 스페인의 쇠퇴는 왕권의 쇠퇴와 병행하게 된다.

국제적으로도 1643년 지금의 네덜란드와 플랑드르 벨기에 지역의 반란으로 인하여 생긴 로크로이(Rocroi)전투에서, 프랑스 군대가 스페인의 '정예병(Tercios)'을 패주시킴으로써 스페인에게 치유할 수 없는 마지막 굴욕이 발생하게 된다. 비록 1588년 필립 2세 때 당시 빈약한 영국에 스페인의 무적함대(Armada)가 패배했을 때만해도, 정신적으로 황폐해졌을 뿐이지, 아직도 스페인은 위대한 국가이었었다.[7)]

그러나 결국 당시 유럽의 힘 있는 막강한 국가인 스페인을 제거하려는 영국과 프랑스 양국으로부터의 패배로 인하여 스페인은 병들어갔으며, 이로 인하여 향후 스페인은 유럽에서 힘 있는 국가 대열에서 제거되어 쇠퇴의 길로 빠지게 된다. 이후 스페인은 유럽 무대에서 통합적 역할을 계속하지만, 이미 17세기 이후에는 단지 부수적 역할을 하는 국가로 전락하고 만다.

F. 스페인 부르봉 왕가

1700년 합스부르그 가문의 마지막 왕인 찰스 2세가 아들이 없이 죽자 프랑스의 루이 14세의 손자가 필립 5세로써 스페인 왕을 계승한다.[8)] 프랑스의 부르봉 왕가가 스페인에서 왕위를 계승하면서 스페인 부르봉 왕가는 국내적으로는 스페인을 정치 경제적으로 개혁하면서 부흥에 힘쓰지만, 국외적으로 계속되는 전쟁으로 자원이 고갈되어나갔다.[9)] 필립5세 이후 찰스 3세, 찰스 4세로 이어지지만, 1808년 프랑스의 나폴레옹이 찰스 4세를 폐위시키고 부르봉 왕가

---

7) 1588년은 스페인이 세계에서 가장 힘있는 국가로서 정점의 시대라고 말해진다.

8) 필립5세의 계승으로 유럽에서는 전쟁이 일어나는데 이것이 세계사에서 '스페인 계승전쟁'이다.

9) 1719년 프랑스, 영국 신성로마제국과 전쟁, 1739년 영국과 전쟁, 1740년 신성로마제국과 전쟁, 1762년 영국과 다시 전쟁, 1776년 브라질에서 포르투갈과 전쟁, 1779년 미국 혁명으로 북미에서 영국과 4번째 전쟁이 있었다.

를 몰아낸 후 그의 형인 조셉 보나파르트를 내세운다. 그러나 나폴레옹에 반대하고 부르봉 왕가의 복위를 위한 게릴라 독립전쟁이 발발해, 결국 부르봉 왕가가 다시 복위되고 찰스 4세의 아들인 페르난도 7세가 등극한다. 페르난도 7세는 절대정치를 모방하면서, 억압을 너무 심하게 실시하면서 1820년 혁명이 일어난다. 결국 페르난도 7세가 입헌 군주를 약속하지만 무산되고 스페인은 개혁적인 자유파와 과거의 권리를 유지하기 위한 보수파간에 갈등으로 혼란에 빠진다. 이런 정치적 혼란을 틈타, 대외적으로 북남미 지역식민지에서는 여러 국가가 스페인으로부터 독립을 한다.

페르디난도 7세가 어린 딸인 이자벨라만 남기고 1833년 죽자, 여성 후계자 문제로 이자벨라를 지지하는 자유파와, 여성 후계자를 반대하고 페르디난도의 동생 찰스를 지지하는 보수파(칼리스트라고 불림)사이에 드디어 내전이 일어나 전쟁은 1839년까지 계속된다.[10] 그러나 정치는 이자벨라가 어려 그의 모친에 의해 섭정으로 이루어지고 1843년 이자벨라 자신이 스스로 왕위에 오르나, 그녀의 정치는 너무 타락하고 도덕적으로 스캔들이 심하여 1868년 혁명으로 강제 퇴위하게 된다.

1868년 혁명 후부터 새로운 왕이 선출될 때인 1870년까지 군부가 스페인을 지배하게 되며, 세라노(Serrano) 원수가 권력을 잡는다. 그리고 1870년 이탈리아의 빅토르 엠마누엘 2세의 형제인 아마데오(Amadeo 1세)를 왕으로 초대하지만 칼리스트들은 다시 반기를 들고일어나 내전에 휩싸인다. 공화주의자들이 칼리스트파에 동조하면서 결국 아마데오 1세는 퇴위하고 제1공화국이 탄생한다.

제1공화국 동안 4명의 대통령이 거치지만 1875년 이자벨라 여왕의 아들이 알폰소 12세로써 부르봉 왕가가 다시 등극을 하면서, 다시 입헌군주국으로 복고한다.[11] 그러나 참신한 정치를 하기도 전에

---

10) 이 전쟁은 찰스를 지지하는 파의 이름을 따 칼리스트 전쟁이라고 하며 그 후 다시 1840년대 후반과 1870-1876년에 걸쳐 세 번에 걸쳐 전쟁이 발발된다.

11) 1814년의 부르봉 왕가의 복고를 제1왕정 복고, 1875년을 제2왕정 복고라 불린다.

알폰소 12세는 어린 나이로 세상을 뜨자, 그의 부인인 여왕 마리아 크리스티나가 임신한 상태로 섭정을 하게 된다. 1886년 태어난 그녀의 아들이 알폰소 13세로써 1902년 어린 알폰소 13세가 16세가 될 때까지 그의 모친의 섭정은 계속되어간다. 정치적으로 보수파와 자유파 진영간에 합작으로 정치가 안정되어가지만; 그녀의 섭정 기간 동안인 1898년 미국과의 전쟁으로 스페인은 쿠바, 푸에르토리코, 필리핀을 빼앗기며, 이때부터 스페인은 경제적 사회적 심각한 위기에 봉착하게 되며, 더불어 지방분권주의가 대두하기 시작한다.

한편 19세기 초 라틴아메리카 국가들이 독립을 함에 따라 이 지역에 주둔하던 스페인의 군부가 스페인 내부로 들어오기 시작하는데, 이때의 군부는 스페인 정치에 또 하나의 변수로 떠오르게 된다. 당시에 군부는 중립적인 입장이었지만, 1814년 제1왕정 복귀부터 군부가 정치권으로 들어오기 시작하면서 1814년부터 1875년까지 군부는 무려 35번의 반란(pronunciamientos)이 있었으며 이중 11번은 성공하기도 했었다. 이후 1898년 미서 전쟁에서 패배 후 잔여 군대가 다시 스페인으로 귀국해 군부의 정치적 위상은 더욱 높아지기 시작한다. 하지만, 이때는 유럽 열강들의 아프리카 식민지 확장 시기라 스페인 역시 모로코 해변에 그들의 식민지를 구축하는데, 군부의 힘을 분산시키고 있었다. 그러나 북아프리카 지역에서 너무 많은 스페인 군인이 희생되어가면서, 한편으로 스페인 국내에서 군부에 대한 조사를 실시하려고 하자 미구엘 프리모 데 리베라 장군이 쿠데타를 일으켜 헌법을 폐지시킨다. 스스로 독재자로 선언하지만, 알폰소 13세는 그대로 국가의 상징으로 남게 된다. 그의 독재 정치에 노동자나 중산층 지식인들은 괴로워했지만, 반면 지주 계층이나 신흥 산업자들은 국내의 폭력과 소동에 군부의 보호가 있음으로 만족하였다. 그러나 차츰 군부와의 갈등으로 프리모는 마침내 사임하며, 보수파 내에서 조차 국왕에 대하여 반대하는 추세로 기울고 있어 공화제를 예고하고 있었다. 결국 1931년 선거로 공화주의자들의 승리로 끝나고, 군부도 공화국을 지지함으로써, 동조 세력이 없는 국왕 알폰소 13세는 그해 1931년 4월 14일에 스페인을 떠나 결코 돌아오지 않았다. 그러나 국왕은 폐위되지 않았으며, 단순히 로마로 망명가 그곳에서 1949년 그의 생을 마감하고 말았다. 결국 같은 날 스페인은 제2공화국을 맞게 된다.

왕정은 독재정치가 붕괴된 후 수치스럽게 끝나고, 군부의 권위도 그들의 수뇌부들이 거절당함으로써 급강하로 떨어졌다. 정국은 좌파 우파로 나뉘어져 갔으며, 혼란을 거듭했다. 좌파와 우파의 충돌이 결국 정부에 대한 군부의 반란으로 이어지며, 이후 3년 동안 스페인은 내전을 겪게 된다. 내전은 공화주의자들과 국민주의자들 양 진영으로 나뉘어서 싸웠으며 피비린내 나는 싸움은 3년간(1936년 7월-1939년 3월) 지속되었다. 결국 독일의 도움을 받은 국민주의자 진영의 프랑코의 승리로 그는 1937년 8월에 '까우디요(caudillo)'를 선언하고, 스페인 최고의 권력자가 되어 1975년 그가 죽을 때까지 독재정치를 한다. 그러나 프랑코 독재 기간인 1947년 왕정 국가로 되돌리는 법을 확정시키고, 1969년에 부르봉 왕가의 후손인 후안 카를로스(알폰소 13세의 손자)를 프랑코의 후계자로 임명한다. 결국 1975년 11월 20일 프랑코가 사망하자, 22일 후안 카를로스가 국왕으로써 취임하고 오늘날까지 내려오고 있다.

3) 카탈란어의 고장 카탈로니아

A. 역사

카탈로니아(까딸루냐)의 역사는, 새로운 국가와 새로운 언어가 로마 제국이 붕괴된 후 나타났고, 게르만 민족들에 의해 새로운 질서가 이 지역에 정착된 때인 중세 초기 시기로 돌아가야 한다. 로마가 망하고 약 200년 후, 이곳의 언어인 카탈란어는 오늘날 형태와 그렇게 많은 차이가 없는 문학적 매개체로 통합 강화되었지만, 반면 이곳 국가의 운명은 그렇게 아주 명백하게 진행되어 나가지는 않았다.

카탈로니아 지방도 앞에서 스페인의 역사에서와 같이 로마의 붕괴 후 서고트족이 점령하고, 그 후 718년 이슬람교인 무어인들이 이곳을 점령한다. 그러나 801년 샤를르마뉴 대제의 아들인 프랑스의 왕 루이(Louis le Pieux)가 무어인들로부터 바르셀로나를 정복하고, 그의 왕국과 아랍인들사이에 만들어진 이 완충 지대를 다스리기 위하여 몇 개의 봉건 백작들에게 이곳을 남기면서 이스빠니아 변방령(Marca Hispania)를 설치한다.[12] 이스빠니아 변방령의 명칭은 이베리아 반도를 대신하는 로마의 용어이었으며, 이스빠니아는 카탈로니아 지방에서부터 나온 용어이기도 하다. 로마화된 이 지역 사람들은 이때쯤에 카탈란어로 변화된 라틴어를 말했으며, 앞에서 이미 언급했듯이 이 언어는 오늘날 프로방스어와 같은 프랑스 남부 언어들과 유사한 언어이었다.

878년 바르셀로나 백작인 윌프렛이 모든 변방령에 속해있던 지역을 그의 지배 아래로 통합해, 프랑스로부터 독립을 선언한다. 이 통합이 바르셀로나 가문의 융성을 나타냈으며, 황금 위에 4개의 붉은 줄무늬가 그려진 이 가문의 중세 문장이, 바르셀로나 가문에 의해서 한 때나마 지배되었던 모든 왕국들의 휘장이었으며 오늘날까지 카탈로니아의 휘장이기도 하다.

1137년 9번째 바르셀로나 백작인 라몬 베렝거 4세가 당시 아라곤의 왕인 라미로(Ramiro) 2세의 딸인 뻬트로닐라(Petronila)와 결혼을 하고, 그의 장인을 계승하게 되어, 결국 카탈로니아와 아라곤은 통합되어서 하나의 아라곤 왕국으로 명명되었다. 그 후 마조르까(1229년)섬과 발렌시아(1238년)를 정복해 아라곤 왕국은 확장되어나갔다. 이렇게 확장되어 나간 4개 지역을 오늘날 넓은 의미의 카탈란어 고장(Països Catalans)이라고 불리고 있다. 그리고 한 때나마 이 아라곤 왕국은 오늘날 프랑스의 몽뻴리에르, 이탈리아의 시칠리아, 사르디니아 섬, 아테네 공국 등을 소유하기도 했었다.

1410년 바르셀로나 왕가의 최후의 왕인 마르틴 1세 때 바르셀로나 왕가는 사라지게 되며, 까스뻬(Caspe)라는 아라곤의 한 마을에서 성립된 협정에 의해, 2년 후인 1412년 안떼께라 데 페르디난도가 아라곤의 왕으로 선출된다. 이 페르디난도는 카스티야 가문의 일원으로, 결국 그의 조카의 아들인 차후의 페르디난도 2세가 카스티야 왕국의 이자벨라와 1479년에 결혼함으로써 카스티야 왕국과

12) 루이 르 삐외 왕은 프랑스의 샤를르마뉴 대제의 아들로 814년 샤를대제의 제국을 계승한다.

아라곤 왕국은 통합하게 된다.

비록 서로 간에 결혼은 했지만, 각각이 자기의 왕국을 다스렸으며, 오히려 통합보다는 연합의 그것이었다. 결국 그들이 이룬 왕국의 연합이 오늘날 스페인의 기원이 되었으며, 그 후 그들의 딸인 후아나(Juana)가 두 개의 왕국의 왕관을 당시 신성로마제국의 황제로써 군림하고 있었던 오스트리아의 합스부르그 가문으로 가져감으로써 스페인은 신성로마제국과 통합된다.

그 후 16세기는 스페인과 신성로마제국이 결합된 국가로써의 스페인의 역사가 전개되며, 찰스 1세(신성로마제국의 찰스 5세), 필립 2세 등을 거쳐 세계 최강의 스페인을 전개시킨다.[13] 결국 카탈로니아의 역사는 통합된 스페인의 역사와 같이 전개되어나간다.

B. 스페인 속에서의 카탈로니아

역사적으로 카탈로니아 사람들은 그들의 고유의 것을 지키려는 민족성을 가진 그런 사람들이었다. 일관된 그들의 땅과 과거의 전통을 지키기 위해 외세에 굳건히 맞서 싸워온 그런 민족이기도 하다. 카탈로니아의 근대 역사에서만 보아도 그런 그들의 민족성을 알 수 있다.

이미 스페인 역사에서 본바와 같이 18세기에 오면서 합스부르그 가문의 마지막 왕인 찰스 2세가 죽음으로써, 합스부르그 가문과 프랑스의 부르봉 왕가 사이에 왕위 다툼으로 스페인은 전쟁이 일어난다. 카탈로니아는 합스부르그가의 편에 서서 투쟁을 했으나, 결국 스페인의 왕위는 프랑스의 부르봉 왕가가 차지하게 되며 루이 14세의 손자인 프랑스 앙주의 필립이 필립 5세로써 등극한다. 이것이 세계 역사에서 불리는 스페인 계승전쟁이다. 1714년 9월 11일 스페인 계승전쟁 끝에 바르셀로나의 항복문서가 조인되었는데, 카탈로니아는 이날을 '국가 기념일'로 지정하였으며, 아직도 이날을 그들의 투쟁에 대하여 기념하고 있으며, 비록 항복 문서에 서명한 날이지만, 한편으로 보면 이날은 현시대에 있어서 카탈로니아 지방이

---

13) 찰스 1세와 필립 2세의 역사에 대해서는 스페인의 역사 참조.

정치적으로 독립해왔다는 것을 뜻하는 의미를 가지기도 했던 그런 날이기 때문이다.

스페인을 다스리게 된 부르봉 왕가는 그 동안의 스페인의 모든 정치 틀을 바꾸는데, 결국 1717년 새로운 칙령으로 나타난다. 이 칙령은 그것이 모든 스페인을 재구조했던 것처럼, 아라곤과 카탈로니아 지방도 예외는 아니어서 아라곤과 카탈로니아 사람들의 그 동안의 권리를 제거했다. 또한 이 칙령으로 그 동안 법정이나 법률 문서에 사용해오던 카탈란어를 그런 사용에서 제외시켰는데, 이것이 카탈란어에 대한 첫 번째 정치적 억압이었던 것이다.

아라곤 왕국과 카스티야 왕국이 통합된 후, 합스부르그 왕조 시절에 정치적으로 카탈로니아는 부왕(viceroy)에 의해 다스려졌으며, 부르봉 왕가 시절과 20세기 프랑코 독재시절 동안에는 보통 카탈로니아 지방 사람이 아닌 마드리드에서 임명된 장군이나 총독에 의해 다스려졌다. 이 시절에 지역적인 주요 권위 기관은 1358-1359년에 창설된 '헤네랄리따뜨(Generalitat)'이었다. 일종의 오늘날 자치행정단위에 해당하는 그런 기구였다. 부르봉 왕가는 이 '헤네랄리따뜨'를 넷으로 분리했으며, 오늘날 '헤네랄리따뜨'는 까딸로니아의 자치 행정기구로 남아있는데, 오늘날 '헤네랄따뜨'는 1914년 네 개의 카탈로니아 지방(바르셀로나, 따라고나, 예이다, 히로나)를 하나로 묶은 것인 '만꼬무니따뜨(Mancomunitat)'의 그것이다. 이 자치기구는 카탈로니아의 정치의 축적이기도 했으며, 이 시기에 카탈로니아는 문화적 정치적 부흥을 이루기도 했다. 언어적으로는 1913년에 철자법을 규정을 만들어 1932년 출간된 '카탈란어의 일반 사전'을 만들어 내기도 했다.

그러나 한편으로 20세기 중반에 있어서 카탈로니아는 사회적으로 순탄하지 못했다. 가혹한 억압이 이루어졌으나, 카탈로니아 사람들은 스페인에서 첫 번째로 산업화한 지역으로 만들어나갔다. 사회주의에 동요된 이 지방 사람들은 노동자로서 열심히 일했으며, 정치적으로 진보적 성향을 띄게 되었다. 스페인 내전 때는 열성적인 반-카탈로니아주의 자인 프랑코에 의해 막대한 억압을 받기도 했다. 결국 많은 카탈로니아 지방 사람들이 스페인 내전 후 억압을 피해 망명을 했지만, 나치에 의해 더 가혹한 운명을 맞이해야만 했었다. 이때에 카탈로니아 공화당 헤네랄리따뜨의 마지막 우두머리도 잡혀서, 스페인 프랑코 정부에 넘겨져 1940년 처형을 당하기도 했다.

40년 동안의 프랑코 독재는 문화적 정치적 억압을 카탈로니아 지방에 가져왔지만, 프랑코 사후, 4년 뒤인 1979년 결국 자치를 맞이하게 되어, 지금까지 자치 지역으로 내려오고 있다. 1986년에는 오늘날 EU의 전신인 EEC에 가입하였으며, 1990년에는 카탈란어가 EEC에 공식언어로 받아들여졌다.

4) 스페인의 민족과 종교

A. 민족 구성

스페인의 가장 오래된 거주인들에 대한 기원은 원인 불명으로 남아있다. 아무도 이베리아인들이나 바스크인들이 누구이며 그들이 어디서 왔는지 확실히 확인하지 못하고 있으며 추측만 할 따름이다. 그리고 바스크인들이 처음부터 정주해 살아온 생존자들인지 아니면 다른 곳에서 온 이주자들인지 확인이 안되고 있다. 혹자는 청동기 시절(기원전 약 25500-1000년전)인도-유럽인들의 이주 기간 동안에 살아남은 선-인도-유럽인들 중에서 유일한 생존자들이라고 가설하고 있으며, 그래서 이들이 인도-유럽인 민족들 사이에서 특이하게 그들 영역을 차지하게 되었다고 보고 있다.

만약 이주자들이라면, 오늘날 바스크인들은 이베리아인들의 후손일지도 모른다. 그래서 일부 고고학자들은 이들이 인류학적으로 안달루시아 지방을 통해 북아프리카로부터 스페인에 왔다고 믿고 있기도 하며, 또 다른 학자들은 코카서스 산맥 그루지아로부터 와서 스페인에 거주하기 위해 중앙유럽을 통해 이동해왔다고 믿고 있다. 하여간 그들의 기원이 무엇이든간에 이베리아인들은 이베리아 반도에 더 먼저 살아왔던 것으로 알려진 리구리아인(Ligurians)들을 쫓아보낸 것으로 확신하고 있다.

결국 바스크인들이 이베리아인의 기원이라면, 북부 스페인 먼 산간지역에서 고립되어서 그들은 스페인 나머지 지역에 정착한 이베리아인들로 완화되어간 특징을 가지고 있으며, 또한 차후 이베리아반도에 온 켈트족과 인종적 혼합을 가져와 켈트이베리아인들로 형성한 특징을 유지하고 있다. 바스크인들과 켈트이베리아인들과 다른점은 다른 여러 차이점에서도 특히 바스크인들의 혈액에서 발견할 수 있다. 바스크인들은 혈액형에서 다른 어떤 유럽인들보다도 B형이 아주 낮으며, O형을 아주 많이 가지고 있으며, 세계 다른 어떤 인종보다도 Rh -형이 가장 높은 것으로 나타나고 있다. 그래서 바스크인들은 그들 스스로 유럽에서 가장 순수하고 가장 오래된 인종으로 여기고 있다.

다음으로 이베리아반도에서 역사적으로 정확하게 나타나는 첫 번째 민족은 페니키아인들이다. 이들은 지금의 스페인 안달루시아 지방에 구리나 금, 수은, 은 등에 이끌려 오늘날 레바논이나 시리아인 곳에서 기원전 11세기에 이주해 왔다. 이들은 처음에 식민자가 아닌 교역자로써 처음에는 왔으며, 남부 대서양이나 지중해 해안을 따라 6세기 동안 살았다.

그리고 BC 8세기경에 그리스인들이 도착하며, 이들보다 앞서온 페니키아인들처럼 그리스인들도 무역과 귀금속을 찾으러오게 된다. 그러나 이들은 농사 기술을 가져오기도 했으며, 포도와 올리브도 도입시키게 된다. 그리고 페니키아 연대기에 따르며 스페인에 대한 최초의 서술을 한 것도 그리스인들로 알려지고 있다. 스페인에 존재하는 아주 오래된 옛 예술 작품도 그리스의 헬레니즘 특징을 가지고 있다.

반면 페니키아인이나 그리스인들이 남쪽으로 움직이고 있는 동안에 켈트인들은 라인강을 따라 그들 고향으로부터 스페인 반도로 퍼져 이동해 왔다. 결국 켈트인들은 정착하게 되지만, 이들은 한꺼번에 온 것이 아니었다. 크게 두 번에 걸쳐 이베리아반도에 오게 되는데, 첫 번째가 BC 1000년경이며 두 번째가 BC 600년경으로 깐따브리아 해안을 따라 이동하였다. 결국 이들은 갈리시아 지방에 정착하게 되며, 그래서 오늘날 갈리시아 지방은 스페인에서 가장 순수한 켈트적인 지방으로 남아있다. 마침내 켈트인들이 반도 중앙으로 퍼져나가, 이곳에서 토착민인 이베리아인들과 심한 격돌을 하게 된다. 하지만 시간이 흐르면서 싸움이 결혼으로 이어지고 이 둘 사이의 결합으로 인하여 현대 스페인사람들의 가장 중요한 최초의 조상이 만들게 된다. 이들이 바로 켈트이베리아인들이다. 그러나 켈트이베리아 민족을 형성케 한 것은 단지 인종의 결합이었으며, 이것과 동시에 일어나는 사회 정치적 융합은 없었다. 하여간에 켈트족에 관한 정확한 역사는 거의 없다. 유럽에서 켈트족은 브리튼섬에서부터 엘베강 연안까지 유럽 대륙의 1/3을 차지한 민족이었지만, 이집트인이나 유럽의 다른 민족인 그리스인 로마인 게르만족 등에 비하면 상대적으로 거의 약간의 역사적 유물만 남아있을 뿐이다.

그리고 카르타고인들은 BC 573년에 스페인 땅에 도착한다. 페니키아인을 돕기 위해 카르타고인들이 처음에 스페인 땅에 초대되어져 도착한 후, 그대로 머물러 그 땅을 정복하지만 실질적으로는 그들에게 흡수되고 만다. 페니키아인과 그리스 사람들처럼 카르타고 사람들도 초기에는 교역자로써 왔지만, 지중해를 통해 그들의 문명이 포에니 전쟁에서 로마에 의해 정복되어 질 때까지 그들은 약 4세기 동안 스페인에 남아있게 된다.

카르타고인 다음에 이베리아에는 로마인들이 들어온다. 로마는 스페인에 정치, 사회 언어 법률적인 통합을 스페인에 가지고 오며, 또한 AD 312년 로마의 콘스탄티누스 황제의 개종에 따라 종교적 통합의 초석을 마련해주기도 한다. 그리고 로마는 중앙 집중 권위 아래로 이베리아반도에 거주민들을 종속시키고 규율화시키며, 고립화를 끝내게 하는 도로를 건설한다. 그리고 단일화되고 공통의 언어인 라틴어로 흩뿌려져있던 문화를 통합시키는데 기여한다. 이베리아 반도 전체에서 모든 지방이 같은 정도로 동일한 수준으로 로마화된 것은 아니지만, 시간적으로 사회화가 너무 완전해서 곧 새로운 국민, 즉 오늘날 스페인 사람들의 두 번째 주요 조상인 이베로-로마인들을 만들어 놓았다. 결국 로마인들과 켈트이베리아인들은 오늘날 스페인의 인종적 줄기를 창조하였다.

지리적 고립으로, 비록 오늘날 바스크인들이 그들 고향 땅에서 대부분 다른 스페인 사람들보다 더 순수한 인종적 정체성을 유지하였더라도, 틀림없이 그들은 스페인사람들로 여전히 여겨지고 있으며, 이들과 마찬가지로 오늘날 갈리시아인들도 다른 스페인사람들보다도 더욱 순수한 켈트적 계승을 할 수 있게 만든 지리적 고립에도 불구하고 이들 역시 스페인사람들이며, 이들 켈트인들은 그들 조상의 일부로 분장을 해 오늘날까지 내려오고 있을 뿐이다.

로마인 다음으로 이베리아 반도를 정복한 민족인 게르만족의 일파인 서고트족은 로마 제국이 붕괴되어 감에 따라 414년에 스페인을 침입해 정복했으며, 이들은 압도적인 이베로-로마인 사회에 곧 흡수된다. 실질적으로 오늘날 이들 후손들을 고립시켜 찾아낸다는 것은 불가능하다. 게다가 무엇보다도 그들의 정체성을 확인시켜주는 키나 피부색 머리색 등의 북부 유럽인의 육체적 특징은 켈트인으로 인하여 이미 스페인 사람들에서 나타났던 특징들이었기 때문에, 더욱이 그들의 정체성을 확인시켜주는 것은 매우 힘들다.

스페인에서 게르만 민족의 서고트족의 통치를 종식시켰던 무어인들에 대한 것은 또 다른 이야기이다. 이들은 711-1492년 동안 스페인에서 살았다. 그들 문화가 번성했던 남부 스페인에서만 그냥 산 것이 아니라 800년 동안 다양한 역사를 이루면서 이베리아 반도 전역을 통해서 살았다. 기독교인들과 무어인들 사이의 결혼도 흔했으며, 많은 갈리시아인들과 바스크인들을 제외하고 오늘날 무어인 조상을 갖지 않은 수많은 스페인 사람들을 찾는 것은 어려우며, 대부분이 피가 섞였을 정도다.

B. 종교

서고트족 시대부터 스페인에는 카톨릭이 뿌리를 내리고 있었다. 그러나 무어인의 정복으로 스페인은 종교적 투쟁의 장으로 변해갔으며, 결국 스페인은 1492년 카톨릭 국가로 맹주국의 역할을 하게 된다.

기독교 국가로서 스페인이 아랍 지배에 대한 재정복의 끝이 오는 1492년 15세기말엽에, 이슬람교를 포기하지 않은 무슬림들은 스페인에서 추방되었다. 이슬람교를 거부하고 머문 사람들은 스페인사람들의 큰 줄기에 흡수되었으며, 그들의 인종과 종교적 정체성을 잃었다. 한편 유대인들은 무슬림과 기독교인사이에서 스페인 땅에서 주요한 소수 인종을 형성하고 있었으며, 그들의 학식과 재능은 기독교와 이슬람 두 문화에 많은 기여를 했으나, 이들 역시 1492년 칙령에 의해 추방 명령을 받았다.

재정복이 끝난 후에도 스페인의 인종과 종교적 구성은 실제적으로 변화되지 않았다. 근대에 이르러서도 스페인은 인종적 구성을 변경하기 위해 많은 수의 이민자들을 끌어들이지도 않았다. 1609년 후에 대부분의 무슬림들이 이베리아 반도를 떠났을 때, 스페인은 종교적인 하층 문화를 가지지 않게 되었다. 그래서 종교 개혁은 스페인에 결코 오질 않았으며, 신교주의도 결코 뿌리를 가질 수가 없었다. 비록 오늘날조차 점점 더 많은 스페인 사람들이 실질적으로 교회를 안가며 그들의 믿음을 실천하고 있지는 않지만, 그렇다고 스페인에서 타락한 사람들조차 다른 종교를 수용하지는 않는다. 단지 대충 잡아 10만명의 신교도와 12000명의 유대인만 있을 뿐이다. 실질적으로 미사에 참여하지 않는 많은 스페인 사람들도 결혼은 교회에서 하고 있으며, 교회에 묻히고 있으며, 그들의 자식들에게 교회에서 세례받도록 하고 있다. 20세기 중반이후 프랑코 독재 후에 카톨릭 예배의 감소의 원인은 크게 보아 독재와 권위주의 체제를 지지했던 스페인의 교회 역사 때문이다.

스페인 사람들이 다른 종교를 품는 것에 실패한 것도 부분적으로는 "스페인이 된다는 것은 카톨릭이 된다"는 연결 고리에 따른 문화적 정체성으로 설명될 수 있으며, 믿음이 감소하게 된 원인으로는 또한 지난 세기동안에 서구 사회에서 일어났던 세속화 때문이기도 하다. 스페인이 유럽의 줄기로 들어감에 따라, 국민들 사이에서 종교적 믿음이 침식하는 것을 보는 것도 놀라운 일은 아니다. 농사에서 벗어나거나, 또는 성직자가 너무 광범위하게 어렴풋이 보이는 시골이나 작은 읍 생활을 거부하는 요소 등을 비롯해 도시의 성장 등이 세속화에 기여했다. 게다가 순간의 만족을 추구하는 중산층을 싹트게 하는 사회적 요구는 수세기 동안 스페인 학급과 설교단에서 가르쳤던 고행과 인내를 날아가게 하고 있다. 게다가 현대의 자본주의는 신교도주의와 연결교리로부터 너무 멀리 떨어져있어 더욱 그러하다. 그래서 오늘날 스페인은 일종의 무신론적인, 정확히는 신에게 개의치 않는 그런 국가로 되어가고 있는 실정이다.

5) 스페인어 영역

전 세계에서 모국어로써 스페인어를 갖는 사람들의 수를 정확히 추정하기는 힘들지만 약 2억7천만명에서 2억8천만명으로 보고 있다. 이와 같은 숫자적으로 보면 모국어로써 스페인어를 자연스럽게 사용하는 인구는 중국어와 영어, 힌두어 다음으로 세계적으로 4위를 차지하고 있다.[14]

스페인어는 스페인 전역에서 공식어이지만, 동북부 카탈로니아 지방과 북부 바스크 지방, 북서부의 갈리시아 지방 등에서는 자연스러운 언어 역할을 할 뿐, 이들 지방에서 특유어 역할을 하고 있지는 않다. 왜냐면 이 지방들에서는 이 지방의 각각의 특유어, 즉 카탈로니아 지방에서는 카탈란어, 바스크 지방에서는 바스크어, 갈리시아 지방에서는 갈리시아어가 통용되고 있기 때문이다.

스페인 밖에서는, 멕시코와 중남미 지역 전역, 카리브 제도에서는 쿠바, 도미니카 공화국, 푸에르토리코를 포함하고 있으며, 그리고 남미에서는 브라질을 제외한 거의 전지역에서 공용어로 사용되고 있으며, 아프리카 스페인어 영역, 즉 세우따(Ceuta), 멜리야(Melilla), 이프니(Ifni), 사하라-스페인어 지역에서도 공용어로써 사용되고 있다.

그리고 미국의 남부, 즉 아리조나, 텍사스, 콜로라도, 캘리포니아, 뉴멕시코에서도 스페인어는 많이 사용되고 있다. 아시아에서는 필리핀에서도 말하고 있지만, 오늘날 영어와 토착 언어인 타갈로그어(tagalog) 때문에 차츰차츰 사라지고 있다.

또한 크레올 언어로 스페인어가 사용되고 있는데, 카리브 제도 꾸라사오(Curaçao) 섬의 크레올 언어인 빠삐아멘뚜(Papiamentu)는 85%가 스페인어 어휘, 5%가 네델란드어, 나머지 10%가 아프리카

---

14) 일부 통계학자들은 러시아어를 세계 4위로 보고 있으나 이 숫자는 옛 소련 시절, 연방 국가로써 주변 국가 인구들을 포함해서 그러한 것이다.

어나 영어 포르투갈어 등으로 기원이 다른 여러 나라 어휘로 되어 있다. 그리고 또 다른 지역인 대서양 콜롬비아 해안에서도 스페인어 크레올이 사용되고 있다.

그리고 유대인-스페인어(judéo-espagnol)라고 불리는 언어도 있는데, 이것은 1492년 추방령에 따라 당시 페르디난도 왕과 이사벨라 여왕에 의해 스페인으로부터 추방된 유대인들에 의해 사용되는 말투 전체를 일컫는 언어이다. 유대인-스페인어는 오늘날 지중해 해안 지역 주변에 자리잡고 있다.

6) 지역별 스페인어의 특징

스페인에서 학술원적인 스페인어도 지역적 영향들을 받았는데, 특히 안달루시아 지방의 그것처럼 느슨하게 된 자음 조직을 가진 소리들로 특징지워진 그런 것들이다. 마드리드에서는, 집시들의 속어(caló)로부터 많은 차용어를 만든 친근한 언어들로부터 영향은 말할 것도 없고, 매 일상의 언어가 안달루시아어의 영향을 조금 조금씩 받고 있다. 특히 마드리드 근교 지역들이 더욱 그러하다.

아메리카 대륙에서 스페인어의 상황은 초기 스페인어의 광범위한 확장으로 인하여, 지방적 분리로 인한 인종적 사회적 지리적으로 많은 요소들 때문에 복잡한 편이다. 방언학자들은 아메리카 대륙에서 지방적 혹은 지역적 방언의 분리를 23개 지역까지 분리하기도하지만, 크게 4개의 주요 광역으로 재분리하고 있다. 즉 멕시코 지역, 카리브 지역(중앙 아메리카, 서인도 제도, 베네수엘라 해안지대), 안데스 산맥 지역(베네수엘라, 칠레, 콜롬비아, 에쿠아도르, 페루, 볼리비아), 리오 델라 플란따 지역(Rio de la Planta-아르헨티나, 우루구아이, 남부 파라구아이) 등이 그곳들이다.

이와 같이 여러 지역으로 방언이 분리된 두 번째 원인들로는 자연스럽게 다양하게 형성된 원인들이다. 무엇보다도 아메리카 인디언들의 방층어(adstratum)의 영향이다. 즉 안데스 산맥의 인디언들의 언어들은 평원의 인디언들의 언어들보다 더 자음이 조직화되었다. 그래서 안데스 지역은 물론 광의적으로 끼또(Quito)와 멕시코에서조차도 안데스 지역의 스페인어는 모음의 표현을 줄이려는 경향이 있는데 반해, 이와는 반대로 까라까스(Caracas)와 서인도 제도에서는 자음들이 더욱 약해져서 빈약하게 발음되어지게 된 것이다.

한편 리오 델라 플란따 지역에서처럼 '보세오(voseo)' 표현을 발달시킨 것은 바로 낡은 옛적이면서 시골적인 특징인 것으로 나타났으며, 한층 더 나아가, 리오 델라 플란따의 이탈리아어법으로 인한 로망스어인 동종의 비슷한 언어를 사용하는 사람들의 밀집의 영향을 받아서 그렇게 된 것이다.[15)]

그리고 멕시코에서는 영어의 영향으로 수많은 모방을 볼 수 있다. 즉 영어의 to wait for를 모방해 esperar por라고 한다든가 round trip를 모방해 viaje redondo라고 한다든가 하면서 많은 모방을 하고 있다.

아메리카 대륙의 스페인어의 일부 특징은 아메리카 전체 스페인어권으로 퍼져있기도 하다. 예를 들어 '세세오(seseo)'같은 것들이 있으며, '예이스모(yeismo)' 같은 것도 아메리카 대륙의 스페인어 발음 현상으로 매우 퍼져있다. 어휘에 있어서는 전체적으로 이베리아 반도의 스페인어 어휘를 사용하고 있어 그렇게 두드러진 특징을 보여주고 있지는 않지만, 멕시코에서 버스를 지칭하는데 camión 같은 어휘를 사용하는 반면에 materialista를 물건들 운반하는 트럭의 운전자라든가 하는 지역적 발달 과정이 눈에 띈다. 또한 같은 대상물이라도 장소에 따라 다른 용어를 사용하는데, 예를 들어 웃옷을 saco, paltó, americana, chaqueta등으로 사용하고 있다.

문화적인 용어를 지칭하기 위해 인디언 말로부터 차용한 단어들은 스페인어에게 언어적 분리 현상에 기여하지 않았다. 오히려 이런 용어들은 스페인어를 보통 단순히 풍요롭게 해 주고 있다. 그러나 신어를 창조하는데 있어서 아메리카 대륙에서 스페인어와 이베리아 반도의 스페인어 사이에는 아주 완벽하게 일치하는 것은 아니다. 예를 들어 비디오 녹화기를 스페인에서는 magnetóno, magnetofón이라고 하는데, 중남미에서는 grabador, grabadora가 하고 있는

---

15) 'voseo 보세오'는 인칭 대명사 사용에서 2인칭 단수보다 2인칭 복수를 더 사용하는 것을 말한다.

예를 보아도 알 수 있다.

오늘날 스페인어 학술원과 스페인 문화원이 대서양 양쪽에 위치하고 있는 스페인어에 대한 자연적 분리 경향을 극복해 이겨내려고 노력하고 있다.

한편 앞에서 이미 언급한 또 다른 하나의 스페인어인, 세파르디에스(SefardXes)로 철수 당한 공동체에 의해 쓰이고 있는 유대인-스페인어 말투는 16세기 스페인어 특징을 아주 많이 유지하고 있다. 발음 소리에서 무성 치찰음과 유성 치찰음의 구별이라든가, 형태에서 soy, estoy 대신 so, esto와 같이 옛 형태를 가지고 있다든가, 어휘에서 현대 스페인어에서는 거의 쓰지 않는 fadar'성공하다', adobar'준비하다'같은 것을 아직도 사용하고 있다. 요즘은 유대인-스페인어가 도처에서 사라지고 있다고 말하고 있지만, 그럼에도 불구하고 과거 추방되어 스페인에서 나간 유대인 이주지역에서의 신문들은 유대인-스페인어로 아직도 발행되고 있다.

3. 포르투갈

1) 자연 개관

유럽의 서쪽 끝에 있는 포르투갈의 총면적은 92390km²인구는 1052만 명이다. 수도는 리스본이며 지형적으로 동쪽으로는 스페인과 접해있고 서쪽으로는 대서양과 접한 남북으로 긴 나라이다. 북쪽은 주로 산악지대이고 남쪽은 올리브 코르크 등이 많이 나는 평지로 되어있다.

인접한 스페인과 비슷한 역사를 가지고 있는 이 나라는 15세기 말 대항해 시기를 계기로 크게 부흥하였다. 그후 1580년 스페인과 합병되어 많은 식민지를 잃고 위축되었지만 스페인으로부터 1640년 다시 독립한 후 다시 제2의 황금기를 맞게 된다. 1910년 왕정이 폐지되고 공화제가 이루어졌지만 쿠데타 등 내정 불안이 계속되기도 했었다. 현재는 정치 경제적으로 어느 정도 안정을 갖추었으나 유럽 국가들 중에 빈곤한 편에 속해 경제 부흥에 힘을 기울이고 있다.

기후적으로는 대서양의 영향을 받아 여름에는 시원하고 겨울에는 따뜻한 전형적인 해양성 기후를 나타낸다. 북부 해안 지방은 비가 많이 오고 온도가 높으며, 북부 내륙지방은 스페인의 대륙성 기후와 비슷하다.

2) 포르투갈 역사

포르투갈 기원의 역사는 스페인의 역사와 병행하고 있다. 포르투갈의 왕국은 12세기에 스페인으로부터 독립함으로써 성립하였기 때문이다.

12세기경 스페인의 레옹 왕국의 알폰소 6세가 오늘날 포르투갈 북부에 포르투갈렌스 백작령을 세움으로써 포르투갈의 기원이 만들어지게 된다.[16] 알폰소 6세는 그의 딸인 도나 떼레사를 당시 무어인들과 전쟁을 치르고 있는 스페인을 도우러왔던 프랑스의 보르고냐 백작(프랑스의 부르고뉴 백작임)인 엔리께와 결혼시키고, 포르투갈렌스 백작령을 주어 다스리게 함으로써 포르투갈 왕국의 시작을 알리게 된다. 그러나 1128년 떼레사가 왕권을 확보하려는 것을, 엔리께와 떼레사의 아들인 아퐁소(Afonso)가 스페인의 알폰소 6세 사후 새로 등극한 알폰소 7세(알폰소 6세의 아들)에게 가신의 관계를 맺음으로써, 결국 그의 모친의 왕위 확보를 무산시키고 만다.

이후 포르투갈의 완전 독립을 위해 스페인의 레옹 왕국과 잦은 전쟁을 가졌으나, 무어인들이 다시 침범해 오자 아퐁소 엔리께는 재빨리 사촌, 즉 스페인의 알폰소 7세와 휴전 협정을 맺고 남쪽의 레이리시아를 다시 재탈환하기 위해 오리께 벌판에서 무어인들과 마주쳐 싸운다. 이 전투에서 포르투갈군은 중과부족이었음에도 불구하고 포르투갈 역사에 영원히 기록될 승리를 거두게 된다. 그래서 지금도 포르투갈의 국기 안에는 오리께 전투에서 격퇴한 무어인들의 5왕을 상징하는 푸른색 방패를 5개 그려놓고 있다.

한편 이 당시 포르투갈 사제교구는 스페인 카스티야 왕국에 속해

---

16) 알폰소 6세는 당시 유럽 카톨릭 국가에서도 막강한 세력과 권력을 지닌 왕으로 대접받았다.

있던 톨레도의 대사교 밑에 속해 있었는데, 교황의 권위가 절정시기였던 그 시기에 아퐁소 엔리께는 교황청에 많은 봉사를 통해서 포르투갈 사제교구가 톨레도에 예속됨을 해제하고, 1139년 4월 13일 아퐁소 엔리께는 교황청의 보호를 받는 독립 왕국의 왕으로써 엄숙히 선언받게 되며, 아퐁소 1세로써 왕위에 오른다.

그 후 산슈 1세(1185-1211), 아퐁소 2세(1211-1223), 산슈 2세(1223-1248), 아퐁소 3세(1248-1279) 등을 거치면서 카스티야 왕국과 잦은 마찰에도 불구하고 마침내 1267년 바다호스 협상을 통해 양국의 국경이 오늘날과 비슷한 라디나 강으로 확정된다.

아퐁소 3세 이후 데니스 왕 시절에는 리스본 대학(꼬임브라대학)도 설립하고, 왕국을 중앙 집중화하고, 경제적 부흥을 꾀하였으며, 그의 치적은 후계자들에 의해 계속된다.[17]

1385년 왕권에 직계 자손이 없자 방계인 아비즈(Aviz) 가문에 의해 왕위가 계승되었으며, 주앙 1세가 등극한다. 그러나 이 가문도 얼마 지속되지 못하고 1580년에 끊기고 만다. 이 왕조시대에, 특히 주앙 2세(1481-1495)때 포르투갈은 아프리카에서도 영역을 넓혔으며, 1487년 희망봉 발견 후 포르투갈 항해사들에 의해 이곳을 돌아가는 인도항로를 개척함으로써, 인도에 막강한 식민지를 구축한다. 인도의 고아(Goa)는 포르투갈의 부왕령지로 자리잡았으며, 남미 브라질도 경영하게 된다.

주앙 3세(1521-1557)치하에서는 꼬임브라 대학이 창설되고, 포르투갈 문화가 꽃피운 시절이기도 하다. 그러나 그의 계승자인 세바스티엔 왕(1557-1578)이 무어족과의 전투에서 사망함으로서 포르투갈은 스페인의 필립 2세에게 종속되어 스페인에 일시적으로 합병된다. 결국 이 때에 포르투갈 제국은 영국과 네덜란드에 의해 침

17) 꼬임브라 대학은 파란이 많았다. 원래 꼬임브라 대학은 1290년 3월1일 데니스 왕은 교육기관의 창설을 법제화하고 같은 해 8월 9일 교황 니꼴라스 4세가 대학 건립을 확정했다. 그래서 법률, 예술 의학 등을 중심으로 한 대학이 설립하게 되었지만, 처음 설립된 곳은 리스본이었다. 그러나 학생 운동으로 폐쇄되었다가 대학을 다시 꼬임브라로 옮겨지면서 파란을 겪기도 했다. 그러나 결국엔 1537년 장 3세에 의해 현재의 꼬임브라를 거점으로 대학이 정착해 포르투갈 최고의 대학으로 자리를 잡고있다.

해를 입고 타격을 당한다. 이런 쇠퇴의 책임을 스페인으로 돌리면서, 포르투갈은 반란을 도모하고, 브라강스 공작을 주앙 4세(1640-1656)로써 왕으로 추대해 1640년에 다시 스페인으로부터 독립한다.

그 후 1703년 영국과 무역 협상을 맺으면서, 경제적 부흥을 추구하며, 국가 중흥에 힘을 기울이지만, 곧 이은 나폴레옹의 봉쇄 정책의 일환으로 프랑스가 영국과 더 이상 협상을 하지 못하게 포르투갈에게 요구하지만, 포르투갈이 거절해, 나폴레옹은 1807년 포르투갈을 점령한다. 결국 장 6세는 브라질로 피난가며, 나폴레옹의 몰락 후 포르투갈은 프랑스 사람들을 축출한다. 1820년 브라강스 가문이 다시 포르투갈로 돌아오며, 1833년 미카엘에 의한 독재 정치 이후 정치 체제는 입헌정치로 바뀐다. 결국 1910년 왕정은 전복되고 공화국으로 선포된다.

그러나 정치는 전제주의로 흘러갔으며, 일시적으로 단일 정부주의로 되돌아가기도 했지만, 다시 전체주의 독재로 흘러갔다. 세계 1-2차 대전을 거치면서도 정치는 결코 안정되지 않았다.

국내가 불안해서, 1961년에 인도의 고아(Goa)가 인도에 의해 점령당했으며, 앙골라에서도 소요가 발생하는 등 대외적으로 많은 반란이 일어난다. 이후 많은 해외 식민지가 독립하게 된다. 현재는 정치 경제 부흥을 힘쓰면서 유럽연합에 가입해 오늘날까지 내려오고 있다.

3) 포르투갈어 영역

전 세계적으로 약 1억4천만 정도의 사람이 포르투갈어를 모국어로 사용하는 것으로 추산하고 있다. 이베리아 반도 인구 약 1000만명의 포르투갈에서 사용하고 있으며, 포르투갈 위쪽으로 스페인과 국경을 접하고 있는 스페인의 북서부 갈리시아 지역 약 200만명도 포르투갈어를 사용하고 있다. 앞에서 이미 언급했듯이 스페인 갈리시아 지역은 문화와 과학적 측면에서도 포르투갈과 상당히 밀접한 관계가 있기 때문이다.

해외에서 가장 전형적인 언어 이식의 모델로 꼽히는 곳이 남미의 브라질이다. 포르투갈어는 브라질에서 완벽하게 이식되었으며, 언어의 모든 사회적 기능, 즉 공식어로써 문화어로써 일상 언어로써 등등과 같은 모든 기능들이 이전되었다. 약 9500만명의 브라질 인구가 포르투갈을 사용하고 있으며, 결코 브라질의 포르투갈어도 일부 약간 지방적 특징만 보일 뿐 그렇게 포르투갈의 포르투갈어와 크게 다른 특징을 보이고 있지는 않다.

이것뿐만 아니다. 포르투갈어는 이식이나 다른 언어에 포개 겹쳐 놓음으로써 전 세계적 도처에서 말해지고 있다. 때로는 아주 광범위하게 사회 문화적으로 차이가 나는 서로 다른 사용자들을 가지고 있지만, 이 서로 다른 사용자들이 서로 공존하고 있는 것이 특징이다. 이와 같은 특징은 다음의 여러 곳에서 사용되고 있는 포르투갈의 분포를 보면 알 수 있다.

우선 남미에서 브라질을 제외하고서라도 남미 북동부에 위치하고 있는 네덜란드령 기아나인 수리남(Surinam) 북부 지방에서 일명 사라마까 통고(saramaca tongo)로써 포르투갈어가 사용되고 있다.

그리고 아프리카쪽으로 오면 아프리카 서부 대서양에 있는 깝-베르(Cap-Vert) 다도해에서는 포르투갈어와 포르투갈 크레올이 사용되고 있으며, 세네갈에서는 포르투갈어 크레올, 포르투갈령 기네(Guinée)와 상우 또메(São Tomé)와 프린스(Prince) 섬 등에서는 포르투갈어와 포르투갈어 크레올, 그리고 기네 만에 위치하고 있는 스페인 섬인 아노봉(Annobon, 일명 fá d'Ambu)섬에서도 포르투갈어 크레올이 사용되고 있다. 아프리카 대륙쪽으로 옮겨와서는 앙골라(Angola), 모잠비크(Mozambique), 잔지바르(Zanzibar), 몸바사(Mombassa), 멜린드(Mélinde) 등지에서 포르투갈어와 포르투갈어 크레올이 사용되고 있다.

아시아쪽으로 오면서 자바(Java), 말라카(Malacca), 싱가포르 등지에서 크레올인 말레요-포르투갈어가 사용되고 있으며, 송데(Sonde) 다도해에 있는 티모르(Timor)에서도 포르투갈어가 사용되며, 실론 섬에서도 포르투갈어 크레올이 사용되고 있으며, 인도의 고아(Goa) 다마오(Damao), 디우(Diu) 등지에는 인도-포르투갈어가 있으며, 중국의 마카오(Macao)에서도 포르투갈어 크레올이 사용되고 있다.

4. 프랑스

1) 프랑스 역사

A. 프랑스의 기원과 프랑크 제국

구석기 신석기 시대를 지나 프랑스 땅에 문명의 자치를 남긴 민족으로는 남부 지중해 해안과 이탈리아 북서부 지역에 살던 리구리아인으로 알려지고 있다. 그러나 BC7-6세기에 켈트인이 남서 독일에서 이동해와 그들을 정복 동화하여 갈리아인이 되었다. 그 후 로마 시이저의 갈리아 정복으로 갈리아인은 로마에 정복되고, 로마의 식민지가 되어 갈리아 땅은 로마 문화가 보급된다.

5세기 초 서로마제국이 쇠망되어 갈 무렵부터, 갈리아 땅은 게르만 민족의 이동 통로가 되어, 서유럽 지역은 게르만족에 의해 유린되어 나갔다. 갈리아 지역도 예외는 아니어서 라인 강변에 살고 있던 게르만족의 일파인 프랑크 족은 4-5세기경부터 라인강을 건너 갈리아 지방으로 진출하였는데, 481년 메로벵쥬 가문의 클로비스(Clovis, 466-511)가 전체 부족을 통일하여 프랑크 왕국을 세웠다. 그리하여 갈리아 영역은 프랑크 왕국으로 통일되어 나간다. 로마제국이 멸망 후 옛 로마 영토에 게르만인들이 세운 나라들은 대개 단명하였는데, 이 프랑크 왕국만은 약 4세기동안 서유럽의 중심 국가로써 구실을 하였다.

클로비스는 게르만 종교에서 카톨릭교로 개종하여 로마인의 지지를 얻어 뒤에 프랑크 왕국과 로마 교회가 손을 잡아 대 발전을 하는 기틀을 열었다. 클로비스가 죽은 후 프랑크 왕국의 후대 왕들은 무능, 부덕하였으며, 그들의 분할 상속제의 관습 때문에 내분이 자주 일어나 쇠퇴하였다. 이틈을 타 왕령을 관리하고 근위군을 장악하고 있던 궁제로써 지위를 가지고 있었던 카롤렝쥬 가문이 세력을 얻게 된다. 카롤렝쥬 가문의 칼 마르텔(Karl Martel)이 이베리아 반도에서 올라오는 이슬람교도인 무슬림들을 물리쳐(732), 서유럽이 이슬람화 되는 것을 방지하는데, 이 사건으로 더욱 국민들의 지지를 얻게 된 카롤렝쥬 가문은 칼 마르텔의 아들인 뻬뼁(Pépin, 751-768)은 로마 교황의 양해를 얻어 메로벵쥬 왕가를 무너트리고 왕위에 즉위하여 카롤렝쥬 왕조를 연다(752). 당시 북이탈리아는 게르만족의 일파인 롬바르드족이 침입해 국가를 세우고 있었는데, 뻬뼁은 로마 교황의 요청으로 이탈리아에 출병하여 교황을 위협하던 롬바르드족을 쳐부수어 라벤나 부근의 토지를 교황에게 바친다. 이것이 곧 교황령의 기원이다.

뻬뼁의 아들 샤를르마뉴는 중세에서 보기 드문 인걸로 제위 40여년동안 사방을 정복하여 통일의 대업을 이루어나갔다. 그는 롬바르드족을 멸하여 북부 이탈리아을 평정하고, 이슬람교에게 빼앗겼던, 오늘날 스페인 북서부인 카탈로니아 지방을 정복했다. 그러나 그의 정복가운데 가장 중요한 것은 오늘날 독일 북부에 거주하던 색슨족을 4회에 걸쳐 쳐부수어 영토를 게르마니아 지방까지 널리 넓힌 일이다. 그는 영토를 넓힐 때마다 포교단을 보내어 그곳의 사람들을 카톨릭교에 귀의시켜 그들을 회유시켰다. 그리하여 옛날의 서로마 제국의 대부분과 게르마니아의 남반부를 통일 지배하여 서로마제국 이래로 대제국을 건설하였다. 또한 샤를르마뉴는 교황에게 토지를 기증하고 교황 레오 3세를 도와 로마시의 분쟁을 진압하였다. 이에 레오 3세는 AD 800년 성탄절에 로마에서 샤를르마뉴에게 황제의 관을 씌어주어, 카톨릭 국가의 수장으로 삼았다. 이리하여 서로마제국이 게르만족의 군주에 의해 부활되게 된다.

그는 중앙집권적 국가의 틀을 쌓기 위해 군현제도를 실시하고, 변경에는 변경령을 설치하고 변경백을 두었다. 학자를 초빙하여 라틴 고전의 부흥에 힘쓰고, 각지에 수도원 학교를 세워 교육에 힘써, 중세 문화의 기틀을 마련하였다.[18)]

그러나 혼란과 암흑의 서유럽에 통일과 안정, 문예부흥을 가져왔

---

18) 이것을 카롤렝쥬 르네상스라고 불린다.

던 프랑크 왕국도 여러 이민족의 침입으로 시달렸으며, 게다가 내부적으로 프랑크 왕국의 주요 구성 부분인 게르마니아(독일), 갈리아(프랑스), 이탈리아 등의 각지가 제각각 민족성 문화 역사적 전통을 달리하여 자칫하면 분리 독립하려는 경향을 띠고 있었기 때문에, 거대한 프랑크 제국의 통일은 견고하지 못하였다. 또한 영토를 아들들에게 분할 상속시키는 습관 때문에 이것이 분열과 왕권의 약체화의 원인으로 작용하고 있었다.

결국 샤를르마뉴의 상속자인 루이 1세(Louis le Bref) 말년에 그의 세 아들 사이에서 영토 분배로 분쟁이 일어나 843년 베르뎅 조약으로 제국은 3분된다. 이리하여 동프랑크, 서프랑크, 이탈리아의 3부분으로 나뉘었으며, 오늘날의 독일 프랑스 이탈리아가 되는 기틀을 마련하였다.

왕국이 분열 된 뒤로는 서프랑크가 오늘날의 프랑스의 모체가 되고, 당시 서프랑크의 지배자는 게르만인, 인구의 대다수는 켈트인, 언어와 문화는 라틴계열이 차지하면서, 이 속에서 프랑스인, 프랑스 문화가 생겨났으며, 비록 로마와 게르만 민족이 지배해왔지만, 프랑스의 국수주의는 때때로 갈리아적 요소를 강조하여, 프랑스인의 민족성은 갈리아인에서 나온 것이라고 주장하는 것이다.

B. 서프랑크 왕국과 백년전쟁

843년 분열된 프랑크 제국에서 루이 1세의 3째 아들인 샤를르(Charles le Gros)가 차지한 서프랑크의 카롤렝쥬 왕조는 이후 프랑스로 침입하는 이슬람인들과 노르만의 침입에 대하여 무력하여, 9세기 중엽 이후 센느강 하류부근을 점령한 노르만인의 지휘자 롤로(Rollo)를 노르망디 공에 봉하여(911), 차후의 노르만족의 침입을 방위하게 시킨다. 그러나 이와 같이 시작한 노르망디는 11세기 초에는 동화되어 완전히 프랑스화되고 만다.

한편 프랑크 제국의 제관은 서프랑크, 동프랑크로 이동하면서 카롤렝쥬 가문에게 의해 계속 이어져 내려오다가, 결국 987년에 서프랑크 즉 프랑스에서는 카롤렝쥬 왕조의 대가 끊어지게 된다. 그리고 이때는 이미 파리 부근의 영지를 가지고 있던 까페 가문이 힘을 얻고 있어서, 위그 카페(Hugues Capet)가 왕위에 올라 프랑스에 카페 왕조를 열었다. 당시 이 왕조는 왕권이 미약했으며 대제후의 세력이 강하여 왕권이 미치는 곳은 겨우 파리부근뿐이었다.

이와 같이 초기의 카페 왕조의 왕들은 왕권이 약했으며, 영지도 얼마 되지 않았다. 그러나 왕권이 약하였던 프랑스의 왕들은 필립2세 때 와서야, 영국의 존왕과 싸워 대륙의 영국 영토(당시 프랑스 땅에 있던 영국 영토)를 빼앗아 그 대부분을 왕령으로 만들어 이때부터 왕권이 강화되기 시작한다. 그 뒤 프랑스 남부에서 11세기 이후 성행했던 알비 지역인들(Albigeois)의 종교 이단 운동을 이유삼아 프랑스의 루이 8세 루이9세 시기에 이루어진 알비주아 십자군 운동으로 알비파 종교 이단을 소멸시킴으로써, 프랑스 왕령은 남부쪽으로 더욱 확대되어나갔다.

이리하여 프랑스의 왕권은 독일의 황제권이 쇠해지는 것과는 반대로 날로 강해져 드디어 교황과 충돌하기에 이른다. 13세기말 프랑스의 필립 4세(1285-1314)는 교회재산에 과세한 것이 발단이 되어 교황 보니파티우스 8세와 싸움이 벌어지자, 귀족 승려 시민을 포함한 3부회(1302년)를 열어 국민의 지지를 얻어, 드디어는 교황을 볼모로 잡아 고민 끝에 그를 죽게하고, 교황청을 남부 프랑스 아비뇽(Avignon)으로 옮겼다. 이 이후 3부회는 프랑스 의회로 발전하였다.

1328년 카페왕조의 직계가 없자, 방계인 발루아가문의 필립 6세가 왕위를 계승하여 발루아 왕조를 열었다. 이때 왕위 계승권을 에워싸고 영국과 프랑스사이에 백년전쟁이 일어난다.

초반에 불리했던 프랑스는 잔다르크가 나타나, 승리의 길을 걷게 된다. 전쟁 결과 프랑스는 국내의 영국 영토를 거의 회수하고 여기에 왕권은 강해지고 국민의식은 높아갔다. 샤를르 8세(1483-1498)는 이 전쟁과 내국이 혼란한 틈을 이용해 몰락해 가는 봉건제후의 영토를 몰수하여 중앙집권국가를 확립하였다.

C. 르네상스와 종교 개혁

샤를르 8세와 루이 12세의 이탈리아 원정에 의해 이탈리아를 새롭게 발견한 프랑스는 16세기 전반 프랑수아 1세. 앙리 2세 때 르네상스 전성기를 맞이한다. 프랑스의 발루아 가문과 이탈리아의 메디치 가문사이의 혼인 관계는 프랑스에 르네상스 문화를 발달시키는 큰 원인이 되었다. 프랑스의 르네상스는 귀족적 궁정문화로써 발달하여 17세기 부르봉 왕조 때 그 절정에 달하여 프랑스 고전주의로써 완성된다.

한편 16세기 초 마틴 루터로부터 발단된 종교개혁은 프랑스에도 영향을 미쳤다. 프랑스에서는 16세기 중엽 이래 캘빈파 신교가 전해져 위그노라고 불리었다. 당시 국왕 프랑수아 1세가 국가 통일의 입장에서 이를 탄압하였음에도 불구하고 신흥 상공업자를 중심으로 급속도로 퍼져 여기저기에 장로제의 교회가 생겼다. 이런 와중에 신구 양파의 대립은 날로 심해져갔으며 드디어 내란으로 발전하여 위그노 전쟁(1562-1598)이 벌어졌다. 카톨릭교는 교황과 스페인의 원조를 받고 위그노는 영국의 지지를 받는 동시에 독일 스위스에서 용병을 받아들여 국제적 성격을 띠어 30년 동안이나 계속되었다. 이 동안에 성 바톨로뮤 학살 사건(1572)이 일어나 사흘 낮 사흘 밤 동안에 파리에서 약 200명의 신교도가 학살 된 일이 있었다.

결국 1589년 발루아 왕조가 단절되고 위그노의 수장 격인 부르봉 왕가의 앙리 4세(1589-1610)가 즉위하여 부르봉 왕조를 열었다. 그는 왕조를 튼튼히 하기 위하여 카톨릭교로 개종함으로써 카톨릭교도를 회유하는 한편, 1598년 낭트 칙령을 내려 위그노와의 타협을 꾀하였다. 이 칙령으로 신구 양 교도에게 신앙의 자유, 정치상의 평등을 인정하여 다년간의 내란이 겨우 끝나게 된다. 그러나 그 뒤에도 신구파의 대립은 여전히 가시지 않더니, 17세기 후반에 루이 14세가 위그노에게 일대 탄압을 가하여 그 대부분을 국외로 추방하였기 때문에 프랑스는 대체로 카톨릭교의 국가로 남게 되었다.

D. 프랑스의 절대 왕정

1589년 앙리 4세가 즉위하여 부르봉 왕조를 열었다. 이 무렵의 프랑스는 오랜 동안 종교 전쟁의 참화를 받아 황폐하고 치안은 문란하고 대귀족은 독립적 세력이 되어 있었다. 앙리 4세는 농업을 보호하고 중상주의 정책을 실시하고 대귀족을 억압하여 절대제도의 확립을 꾀하는 동시에, 낭트 칙령을 발표하여 오랫동안의 종교분쟁을 해결하였다. 그는 다시 국가의 발전과 안전을 위하여서는, 동서쪽에서 프랑스에 위협을 주는 당시 합스부르그가의 세력을 타파할 필요가 있다하여, 독일의 신교파 동맹을 원조하여 신성로마제국의 황제에 대항하였다. 이리하여 프랑스는 앙리4세에 의하여 절대왕정의 기틀이 마련되어갔다.

앙리 4세가 광신적인 카톨릭 교도의 손에 의하여 죽은 뒤, 어린 아들 루이 13세(1610-1643)가 즉위하고, 모친이 섭정하였다. 이 때 재정은 위기에 빠지고 왕권은 다시 약해지고 귀족과 위그노의 반항이 심해졌다. 1614년 귀족의 요구에 의하여 3부회가 열렸는데, 섭정은 귀족 승려 제3신분 사이에 의견이 대립되어 있는 틈을 이용해 이를 해산하였다. 이후 3부회는 프랑스 대혁명에 이르기 전까지 재개되지 않았다. 1614년 3부회 때 승려 신분의 의원이었던 리슐리외(Richelieu)는 섭정 모후의 총애를 받아 차차 지위가 높아져 추기경이 되어, 드디어는 그녀 대신 국정의 지도자가 되었다. 그는 왕권을 강화시키고, 밖으로는 합스부르그가의 세력을 누르는 정치를 펼쳐나갔다.

루이 13세가 죽은 뒤 다섯 살 된 루이 14세(1643-1715)가 즉위하고, 마자랭(Mazarin)이 재상이 되어 리슐리외의 유업을 계승하였다. 루이 14세는 절대왕정을 완성하고, 밖으로는 여러 차례 침략 전쟁을 일으켜 영토를 확대하고 국위를 떨쳐 프랑스는 황금시대를 맞이하였다.

그러나 루이 14세 시기에 있었던 전쟁과 호화로운 생활로 시작된 재정의 궁핍은 루이 15세의 궁정 생활의 낭비와 전비에 의해 더욱 심해졌다. 그러므로 1774년 즉위한 루이 16세(1774-1793)는 유명한 중농주의 학자 튀르고를 등용하여 재정개혁을 착수하였다. 그는 긴축 정책을 써서 왕실비 궁정비 연금을 줄이고, 중농주의 자유 방임정책을 써서 국내 관세를 전폐하고 길드 부역을 폐지하였으나, 궁정귀족의 음모와 길드 조합의 반대로 결국에는 면직당하였다. 그 뒤 스위스의 은행가 네케르(Necker)를 등용하여 재정 정리를 꾀하였으나 그 또한 귀족 승려의 반대로 사직하였다. 이 이후 재정 위기는 급속도로 진행되었다. 1789년이 이르자 흉작에 의한 곡물의 폭등과 국고의 지불 정지에 의한 재정의 공항으로 국내는 수습할 수 없는 혼란에 빠졌다. 루이 16세는 드디어 최후의 수단으로 1614년 이후 정지된 3부회를 소집하였으나 계급간에 의결 방법으로 대립하게 되었으며, 결과적으로 혁명으로 이어지게 되었다.

E. 프랑스 혁명과 나폴레옹 시기

a) 프랑스 혁명

<국민의회 시기>

1789년 5월 베르사이유 궁전에 소집된 3부회의 의원 수는 승려 308명, 귀족 285명, 제3신분 621명이었다. 그런데 개회와 동시에 의결 방법에 관하여 대립이 일어나 승려 귀족의 대부분은 옛 전례에 따라 신분별로 별개의 회의를 만들어 부별로 의결할 것을 주장하고, 제3신분과 다른 약간의 의원은 3부 공통의 다수결을 주장하였다. 합의에 도달하지 못하자, 드디어 제3신분과 일부 승려 귀족은 3부회에서 분리하여 스스로 국민의 대표라 하여 국민의회를 만들어 6월20일 테니스 코트에 모여 헌법이 제정될 때까지 해산하지 않기로 맹세한다(테니스코트의 맹세). 왕명으로 해산을 명했으나 해산하지 않자, 결국 왕이 양보하여 국민의회를 인정하고, 남은 승려와 귀족들에게 국민의회에 합류하도록 권하였다. 곧이어 국민의회는 헌법제정의회로 이름을 바꾼다.

이 무렵 혁명의 소문이 퍼지고, 여기 저기서 소동이 일어나 관헌은 무력화하고 근위병들은 반란을 일으켜 국왕은 이를 해산하였다. 이에 국왕은 군대를 베르사이유에 모아 호위하게 하자, 국왕이 무력으로 국민의회를 해산할 것이라는 유언비어가 퍼지자, 이에 파리 민중들이 들고 일어나 자치 행정 조직을 만들고 국민 의용대를 조직하였다. 민중의 동요가 더욱 심해지고 7월14일 민중들이 바스티유 감옥을 습격 파괴하였다. 민중의 무장 봉기에 놀란 국왕이 개혁파 라파이엣트를 국민의용대의 총사령관으로 임명하여 국민의 민심을 얻는데 급급하였다.[19] 한편 농민의 폭동은 전국에 퍼져 영주의 저택을 습격하고, 교회와 귀족에게 바치는 조공과 부역을 거부하고, 매점인이나 독점 상인의 집을 불사르는 등 공포에 휩싸였다. 이에 공포에 사로잡힌 국민의회는 8월 3-4일 양일에 걸쳐 회의를 열고 여러 가지 봉건적 특권의 폐지를 결의하였다. 그러나 일부만 폐지되고 여러 가지 제한이 가해지고 만다. 그리고 곧이어 8월26일 라파이엣트가 기초한 인권선언이 발표된다.

그런데 국왕은 봉건적 특권의 폐지와 인권의 선언을 승인하지 않을뿐더러 호위병을 증가시키고 무력으로 의회를 탄압하려고 하였다. 빵의 결핍에 고통받고 있던 파리 시민들은 왕의 반동적 태도에 분노하여, 10월5일 여성과 부인을 중심으로 하는 약 2만명의 파리 군중이 베르사이유 궁전으로 난입하여 왕과 그 가족을 파리로 데리고 왔다. 의회도 이어서 파리로 옮겨왔다. 파리가 명실상부 프랑스 수도가 되었을 뿐만 아니라, 왕과 의회가 파리에 있음으로 혁명적 민중의 감시아래 놓이게 되어 반혁명적 반동파들의 책동이 곤란하게 되었다. 결국 이에 국왕은 봉건적 모든 특권 폐지와 인권선언을 승인하게 된다.

헌법제정의회는 이어서 교회의 재산을 몰수하여 국유화하는 등 승려들을 세속화시키며, 그 몰수 한 토지를 저당 잡혀 화폐를 발행하여 재정의 안정을 꾀하였다.[20] 그리고 국내관세, 길드폐지, 화폐 도량형의 통일 등에 의해 상품의 유통과 생산이 자유롭게 되어 상공업이 비약적으로 발전하기 시작하였다.

---

19) 이 때 국민 의용대가 그 모자에 파리를 나타내는 적색과 청색 사이에 백색을 넣은 띠를 둘러 후에 프랑스 국기의 기원이 되었다.

20) 혁명 초기에 혁명에 가담하였던 다수의 승려들이 반혁명으로 돌아서는 한편, 이후 카톨릭 교회는 혁명정부에 적대적 태도를 취하게 된다.

이 무렵 왕실과 결탁하여 왕실에 반동적인 귀족을 억누르게 하고 민중의 급진화를 방지하는데 노력하고 있던 미라보(Mirabeau, 1749-1791)가 1791년 4월에 죽게 되자, 유력한 동조자를 잃어버린 왕실은 반왕실적 분위기로 돌아감에 위험을 느끼게 되어 루이 16세는 그해 6월에 오스트리아로 왕비 마리 앙투아넷트와 함께 망명을 시도하지만, 실패해 붙잡힌다. 이 바람에 공화정의 분위기가 급속히 높아지게 된다.

결국 1791년 9월에 입헌군주제에 기초한 신헌법이 제정 공포된다. 이 헌법은 입헌군주제를 인정하였지만, 실은 인민주권주의를 채택해서 왕권은 극도로 제한하고, 특권 신분은 폐지되어 거의 모든 인민이 다 같이 시민이라 불리었다. 그러나 인권선언에 주장된 평등주의는 그냥 그대로 실현되지 않아 선거권은 일정한 재산을 가진 유권자에게만 부여되었다.

<입법의회 시기>

헌법제정의회는 1791년9월 해산되고 신헌법에 의해 일원제의 입법의회가 소집되었다. 입법의회에서는 입헌군주제를 주장하는 라파이엣트의 푀이양(Feuillants)당이 제1당을 차지하였으나, 이 당의 세력은 날로 약해지고 그 대신 공화제를 신봉하는 지롱드당과 쟈코뱅당이 차츰 중립파의 세력을 흡수하여 의회의 대세를 제압하기 시작하였다.[21]

한편 프랑스 혁명을 멀리서 바라보던 영국을 비롯한 유럽 국가들은 혁명이 사회혁명과 하층민의 대중운동으로 변하자, 자국에도 파급되는 것이 두려워 혁명을 비난하기 시작했다. 특히 마리 앙투아넷트의 오빠인 오스트리아 황제는 루이 16세로부터 구원의 청을 받아 더욱 그러하였다. 이에 프랑스 혁명파들은 내정간섭이라고 해석하고 당시 다수당을 차지하고 있던 지롱드당은 국왕을 압박하여 1792년 4월에 오스트리아에 선전포고를 하게 한다. 이리하여 23년

21) 지롱드당은 주로 상공시민계급의 이익을 대표해서 오늘날 우파 경향을 띠고 있고 쟈코뱅당은 급진적 소시민과 노동자들을 기반으로 하여 좌파의 경향을 띠고 있었다.

간 유럽은 대전쟁이 시작된다. 오스트리아와 프로이센은 프랑스에 침입하여 국왕 옹호를 발표하며 프랑스 국민을 위협하였으며, 이에 대항하기 위해 의회는 의용군을 모집하였다. 정부의 호소에 애국심과 혁명적 의식에 불타는 지방 의용군은 계속 파리에 모여들었다.[22] 그리고 특히 외국 군대의 침입에 격분한 파리의 소시민과 노동자들은 1792년 8월9일과 10일 밤에 급진파 쟈코벵당 지도아래 봉기하여 혁명적 꼬뮌 설립을 선언하는 동시에 뛰일리리 궁전에 침입하여 왕과 그의 가족을 의회로 호송하고 의회에 요구하여 템플의 캄캄한 감옥에 가두었다. 결국 대중 운동의 압력에 눌려 의회는 왕정을 정지하고, 신헌법을 제정하기 위해 새로운 의회를 소집할 것을 결의하였다. 이 무렵 국경의 최후의 요새인 베르뎅이 프로이센 군대에 포위됐다는 소식에 파리 민중은 더욱 흥분하여 반혁명분자 1000명을 잡아가두거나 즉석 인민 재판으로 처형했다. 이 9월의 학살에 의회도 행정당국도 어찌 대처할지 몰랐다.

한편 조국 프랑스를 지키겠다고 몰려든 의용병들은 국경으로 향하였으며, 9월20일 발미 전투에서 오스트리아 프로이센 연합군을 격파한다.

<국민공회 시기>

1792년 9월 21일 보통선거에 의해 선출된 의원들로, 새로운 의회인 국민공회가 발족된다. 프랑스군의 승리를 전해들은 국민공회는 만장일치로 왕정을 폐지하고, 그 다음날인 9월22일을 공화정 원년 제1일로 정하였다. 국민 공회는 베르뇨, 브리소, 꽁도르세 등 약 200명의 지롱드당이 우파를 점령하고, 당통 로베스삐에르 등 약 100명이 쟈코벵당이 좌파를 차지하며 서로 대립하였다. 양당은 공화제를 신봉하지만, 지롱드당은 가장 혁명적인 파리 세력을 누르기 위해 지방 분권적인 연방공화제를 주장하는데 반하여, 쟈코벵당은 급진적 혁명세력을 결집시키기 위해 통일 불가분의 단일 공화국을

22) 이때 마르세이유 의용군이 부른 진군가인 라 마르세이유즈가 오늘날 프랑스의 국가이다.

주장하고 있었다. 그리고 급진적인 쟈코벵당이 반혁명적인 것을 억압하기 위하여 테러를 하자는 주장에 지롱드당이 반대하였으며, 지롱드당은 민중의 관심을 밖으로 돌리기 위하여 대외 전쟁에 정치의 중심을 두고 있었다. 양당의 중간에는 의원의 과반수를 차지하는 중간분자가 있어서 정세에 따라 이리 저리 쏠리고 있었다.

이 같은 상황에서 12월에 지롱드당의 반대에도 불구하고 국왕인 루이 16세를 재판하여 국민 자유의 적이라 하여 사형을 결정하고, 1793년 1월에 처형하였다. 국왕의 처형은 유럽국가들을 놀라게 했다. 결국 영국을 비롯한 유럽 여러 나라가 제1차 대불동맹을 맺어 프랑스 국경지대에 침입하였다. 이와 호응하여 프랑스 국내에서도 각지에서 왕정을 지지하는 왕당파들의 반란이 강력히 일어나 혁명은 대내외적으로 위기에 부딪쳤다. 게다가 국민공회에서는 지롱드당과 쟈코벵당이 일일이 대립되어갔다. 결국 쟈코벵당은 지롱드당에 대하여 민중의 증오심을 부채질하게 만들어, 1793년 6월 쟈코벵당의 지휘아래 파리의 하층민의 봉기로 의회를 포위하고 지롱드당의 간부들을 요구하는 사태가 발생하였으며, 지롱드당 의원 32명이 체포되어 지롱드당의 세력은 몰락하게 된다.[23] 이를 계기로 국민공회는 쟈코벵당에게 조롱당하고 공화국 최고 행정권은 신설된 공안위원회에 위임되었다. 이는 당통, 로베스삐에르, 까르노 등 9인의 위원에 의하여 구성되어 대신, 장군 군대를 그 감시 하에 두었으며, 긴박한 내정으로 혁명을 수호하기 위해 독재정치가 실시되었다. 공안위원회 지배아래 있던 혁명재판소는 반혁명의 혐의가 있는 자를 모조리 단두대로 처형하였다.[24] 쟈코벵당의 독재아래 급진적 개혁이 이루어졌다. 귀족들의 재산을 몰수하고 빈농에게 분할해 주었으며, 장자 상속제를 폐지시키고 자식들이 평등한 재산상속권을

---

23) 이때 탈주한 지롱드당원의 선동에 의하여 왕당파 귀족과 지롱드당원을 중심으로 반혁명의 반란이 일어나 쟈코벵당의 지도자였던 마라(Marat)가 지롱드당의 영향을 받은 한 소녀에 의해 자택에서 암살당한다.

24) 1793년 6월에서 7월 사이에 이르는 이른바 공포정치시대에 파리에서 처형된 자만 하더라도 2500명 이상으로 왕비 마리 앙투아넷트, 오를레앙 공, 조각가 로댕 부인, 화학자 라부아제 등 모두 단두대의 이슬로 이때 사라졌다.

갖게 했다. 또한, 여성도 재산권을 갖게 하고, 미터법을 채용하고, 그리스도를 배척하고 이성을 중시하였다. 그러나 이런 개혁은 너무 합리주의에 치우쳐 많은 것들이 오래가지 못했다.

한편 혁명이 진행함에 따라 전쟁으로 징병제도가 실시되어 군인 수가 늘어났으며, 군대 내에서 출신차별이 없어지고 실력만 있으며 사병에서 군사령관도 될 수 있는 길이 열렸다.[25] 국민공회 의원이 군대에 파견되어 지휘관의 행동을 감시하였다. 혁명군들의 혁명정신에 불타 사기가 왕성하였으며, 까르노의 지휘아래 국내 반란이 진압하는 동시에 1794년 국경 밖으로 진격하여 벨기에 폴란드 등을 점령하였다. 프랑스군은 점령지 도처에서 전제정치를 타도하고 인민을 해방시켜 그들의 환영을 받았다.

그러나 한편 쟈코벵당의 독재와 개혁은 여러 가지 모순을 드러내기 시작하였다. 인플레를 억압하기 위해 최고가격제를 실시했으나 빵 이외 일용품에 대하여는 유명무실해졌으며, 노동자들도 물가고에 대응하기 위해 임금 최고가격제 폐지를 요구하였으나 정부에 거절당해 불평을 품게 되었다. 토지 정책에 있어서도 귀족의 토지를 분할 받은 소토지 소유자가 된 농민은 식량 징발에 불만을 품고 점차 반혁명적인 보수 경향으로 변화되어갔다. 또한 혁명의 혜택을 가장 많이 받은 상공업자들도 생산과 통상의 자유로운 진행을 원해 혁명의 진행을 반대하여갔다. 결국 급진 성향을 띤 쟈코벵당은 소시민과 일부 노동자 이외에는 지지를 잃어가고 있었다.

이런 정세아래 쟈코벵당 내부에서 조차 파벌로 대립이 일어났다. 공포정치 강화를 주장하는 당내 좌파인 에베르(Hebert)와 공포정치를 반대하는 우파 당통이 날카롭게 대립하였는데, 결국 1794년 3월 로베스삐에르가 양자와 두 당파를 무너뜨리고 권력을 쥐었다.

로베스삐에르는 청렴하고 성실한 혁명적 민주주의자였으나, 그의 사상은 너무 이성주의에 치우쳐 있었다. 그가 지도하는 혁명정부의 극단적인 통제경제정책은 경제활동을 너무 속박하고, 암거래를 유발해 국민 생활을 위협하였으며, 재정은 극도로 궁핍하고 화폐가치

---

25) 당시 프랑스 인구는 2200만 명 정도로 육군이 기존 20만 명에서 77만 명으로 늘어났다.

는 폭락하여 수습할 수 없는 경제적 혼란을 가져왔다. 게다가 로베스삐에르는 혁명재판소의 권한을 강화하여 수많은 사람을 조국의 적이라는 명목으로 단두대로 보냈다. 1793년 6월10일에서 7월 2일 사이에 파리에서만 1376명이 단두대로 끌려가 처형당했다.

어제의 동지가 오늘의 적이 되는 정세에 반 로베스삐에르의 분위기가 짙어갔으며, 결국 1794년 7월27일 온건파의 반혁명이 일어나 로베스삐에르는 사형당하고 쟈코벵당은 몰락하였다.[26]

결과적으로 유산시민을 주체로 하는 온건 공화당이 국민공회에서 다시 지도권을 회복하여 무산 시민을 배경으로하는 쟈코벵당과, 옛 특권계급이 지도하는 왕당파의 반항을 억누르면서 정권을 잡게 된다.

1795년 8월 국민공회는 소득액에 선거권을 제한하는 신헌법(제3헌법)을 제정하고 해산하였다. 이에 따라 2원제 입법부와 5명의 총재를 행정장관으로 하는 총재정부가 수립되었다.

프랑스 혁명은 사실상 종말을 고하게 되었다. 그 후 공산주의 사상을 가진 일부가 정부전복을 꾀한 일도 있었지만 발각되어 처형당하였으며, 결과적으로 프랑스 혁명은 유산시민의 승리로 끝났다. 절대왕정이 무너지고 봉건적 제도는 사라지고, 인민의 법률상 자유평등이 확립되어 자본주의 발전의 대로를 마련해 주었다. 프랑스 혁명은 프랑스 한 나라의 혁명에 그치지 않고 그 영향은 전 유럽에 퍼져 봉건제도를 일소하고 자유주의와 민주주의의 승리의 기초를 세워 근대사회 성립에 결정적 구실을 하였다.

b) 나폴레옹 시대

나폴레옹은 코르시카 섬에서 태어났으며, 브리엔느의 소학교를 거쳐, 그 후 포병사관에 임명되어 각지로 전전하였다. 1791년 쟈코벵당에 입당하여 군사적 재능을 발휘하였으나, 테르미도르 반동 때 일시 투옥당한다. 석방 후 불우하였으나 국민공회 말기 파리에서 왕당파의 반란을 진압하여 재기의 기회를 얻게 된다.

---

26) 공화력의 열월(Termidor) 9일에 해당함으로, 이 사건을 '테르미도르 반동'이라고 일컸는다.

<총재정부 시기>

1795년 8월에 성립한 총재정부는 대불동맹에 중심세력인 오스트리아를 원정하기로 계획하는데, 약관 23세의 나폴레옹이 이탈리아 방면의 제3군 총사령관으로 임명된다. 1796년에 출발한 오스트리아 원정군 중 독일을 통과한 제1군과 제2군은 모두 오스트리아 군에게 패배하지만, 나폴레옹이 이끄는 제3군은 알프스를 넘어 이탈리아로 침입하여 이탈리아를 평정하고 1797년 봄에는 오스트리아의 수도 비인까지 육박해간다. 오스트리아는 결국 굴복하고 그해 10월 프랑스와 조약을 맺어, 프랑스는 오스트리아령이었던 네덜란드(벨기에)와 라인강 좌안의 땅을 얻고 나폴레옹이 북이탈리아에 세운 공화국을 승인 받았다.[27] 여기에 제1차 대불동맹은 무너지고 프랑스의 적은 영국만 남게 된다.

나폴레옹은 파리에 개선한 뒤 영국과 인도를 단절시켜, 영국의 인도 지배를 방해하는데 목적이 있는 이집트 원정을 총재정부에게 진언해 결국 이집트 원정에 나선다. 카이로에 입성한 후 다시 프랑스에 선전한 터키와 싸우기 위해 시리아에 침입하였으나, 프랑스 함대가 해전에서 영국에 패해 본국과 연락이 두절되고 또한 당시 전염병이 유행하여 급히 이집트로 퇴각한다.

그러나 한편 시리아 침입에 위협을 느낀 영국은 1799년 봄에 다른 유럽국들과 제2차 대불동맹을 조직하여 프랑스에 침입하였으나, 프랑스 국내에서는 쟈코벵 잔당과 왕당파의 음모가 심해지고 총재정부도 무능하여 민심을 잃고 있었다. 이 때 이런 본국의 위기를 알아차린 나폴레옹은 단신으로 이집트를 탈출하여 프랑스로 돌아가 11월 9일 무력으로 총재정부를 타도하고 국민투표에 의하여 집정정부를 세워 스스로 제1집정이 되어 실권을 잡는다.[28]

---

27) 캄포포르미오(Campo Formio) 조약이다.
28) 브뤼메르(Brumaire) 18일에 해당함으로 흔히 브뤼메르 18일의 쿠데타라고 불린다.

<집정정부 시기>

프랑스 국민은 오랫동안 혁명에 지쳐 안정과 질서를 갈망하고 있었음으로 개인적 독재라도 불사하였다. 이러한 가운데 집정정부는 사실상 나폴레옹의 독재정치로 변해갔다. 이 독재정권은 인민의 열렬한 지지에 의해 성립된 것이므로 나폴레옹은 그 인기를 계속 지속시킬 필요가 있었고, 그러기 위해 그는 끊임없이 정복이 필요하였다. 국내의 질서가 회복되자 나폴 레옹은 1800년 제2차 대불동맹국인 오스트리아와 싸움을 재개하였다. 알프스를 넘어 북이탈리아에서 오스트리아군을 쳐부수고 조약을 맺어 이전의 캄포 포르미오 조약을 재확인 시켰다. 그리고 계속된 전쟁에 지친 영국도 화평론이 일어나 프랑스와 1802년 아미엥(Amiens) 화친 조약을 맺어 유럽에 평화가 찾아왔다. 이 조약으로 프랑스는 라인강 좌안 및 이탈리아에서 우월권을 확인 받아 외교상 승리를 거두었으며, 아미엥 조약 후 약 3년간 평화가 계속되었다. 이 동안 나폴레옹은 종신집정이 되고, 이어서 1804년 국민투표에 의해 제위에 올라 황제가 된다.

<제1제정시기와 나폴레옹의 유럽 제패>

나폴레옹은 전쟁뿐만 아니라 국내개혁에도 힘을 기울였다. 혁명으로 파괴된 질서를 회복하고, 각 계급을 융화시켜 평화와 안정을 실현시켜나갔다. 산업발전을 희망하고 있던 자본가 계급이 나폴레옹에게 재정적 원조를 주었으므로, 나폴레옹은 프랑스 은행을 설치하고 조세개혁을 해 혁명 전부터 문제되어 온 재정 통화문제를 해결시켰다. 새로운 교육제도도 확립시키고 교황과 화약을 맺어 카톨릭교를 부활시켰다. 망명귀족이나 승려계급의 추방을 해제하고, 귀족제도를 부활하였다. 그러나 일단 소멸된 귀족 교회의 옛 영토와 봉건적 특권은 부활하지 않았으며, 혁명에 의하여 얻은 시민과 농민의 권리는 그대로 보장시켰다.

그는 또한 법전을 편찬했으며, 이 나폴레옹 민법전은 향후 세계 각국의 법전에 큰 영향을 주고 있으며, 유럽각국의 본보기가 되어 그대로 사용되고 있기도 하다.

그러나 한편 나폴레옹의 10년간에 걸친 대륙정책의 목적은 영국의 세계적 패권을 빼앗는데 있었으며, 영국 또한 프랑스의 대륙 제패를 묵과할 수 없었고, 주전파 피트가 다시 수상이 되어, 제3차 대불동맹을 결성해 다시 유럽은 전쟁으로 휩싸인다.

나폴레옹은 즉시 영국본토 침입을 꾀하였으나, 1805년 10월 프랑스 스페인 연합함대가 트라팔가해전에서 패해 그의 계획은 좌절된다. 영국 해군은 이 이후 1세기동안 해상의 패권을 누렸다. 영국 침입에 실패한 나폴레옹은 다시 대륙으로 돌려 오스트리아의 수도 비인을 점령하고 다시 오스트리아 러시아 연합군을 오스테를리츠에서 쳐부셔 제3차 대불동맹은 무너지고 만다.[29] 계속해서 나폴레옹은 이탈리아, 네덜란드 벨기에 등의 정복지에 왕국을 세우는 등, 한편 1806년 서남독일과 라인강 우안의 16개 연방으로써 '라인동맹'을 만들어 스스로 그 보호자가 되었다.[30]

나폴레옹의 대독정책은 프로이센의 독립을 위협하게 되었으며, 프랑스에 오랫동안 중립을 지켜오던 프로이센이 러시아와 동맹을 맺고 프랑스에 선전하였다. 개전 즉시 대패하여 1806년 10월에 베를린이 점령당하였다. 그 이듬해 프로이센은 러시아의 후원을 얻어 반격을 개시했으나 다시 프랑스에 패해 프로이센은 국토의 거의 반을 잃고 그 서쪽에 웨스트팔리 왕국, 동쪽에 바르샤바 대공국이 생겨 라인 동맹에 가입하게 되었다.[31]

이리하여 나폴레옹은 거의 전 유럽을 지배하게 되었으며, 오직 영국만 프랑스에 대항하게 되었다. 당시 영국은 18세기 말 이후 공업이 비약적으로 발달하여, 그 상품이 대륙에 범람하였다. 프랑스는 자국 상품시장을 확보하기 위해 영국과 맞서지 않으면 안되었다. 무력으로는 섬나라 영국과 싸울 수 없음을 깨달은 나폴레옹은 경제봉쇄인 대륙봉쇄령을 내려 영국과 통상을 금하였다. 대륙봉쇄령 이후 수년동안은 나폴레옹의 전성기였다. 나폴레옹은 프랑스 황제 겸

---

29) 영국 수상 피트는 오스테를리츠의 결과에 큰 충격을 받아 이내 죽었다.

30) 이 결과 독일은 오스트리아 프로이센 라인동맹의 부분으로 해체되고 오토 1세 이후 약 1000년 내려오던 신성로마제국은 사라지게 되었다.

31) 프랑스와 러시아 프로이센 사이에 틸짓트 조약이 맺어짐.

이탈리아의 왕인 동시에 라인 동맹과 바르샤바 대공국의 보호자였다. 스페인에 그의 형 조셉, 네덜란드에 동생 루이, 베스트팔렌에는 동생 제롬을 각각 왕으로 세웠으며, 일족과 공신에 봉한 나라의 수는 모두 7개 왕국, 30공국에 이르렀다. 프로이센, 오스트리아, 노르웨이, 러시아 등의 독립국도 그의 동맹국으로써 대륙봉쇄령을 받드는 동시에 일정수의 병력을 제공할 의무를 지고 있었다.

이러는 중에 1809년 오스트리아가 독일의 지도권 회복을 위해 나폴레옹에 반항하였다. 그러나 바그람(Wagram)에서 대패하여 세 번째 나폴레옹에게 굴복하였다. 이때 계승자 문제로 황후 조셉핀과 이혼한 나폴레옹은 1810년 3월 오스트리아 왕녀 마리아 루이자와 결혼하게 된다.

<나폴레옹의 몰락>

대륙봉쇄령으로 영국은 큰 타격을 받았다. 반면 대륙에서도 전 유럽에 영국 상품을 배척하는 것도 어려운 일이라 일부 대영 무역을 허락하게 되었다. 나폴레옹 정복지에는 프랑스 혁명으로 낳은 사회개혁, 곧 봉건제와 농노제의 폐지를 단행하였으므로, 절대군주와 귀족들은 몰락을 의미하였으나, 그들에게 억눌려있던 민중들에게는 해방이었다. 그러나 외국 정복에 의한 해방은 무거운 대가가 따랐다. 점령 하에 나폴레옹의 군비를 부담하여야하고 병사로써 징발당하기도 하였다. 그리고 프랑스가 자유의 정신을 일깨워 준 유럽 국민들은 차츰 국민 의식이 눈뜨기 시작해 나폴레옹의 속박에서도 벗어날 기회를 기다리고 있었다. 한편 프랑스 국내에서도 계속된 전쟁으로 국민들은 평화를 갈망하고 있었으며, 나폴레옹의 전제정치에 반감을 품은 자도 많아 민심은 동요되고 있었다.

나폴레옹의 몰락의 직접적 원인은 러시아 원정이었다. 농업국인 러시아는 농산물을 영국에 수출하고 다액의 생활 필수품을 영국에서 수입하고 있어서 대륙봉쇄령을 오래 동안 지킬 수가 없어 떳떳하게 영국과 통상을 재개하였다. 이에 나폴레옹은 1812년 군대 50만을 이끌고 러시아 원정을 하였으나. 식량과 추위로 인하여 총퇴각하였으며, 퇴각중 러시아 기병들에게 전군이 무너져 패해서 파리로 돌아왔다. 이 실패로 나폴레옹은 몰락의 길을 걷게 된다.

1813년 프로이센이 먼저 러시아와 동맹하여 나폴레옹과 선전하고 곧 이어 영국 오스트리아도 참전하여 제4차 대불동맹이 조직되어 나폴레옹을 공격했다. 나폴레옹은 처음에는 승리하였으나 10월 라이프니츠 대회전에서 대패하고 퇴각하였으며, 곧 이어 동맹군은 1814년 봄에 프랑스 국경을 넘어 파리를 점령하였다. 결국 나폴레옹은 엘바섬으로 유배되고 루이 16세 동생 루이 18세가 파리에 돌아와 즉위하여 열강국과 제1회 파리조약을 맺어, 프랑스는 다시 왕정복고가 이루어진다. 이것이 프랑스 제1왕정복고이다.

<제1왕정복고와 백일천하 시기>

나폴레옹 대신 즉위한 루이 18세는 혁명 이전의 반동적 정치로 인하여 국민의 불만이 컸으며, 그해 9월에 개최된 전후 대책회의인 비인 회의는 열강의 이해관계로 분규를 거듭하고 있었다. 이런 와중에 나폴레옹은 엘바섬을 탈출하여 루이 18세를 몰아내고 다시 황제에 등극하였다. 이에 오스트리아 영국 프로이센 러시아 등이 프랑스에 침입하여 나폴레옹은 처음에는 승전하였으나 1815년 워털루 싸움에서 패하여 몰락하고 만다. 이리하여 나폴레옹의 재집권은 백일천하로 끝나고 대서양 세인트 헬레나 섬으로 유배되어 거기에서 생을 마감한다. 프랑스에서는 루이18세가 다시 즉위하여 열국과 제2회 파리 조약을 맺고, 이에 의하여 프랑스 국경은 대혁명 이전의 상태로 되돌아갔다. 이것으로 제2왕정복고가 이루어진다.

F. 왕정복고와 7월 왕정시기

<제2왕정복고 시기와 7월혁명>

나폴레옹 몰락 후 부르봉 왕가의 루이 18세(1814-1824)가 즉위하였다. 그는 영국의 입헌 왕정을 본보기로 한 흠정헌법을 발포하였다. 상원의원은 왕명에 의하여 임명되고 하원은 그 자격에 재산상의 제한이 있기는 하였으나 선거에 의해 결정되고 책임내각제도 마련하였다. 그러나 구귀족과 고급성직자를 중심으로 한 극단적인 왕당파가 차츰 의회에서 세력을 얻어 과거로 돌아가는 반동정치를 실시하기 시작하였다.

이러한 반동정치는 극단적 왕당파의 영수 격인 샤를르 10세(1824-1830)가 즉위함으로써 더욱 노골화되었다. 그는 옛 망명귀족을 우대하고, 언론을 탄압하였으며 보호관세를 강화하는 등 반동정치를 강화하였다. 그러나 당시는 이미 산업 자본주의가 발달하고 유산시민 중심으로 자유주의 세력이 의회에서 우세하였으므로, 의회는 1830년 3월 내각 불신임안을 결의하여 국왕과 정면 충동을 일으켰다. 이에 국왕은 의회 해산을 명하고, 간섭아래 총선거를 실시하였으나 의회는 오히려 자유주의 세력의 의석이 늘어나고 말았다. 이에 국왕은 7월 25일 칙령을 내려 미소집 의회를 해산하고 국왕 명령 없이 언론을 금하였으며, 선거자격을 조세 납부자에게만 주어 반대파를 의회에서 제외코자 하였다. 이에 프랑스는 다시 한번 혁명이 일어나는데 그것이 7월 혁명이다.

국왕의 조치에 반정부파는 일제히 비 입법행위를 공격하였으며, 파리 거리에 바리케이트를 치고 삼색기가 나붓기는 등 프랑스 혁명 초기 때 일시적으로 혁명 지도자 역활을 했던 라파이엣트이 노인이 되어 민중을 지휘하였다. 포병이 사격도 하고, 기병의 충돌도 있었으나 민중의 완강한 저항에 별도리 없었다. 왕은 당황하여 내각을 파면하고 칙령을 철회하였지만 때는 이미 늦었다. 3일의 싸움 끝에 파리는 혁명파의 손에 들어가고 왕은 퇴위하여 영국으로 망명하였다.

시가전에 싸워 이긴 민중은 공화정을 요구했으나 혁명의 급진화를 두려워하는 유산시민들은 민중을 꾀어 자유주의자로 이름 높은 오를레앙공을 루이-필립(Louis-Philip)으로 왕으로 추대했다. 이것으로 프랑스는 7월 왕정시대를 맞이한다.

한편 7월혁명으로 그 영향이 전유럽으로 퍼져 나가 자유주의 국민주의 운동이 일어나 나폴레옹의 몰락 후 형성된 비인 체제는 무너지게 된다.

<7월왕정과 2월혁명>

7월 혁명이후 프랑스에는 산업 혁명이 진행되어 산업자본가의 세력이 발전하는 동시에 노동자도 계급적으로 성장하였다. 그러나 유산계급의 지지로 즉위한 루이-필립 정부에 대하여 노동자 계급의 지지를 받고 성장한 사회당이 대립하여 자본가를 옹호하는 왕의 정책을 맹렬히 공격하였다. 이것뿐만이 아니었다. 당시 우파로서 퇴위한 부르봉 왕조의 부활을 꿈꾸는 일파도 있었고, 또한 영국과 러시아에 매번 패배하고 있는 무능한 정부에 전 세계를 재패한 과거 나폴레옹의 영광을 회상하고 지지하며 나타난 나폴레옹 조카 루이-나폴레옹의 일파도 있었다. 이들은 다 같이 정부 타도를 노리고 있었다. 게다가 노동자 계급이 성장하여 정치에 실망한 노동자들이 폭동을 일으키는 등 사회불안을 가중시켰다.

이와 같이 불안한 정세에 국왕의 지위는 불안정하였으며, 결국 이를 타파하기 위해 차츰 국왕은 강경 보수주의로 전향해 나갔다. 언론 결사 출판의 자유를 제한하고, 의원에게 관리취임을 허락했다. 그러나 이 제도에 의해 관직과 정부관계회사사이의 매수 등 부패가 심하였으며, 정치가와 대자본가가 결탁하여 사리를 꾀하여 사기사건이 꼬리를 물고 일어났다.

흉작과 공황이 일어나 파산과 실업이 속출하고 사회의 불안이 증대하였다. 공화파와 사회주의자들이 일치하여 파리 시내에 혁신적 연회를 열어 정부를 맹렬히 공격하는 등, 1848년 2월22일 파리 샹젤리제 거리에서 전국적인 '혁신 대향회'를 개최하여 기세를 올리기로 하였다. 이에 정부가 금지하자 향회 참가자들과 일반 민중이 들고일어나 이를 진압하려는 헌병 및 군대와 충돌하였다. 이것으로 2월혁명이 시작되었으며, 흥분한 민중은 24일 파리거리에 바리케이트를 쌓아 시가전을 전개하여 시청을 점령하고 왕궁을 습격하였다. 왕은 하는 수없이 퇴위를 선언하고 영국으로 망명하였다. 공화파와 사회주의자가 일치하여 가정부를 조직하고 공화정이 선언되었다. 결국 2월혁명은 성공하여 프랑스에 제2공화정이 성립된다.

G. 제2 공화국과 제2 제정시기

<제2공화국시기>

가정부 아래에서 루이 블랑 등의 사회주의파 세력이 강하여 '노동의 권리'를 선언하고, 국립공장을 만들어 노동자 이상향을 실현코자 하였다. 그러나 총선거에서 산업자본가를 중심으로 온건 공화파가 대승하여 국립공장은 폐쇄되었다. 이에 반대하는 노동자들이 '6월폭동'을 일으켜 역사상 보기 드문 유혈의 시가전이 벌어졌지만, 까베냑크(Cavaignac, 1802-1857)가 거느린 국민군에 의해 진압되고 군대의 힘으로 급진파를 억누르고 질서가 회복되었다. 1848년 11월에 제정된 헌법으로 보통선거를 실시해 일원제 의회와 임기 4년의 대통령제를 정하였다. 제2공화국 헌법은 대통령이 큰 권력을 가지고 있어서 독재의 길이 열려 있었다. 대통령 선거에서 예상 밖으로 루이 나폴레옹이 까베냑크를 물리치고 대승하였다. 나폴레옹 영광을 그리워하고 농민과 군대가 그를 지지하고, 노동자들이 공화파보다 미지수인 그에게 기대를 걸고 그를 지지하였기 때문이었다. 2월혁명은 자유주의의 최후의 승리를 의미하여, 이에 의하여 봉건세력은 완전히 일소되었으며, 유럽 열강에 미친 영향은 7월혁명보다 훨씬 큰 것이 되었다.

루이 나폴레옹은 대통령에 취임 후 여러 당파간에 대립을 이용해 권력을 높혀 갔다. 1851년 12월에 그의 대통령 재선에 반대하는 의회와 충동하자, 돌연 쿠데타를 일으켜, 띠에르(Thiers, 1797-1877) 까르베냑 같은 반대파의 많은 의원들을 잡아 가두고, 헌법을 개정하여 임기 10년의 대통령에 선출되었다.

그는 다시 이듬해 11월에 국민투표에 의해 나폴레옹 3세로 황제에 올라 프랑스는 공화정이 무너지고 다시 제정으로 돌아간다. 제2공화국은 불과 4년만에 무너지고 제2제정이 성립되었다.

<제2제정시기>

나폴레옹 3세는 권력을 유지하기 위해 대외적 성공을 거두어 국민의 기대에 만족시킬 필요가 있었다. 그래서 대외정책을 적극적으

로 발전해 나갔다.

먼저 크리미아 전쟁에서 터키를 원조해 이 전쟁을 승리로 이끌어 프랑스 국위와 그의 명성은 크게 올라갔다. 곧 이어 이탈리아의 통일 운동을 도와 오스트리아를 쳐부셔 니스와 사부아 땅을 얻고, 아프리카와 인도차이나 경영으로 큰 성과를 거두었다. 그러나 1860년대 들어서면서 차츰 파경이 나타났으며 멕시코 내란 간섭에 실패하는 등 파국의 증상이 보이기 시작하였다.

한편 내정에서도 그는 보호정책을 펴 산업을 발전시키고 철도, 운하, 통신, 항만 등의 시설을 정비하고, 토목 공사를 자주 일으켜 실업자를 구제하고 양로연금이나 상해보험 등으로 노동자의 생활 안정을 꾀하였다. 파리에 도시 계획을 세워 파리의 모습을 일신시키기도 했다.

그러나 외세적으로 독일에서 통일운동이 진행되어 프랑스를 위협하자, 프로이센과 보불전쟁을 일으켰으나, 이 전쟁의 패배로 그는 몰락하게 된다. 결국 1870년 9월2일 스당(Sedan)에서 나폴레옹 3세가 프로이센 군에게 항복하자, 9월4일 파리에서 혁명이 일어나 제정은 폐지되고 띠에르를 수반으로 하는 공화정 가정부가 수립되었다. 이것이 프랑스의 제3공화국이다.

H. 제3 공화국 시기

<파리 꼬뮌>

보불전쟁은 나폴레옹 3세가 퇴위한 후에도 계속되었다. 1871년 1월 8일 파리가 함락되고 2월26일 베르사이유 궁전에서 휴전이 맺어졌다. 3월에 정부가 베르사이유로 옮겨가자, 새 정부에 불만을 품고 있던 파리의 국민군과 소시민 노동자들이 18일에 폭동을 일으켜 파리를 점령하고 띠에르 정부에 대항하기 위해 '파리 꼬뮌(Commune de Paris)'을 조직하였다. 이것이 곧 세계최초의 노동자 정부다. 그러나 독일의 압박과 도움을 받은 띠에르 정부는 5월 21-28일 동안의 처참한 시가전 끝에 파리를 탈환한다.

띠에르는 사회주의자들을 철저히 단속하고 피폐해진 국력을 회복하는데 힘썼다. 이후 프랑스에서는 왕당파와 공화파 싸움이 있었으나 공화파가 승리를 거두며, 1875년 제3공화국 헌법이 제정되고 막마옹(MacMahon, 1808-1893)이 대통령에 선정된다.

<제3공화국>

대통령 임기 7년의 제3공화국은 대통령의 권력은 미약하고 내각이 전권을 가졌다. 정치적으로 안정되어 갔으며, 20세기초에 이르러 물질 생활 면에서 프랑스는 태평성대를 이룬 시기다. 1900년 만국박람회가 그 극점을 이루며 과학과 기술의 발달은 여러 가지 기적을 실현시켰고, 편리한 생활과 새로운 오락거리를 제공하였다. 자본주의 문명은 전성기에 이른듯하였으며, 파리는 온 세계의 수도가 된 듯했다. 결국 프랑스는 번영과 평화를 누리고 있었다.

그러나 차츰 사회주의가 세력을 넓히고 있었고, 곳곳에 노동 분쟁이 일어나 사회적 불안이 나타나곤 했다. 그러던 차에 드레이퓌스 사건이 터져 대립과 분열이 드러내게 되었다. 이 사건이후 프랑스 국민은 두 조각으로, 반드레이퓌스파와 드레이퓌스파로 나뉘어 격렬한 대립을 보였다.

대외적으로 1887년 월남 캄보디아 두 보호국으로 프랑스령 인도차이나를 만들어 총독을 두어 통합하고, 1893년에 라오스를 보호령으로 하여 이에 보태었다. 아프리카에서도 이미 1830년에 해안의 알제리를 점령한데 이어, 1881년 동족의 튀니지를 점령하였다. 1896년 인도양에 마다가스까르 섬을 점령하고, 동쪽으로 진출 계획을 세웠으나 파쇼다에서 영국군과 충돌하여 다시 시선을 아프리카 서쪽으로 돌려 프랑스는 모로코에 세력을 미쳤다. 독일과 충돌하여 모로코 문제를 일으켰으나 결국 1912년 이를 보호령으로 하는데 성공하였다. 모로코의 정치적 경제적 이권을 둘러싸고 각축 끝에 프랑스 보호령으로 일단락 보았지만, 이 사건을 계기로 프랑스 독일 사이에 민족적 경각심이 다시 절박하게 불꽃 튀기게 되었으며, 이에 영국 러시아, 오스트리아 등 열강이 얽혀 세계는 1차대전으로 치닫게 된다.

세계1차대전의 전승국인 프랑스는 전승과 조약으로 보장된 평화에 희망 갖고 물질적 번영을 하여 전후 10년동안 다시 전쟁 전의 태평성대의 시대처럼 다시 누릴 수 있었다. 게다가 물질 문명의 급격한 발전은 자동차, 라디오 등 대중 문화의 매개체들을 보급시켜, 급속도로 생활의 양상을 바꿔놓고 있었다.

그러나 1929년 미국에서 일어난 경제공황은 전 세계를 강타하여, 희망의 전후 10년은 끝나가고 있었다. 4년 후 공항은 극복된 듯이 보였지만, 정치적으로 부패와 부정이 일어났으며, 정당간의 정쟁과 당리위주의 분파 싸움에 국민의 분노가 폭발하기도 한다. 이미 강대한 기반을 닦은 사회당과 좀처럼 타협하지 않던 공산당이 합작하여 연합이 실현되고 좌파 연합적인 인민전선(Front Populaire)이 조직되었다. 그리하여 극우파를 선봉으로 하는 우익과 끊임없이 충돌이 일어나, 프랑스를 분열과 불안으로 몰아넣었다.

한편 국내 시장이 좁고 식민지가 없고 민주주의 기틀이 미약한 독일 이탈리아 일본 등과 같은 나라들은 국외시장, 곧 식민지 종속지의 획득에 의하여 공항을 타개코자하였다. 그 결과 강대한 군사력을 기를 수 있는 전체주의 국가로 변해 전 세계를 위협하였다. 이런 결과 독일이 폴란드를 침공함으로서 세계 2차 대전이 발발한다.

2차 대전후 프랑스는 타격이 가장 심하였다. 경제는 피폐하고, 정치는 불안하여 군소정당이 난립하였다. 1945년에 총선거가 실시되어 전쟁 중 레지스탕스 운동에 활발한 공산당이 제1당이 되었다. 공산당이 사회당과 손을 잡고 주요 산업을 국유화하는 등, 동시에 신헌법 초안을 기초하였으나, 자본가측의 맹렬한 공격을 받아 좌절되고 1946년 카톨릭계의 인민공화파가 제1당이 되어 제4공화국을 탄생시켰다.

<제4공화국>

수년간의 전쟁으로 프랑스인들에게는 심리학자들이 말하는 정신외상을 입혀준 바가 되었다. 독일에 의한 완전 패배, 증오할 적군의 점령, 프랑스 정부를 파산지경에 이르게 한 독일의 경제적 수탈, 프랑스군과 레지스탕스의 경탄할 만한 활로에도 불구하고 분명히 미군과 영국군의 무력에 의한 해방, 민중의 반란을 규합하고 식민지 제국을 유지하려는데 따르는 중대한 전후의 난관 등, 이러한 모든 것이 모두 처참한 몰락의 양상이 아닐 수 없었다.

드골이 영도하는 프랑스의 망명 정부는 1944년에 해방된 프랑스에 옛 공화국의 정부를 다시 수립한다. 그러나 정세는 극히 불안하고 내각은 자주 바뀌었다. 실권 장악에 실패에 실망한 드골은 1946년에 정계에서 물러난다. 내각 수명은 보통 수개월을 넘지 못하고 부서진 옛 정당 사이에 새로운 힘을 가진 공산당이 대두하여 공공연하게 혁명적 변혁을 내세우게 되었다. 그러나 1946년 11월에 발족한 제4공화국은 미국 의존과 반소반공의 경향이 차차 강해져 1947년 공산당 내각을 몰아내고 1948년 인민공화파, 사회당, 급진사회당 등이 중도정치 체제를 확립시킨다.

한편 대외적으로 식민정책에 있어서 식민지 독립은 절대로 인정하지 않는 방침을 취하였기 때문에 인도차이나 반란이나 튀니지 알제리 폭동들이 일어났다. 이런 대외적 불안과 더불어 중도파 내각의 정책은 항상 동요하여, 의회 정치에 대한 불신이 차차 높아갔다.

이런 와중에 1954년에 시작한 알제리는 가장 큰 고통거리였다. 1958년에 알제리에서 군부 쿠데타의 위협이 알려진 와중에 드골은 은퇴 생활에서 다시 정계로 영입된다. 정계에 복귀한 드골은 국민투표를 실시해 강력한 대통령 권한을 가진 제5공화국을 성립시킨다.

<제5공화국>

제5공화국 체제는 오늘날까지 내려오고 있다. 프랑스는 2차 대전의 피폐를 극복하고 오늘날 현저한 경제적 회복을 이룩하였다. 오늘날 유럽을 주도하는 한 국가로서 지금까지 내려오고 있다. 오늘날 유럽연합의 모태가 된 석탄철강 연합을 주창한 사람도 프랑스인 로베르 슈망이었으며, 유럽 경제통합을 위한 계획과 실제 사업의 기반을 마련해 놓은 것도 프랑스 꼬냑에서 태어난 장 모네라는 사람이었다는 것만 보아도 그것을 알 수 있다.

2) 프랑스어 영역

프랑스어 역시 프랑스어를 정상적으로 표준적인 언어로써 사용하는 사용자들의 수를 정확하게 산정하는 것은 어렵다. 모국어처럼 프랑스어를 사용하는 인구는 약 8천6백만명으로 보고 있다. 그러나 모국어를 포함해 공식어로써 프랑스어를 사용하는 전 세계의 인구를 보면 약 2억7백만명이 넘는 통계 수치를 갖고 있다.

세계에서 프랑스어의 위치는 매우 강하다. 프랑스어는 전 세계에서 30개국 이상의 국가에서 국어와 공식어 역할을 하고 있다. 결국 이 숫자는 유엔 총회에서 각 국가 대표들의 약 1/4 이상이 프랑스어를 사용하고 있는 셈이다. 그리고 프랑스어는 국제적인 회의나 조직에서 공식어로써 영어와 거의 동등한 위치에 있기도 하다.

A. 유럽에서 프랑스어 영역

유럽에서 프랑스어는 실질적으로 2003년 현재 약 5900만의 모든 프랑스 사람들의 상용 언어이다. 비록 오늘날에는 프랑스 전 지

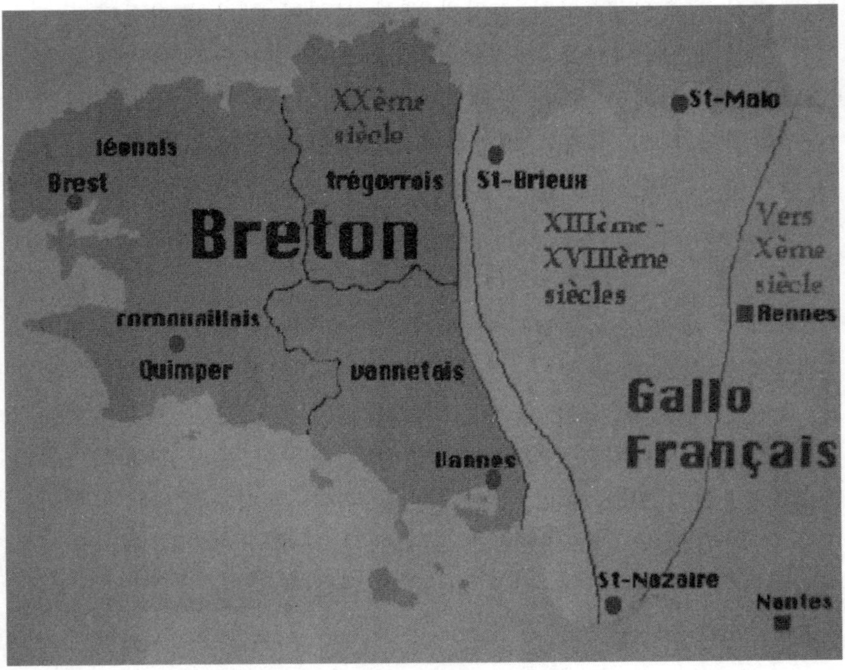

《프랑스 서부 브르통어 영역》

역이 그냥 프랑스어지역이라고 하지만, 원래 기원적으로 오늘날 프랑스 북부지역인 옛 랑그도일(langue d'oîl) 사용 지역만이 프랑스어 영역이었으며, 여기에 일찍부터 파리의 프랑스어의 우월한 영향을 따른 오늘날 프랑스의 동남부 지역인 옛 프랑코-프로방스어(franco-provençal)에 속하는 지역도 프랑스어 지역을 추가할 수 있었을 뿐이었다.

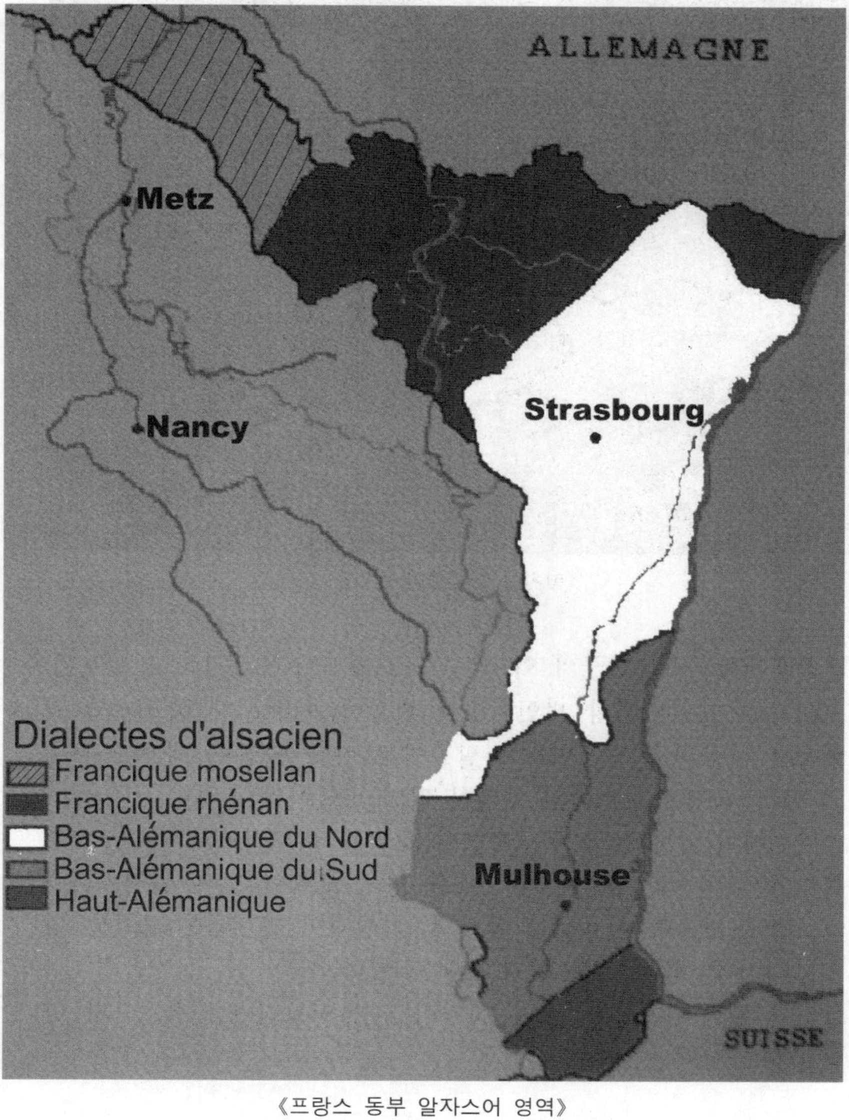

《프랑스 동부 알자스어 영역》

그리고 프랑스어는 오늘날 다소 정도 차이는 있지만 남부프랑스어 지역의 1200만 명과 알자스-로렌어 지역의 150만 명, 플랑드르어 지방의 15만 명, 바스크어 지역의 10만 이상의 수와, 코르시카 섬의 약 30만 명 등의 프랑스 전 지역에서 이곳들의 특유어는 아니지만 일상 언어가 되었다.

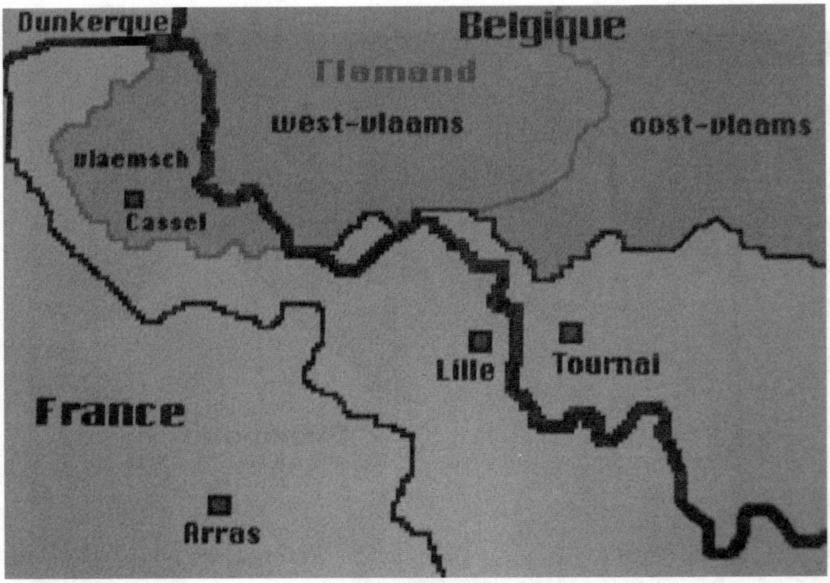

《벨기에의 발롱어 영역》

벨기에에서는 전 인구의 약 45%가 프랑스어를 사용하고 있으며, 옛 랑그도일의 한 지방 방언이였던 발롱어(wallon)가 이곳에서 잘 가꾸어져 사용되고 있으며, 이 발롱어는 아주 활달한 개성을 보존하고 있는 고대 프랑스어의 유일한 지방 방언이기도 하다.

스위스에서는, 프랑코-프로방스어 말투를 기원적으로 가진, 전체 스위스 인구의 약 20%인 약 100만 명이 모국어 같은 자연스러운 언어로써 프랑스를 사용하고 있으며, 기원적인 말투들은 오늘날 방언 이상의 어떠한 위치를 갖지 못하고 있다.

그리고 원래 프랑스어 사용 지역이였던, 이탈리아 서북부, 발 다

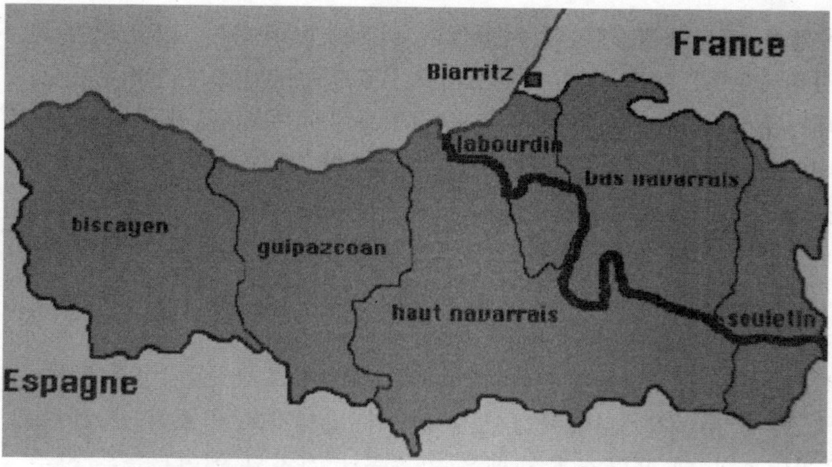

《스페인과 프랑스에 걸쳐 퍼져있는 바스크어 영역》

오스타(Val d'Aosta) 자치 지역의 인구 10만 명의 언어적 상황은 이탈리아 국가에 속해 있는 형편이어서 오늘날 언어 사정이 좀 복잡한 편이지만 아직 프랑스어는 이 지역 공식어로서 남아있다.

또한 프랑스어는 룩셈부르크 대공국의 인구 약 34만 명의 공식어이며, 원래 이 공국의 자연스러운 모국어는 프랑스어 어휘가 아주 강하게 혼합된 게르만어의 한 방언적인 지방어이다. 그러나 이곳의 법원이 사용하는 언어는 바로 프랑스어이며, 공식 문서를 작성하는 데 이용되는 언어도 프랑스어이다. 그리고 프랑스어는 초등학교 때부터 가르쳐지고 있다.

B. 북미 대륙

유럽 밖에서도 프랑스 영역은 넓다. 무엇보다도 프랑스어는 약 650만 명의 프랑스계 캐나다 사람들의 언어이다. 캐나다에서 프랑스어 영역은 기본적으로 케벡 지방을 포함하고 있으며, 이곳 인구 약 450만 명이 프랑스어 사용자들이다. 그리고 프랑스어 사용자가 많은 곳으로는 온테리오 지방과 뉴-브룬스빅 지방에 있다. 그리고 또한 많지는 않지만 이외의 다른 프랑스어 지역에서 프랑스어 사용자들이 퍼져 살고 있다.

수많은 프랑스계 캐나다 사람들이 미국에 정착하여, 미국 동부의 매사추세트주, 메인주, 뉴-햄프셔주, 로드-아일랜드주, 버몬트주, 코네티컷주 그리고 서부 캘리포니아주 등에서 무시 못할 소수 그룹을 형성하고 있다. 뉴-햄프셔주의 맨체스터 같은 일부 도시들에서는 도시 대다수 사람들이 프랑스어를 사용하는 다수 그룹을 형성하고 있다. 그러나 이와 같은 프랑스어계 사람들은 시간이 가면서 많은 이들이 북동부 여러 주의 일부 대도시들을 제외하고는 영어 사용자로 바뀌고 있는 실정이다.

그리고 비록 오늘날 사라지려고 하는 위협 속에 있지만, 아직도 미국 남부 루이지애나에서는 프랑스어가 말해지고 있으며, 특히 뉴-올리언즈의 옛 프랑스계 크레올 가족들로 한정된 엘리트들은 아주 순수한 공통적인 프랑스어를 말하고 있다. 또한 오늘날 캐나다 노바-스코티아와 뉴-브룬스빅 주로 변한, 캐나다의 옛 프랑스 아카디(Acadie) 지역으로부터 건너와, 미국 루지애나 지역에 정착한 시골사람들은 아직도 캐나다 아까디 지방의 프랑스어와 가까운 시골풍이 강한 말투를 보존하고 있다. 그리고 일명 '공보(gombo)'라고 불렸던, 미 대륙의 흑인들이 사용했던 프랑스어 크레올은 오늘날 영어에 의해 거의 완전히 사라지고 말았다.

C. 대서양과 남미 지역

한편 캐나다나 미국 대도시 이외에서도 프랑스어는 아메리카에서 사용되고 있는데, 캐나다 동쪽 대서양 연안에 있는 생-삐에르와 미끌롱(Saint-Pierre et Miquelon) 섬들과 아이띠(Haîti) 공화국, 그리고 프랑스령 서인도 제도에 있는 구아들루쁘(Guadeloupe)와 마르띠닉끄(Martinique) 섬들이 바로 그곳들이다.

아이띠 공화국의 인구 약 480만 명이 프랑스어를 사용하고 있으나 이곳의 공통 프랑스어는 크레올 말투와 서로 겹쳐진 그런 프랑스어를 사용하고 있다. 그리고 구아들루쁘와 마르띠닉끄는 오늘날 행정 구역상 프랑스의 '도(département)'에 해당하는 섬들이며, 이곳의 공통 프랑스어도 아이띠의 그것과 같은 형태인 크레올 말투를 병치하여 사용하는 그런 프랑스어이다. 한편 남미 대륙 서북쪽에 위치한 프랑스령 기이안(Guyane)에서도 공통 프랑스어와 나란히 프랑스어 크레올이 살아있는 곳이다.

프랑스어 크레올은 또한 역시 서인도 제도 섬들에서 옛 프랑스 제국에 속했던 지방에서 말해지고 있다. 즉 비에르쥬(Vierges) 섬들과, 방(Vent) 섬들이 그러하다. 역시 트리니다드(Trinidad)에서도 그러하지만, 트리니다드는 결코 프랑스 식민지에 속한 적은 없지만 이 국가가 다수의 프랑스 식민자들에 의해 정착된 곳이기 때문에 프랑스어 크레올이 사용되고 있다.

D. 인도양과 태평양 지역

아프리카 동쪽 인도양에 위치하고 있는 섬들에서도 프랑스어 사용지역이 있다. 이곳에서는 공통 프랑스어와 프랑스어 크레올이, 라 레위니옹(la Réunion) 섬과 모리스(Maurice) 섬에서 사용되고 있다. 라 레위니옹 섬은 행정 구역상 프랑스의 한 개의 '도'이며, 모리스 섬은 예전에는 '프랑스 섬(île de France)'이라고 명명되었으나, 오늘날은 영국령이 된 섬이다.

마찬가지로 예전에 프랑스 영토였으나 1810-1814년에 있었던 영-불 전쟁에서 영국에게 양도해 오늘날은 영국령이 된 세이셸(Seychelles) 군도에서도 이곳 인구 5만 명이 프랑스어 크레올를 사용하고 있다.

남 태평양에서도 프랑스어 사용 지역이 있는데, 프랑스 대양 기구 단체의 이름으로 명명된 다도해로써, 일명 타이티(Tahiti) 군도의 일부가 그러하며 폴리네시아의 왈리스(Wallis) 섬과 퓌뚜나(Futuna) 섬 또한 프랑스어 사용지역이다.

E. 아프리카 지역

프랑스어를 순수 모국어라는 개념을 가진 국가 외에도, 프랑스어는 특이한 형태들로써, 실질적으로 2개국어 사용국가들인 수많은 아프리카 국가들에서, 매우 중요성을 가지면서 이들 국가들에서 제

2의 언어의 역할을 하고 있다. 특히 아랍어를 사용하고 있는 북아프리카 경우가 그러하다. 북아프리카 국가들에서도 대체적으로 모로코에서 보다 튀니지에서 프랑스어의 역할 더욱 중요하다.

북아프리카 이남 지역인, 사하라 이남 흑인 아프리카 지역에서 프랑스어는 이 지역 18개국의 국제어이며 공식어이고 교육 언어이다. 마다가스카르 섬과 모리타니아 같은 일부 국가에서는 여러 지역 언어들 속에서 더욱 더 프랑스어가 교육 언어로 자리잡고 있다.

F. 아시아 지역

인도 대영제국의 식민지가 된 후에 프랑스어 영역이 많이 없어졌지만, 아직도 인도 동남부 도시인 퐁디셰리(Pondichéry) 같은 곳은 프랑스의 문화와 언어의 명성이 남아있다.

한편 동남아시아에서 프랑스어 상황은 세계 2차 대전 후의 결과에 따라 이어지는 국제적인 사건으로 대체적으로 혼란스러웠다. 예전에 프랑스어는 남부 베트남에서는 상용되던 언어였으며, 기원이 유럽이거나 유라시아인 사람들의 매 일상 신문의 언어이었다. 게다가 옛 프랑스령 인도차이나에 속했던 국가들에서는 제2의 언어이기도 했었다. 그러나 이 지역에서 1970년대 이후 프랑스어의 영향은 잃게 되었으며, 오늘날 공산 베트남 국가에서는 영어나 러시아어 중국어 등과 같은 다른 언어들과 더불어 프랑스어가 교육 언어로 사용되고 있지만 프랑스어 영역은 매우 미미한 형편이다.

3) 프랑스어 공동체

프랑스어는 세계 43개국 약 2억이상의 인구가 사용하고 있는 언어다. 그중 35개국이 국제기구에서 공용어로 사용한다. 벨기에 스위스, 룩셈부르크, 모나코 등의 유럽 국가와 북아프리카 지역, 아프리카, 아시아 인도차이나, 중동의 레바논, 북미의 캐나다, 그리고 남태평양 폴리네시아 군도, 카리브 해 인근의 섬 등에서 사용된다.

프랑스어 공동체는 프랑스어권 정상회담이 40여개 국가의 참여로 정기적으로 열리고 있으며, 프랑스 정부에서는 프랑스어권의 문화적 결속을 강화하려는 차원에서 문화부(Ministère de la Culture)를 행정부에 설립하기도 했다.

민간 차원에서 프랑스어 보급에 기여한 기관으로 '알리앙스 프랑세즈'는 전세계 학생들에게 프랑스 언어와 문화를 소개하는 교육 이념을 1883년부터 실천하고 있다.

결국 프랑스어 공동체란 프랑스어가 모국어인 프랑스를 위시하여 프랑스어를 공용어 또는 2개 국어 중 그 하나로 사용하고 있는 나라와 지역을 일컫는 말이다. 따라서 이런 나라와 지역은 앞에서 언급한 유럽의 벨기에 스위스 룩셈부르크 모나코와 북미의 캐나다 케벡과 미국 루이지애나지역 북아프리카의 알제리 튀니지, 모로코 그리고 남아프리카의 여러 국가들, 그리고 비록 공용어는 아니지만 프랑스어가 넓게 보급되어있는 레바논 베트남 라오스 등 아시아 일부 국가들을 거기에 첨가할 수 있다.

이렇듯 프랑스어를 그 문화의 기본 젖줄로 삼고 있으나 그 영향을 받고 있는 프랑스어 문화권은 지구 곳곳의 수많은 사람들의 문화 공동체를 형성하는데 큰 기여를 하고 있다. 세계 각 대륙 여러 국가를 걸쳐 광범위하게 분포하고 있다는 점에서 프랑스어 공동체는 우선 관심의 대상이 되며 뿐만 아니라 세계의 외교 문화 그리고 정치 경제 분야에서 프랑스어가 차지하고 있는 기능과 유럽 통합에 있어서 프랑스가 맡은 역할은 프랑스어 공동체의 중요성을 더욱 두드러지게 한다고 볼 수 있다.

A. 프랑스어 공동체의 현황

프랑스어 공동체에 대하여 두 얼굴로 대변되는 정의가 있다. 프랑스어 공동체는 매우 오래된 것인 동시에 매우 최근의 것이라는 것이다. 프랑스어가 존재하지 않는다면 프랑스어 공동체도 존재하지 않을 것이다. 하지만 그렇다고 해서 프랑스어의 탄생 등 프랑스어와 직접 관련을 지어서 말하기에는 벅찬 감이 있다. 그럼 프랑스어 공동체의 출발점은 어디에 설정할까? 그것은 16세기로서 모험가들이 바다로 눈을 돌려 대서양 다른 쪽 해안을 보러 떠났고 그때 이미 캐나다라고 불리던 지역의 해안에 상륙하게 되었다.[32] 이때를 프랑스어 공동체의 시발점이라고 볼 수 있다. 그러나 프랑스어 공동체라는 용어는 실제로 1880년에 태어났고 이것은 오네짐 르클뤼라는 지리학자에 의해 비롯된 것이었다. 1880년에 출판된 한 책에서 그가 최초로 '프랑스어 공동체(francophonie), 프랑스어 사용자(francophone)'라는 단어를 사용하였기 때문이다. 그는 "프랑스어 사용자란 일상적으로 프랑스어를 말하는 사람이고, 프랑스어 문화권이란 프랑스어 사용자들의 총합이다"라고 말했다.

프랑스어 공동체의 최초의 조직적인 단계가 대학의 틀 속에서 이루어졌다는 점도 흥미를 느끼게 한다. 이후 국회의원들도 등장했으며 여러 나라의 국회의원들이 이 하나의 협회를 조직하기도 했다. AIPLE 즉 '국제 프랑스어권 의원협의회'가 그것이었다. 이 협회는 매우 활발한 활동을 보였고 프랑스어 공동체를 위해 많은 일을 하였다.

그 후 1970년에 정부들이 협회를 결성하기로 하였으며, 약 30개의 프랑스어권 국가들이 이 조약을 체결한 것은 아프리카에서였다. 그것은 각국 정부들이 개입한 최초의 결의였고 프랑스 역시 30여개의 국가들 중의 일원으로써 이니셜을 따서 ACCT라고 불리는 '문화 기술 협동체'를 창설하는데 참여하였다. 서로 원하는 것을 보다 용이하게 교환하고자 하는 이들 프랑스어 공동체 국가들의 경우, 이러한 교류를 위해서 하나의 틀 안에서 서로 단결하는 것이 보다 바람직했으며, 그 결과 교원, 교수, 통신 수단의 교류 뿐만 아니라 의학, 건강 농업에 이르기까지 국가와 국가간에 교류가 생겨나게 되었다. 그 후 1980년대에 프랑스의 미테랑 대통령시절에는 프랑스만의 기구인 '프랑스 문화권 최고 평의회'가 프랑스에 설립되었다. 그것은 프랑스의 국가 원수가 프랑스어 공동체의 다른 국가들과 의사 소통할 수 있는 가능성을 연구하는 평의회였다.

32) 그곳 거주민들, 즉 토착민들이 붙여준 이름이 캐나다였다.

B. 캐나다 케벡과 프랑스어

캐나다 케벡 사람들에게 있어 프랑스어란 자신들의 사활과 관련된 언어이다. 프랑스어에 대한 케벡 사람들의 이와 같은 사랑과 애착을 이해하기 위해서는 캐나다의 역사와 문화에 대한 이해가 필요하다. 프랑스 사람들의 캐나다 이주는 1534년으로 거슬러 올라간다. 그 해에 작크 까르띠에르(Jacques Cartier)라는 사람이 차후 '누벨 프랑스'라고 부르게 될 그 곳을 발견했기 때문이다. 그러나 1763년 영국과 7년 동안의 전쟁에서 프랑스가 영국에 패하게 되자 파리 조약과 함께 프랑스의 지배는 끝났고 영국이 캐나다에서 패권을 차지하게 되었다. 그 때 대부분의 프랑스 귀족, 관리, 고위 성직자들은 당시 식민지가 소유하고 있던 유동 자본을 다 갖고 프랑스로 돌아갔지만, 프랑스로 돌아가지 못하고 남아있던 프랑스 이주민들은 대부분 교육을 제대로 받지 못한 농부들이었으며, 역시 같이 남아있던 하위 성직자들이 그들을 돌보게 되었다.[33] 그들이 현재 케벡주를 비롯해 캐나다 여타 지역에 오늘날 살고 있는 5-6백만명의 조상인 셈이다.

영국인의 지배는 프랑스인에게 있어 견디기 쉬운 일이 아니었다. 개나 말과 같은 노동자 취급을 당하면서 꿋꿋하게 견디어 온 이들 프랑스계의 캐나다인들은 점점 그들의 권리와 경제력에 힘입어 그들의 공동체를 만들어갔다. 그런 결과 그들이 성취한 1774년 케벡 헌장은 그들에게 프랑스어를 말하고 카톨릭교를 믿고 실천할 수 있는 권리를 인정받게 되었다. 하지만 그 당시 그들은 한을 지닌 집단이었고 독립을 외칠만한 힘을 아직 배양하지 못하고 있었다.

그런데 시대가 바뀌고 프랑스계 캐나다 사람들이 그 나름의 역량을 갖게 되자, 순응과 타협보다는 자기 자신을 찾는 모색과 반항의 계기를 마련할 기회를 만들어가고 있었다. 민족의 순수성을 지키고자 하는 그들의 열망은 한 민족의 불굴의 의지이기도 했다. 다시 말하면 그들은 프랑스어를 지키고 그 프랑스어로 표현하는 문학과 예술을 통해 자기 동일성을 되찾고 확인시켜나갔다. 결국 그들에게

---

33) 당시 캐나다에 남게 된 프랑스인들은 약 6만명으로 집계되고 있다.

있어서 프랑스어는 사활의 문제가 아닐 수 없었다. 그로 인해 그들 내부의 협동이 가능했고, 소수 민족으로 도외시되는 차원을 극복할 수 있었다.[34)]

그래서 그들은 케벡주에서 프랑스어만을 사용하는 것을 주장했으며 오늘날 그렇게 되어가고 있은 상황이며 그들의 정체성을 찾아 과거로부터 벗어나 큰 목소리를 내고 있다.

그러나 오늘날 케벡에서 프랑스계의 캐나다인은 프랑스 계통임을 자랑스러워하고 있지만 한편으로는 그들의 국적은 캐나다인으로써 그들의 자부심을 가지고 있는 그런 상황임에는 거부할 수 없는 사실이다.

C. 오늘날 프랑스어의 위상

중세기를 통해 많은 변화 과정을 거친 프랑스어는 12-13세기에 와서는 라틴어 다음으로 국제어 역할을 하였다. 당시 아직 국가적인 체계를 갖춘 나라가 많지 않은 상태에서 파리 대학과 같은 교육기관의 명성과 고딕 예술의 영향으로 인해 많은 왕실에서 프랑스어가 사용되었고 이탈리아에서처럼 몇몇 국가에서는 프랑스어가 대중화된 문어로서 사용되기도 했었다.

그 후 17세기로 내려오면서 프랑스 문학의 영향과 18세기의 계몽주의 철학자들의 명성과 루이 14세 통치하에서 확립된 엄격한 검열로 네덜란드에 생긴 중요한 서점들의 상업적 창업으로 인해 더욱 프랑스어는 외부 세계로 퍼져나갔다.

그래서 프랑스어는 탁월한 외교 언어로 교양있는 상류 부르주아 계층과 전 유럽의 궁정에 보급되었다. 예를 들어 제정 러시아의 경우 1914년까지 상류층에서 프랑스어가 통용되었고 일부에서는 프랑스어 교육도 지속되었으며 러시아 혁명 전에 외국에 망명 중에 있던 혁명가들도 대개 프랑스어를 구사할 수 있을 정도였다.

---

34) 오늘날 캐나다의 중심 주로써 역할을 하는 케벡주를 비롯해 캐나다 전역에 걸쳐있는 데자르뎅 Desjardin 같은 대 금융 기업도 그와 같은 맥락에서 만들어진 프랑스계의 기업으로 이 기업은 일종의 협동 은행으로 케벡 사람들이 경제적 자립을 하는데 기틀을 마련하는 중요한 역할을 했던 기업이다.

한편 아프리카 지역에서 이 지역 국가들의 독립이후 민족의식의 성장으로 토착어 교육이 활성화 되어갔으며, 또한 그 지역 대다수 사람들의 종교인 이슬람교의 영향으로 아랍어 사용이 확대되어가고 있는 실정이다.

그러나 오늘날 제2차 세계 대전의 결과 국제어로써 프랑스어가 그전까지 누렸던 외교어로써 위상을 계승하여 영어가 널리 쓰이게 되었으며, 영어는 미국의 기술과 경제적 우위가 뒷받침되면서 영미 언어가 세계적인 과학 기술의 언어로서 자리 잡아갔으며, 결과적으로 영어는 프랑스어 대신 국제적으로 가장 많이 사용되는 의사 소통 언어가 되었다. 현재 빠른 속도로 정보화 되어 가는 세계에서 매일 탄생하는 신조어, 외래어가 프랑스어의 소리와 의미를 변화시켜 프랑스 국내에서조차 프랑스어는 새로운 상황에 직면하고 있는 실정이다.

한국에서 프랑스어 교육 현황을 살펴보면 400여개의 고등학교에서 프랑스어가 제2외국어로써 선택되어 가르쳐지고 있었으며 70여개의 대학교에서 프랑스어와 관련된 학과가 설치되어 있으며 약 1500여명의 학생들의 전공으로 선택하여 배우고 있다. 그러나 1980-1990년대에 이르러 고등학교에서 의미없는 외국어 교육 정책으로 프랑스어를 가르치는 학교는 점점 줄어들어 가고 있으며 대학에서도 축소되어가고 있다.

5. 이탈리아

1) 자연 개관

유럽 중부에 위치한 이탈리아는 면적이 301,200km²으로써 역사가 깊은 나라이다. 북부 이탈리아는 알프스 산맥으로 경계를 이루며, 알프스 산 이남으로는 대평원이 펼쳐져 있다. 기후에 있어서는 대륙성 기후의 특징을 갖게 한다. 그러나 반도 중심부는 아페닌 산맥이 남북으로 뻗어 내려와 반도를 동서로 나뉘게 하면서, 시칠리아 섬에 이르는 남부 이탈리아로 이어진다. 반면 사르디니아 섬은 고립되어있다. 그래서 이 지역들은 지중해성 기후를 갖지만 매우 건조한 기후를 갖고 있다.

이탈리아는 로마 멸망 후 역사적으로 매우 복잡한 양상을 띠고 내려와서 오늘날 정치도 남과 북으로 나뉘어 불안정하며, 경제적인 문제도 남북으로 대립되어 심각한 처지에 처해있다. 특히 북부는 부유하며 남부는 빈곤으로 매우 격차가 심해 내부적 갈등 요소를 갖게 하고, 이러한 불균형이 결국은 사회적 문제로 이어져 현재까지 내려오고 있다.

2) 이탈리아 역사

기원전 2000년경에 포강 근처에서 청동기 문화가 이루어졌으며, 1000년경에는 철기 문화가 이루어졌다. 그 후 기원전 800년경에 그리스인들이 시칠리아와 남부 이탈리아에 식민지를 개척했으며, 동시에 기원이 아시아인들로 밝혀진 에트루리아인들이 이탈리아 반도에 정착한다. 에트루리아인들의 문명은 기원전 6-5세기에 절정을 이룬 것으로 알려지고 있으며, 이들이 이탈리아 반도 북부로 확장해 나가는데 반하여 반도 남부에서는 페니키아인들이 시칠리아와 사르디니아 섬을 장악한다. 기원전 5-4세기에는 켈트인들이 포강 평원에 정착하지만, 기원전 4-2세기를 거치면서 로마가 점진적으로 반도를 정복해 나간다.

로마의 왕정과 공화정 그리고 제정 시기를 거치면서, 기원 후 395년 로마 황제 테오도시우스에 의해 동서 로마로 갈라지며, 서로마 제국은 밀라노를 제국의 수도로 삼는다.[35] 그 후 서로마 제국은 야만족인 게르만에 의해 침입 당해, 서고트족의 알라릭(Alaric)이 로마를 점령하기도 한다. 결국 476년 동고트족의 용병 출신인 오도아크르(Odoacre)에 의해 어린 서로마 제국의 황제가 폐위됨으로써 제국은 망하고, 그는 이탈리아 왕으로 선출된다. 493년 동고트족의 왕인 테오도릭이 이탈리아 전역을 정복하지만, 그의 사후 왕국은 분열되고, 분열된 이탈리아 반도에서 동로마 제국의 황제인 유스티

35) 로마의 역사는 여기서 생략한다.

니아누스 1세가 가장 많은 지역을 차지한다. 이탈리아 중동부 지역의 라벤나가 이탈리아의 수도가 된다.

한편 568년부터 게르만족의 한 일파인 롬바르드족이 이탈리아 북부에 침입하여 스폴레트 베네벤트 등의 공작령들을 창설하며, 결국 이탈리아는 이때부터 3개의 수도가 성립한다. 즉 교황의 자리잡고 있는 로마와, 동로마 제국의 태수가 머물던 라벤나, 롬바르드왕이 거주하는 파비아 등이 그것들이다.

8세기에 와서는 프랑스의 왕인 뻬뺑(Pépin)에 의해 교황령이 설치되고, 교황령은 샤를르마뉴 대제의 보호를 받게된다. 롬바르드 왕국은 프랑크 제국의 샤를르마뉴 대제에 의해 망하고 샤를르마뉴가 롬바르드의 왕이 된다. 그러나 프랑크 왕국의 영향은 9세기에 북구의 노르만족과 남쪽으로부터의 이슬람교인 아랍의 침입으로 방해를 입게 되며, 875년 제국의 황제들은 이탈리아의 방어를 포기함으로써, 10세기경에는 교황령은 약화되고 이탈리아는 무정부상태로 분열에 빠진다.

11세기에 중엽에 교황령은 황제의 지배에서 벗어나려고 행동을 취하면서, 향후 거의 2세기(1073-1266년) 동안 교황과 황제사이에 투쟁을 하게 된다. 결국 이탈리아는 싸움터가 되며, 투쟁의 결과, 황제와 교황으로 이루어진 두 개의 세력권은 약화된다. 이런 사정에 힘입어 11-12세기를 통해 부유하고 독립된 상업적인 도시 국가의 모습을 한 이탈리아가 형성되어 등장하게 되며, 차츰 13세기부터 도시에서의 권력은 행정장관(podestats)의 손으로 넘어간다.

이런 과정을 통해 14-15세기에는 북부 이탈리아에서는 4개의 거대한 도시(피렌체, 제노아, 베니스, 밀라노)가 지배하게 되지만, 중부 이탈리아에서는 종교적 교리의 충돌로 분열되어갔고, 남부 이탈리아는 프랑스의 앙주 가문과 아라곤 왕국 사이의 세력 다툼으로 외세들 사이에 충돌이 일어났다.

16세기에 와서 이탈리아는 프랑스와 이탈리아, 스위스 사람들의 싸움터로 이용되었지만, 마침내 프랑스는 까또-깜브레지(Cateau-Cambrésis)조약으로 알프스 너머로의 보호국 역할을 포기했으며, 당시 신성로마제국를 다스리고 있던 오스트리아의 합스부르그 가문과 통합한 스페인의 찰스 1세(신성로마제국의 찰스 5세)를 계승하게 된 스페인이 향후 2세기 동안 이탈리아를 지배하게 된다.

반면에 이탈리아의 부유함으로 인하여 지적이고 예술적인 르네상스가 꽃피우게 되며, 전 유럽으로 퍼지게 된다. 그러나 스페인과 오스트리아의 지배는 계속되었으며, 국토는 작은 조각으로 분열되어 갔으며, 또 한편으로 상대적으로 지중해에게 피해를 주는 새로운 항로의 개척으로 항로가 바뀌어 감으로써 이탈리아 반도는 경제적으로 쇠퇴를 불러왔다.

피에몬떼-사르디니아 왕국의 대두로 차츰 차츰 번영했던 도시들도 그들의 영향력을 잃게 되며, 프랑스 혁명을 통해 이루어진 나폴레옹의 이탈리아 원정으로 북부 이탈리아 지역에서 공화국이 성립되고 차후 이탈리아 왕국으로 변경된다. 그리고 계속되는 나폴레옹의 영역 확장으로 시칠리아와 사르디니아를 제외하고 전 이탈리아가 프랑스 손에 들어오게 된다. 그러나 1815년 나폴레옹의 몰락으로 이탈리아에는 옛 왕국들이 복귀하며, 북부 이탈리아는 오스트리아 영향권에 속하게 된다. 프랑스 혁명으로 자유사상과 국민주의 사상으로 인한 폭동이 1820년, 1831년, 1848년에 일어났지만, 성공하지 못하게 된다.

피에몬떼의 빅토르-엠마누엘 2세의 추진으로 피에몬떼 왕국이 이탈리아 통일의 불을 당기면서 시작한 이탈리아 통일 운동은 1870년에 로마를 점령함으로써 이탈리아는 통일이 된다. 계속적으로 이탈리아는 경제적 군사적 부흥을 일으키고, 아프리카에 소말리아, 리비아 등을 포함하는 식민지 제국을 만든다. 1차 대전을 통해 연합군 측에 가입한 이탈리아는 오스트리아로부터 트렌틴과 트리에스테를 비롯해 플루메 등을 조차 받는다.

1922년 로마로 들어간 무솔리니는 전체주의 체제를 구축하고, 에티오피아(1936), 알바니아(1939) 등을 차지하면서 이탈리아 제국을 확장한다. 그러나 곧이어 터진 세계 2차 대전에 이탈리아는 처음에는 독일 측에 가담했으나, 전세가 불리해짐과 더불어 왕명으로 무솔리니가 체포된 후 휴전이 성립되고, 곧이어 독일과 전쟁 선포를 한다. 그러나 독일군에 의해 풀려난 무솔리니는 북부 이탈리아에 새로운 파시스트 정권을 수립하지만, 연합군의 진격으로 그는 체포되고 1945년 반-파시스트들에 의해 처형당한다.

1946년 빅토르-엠마누엘 3세의 퇴위 후, 국민 투표에 이어 이탈리아는 공화국이 성립한다. 곧이어 민주-기독교당 정부가 들어서고 정치 경제적 부흥을 도모한다. 이후 사회적으로 수많은 어려움을 동반한 정치적 불안정에도 불구하고 이탈리아는 수많은 개혁을 이루어 오늘날 EU에 가입해 선진국으로 발돋움하고 있다.

3) 이탈리아어 영역

이탈리아어의 영역 확장은 앞에서 언급한 여러 언어들과는 비교할 만하지는 않다. 그러나 이탈리아어의 여러 요소들은 제노바와 베네치아의 무역 확장에 힘입어 지중해 항구들의 링구아 프랑카(lingua franca) 또는 사비르(sabir) 같이 변형 합성 언어에서 매우 중요한 기여를 했다.

이탈리아어는 오늘날 몰타 섬에서 문화적인 교양 언어이고, 영어와 나란히, 아프리카 소말리에서는 공식어이다. 오늘날 중요한 이탈리아어권은 그룹 형태로 튀니지나 북아메리카, 그리고 아르헨티나에 남아있다. 그러나 무엇보다도 이탈리아어는 위대한 문화적 권위 역할을 하고 있는 유럽의 한 국가인 이탈리아의 언어로 자리잡고 있다.

6. 루마니아

1) 자연 개관

루마니아(România 로므니아)는 산이 약 31%, 언덕과 평원이 36%로 이루어져 있어 지형적으로 아주 균형이 잡혀 있는 국가이다. 유럽 남동부 발칸반도의 북동쪽에 있는 국가로써 인구 약 2300만명(1995년도기준)으로 산과 언덕과 평원이 고르게 어우러져 있는 루마니아는 대체적으로 남북으로는 카르파티아 산맥이 가로질러있고, 동서로는 알프스 산맥에서 뻗어 나온 트란실바니아 알프스 산맥으로 가로질러 있다. 카르파티아 산맥 동쪽은 몰다비아(몰도바) 평원과 발라키아 평원들이 펼쳐있다. 기온은 대륙성기후를 띄고 있으며, 수도 부쿠레슈티는 트란실바니아 알프스 밑에 위치하고 있다. 국토 면적은 237,500 km²이며, 동쪽으로는 흑해가 있어 바다를 이용하기도 수월한 국가이다.

동쪽과 북쪽은 몰다비아(몰도바) 공화국과 우크라이나, 서쪽은 헝가리와 세르비아와 국경을 접하고 있으며 남쪽은 다뉴브강을 경계로하여 불가리아와 국경을 이르고 있으며 남동쪽은 흑해에 면하고 있다.

천연수와 온천수가 발달되어 있어 전체 유럽의 1/3을 차지할 정도이며, 115,000km의 길이나 되는 물줄기가 있고, 호수도 3500개 이상이 있을 정도로 수자원이 풍요로운 나라이기도 하다. 다뉴브강 하류에 위치하고 있는 루마니아는 이 강 길이가 루마니아 내에서 1,075km 긴 여정을 거쳐 흑해로 들어가게 하고 있다.

관할 행정 지방 : 루마니아 영토는 역사적인 배경과 더불어 크게 세 지방으로 구분된다.

① 문테니아(Muntenia) 지방:
광의의 문테니아 지방은 수도 부쿠레슈티(Bucureşti)를 중심으로한 루마니아의 남부지방에 해당되며, 협의의 문테니아 지방은 남서쪽의 올테니아(Oltenia) 지방을 제외한 지역을 일컬음.

② 몰도바(Moldova) 지방:
야쉬(Iaşi)를 주 수도로 하고있는 루마니아의 북동 지방에 해당됨.

③ 트란실바니아(Transilvania):
클루지-나포카(Cluj-Napoca)를 주 수도로 하고 있는 루마니아의 북서 지방에 해당됨.

특히 루마니아의 기후는 3월말부터 4월초엔 거의 대부분의 지역이 영상을 기록하며 전형적인 봄 날씨를 보이는 냉 온 차가 심한 대륙성 기후로서, 봄과 가을은 짧고 여름과 겨울은 상대적으로 긴 편이다. 지역별로 해양성 또는 지중해성 기후의 영향을 받고 있으나 한국의 기후와 흡사해 4계절의 평균기온도 비슷한 편이나 습도가 낮은 것이 차이점이다. 연평균 기온은 남쪽은 섭씨 10도, 북쪽은 8.5도이며 늦가을에는 비가 많이 오며, 연 평균 강우량은 737 m/m이다.

2) 루마니아 역사

오늘날 루마니아의 영토는 옛날 다키아 지방이었다. 남·동유럽 지역엔 기원전부터 고대 인도-유럽어족의 한 종족인 트라코-다키아(Thraco-Dacia)인들이 정착하여 거주하고 있었으며, 그 중에서도 루마니아 영토에 해당하는 지역엔 다키아인들이 B.C. 1세기 초에 부레비스타(Burebista) 왕의 통치 하에서 소왕국을 건립하였던 것으로 알려지고 있다. 그러나 다키아 왕국은 데체발(Decebalus) 왕이 지배하던 A.D. 101-102년과 105-106년 두 차례에 걸친 로마군대와의 대 전투 끝에 트라이안 황제가 친히 진두지휘하는 로마군대에 패배하여 107년에 로마제국의 지방 행정관할로 편제되었고, 그 후 170여 년 간 로마제국의 통치하에 처하게 된다.

로마제국의 새로운 식민지인 다키아 지방엔 제국내의 여러 지방으로부터 -그러나 실제로는 주로 남·동유럽의 인근지역으로부터- 수많은 이주민들이 이주해왔으며, 이와 같은 연유로 다키아엔 로마문화 및 라틴어가 비교적 집중적으로 보급되었던 것으로 알려 지고 있다. 특히 212년 카라칼라(Caracalla) 황제의 칙령에 따라서 로마제국내의 정상적인 주민들에게 로마시민권이 부여됨으로써 다키아 주민들로 하여금 대 로마제국의 시민이라는 자부심을 갖게 해주었으며, 이러한 소속감은 그 후 로마제국이 3세기말에 게르만 민족의 한 종족인 고트족의 침략으로 인해 이 지역에 대한 통치권을 포기하였고, 그 후 여러 민족들이 다키아를 침략하여 일시적이나마 새로운 주인이 되었음에도 불구하고 루마니아인의 선조들이 그들에 동화되지 않고 오늘날까지 로마제국의 전통을 보존할 수 있었던 원동력이 되었던 것이다.

그러나 이 다키아 지역을 로마의 아우렐리안(Aurelian) 황제가 AD 275년에 게르만 민족의 한 종족인 고트족에게 넘겨주고, 로마는 다뉴브강 이남으로 군대를 철수시키지 않을 수가 없어 로마의 영역에서 벗어나고 만다.

결국 4-10세기 사이에 다키아는 수많은 민족들 간에 카르파티아 발칸 지역의 주도권 장악을 위한 세력 다툼의 전쟁터가 되었다. 즉 고트족, 훈족, 아바르족, 슬라브족, 타타르족 등이 이곳을 거쳐 가면서 살았다. 처음 로마가 망한 후 고트족이 이 지역에서 약 100년(275-375) 동안 주인으로 군림한 후, 흉포했던 아시아 민족인 훈족의 지배(375-453)가 계속되었으며, 이어서 비교적 온순한 게르만족의 한 종족인 게피드족이 다시 100년 이상 거주했다. 그러나 이들도 또 다른 게르만 민족의 한 종족인 롬바르드족(랑고바르드족)과의 치열한 민족 상전 끝에 터키의 기마족인 아바르족을 이 전쟁터로 불러들이게 되는 결과를 초래하게 된다. 그러나 결국 이들도 이러한 혼란기를 틈타 점점 이 지역으로 몰려들기 시작한 슬라브족에게 자리를 양보하게 되며, 로마 제국이 동서로 양분되면서 비잔틴 제국의 영향권에 속하게 되었던 카르파티아 발칸 지역은 슬라브 민족이 남동유럽으로 이주하면서 이 지역의 주민들은 정치 사회적으로 지대한 변화를 가져오게 된다. 특히 로망스어를 사용하는 민족인 루마니아인의 조상들은 점점 도심지로부터 벗어나 산악지대로 피신하였다가 시간이 경과하면서 점점 카르파티아 산맥 지대에서 발칸 지역 일대에 걸쳐 방대한 유목 생활로 영위하면서 지내게 된다. 언어적으로는 7세기말 무렵부터 남동 유럽 지역에서는 로망스어 사용하는 민족과 슬라브어 사용 민족이 공존하여 두 개의 언어가 공존하며 사용되었다.

따라서 이 지역엔 7세기 말엽부터 로마문화를 계승한 주민들과 슬라브 주민들 간의 양대 문화가 공존하였고, 9세기 중엽에 접어들면서 다뉴브강 이북 지역에선 슬라브 주민들이 점차적으로 로망스 주민들에 동화되었으며, 다뉴브강 이남 지역에선 슬라브인들이 입지를 확고히 하는데 성공함으로써 그 곳에 거주하고 있었던 로망스

주민들이 그들의 본거지 중의 한 곳이었던 다뉴브강가를 떠날 수밖에 없었다.

그 후 루마니아 민족이 세계 역사에 기록된 것은 12세기 초 키에프 지방의 한 수도원의 수도사에 의해서 쓰여진 러시아의 네스토르(Nestor) 연대기와 헝가리의 익명의 궁중 사가에 의해서 작성된 게스타 훈가로룸(Gesta Hungarorum) 등에서 언급되고 있는 블라흐족(Blachii, Volochi, Vlahi 등)에 관한 문헌들로서, 이 어휘는 오늘날 밝혀진 바에 의하면 남·동유럽 지역의 로망스 민족, 즉 루마니아인들의 선조를 일컫는 말로서 고지 독일어휘인 Walha로부터 유래하여 슬라브인들, 고대 그리스인들, 헝가리인들 등에 의해 각기 그들의 발음 표기법에 따라 와전된 어휘들이지만, 루마니아인들은 스스로를 라틴어휘 romanus 에서 유래된 rumâni, rumenos 등과 같은 표현을 사용하였다.

이와 같이 문헌에 나타나듯이 10-13세기에 오면서 루마니아에는 작은 제후국들이 생겨나게 되었으며, 동방 정교가 뿌리내리기도 했으며, 언어는 라틴계통의 로망스어를 사용하는 국가가 되었다. 헝가리에 의한 트란실바니아의 정복으로 말미암아 루마니아 사람들은 다뉴브강 평원으로 눈을 돌리게 된다.

특히 루마니아의 봉건 국가 형태인 두 공국, 즉 발라키아와 몰다비아가 각각 13세기 말엽과, 14세기 초에 그 모습을 드러내기 시작하면서, 14세기경에 그들의 수장과 더불어 독립국으로 변신하게 된다. 비록 일시적으로나마 트란실바니아 지역을 포함한 전 루마니아가 미카엘(1593-1601년) 왕에 의해 단일 지배 체제로 결합되어있었지만, 그 후 터키의 침입으로 술탄의 지배를 받게 된다. 그 후 루마니아 역사는 오스만 터키제국의 서방 정책에 대한 끊임없는 투쟁들로 점철된다. 발칸 반도에서 터키 민족의 침입은 이 지역 국가들의 독립성을 크게 위협하였을 뿐만 아니라, 정치·경제 및 사회구조에 지대한 영향을 끼쳤으며 중세 이후 자주적인 정치·경제 발전에 커다란 장애요인이 되었다.

중세 이후 루마니아는 외적으론 상기된 바와 같이 터키 제국의 영토 확장 정책에 투쟁하여야 하는 한편, 내적으론 농민들이 요구가 점점 거세지면서 점차 그들을 예속시키는 봉건제도에 대항하는 사회적인 운동에 직면할 수밖에 없게 되었다. 일화로서 터키 군대가 세르비아를 침공하기 위하여 우선 루마니아의 공국들을 정복하려 하자, 애국심의 발로로 잔인한 방법을 동원하여서라도 조국을 지키려 하였기 때문에 오늘날 '드라큘라' 백작으로 알려진 발라키아의 블라드 4세(Vlad IV)는 상인들의 도움을 얻어 지주 귀족들로부터 독립된 농민 군대를 결성하여, 1462년 여름 터키의 모하메드 2세가 발라키아를 침략하였을 때 '불타는 대지'라는 고전적인 전략으로 터키군대를 물리쳤다. 그러나 그의 이러한 공적에도 불구하고 후임자인 그의 동생 라두(Radu cel Frumos)는 지주 귀족들 편을 들어줌으로써, 다시 터키에 유리한 입장을 제공하였다. 1475년 터키 군대가 루마니아를 완전히 장악하려는 의도 하에 몰다비아까지 공격하였을 때, 몰도바의 슈테판 대제(Stefan cel Mare)는 바슬루이(Vaslui)에서 터키 군대를 섬멸시킨다. 한편 트란실바니아 지방에선 1437-1438 보블라(Bobâlna) 반란에 이어 1514년 5월에 게오르게 도자(Gheorghe Doza)의 주도아래 대대적인 농민 봉기가 일어났으며, 이로 인해서 의무 경작제도가 도입되어졌다. 16세기 마지막 10 년간은 발라키아의 용맹한 왕인 미하엘(Michael cel Viteaz)이 술탄제국의 군대를 패배시키고 짧은 기간 동안이나마 몰다비아, 트란실바니아와 함께 발라키아를 통일시켰다. 17세기엔 루마니아의 각처에서 농민들이 귀족계급에 대한 의무가 가중되면서 이를 더 이상 견딜 수가 없게 되자 농민들에 의한 동요로 국내·외적으로 불안한 한 세기를 보내야만 하였고, 이러한 농민들의 봉기는 18세기로 접어들면서 더욱더 격렬해 진다.

터키 지배 속에서, 1696년 트란실바니아는 오스트리아로 넘어가고, 오스만 터키 제국은1711-1821사이에 종교와 지적인 삶의 속에서 헬레니즘의 대리자격인, 그리스 파나리오트 가문에 의해 터키를 대신하여 몰다비아와 발라키아 공국을 통치하게 하였으며, 이 지방에서는 각기 봉건 대지주인 군주가 그 지역의 영향력을 행사할 수 있도록 하였다. 그러나 이 기간에 농민들의 불만이 고조되었고 드디어 1821년에 투도르 블라드미레스쿠(Tudor Vladimirescu)의 지휘 아래 반 파나리오트 반란이 일어난다. 이 농민들의 반란은 진압되기는 하였지만, 술탄제국으로 하여금 현지인 통치자(hospodar)를 지명하도록 하는 루마니아 농민들의 요구를 관철시키는데 성공하였다.

이런 와중에 몰다비아 공국과 발라키아 공국은 오스트리아와 러시아의 경쟁으로 계속 유지되어 나가지만, 1774년 공국들은 러시아의 보호국으로 전락하게 되며, 1812년 몰도바는 러시아 베사라비아로 떨어져나가 분단되어진다. 1821년 국가적 반란이 일어나 대리통치자를 그리스 파나리오트 가문 사람이 아닌 순수 루마니아 사람으로 임명되게 만들었다. 1828년 러시아와 터키 사이의 전쟁에서, 러시아가 승리함으로써, 러시아는 다뉴브 공국들에서 파나리오트인들을 쫓아내고 그 지역을 러시아인들이 점령하여 그들의 보호구역으로 만들었다. 1848년 루마니아의 자유민족주의자들의 주도하에 봉건군주의 타도를 위한 혁명이 일어난다. 이 혁명 또한 완전한 성공을 이루지는 못하지만 루마니아에 자본주의 사회제도가 도입되는 계기를 마련하게 된다.

크리미아전쟁(1853-1856)에서 러시아군대는 몰다비아와 발라키아로부터 그들의 군대를 철수시킨다는 조약이 유럽동맹국들에 의해 결정되었고, 오스만제국의 종주권 아래 이 지역의 지방자치제가 허용되었다.

1859년 강대국의 보장아래 두 공국이 통합하도록 하는 파리 조약이 맺어져, 단일 국가가 되어, 몰다비아의 알렉산드루 쿠자(Alexandru Ion Cuza)가 몰다비아와 발라키아 양 공국의 대공으로 선출된다. 1862년에 그의 통치권은 루마니아란 국가로서 두개 지역의 행정적 통합을 인정받게 되었다. 쿠자는 강력한 사회정치 개혁을 단행하였다. 그러나 얼마 후 1866년에 그는 권좌에서 퇴임하게 되고, 1877-1878년 루마니아의 독립 전쟁을 이끌었던 독일의 호헨쫄레른 가문(Hohenzollern-Sigmaringen)의 칼(Karl) 왕자가 그 자리를 대신하게 된다.

그리고 1877-1878년 사이에 일어난 러시아와 터키의 전쟁에서 러시아 편을 든 루마니아는 전쟁으로 인하여 러시아에 힘입어

1881년 칼(Karl)은 카롤(Carol) 1세로서 왕위에 오르게 된다. 왕위에 등극한 카롤 1세는 점차적으로 현대화와 산업화를 실시하였고, 외교정책으로는 모든 루마니아의 영토들을 통합시키는데 주력했다. 1913년 루마니아는 제2차 발칸전쟁에 참여하게 된다.

1914년 카롤 1세가 죽은 후 그의 조카 페르디난드(Ferdinand)가 계승하였다. 1916년에 루마니아는 제1차 세계대전에서 동맹국(독일, 오스트리아, 항가리, 터키, 불가리아)에 대항하였다. 이 전쟁에서 결과적으로 연합국의 승리로 인해 1918년 12월 루마니아는 그 이전까지 오스트리아-헝가리의 영토였던 트란실바니아(Transilvania) 지방을 다시 차지하게 되었으며, 부코빈, 바나트 지방이 루마니아에 통합되며, 이와 더불어 베사라비아(Bessarabia) 지방까지 붕괴상태의 러시아제국으로부터 되돌려 받게 됨으로써 루마니아 민족의 숙원인 단일 민족 국가를 실현할 수 있게 된다.

1차 대전 직후에는 세계적인 경제 공황으로 인하여 루마니아경제 역시 심한 침체현상을 겪게 되었고, 국민들의 생활이 악화되면서 1920년 총동맹 파업으로 치닫게 되었으며, 루마니아 사회주의자들의 이념적 무장과 노동자 운동의 약진을 기반으로 1921년 5월 마침내 루마니아 공산당이 창당되었다.

루마니아는 국제적 관심사에 적극 가담하였고, 부분적으로 국제연맹에 참여하여 체코슬로바키아와 유고 등과 함께 '소협상'을 성립시킴으로써, 종전 후 획득한 그들의 영토를 보전할 수 있게 된다.

1937년 말에 실시된 루마니아의 총선은 국내 정치에 대 전환점이 되었으며, 아울러 탄생한지 얼마 되지 않은 루마니아 의회를 마비시키는 결정적인 계기가 되었다. 이 총선에서 국민 자유당은 갖은 부정적인 수단을 동원했음에도 불구하고 결정적인 40%에 미치지 못하는 36%밖에 얻지 못하였고, 농민당이 21%를 득표하였다. 그리고 '철의 장막'이 16%의 지지를 받음으로써 의회에서 세 번째로 강한 정당이 되었다.

한편 옥타비안 고가(Octavian Goga)와 쿠자(Cuza)의 연합 정당인 기독 국민당은 9%를 넘지 못하는 지지만을 얻지만 카롤 왕에 의해 수권 연합 정당이 된다. 아무런 실권이 없는 고가의 임시 정부가 출범한지 44일 만인 1938년 2월 11일 카롤 2세는 전국에 계엄령을 발포하고, 의회를 해산시킨 후 국왕 단독 정권을 잡기 위하여 총 주교인 미론 크리스테아(Miron Christea)가 형식적으로 이끄는 '국민 통합 정부'를 출범시키고 1940년 파시스트들과 우익당들에 의해 그 권좌를 물러나기까지 국왕 독재 정권을 유지하게 된다.

1940년 8월 히틀러의 간섭으로 루마니아에 파쇼적인 군사독재가 실시된다. 히틀러는 이탈리아와 루마니아를 강제적으로 빈(Wien)조약을 맺도록 한다. 루마니아는 소련에게 베사라비아(Bessarabia)와 부코비나(Bucovina) 지방을, 헝가리에게는 북부 트란실바니아 지역을 그리고 불가리아에겐 도브로제아(Dobrogea) 지방을 양도하게 된다.

그 후 정권을 쥔 친 독일파인 이온 안토네스쿠(Ion Antonescu) 장군의 지휘 하에 루마니아는 러시아에 대립되는 독일 측에 가담해, 독일주도의 대 소련 전에 참가하였으나, 1944년 소련 적색군에 의한 즉각적인 패배에 직면해 소련에 정복 당하고 결국 소련과 휴전 조약을 맺는다. 이런 상황에서 미하엘(Michael) 왕과 루마니아 공산당은 1943년 6월 반 히틀러 애국전선을 조직하고 1944년 4월 사회민주당과 공동으로 노동자 연합전선을 결성할 것을 합의한다. 8월에 부쿠레슈티에서 반파쇼 반란이 시작되었는데 이 반란은 2차 세계대전 중 다른 민주세력과 애국애족세력의 동맹을 토대로 한 루마니아 공산당의 반 히틀러 투쟁운동의 압권이었다. 이로써 안토네스쿠 장군이 주축이 되었던 파쇼적인 군사독재는 무너지고 루마니아는 연합국들과 동맹하여 다시 독일에 선전포고를 하게 된다.

1945년 3월 민중투쟁으로 루마니아 역사상 최초로 페트루 그로자(Petru Groza)박사를 의장으로 한 민주정부가 세워졌으며 그 후 몇 년간 정치, 경제, 사회적으로 대폭적인 개혁이 실시된다. 1946년 선거에서 공산당이 승리하고 1947년 국왕은 퇴위하게 되며 그 해 12월 루마니아는 인민공화국으로 선포된다. 1948년 6월 중요한 공장과 은행, 보험, 운송회사들이 국영화됨으로써 계획경제 체제의 기틀이 마련된다. 1961년 10개년 계획이 착수되며, 1962년 초에 농업의 협동화가 완성되고, 1965년 8월에 새로운 헌법이 채택되면서 루마니아는 사회주의공화국으로 변모한다.

2차 세계 대전 중 루마니아에 적군을 진주시킨 스탈린 정부는 루마니아를 위성국으로 만들기 위해 이 지역에 공산정권을 세우기로 작정하고 친 소련파인 안나 파우커(Ana Pauker)와 바실레 루카(Vasile Luca) 등이 루마니아의 권력을 장악하도록 후원하였으나 이에 반대하는 국내파 정치인들은 오랜 투쟁 끝에 게오르규 데지(Gheorghe Gheorghiu Dej)의 주도하에 1952년 마침내 친 소련파들을 숙청시키고 1953년 스탈린의 사망과 그 후계자인 흐루시쵸프의 탈 스탈린 정책의 기회를 노려 1958년 루마니아 내의 소련군을 철퇴시킨다.

루마니아가 소련의 동구권 경제통합 정책에 대하여 반대를 표명하기 시작한 것은 1961년 10월에 개최된 루마니아 공산당 중앙위원회 총회에서 동구 사회주의제국을 경제적으로 소련에 예속시킴으로써 정치적인 통제를 꾀하려는 흐루시쵸프의 정책을 비난한 데서 발단된다. 1962년 6월 동유럽 국가 경제 상호 원조회의(COMECON)에서도 루마니아는 소련의 정책에 공식적으로 반대하는 입장을 취하고, 소련은 1963년 7월 모스크바에서 열렸던 코메콘국가 정상회담에서 이 정책을 철회하지 않을 수 없게 된다. 1964년 4월 루마니아는 공산당 중앙위원회에서 독자노선을 선언함으로써 국제정치에 있어서 루마니아의 탈 소련 입장을 정식으로 표명한다. 그 후 양국 간의 갈등은 1964년 10월 흐루시쵸프의 실각과 1965년 3월 게오르규 데지의 사망으로 일단 냉각기를 맞게되나 1965년 데지를 계승하여 새로운 서기장이 된 니콜라에 차우셰스쿠(Nicolae Ceauşescu)는 수상인 이온 게오르게 마우러(Ion Gheorghe Maurer)와 함께 자주노선을 고수할 것을 표명한다. 차우셰스크는 1967년 대통령인 스토이카(Chivu Stoica)를 축출시키고 자신이 서기장과 국가평의회 의장 격인 대통령직을 겸직하게 된다.

제2차 세계 대전 전까지만 해도 동구에서 가장 후진국 자리를 면치 못하였던 루마니아는 중앙집권적 계획경제 체제하에서 1950-78년간에 걸쳐 연 평균 9.9 %의 국민총생산(GNP)성장 율을 나타낼 정도로 경이로운 경제성장을 이룩한다. 1970년대 후반까지 급속도의 경제 성장을 달성하였던 루마니아 경제 구조상의 문제점이 드러나기 시작한 것은 1970년대 말부터이다. 루마니아의 지도층이 중공업 자원 개발 산업에 막대한 투자를 감행함으로써 국민들의 생활수준 향상에 이바지하는 소비재 경공업과 서비스 공업 발전을 너무 무시한 데서 오는 산업 간의 불균형과 경제성장에도 불구하고 국민의 생활여건이 개선되지 못하였으며, 이로 인하여 공업 종사 인구는 급격히 증가했지만 노동 생산성이 낮은 수준에 머물게 되었다. 루마니아 정부는 공업제품의 대외 수출을 확대하기 위해 서구로부터 막대한 비용을 들여 최신식 기계들을 도입 설치하였으나 이 기계들의 비효율적인 사용으로 인해 국제 수지상의 막심한 손해를 보게 된 것이다.

차우셰스쿠는 집권 초반의 국민적인 지지와 경제적인 급성장을 이룩한 것에 대한 자만심과 족벌들에 의한 일당 독재로 인하여 1970년대 말 이후 그의 통치는 인권남용과 경제정책의 실패 등에 의해 국민들의 불신을 받기 시작한다.

1989년 티미쇼아라에서 발발한 반 차우셰스쿠 폭동은 즉각 수도 부쿠레슈티와 그 밖의 도시들로 확산된다. 시민들의 혁명은 일부 대항하는 차우셰스쿠 측의 비밀경찰을 타도하게 되었고, 1989년 12월 독재자 차우셰스쿠 부부가 처형됨으로써 마침내 루마니아의 독재정권은 그 끝을 맞이하게 되었다.

1990년 2월 1일 루마니아의 반 차우셰스쿠 세력과 구정권에 대항하던 공산주의자들이 연대한 구국전선(FSN)의 주도하에 이온 일리에스쿠(Ion Iliescu)를 대통령으로 하는 임시정부를 설립한 후 5월 20일 루마니아는 53년만에 첫 자유 총선을 실시하였고, 이 선거에서 구국전선의 후보들은 야당후보자에 대해 압도적인 승리를 기록하며, 페트레 로만(Petre Roman)을 내각 책임자로 하는 루마니아 초대 민주 정부가 출범한다.

그러나 이후 불안한 정국으로 이어지면서 정권도 여러 번 바뀌었지만, 루마니아 정부의 부단한 외교적인 노력의 대가로 루마니아는 국제사회에서 다시 신뢰를 회복하고 1993년 10월에 유럽 회의(EC)에 정식 회원국이 되며, 1995년 2월엔 유럽 연합(EU)에 준 회원국이 된다.

3) 루마니아어의 영역

루마니아어는 다뉴브강의 이북 지역인 옛 다키아 왕국에 고대 로마 제국의 문화와 그것의 언어인 라틴어가 도입된 후 다양한 외세의 침입에도 불구하고 오늘날까지 로망스어로써 존속되어 내려온 언어이다. 오늘날 루마니아 영토에서 2300만명의 인구를 비롯해 몰도바 공화국에서 사용되고 있다.

몰도바 공화국은 루마니아 동쪽과 우크라이나 사이에 위치하고 있으며, 이 국가에서도 약 250만명의 루마니아어계 사람들에 의해 루마니아어가 사용되고 있다. 그밖에도 루마니아와 인접하고 있는 이웃나라의 국경 지역과 그리스 북부와 마케도니아 공화국 알바니아 불가리아 크로아티아 공화국 등 일부 발칸 지역에서 소수인들에 의해 루마니아 방언들이 사용되고 있다.

7. 스위스

1) 작지만 강한 나라 스위스

유럽의 중앙부에 있는 연방 공화국으로 정식 명칭은 스위스 연방이다. 수도는 베른이며 여러 국가와 국경이 맞닿아 있는 지리적 특성으로 다양한 문화와 언어가 존재한다.

스위스는 현재 독일 이탈리아 프랑스 오스트리아 등 유럽 강국들 사이에 위치한 작은 내륙 국가로써, 주변 국가들의 영향을 받아 전 국민의 70 %가 독일어를 20 %가 프랑스어를 9 %가 이탈리아, 그리고 1 % 정도가 레토-로망스어를 사용하고 있다. 그 외에도 여러 개의 방언들이 오스트리아 국경이나 프랑스 독일 국경 쪽에서 소수로 사용되고 있지만 국가에서는 프랑스어 독일어 이탈리아어 레토-로망스어만을 국어로 헌법상 인정하고 있다. 이미 언급했지만, 특히 라틴어에서부터 갈려 나온 이탈리아 북부와 동북부, 스위스 동북부 알프스 지방 등지에서 사용되고 있는 레토-로망스어는 공통의 문장어가 없기 때문에 각기 독자적으로 특징이 발달되어있다.

41,300 km²의 면적을 갖는 작은 나라 스위스에는 기후와 초목의

성장이 서로 전혀 다른 여러 지역들이 포함되어 좁은 공간에서도 다양성을 갖추고 있기 때문에 여행 목적지로서 큰 인기를 끌고 있는 것은 당연하며, 지형적으로 쥐라 산맥, 중부 지역 그리고 알프스 산맥 지대로 구분되는 이 나라는, 특히 알프스 산들이 쭉 뻗어 나가 이 나라의 얼굴을 이루고 있으며, 그 산맥들이 외부와의 접촉을 가로막고 있기 때문에 스위스 내부에서, 남부의 이탈리아풍, 중부의 독일풍, 서북부의 프랑스어풍으로 나뉜 지역별 특성을 더욱 강하게 성장 시켜 놓은 주된 요인이 되었다.

이러한 지리적 영향으로 인해 유럽에서 가장 작은 나라 중의 하나인 스위스는 이 국가의 4개 국어로 각각 Schweiz, Suisse, Svizzera, Svizra로 표기되는데, 흔히 외국에서 잘 사용되는 Swiss(스위스)는 영어식 표현으로 스위스 국내와는 아무런 관계없는 그런 표기법이다.

국어로서 이 4가지 언어는 해당 지역에서 초등학교 4학년까지 의무적으로 가르치도록 되어있다. 그러나 식품의 내용물 표기에서부터 복잡한 TV 수상기 안내서에는 레토-로망스어가 빠진 3개 공용어(독일어, 프랑스어, 이탈리아어)로 동시에 표기되어있다. 이러한 공용어 정책은 각 지방의 고유한 특색을 추구하면서도 연방의 통일을 유지하려는 스위스 사람들만의 고유하게 가지고 있는 특색이기도 하다.

스위스는 다민족 국가이며 스위스 영내에 사는 사람들은 각 언어를 모태로 그들 영역에서 살고 있다. 즉 서남쪽에 정착한 켈트족인 헬베티아족, 동쪽의 레트족, 로마의 지배에서 벗어난 후 들어온 게르만족 중에서 이미 카톨릭으로 개종한 로마화된 부르군트족과 마지막에 지배층이 된 알레만족이 스위스인을 구성하고 있다.[36] 이와 같이 스위스는 각 언어의 모국에 살고 있지만 인종적 민족적으로 구분되는 스위스인은 존재하지 않는다. 그러나 주체를 이루는 것은 전통적으로 켈트인의 일파인 헬베티아인이며, 이들은 본래 라인강과 마인강 유역에 살고 있다가 BC 400년에 스위스에 침입하여 중

36) 부르군트인은 오늘날 프랑스어 영역을 차지하고 있으며, 알레만족은 독일어 영역을 차지하고 있다.

부에 정착하였다.[37] BC 57년에 이들은 로마의 시이저에게 정복되어 로마의 식민지가 되었다. 그 후 455년에 북부와 동부에 게르만족의 일파인 알레만족이 이동해 침입해 왔으며, 서부에는 로마화한 부르군트족이 침입 정착함으로써 스위스 땅에서 로마의 지배는 끝이 나게 되었다. 그 후 5-6세기에 스위스는 프랑크 왕국에 속하게 되었으며, 그 후 셋으로 갈라진 프랑크 왕국의 하나인 동프랑크(신성로마제국) 왕국령에 속한 후에 많은 독립 영토로 세분화되었다. 원시 3주인 우리(Uri), 슈비쯔(Schwyz) 운터발덴(Unterwalden)를 중심으로 스위스 연방이 형성해 나갔으며, 나가는 과정에서 영역이 확대되어 오늘에 이르고 있다.[38] 그리하여 스위스는 알레만족으로부터 독일어를 부르군트족으로부터 프랑스어를 물려받았으며, 헬베티아족 중에서 타민족과의 동거를 거부하고 산악지대로 칩거해 들어간 레트족으로부터 남아있는 레토-로망스어, 그리고 띠치노주에서 이탈리아 민족으로부터 이탈리아어를 물려받아 오늘날 스위스 언어를 형성하고 있다.

그럼 이렇게 다양한 언어들을 통합하지 않고 그대로 사용하는 이유는 무엇이며. 언어 통합은 왜 이루어지지 않을까하는 생각을 해볼 수 있다. 그 이유에 대해서는 우선 스위스 사람들의 국민성을 보면 알 수 있다. 스위스 사람들은 전통과 옛것을 매우 소중히 여

37) 스위스는 고대사에 헬베티아라는 호칭으로 나타나는데, 현재의 남부 독일, 프랑스 전역에까지 세력을 뻗친 로마 민족에 대항하여 싸운 이들의 기록이 고대사에 두 번 나타나고 있다. 한번은 기원전 107년 라인강을 넘어 북쪽으로 진군하는 로마 군대에게 공격을 가해서 괴롭혔지만 실패해 산속으로 다시 돌아갔다는 기록으로써, 로마 역사가의 기록에 의하면 이 헬베티아족은 용맹하고 금붙이 등을 많이 갖고 있어 부유했으며 그리스 문자를 사용하고 있었다고 한다. 또 다른 한번은 당시 용맹을 떨치던 시이저가 지금의 프랑스를 정복한 '갈리아 전기'에 나타나는데, 이에 의하면 헬베티아족은 기원전 58년에 알프스 지역을 통과해 프랑스로 진군하는 로마 군단을 공략했으나 실패하고 다시 그들의 자리로 쫓겨갔다는 기록이다. 남부에 있었던 이탈리아와 중부의 유럽에 위치하고 있던 프랑스 독일을 이어주는 통로를 장악한 헬베티아족의 텃세와 그 후예인 오늘날의 스위스인의 지정학적 숙명을 여기에서 엿볼 수 있다.

38) 1291년 8월1일은 연방의 첫걸음으로 우리 슈비쯔 운터발덴 사이에 협약이 맺어져서, 이날을 기념하여 8월1일은 국경일로 제정되어 있다.

기고 한번 얻은 것은 반드시 간직하고 보호하고 싶어하는 성격이 강하다. 그렇기 때문에 그들은 그들 자신이 쓰고 있는 각기 다른 언어에 대해 상당한 자부심을 가지고 지키려는 것이다.

스위스의 지방 분권적 정책에서 그 이유를 살펴 볼 수 있는데, 대부분의 국가들이 제2차 세계대전을 기점으로 중앙 집권적 정책을 사용하였지만, 스위스만큼은 지방 분권적 성향을 유지하도록 정책을 펼쳐 나갔다. 대표적인 예로써 스위스 지도를 살펴보면 각 언어 경계마다 각 지방의 언어로 각각의 도시와 산, 강등의 명칭을 표시했다. 즉 프랑스어 사용권 지역은 프랑스어로 독일어 사용권 지역은 독일어로 표기했다. 결국 각 주의 전통과 옛 것을 그대로 지니고 살려는 스위스 국민성에 기인하여 자연 그대로 내려오는 언어를 인위적으로 바꾸려고 하지 않는 그들만의 개성과 다른 것에 대한 존중으로 언어 통합의 필요성을 고집하지 않기 때문일 것이다.

또한 스위스 교육 정책을 그 이유로 들 수 있는데, 앞에서 언급했듯이 스위스의 정책은 지방 분권적인데, 교육 역시 예외는 아니다. 교육을 담당하는 국가 중앙기관이 있기는 하나, 각 지방마다 실질적인 권한을 행사하는 교육청이 있다. 그래서 각 주마다 그 주의 언어로 의무 교육을 시키고 있어 교육받은 언어가 실질적인 모국어 역할을 하기 때문에 언어 통합이 안 되는 요소로써 큰 작용을 하고 있다.

2) 스위스 언어 영역권

A. 독일어권

중앙부와 북부를 주체로 해서 가장 넓은 지역을 차지하고 있는 스위스 독일어는 스위스 내에서 로망스어와 게르만어를 사용하는 지역사이의 경계선 북쪽 지역과 리히텐슈타인, 오스트리아 포어아를베르크, 독일 바덴뷔르템베르크, 프랑스 알자스 지방에서 다양하게 쓰이는 알레만어 방언에 속하는 말이다. 알프스 산맥 남쪽에 있는 몇몇 오지 이탈리아 마을에서도 알레만어 방언을 사용한다. 알레만어도 스위스 쮜리히와 베른에서 주로 사용하는 방언을 비롯한 대부분의 방언은 고지 알레만어로 분류되는 반면, 스위스 바젤과 프랑스 알자스 지방 북부에서 사용하는 방언은 저지 알레만어로 분류된다. 독일어권은 다른 언어권에 비해 넓고 다양해서 단적으로 말해 가장 스위스적이라 할 수 있다. 산악은 접근하기 어렵게 험준하지만 이곳 민족의 예능은 개성적이다. 벽면이나 창문의 프레스코화나 많은 상으로 장식된 분수나 문장이 들어간 유리 그릇도 다른 언어권에서보다 확실히 많다. 유럽을 뚫고 흐르는 라인강 론느강 등의 두개의 강도 독일어권 안의 빙하에서 흘러내려 가는 강들이다.

이 독일어권의 대표적인 도시로는 스위스의 수도이자 스위스에서 4번째로 큰 도시인 베른과 바젤이 있으며, 공작 기계나 정밀 기기의 생산지이자 견직물 산업과 국제 금융 중심지인 쮜리히가 있다.

스위스 독일어는 음운 체계와 문법 및 어휘에서 오늘날 독일에서 표준으로 인정하고 있는 표준 고지독일어와는 약간 다르다. 예컨대 표준 고지 독일어는 '어린이'를 'kind'라고 하는 반면 스위스 독일어에서는 'Chind'라고 한다. 스위스 독일어에서는 명사가 여격 복수형일 때 격어미를 갖는 쮜리히 방언을 제외하고는 어떤 경우에도 격변화가 일어나지 않는다. 동사형도 표준 고지 독일어와 다른 경우를 많이 찾아 볼 수 있다. 예를 들어 '가다'를 뜻하는 표준고지 독일어는 'gehen'인데, 스위스 독일어는 'gan'을 사용하기도 한다.

비록 오늘날 스위스 독일어권에서 글을 쓰거나 설교 및 강연을 할 때는 표준 고지 독일어, 즉 표준 독일어를 사용하지만 그밖에 다른 목적으로는 직업 교육 사회 계층을 불문하고 모든 사람들이 친근한 그들 방언인 스위스 독일어를 사용하고 있다.

B. 프랑스어권

프랑스어는 현재 스위스 인구의 약 1,272,00명 정도 사용하고 있는데, 물론 독일어보다 사용자가 적지만 상당히 중요한 위치를 차지하고 있다. 특히 스위스는 경제 정책 일환으로 주변 국가를 상대로 상당히 많은 수의 노동자를 배출하고 있기 때문에 주변국인 프랑스를 상대로 한 경제 정책은 그 비중이 매우 크므로 프랑스어가 독일어보다 적게 쓰이면서도 중시되는 것은 당연한 현상이다. 현재 프랑스어는 스위스의 서부 제네바, 보, 뇌샤뗄 등 3개주와 발레, 프리부르 베른 각 주의 일부에서 사용되고 있다. 제네바는 국제적인 도시로 유명하며 세계적인 시계공업의 탄생지인 북부지방의 쥐라 지방도 이곳에 있다.

앞에서 이미 언급했지만 로마 영역에 침입한 서고트족이 갈리아 남서쪽에 정착할 시기에 라인강 유역 중간에 자리잡은 게르만족이 부르군트족이다. 알레만족의 이주로 밀려난 이들 부르군트인들은 새로운 부지에서 복구하고 번창해나갔다. 패배로 겸손해진 이들은 로마의 처분을 기꺼이 받아들였고 갈로-로망스인들과 같은 자격으로 섞이었다. 즉 다른 종족 간 결혼이 허용되었고 기독교에 귀의했다. 그러나 로마 제국 내 다른 게르만 종족처럼 로마의 권위가 약해짐에 따라 점령지를 곧 넓혔으며, 여기서 점령지란 오늘날 스위스에서 프랑스어를 사용하는 대부분의 영토 획득을 의미한다. 이러한 과정을 통해 스위스에 프랑스어가 정착되었다. 현재 프랑스어가 공식적으로 사용하는 주는 베른(Bern), 프리부르(Fribourg), 쥬네브(Genéve) 쥐라(Jura), 뇌샤뗄(Neuchâtel), 발레(Valais), 보(Vaud) 등 이다. 이중 베른, 프리부르, 발레는 독일어와 함께 공식어로 쓰이고 있다.

C. 이탈리아어권

독일어와 프랑스어 다음으로 많은 비중을 차지하고 있는 것이 이탈리아어다. 이탈리아어는 현재 스위스 남부의 티치노 주를 중심으로 사용되고 있는데, 특히 티치노 주의 사람들은 이탈리아어에 아주 많은 자부심을 갖고 있다. 생활 풍속도 이탈리아적이지만 식당 테이블에는 반드시 스위스 국기를 꽂아 두고 있어, 스위스에 소속감을 과시하고 있을 정도로 스위스적인 곳이다.

D. 레토-로망스어권

스위스 인구의 1 % 정도가 사용하고 있는 레토-로망스어는 현재 스위스 동남부의 그리종 주(독일어로는 그라우뷘덴 주)가 그 중심지이며 주로 산악지대인 그리종 주에서 이 언어는 주의 외딴 골짜기에서 로마시대부터 거의 변함없이 사용되어 왔다. 스위스에서 제일 큰 주이지만 인구는 제일 적다.

지금은 모두 4만 명이 라인강과 인(Inn)강 상류의 두 개의 큰 계곡 부근에 집결되어있다. 유사하게도 그들의 방언들도 두 유형으로 나뉘어지는데, 라인강 계곡에서는 로망슈라고 불리는 언어와 인강 계곡에서 보이는 엥가딘어(Engadinish)이다.

한편 로마 시대의 지방 수도였던 꾸리아 레토룸(Curia Rhetorum, 오늘날 프랑스어로 Coire, 독일어로 Chur)는 오늘날 이 주의 주요 도시로 자리 잡고 있으나, 16세기 이래로 로망스어가 상실되어가고 있으며 독일어가 그 자리를 대신하고 있는 실정이다. 그러나 자연적 조건의 부족에도 불구하고 16세기 종교개혁과 함께 문학적 지위를 획득한 그리종 지방의 레토-로망스어는 근세에 이르러 15번째 주로 스위스에 가맹(1803년)된 이후에 그 영토를 확보 보존하고 있다. 결국 레토-로망스어는 교양어로 확대되어갔고 지방자치의 상징인 애국열의 대상이 되는 경향을 보였었다. 그래서 1938년에 이탈리아 파시스트들에 의해 위기에 처하기도 했었다. 그러나 레토-로망스어가 이탈리아어의 방언이라는 근거없는 주장에 힘입은 주민들은 성공적으로 연방 정부의 4개국어로써 인식을 확고히 하게 만들어 놓았다.

레토-로망스어는 현재 학교에서 교과서의 언어로써 교육용으로 널리 쓰이나 표준화는 여전히 불확실하다. 사실상 2개의 주요기준이 있는데, 하나는 카톨릭 집단이 말하는 쉬르셀방 로망스어로 대표도시는 디센티스(Disentis)이고 다른 하나는 신교도 집단이 중심적으로 사용하는 신교도 엥가딘어로 주요 도시는 사마덴(Samaden)이다. 후자는 16세기 이후 인쇄술과 성경을 발판으로 삼아 최초의 인쇄 작품인 크리스티아우나 푸오르마(Christiauna Fuorma, 1552

년)를 남겼으며 또한 역시 신약성서(1560년)도 번역물로 남아있다.[39] 결국 이러한 종교 문학의 안정된 영향으로 엥가딘어는 로망슈어보다 더 그 형태를 뚜렷하게 보존되어 내려오고 있다.

39) 두 작품의 저자는 야콥 비프룬 Jacob Bifrun 임.

제6장

로망스어학과 언어학

1. 중세의 로망스어학

중세기에 배우고 가르치는 권위적인 유일한 언어는 라틴어였다. 그래서 당시 학교에서 문법(Grammar)이라는 용어는 다름이 아닌 학교에서 가르쳤던 라틴어 그 자체를 지칭한 것이었다. 따라서 당시 '문법'은 '저속어' 즉 당시 각 지방 고유 언어와 대립되는 용어로 쓰일 정도로 라틴어는 유일한 교육 언어였다.1)

비록 로망스어에 속하는 여러 언어들 중에서 하나의 언어만 취급했지만, 라틴어에서부터 나온 로망스어에 대하여 처음으로 다룬 최초의 작품은 프랑스 남부지방 출신인 욱크 페디(Uc Faidit)가 1240년경에 편집한 작품이다. 확실한 연대를 알 수가 없지만, 그것은 아마 오늘날 스페인 북동부 지방인 카탈로니아의 음유 시인이었던 비달 데 베살루(Vidal de Besalu)의 작품인 라조스 데 트로바르(Razos de trobar)보다 시대적으로 앞섰던 것으로 여기고 있다. 라조스 데 트로바르는 비달 데 베살루가 직접 작품화시킨 것이 아니며, 테라마뉘노 데 피사(Terramagnino de Pisa)에 의해 1270-1280년경에 운문으로 작품화시킨 것이며, 또한 이 작품은 아라곤 왕국의 왕인 작크메 2세(Jacme II)의 명령으로 죠프레 데 포이하(Jaufre de Foixà)에 의해 1290년경에 써진 작품인 레글레스 데 트로바르(Regles de trobar)에 영감을 주었던 작품이었던 것으로 알려지고 있다.

그리고 로망스어의 이러한 최초의 문법들은 기본적으로 문헌학적이거나 수사학적 관점 속에서 저술되었지 오늘날 생각하는 언어학적 관점에서 저술된 것은 아니었다. 이것들은 정확한 방법으로 음유시인들의 언어를 작곡하기를 원하는 사람들을 돕기 위한 것들이었으며, 특히 음유시인들의 중심부라고 할 수 있는 남부 프랑스에서부터 멀리 떨어져있는 카탈란어나 이탈리아어, 시칠리아어를 사

1) 일례로서 욱크 페디(Uc Faidit)가 쓴 프로방스어(남부프랑스어) 강의(Donatz Provensals)에서 다음과 같이 말을 했던 것으로 보아도 그 사실을 알 수 있겠다: "Las oit partz que om troba en 'gramatica' troba om en vulgar provençal"('문법'에서 발견하는 8품사는 저속 프로방스어에서 발견한다.)

용하는 사람들을 위해서 저술되었다. 또한 역시 남부 프랑스와는 달리 랑그도일(langue d'oïl)을 언어로 사용하고 있었던 당시 북부 프랑스 지역에서도 남부 프랑스에서와 같이 외국인들을 위해서 최초의 문법책이 만들어 졌다. 특히 영국 에섹스(Essex)의 귀족 부인들을 위해 1290년경에 발떼르 드 비베보르트(Walter de Bibbesworth)가 쓴 '프랑스어 공부(l'aprise de la langue française)'가 그런 것으로, 이 저술은 당시 언어인 앙글로-노르만어로 집필되었다. 그리고 이런 일련의 저술들은 기본적으로 연습을 목적으로 겨냥되어진 것이며, 북부 프랑스어인 오일어나 오크어 등과 같은 저속어로써 집필된 것들이다.

그러나 반면 다른 국가에서는, 예를 들어 이탈리아에서는 아직 국가 기반이 다져지지 않았기 때문에 여러 방언들이 난무해 있었으며, 1315년 이탈리아의 유명한 단테가 그의 저서 '공통의 구변술(De vulgari eloquence)'을 통해 화려한 문장으로 그의 국어인 당시 이탈리아어를 향상시키기 위한 옹호 사상을 집필한 것도 바로 라틴어였다. 그러나 이 책 역시 언어학적인 그런 저서는 아니라 언어적 관점에 있어서는 문제가 되고 있다. '공통의 구변술'은 실제로 당시 대중의 저속적인 시론이지만, 단테는 언어들과 주로 저속적인 로망스어들에 대하여 심도있는 비평적 명상으로서 문법적인 반영을 확장시켰다. 그리고 예를 들어 중세 철학자들이 그러했지만, 로저 베이컨(Roger Bacon)이 '문법은 모든 말에서 두 번째 요소이며 우연적으로 변화가 가능한 것이다'라고 말한 것에서 찾을 수 있듯이, 언어나 어느 특유의 말(특유어) 또는 문법에 대한 중세의 전통적인 개념과는 달리, 단테의 작품에서는 오늘날 현대 언어학 속에서 찾아 볼 수 있는 일부 독특하고 독창적인 주장을 발견할 수 있다.

단테는 시간은 물론 동시에 공간에서 변화해 가는 특유어들에 대하여 올바르고 역사적인 관점을 이미 세워놓고 있었다. 즉 유럽 민족들의 최초의 하나의 언어가 3개의 언어로 갈라졌다고 피력했으며, 그 당시에 유럽 언어에 대하여 탁월한 지식으로 증명하기도 했다. 즉 그는 동부 유럽에는 그리스어, 북부와 동부의 일부에서는 게르만어, 그리고 그 나머지 지역에서는 3개로 다시 특징지워지는 3

번째 언어가 있다고 말했으며, 또한 마지막의 이 3번째는 긍정의 대답을 뜻하는 영어의 yes에 해당하는 오크어(oc) 오일어(oïl), 시어(si)에 해당하는 지역으로 예를 들어 스페인 지역(Yspani), 프랑크 지역(Franci), 이탈리아를 중심으로 하는 라틴지역(Latini)을 가르키고 있었다. 말하자면 단테가 처음으로 로망스어 영역, 더 정확히 말하면 최소한으로 서쪽 로망스어 영역을 정의했음을 알 수 있다. 놀랍게도 그는 당시 오늘날 스페인어의 조상이라고 할 4번째 언어를 언급함이 없이 바로 그냥 스페인지역(Yspani)와 더불어 오크어를 말하는 사람들을 확인했다는 것이다. 이것은 바로 단테가 탁월한 저속 언어들에 대해 정확한 생각을 하고 있다는 것이며, 이들 저속 언어들로써 단지 3개, 즉 오크어, 오일어, 그리고 시어를 그가 꼽았다는 점은 아주 주목할 만한 점이다.

또한 별도로 단테는 자연적인 저속 언어들 곁에 항상 문법적인 언어들, 특히 앞에서 이미 언급한바 있는 욱크 페디(Uc Faidit)가 말했던 '문법에 준한 그런 언어'들이 존재한다고 생각했다. 단테에 의하면 당시 모든 문법가들을 위한, 이런 문법은 학교에서 지탱되고 있는 규약에 기본적으로 좌우되고 있었으며, 고정되어졌거나 이미 고정된 언어들이었다. 이런 언어로부터는 당연히 저속 언어들이 나올 수는 없었으며, 비록 단테가 로망스어의 원천인 저속 언어, 즉 '자연스러운' 언어에 대해서는 아무런 말도 하지 않았지만, 문학적인 라틴어가 그런 언어의 문법적 형태이었음에 틀림없다는 것을 그의 논지로부터 추론할 수 있다.

그 후 15세기까지의 수세기 동안 언어학적 관심거리는 철학-논리적인 양태라든가 또는 언어들의 문법이나 문학적 양태로 그 방향이 고정되어 있었다. 그래서 표준 문법에 제시된 문제들이나 언어의 문학적 모범 용법. 국어의 윤택과 발달, 언어나 말들의 철학적인 토대, 논리나 인간 정신 구조들과 언어나 말들과의 관계 등과 같은 것들에 대하여 연구해 나갔다. 그리고 말이나 언어들의 기원에 대한 문제는 단지 이와 같은 지침에 속하는 원리들의 기능에서 유발되어 나온 대부분 시간에 관계되는 것들이었다. 그래서 이 모든 상황들은 로망스어 연구나 지식에 대해 직접적인 것이 아니라 매우 간접적으로만 관계되고 있었을 뿐이었다.

그러나 수사학적인 논쟁이 언어의 기원에 대한 확실한 단정을 내재적으로 압박하게 하고, 15세기부터는 단테의 제안에 다소간 영향을 받으면서, 일부 이탈리아의 문헌학자들은 저속적인 로망스어들, 특히 이탈리아어 그룹 언어들의 기원이 라틴어라는 것을 생각하기에 이르게 된다.

2. 16세기의 로망스어학

16세기부터는 국가적으로 사용하고 있는 저속 언어를 향상시키려는 의지 때문에, 결과적으로 앞에서 언급한 저속적인 언어들이 그것의 고귀한 기원을 가졌다는 것에 대해 확신하게 되었다. 16세기 후반부터 프랑스에서 어원 연구가 증가되어 갔는데, 바로 이런 것들이 이런 단정을 더욱 뒷받침해주고 있다. 요구되는 자료도 장비도 갖추지 못했고, 연구 방법 자체도 발견해야 할 처지였던 당시에, 어원 연구학자들은 아주 공상적인 가정들을 세우기도 했다. 프랑스어와 이탈리아어가 히브리어가 기원이라든가, 또는 프랑스어가 그리스어 기원이라든가, 이탈리아 토스카나어가 에트루리아어 기원이라든가 하는 것들이 그런 것들이었다. 조금 조금씩 진실이 이런 가정에 도전하게 되었고, 당시 프랑스어 기원에 연구하고 있었던 독일의 호트만(Hotman)이 독일쪽에서부터 프랑스어의 기원이 라틴어라고 단정하기에 이른다.

그러나 16세기말에 로망스어의 원천이 통속 라틴어로부터라고 정확한 단정을 낸 사람들은, 바로 프랑스에서는 에스띠엔느(H. Estienne), 이탈리아에서는 치따디니(C. Cittadini)이었다. 이때부터 이와 같은 개념이 학식인들 사이에서 지배적이 되었다.

3. 17세기의 로망스어학

17세기에 와서도 수사학적인 언어연구가 지배적임에도 불구하고 계속된 어원 연구는 놀라울 만한 결과를 로망스어어 연구에 가져왔다.[2] 특히 이 분야에 가장 알려지고 가장 유능한 대표로는 질 메나쥬(Gilles Ménage)로서 그는 1650년에 '프랑스어 기원(Origines de la langue française)'과 1669년에 '이탈리아어의 기원(Origini della lingua italiana)'를 발간했다. 메나쥬의 어원에 대한 저술들은 오늘날의 로망스어 학자들에 의해서 중요하게 인정받고 있다. 그는 저속적인 라틴화된 텍스트나 고대 프랑스어 텍스트 연구의 중요성을 이해하고 있었으며, 더욱 나아가 지방어나 농부들의 말투들을 연구할 필요성에 자각심을 실어주었다.

결국 이때부터 일반적으로 저속적인 라틴어화가 로망스어 근간이라는 생각이 지배하게 되었으며, 언어학적 비교에다가 역사적 관심도 필요하다고 인정하게 되었다. 그리고 또한 언어 변화와 변형에 일부 일정한 법칙을 발견하기도 했다. 그래서 1678년에 프랑스 파리에서 이런 라틴어에 대한 가장 중요한 사전이 빛을 보게 되었는데, 샤를르 드 깡쥬(Charles de Cange)의 중산층이나 하층 사람들이 사용한 라틴어 사전이 바로 그런 예이며, 프랑스에서는 문법책, 어휘집, 헌장집, 연대기, 종교 의식집이나 문학 작품 등과 같은 모든 종류의 문서로부터 다양하고 풍요로운 수집의 결과로 이루어진 라틴어 어법의 어휘집을 통해서 결국 고대 프랑스어는 중요한 그것의 위치를 가지게 되었다.

4. 18세기의 로망스어학

18세기에는 언어학적 현상에 대한 고려가 기본적으로 철학적 공론으로 진행되었다. 그래서 이때의 사람들은 사상과의 관계 속에서 언어의 기원에 대해 주어진 문제점들에 대하여 관심을 갖게 되었다. 논리의 창조와 표명처럼 구상된 일반 문법에 대하여 이때 사람

---

2) 이 당시 수사학적인 연구의 대표적인 저술로는 이탈리아어로는 베네치아에서 1612년 발행된 '크루스까의 아카데미적인 어휘집(Vacabolario degli Accademici della Crusca)'이 있고, 프랑스에서는 1635년 프랑스 학술원 창립과 더불어 보즐라(Vaugelas)의 '프랑스어에 대한 소고(Remarques sur la langue française)'와 1660년부터 집필된 뽀르-루아이알 (Port-Royal)의 '일반적이고 이성적인 문법(Grammaire générale et raisonée)'이 있다.

들은 열중하였다. 이런 관점에서 잘 알려진 사람으로는 라이프니쯔, 버클리, 꽁디약, 뒤마르세 등이 있었다.

이런 공론에다가 한편으로는 언어들의 상대적 가치 문제를 직접적으로 매우 연관 시켜나가기도 했다. 그래서 독일의 피히터(Fichte) 같은 사람은 프랑스어보다도 독일어가 더 우월하다고 확신하기도 했으며, 반면 야니쉬(Janisch)는 프랑스어는 매력적이고 독일어는 철학적이라고 판단하기도 했다.

반면 몇 년 후에 전기 낭만주의가 지배적인 위치를 차지하게 됨에 따라, 그런 풍조 속으로 박식한 사람들을 이끌게 되었으며, 그래서 사람들은 중세 문학의 유산을 발굴하는데 열중하게 된다. 그리고 각 국가 문학의 초기에 대하여 열정적으로 연구하기도 했다.

그래서 이때부터 이런 운동은 멈추지 않았으며, 비록 스페인 마드리드에서 '스페인어 사전(Diccionario de la Lengua Castellana, 1726-1739)'의 발행이 아직도 수사적인 몰두에 열중하고 있음을 보여주고 있지만, 문헌적 언어학 연구가 역사 쪽으로 지침되어가고 있었다. 바로 프랑스에서 라뀌른느 드 생뜨-빨라이에(Lacurne de Sainte-Palaye)가 중세 음유시인들의 4천개 이상의 작품을 참조하면서, 그의 기념비적인 10권으로 된 '고대프랑스어 사전'을 집필하게 되는 것도 이런 맥락에서였다.[3)]

결국 18세기말은 로망스어 연구에 있어서 최초의 과학적인 연구기간이라고 말할 수 있으며, 그에 힘입어 역사적인 과학으로써 로망스 언어학은 19세기에 특징지워지게 된다.

5. 19세기의 로망스어학

1) 역사-비교 언어학

A. 역사-비교 언어학의 탄생

역사 과학으로써 로망스언어학은 19세기 전반부에 나타났으며,

---

3) 라뀌른느 드 생뜨-발라이에는 18세기 사람으로 1781년 세상을 뜨지만, 그의 사전은 그의 사후 1875부터 1882년에 발행되었다.

낭만주의와는 자매지간이라고 말할 수 있다. 기본적으로 언어의 역사-변천의 개념에 의지하고 있다. 역사의 낭만적인 의미에 따라 일반 논리의 단일 법칙에 지배되는 언어의 부동적인 개념을 반대하게 만들었다. 그리고 동시에 과거 역사적 사실에 대한 취향에 힘입어 순수한 사색 앞에서 언어에 대한 여러 가지 사실들에게 중추적 중요성을 일치시킴으로써 언어학이 이끌어지게 되었다. 이러한 두 가지 태도로 언어학에서 역사-비교 언어학의 탄생을 보게 된다.

B. 초기의 역사-비교 언어학자들

언어의 구체적인 사실들에 대한 객관적 지식을 얻고자하는 시도는 이미 볼프(Friedrich August Wolf, 1759-1824) 같은 독일 문헌 언어학자들에서 이루어지고 있었으며, 1808년에는 슐레겔(Friedrich Schlegel)도 인도-유럽어들을 잇는 관계를 보여주고 있었다. 그래서 인도-유럽어들의 친족에 대한 결정적 관계가 보프(Franz Bopp)에 의해 성립하게 [4]되었다. 그와 거의 같은 시기에 연구한 학자로 덴마크의 라스크(Rasmus Rask)도 있었다. 보프는 덴마크의 언어학자 라스크와 거의 같은 시기인 1816년부터 그의 연구 결과를 발표하기 시작했으며, 반면 라스크는 덴마크어로 연구를 했으며, 당시 덴마크어가 과학적인 연구 분야에서 세계적인 주요 언어의 위치에 있지 않아 라스크의 연구 결과는 거의 알려지지 않게 되었다.

그러나 역사 문법의 장을 실질적으로 연 사람은 1819년과 1849년 사이에 발행한 그림(Jacob Grimm)의 '독일어 문법(Deutsche Grammatik)'이라고 사람들은 여기고 있다. 그림은 게르만어들의 자음 동화의 규칙들을 정식화 해, '소리법칙'이라는 원리를 발표했으며, 이 규칙들은 지금까지도 음성학이나 음운학에서 그의 이름을 따서 '그림의 법칙'이라고 불리고 있으며, 그는 '음운 변이(Umlaut,

4) 보프는 그의 저서 Vergleichende Grammatik des Sanskrit, Send, Armenischen, Griechischen, Lateinischen, Litauischen, Altslavischen, Gotischen und Deutschen(1833-1852)에서 이 사실을 밝히고 있다.

métaphonie)'를 정의했으며, 동사 변화에 있어서 '강변화', '약변화'의 개념도 그가 한 것으로 그밖에 여러 가지 규칙을 정의했다.

그리고 같은 시기인 1833-1836년에 또 다른 독일 학자 포트(A. Friedrich Pott)는 그의 저서 '어원 연구(Etymologische Forschungen)'를 통해 인도-유럽어 영역에서 과학적인 어원학을 창시하기도 했다. 바로 로망스어 언어 과학도 바로 이런 운동 속으로 끼어들게 되었다. 로망스어 학자들은 이 운동에 큰 영역을 차지하고 있었으며, 그들은 역사-비교 방법에 의한 과학적인 언어학을 진척시키기 위해 확고한 위치를 차지하고 있었기 때문이었다. 실질적으로 그들은 로망스어 기원을 알려주는 라틴어에 대하여는 어떠한 것도 간과하지 않았으며, 자세하게 로망스어들의 발달 변천을 수행하게 했던 시대들을 연이어 확장시키면서 수많은 문헌이나 문서 등을 활용했다. 그 결과 로망스어 연구는 당시 언어학 연구에 스승의 역할을 할 수 있었다.

C. 초기의 로망스어 학자들

로망스어 문헌학과 언어학의 창시자들로 여길 수 있는 학자로는 두 사람을 꼽을 수 있다. 프랑스의 레이누아르(François Raynouard, 1761-1836)와 독일의 디이츠(Friedrich Diez, 1794-1876)가 바로 그들이다.

레이누아르는 1816년부터 1821년 사이에 파리에서 6권으로 된 '음유시인들의 원본시집 모음'을 발행했으며, 또한 역시 1836년부터 1844년까지 파리에서 6권으로 된 '로망어 사전(Le lexique roman)'을 발행해 프랑스에서 로망스어 연구의 기념비적 저작을 내놓았다.[5] '음유시인들의 원본시집 모음'에는 풍부한 음유시인들의 작품들이 모아져 있으며 또 한편으로는 그 속에 '로망스어 형성과 기원에 관한 연구', '로망스어 문법', '라틴 유럽 언어들의 비교 문법' 등이 포함되어 있다. 이러한 것들로 보아 레이누아르를 로망스

---

5) 레이누아르의 '로망스어 사전'은 도 다른 명칭으로 '음유시인들 언어 사전(Dictionnaire de la langue des troubadours)'이라고도 불린다.

어 비교 문법의 창시자라고 하는데 두말할 필요는 없다. 물론 레이누아르는 음유시인들의 고대 남부프랑스어를 라틴어에서 나온 최초의 로망스어이고, 고대 남부프랑스어를 라틴어와 다른 로망스어들로 연결시키는 두 번째 모체 언어라고 간주하는 심각한 오류를 범하고 있었지만, 이런 오류에도 불구하고 그의 업적은 탁월한 것이었다. 이때까지 거의 손을 못되고 있던 로망스 언어들의 한 분야인, 고대 남부프랑스의 언어와 문학 분야를 연구함으로써, 로망스어의 옛 문장에 대하여 처음으로 서술을 했으며, 로망스어에 대하여 그것들의 친족관계에 특히 강조하면서 그것들의 공통 특징에 대하여 많은 심혈을 기울였다. 또한 그는 19세기는 물론 20세기에 로망스어 연구에 가장 중요한 연구의 장을 열어주는 동시에, 대중과 지역의 고유 언어들에 대하여 조사하는 것도 소홀하지 않았다.

레이누아르의 또 하나의 공헌은 괴테의 중재에 의해 독일 로망스어 학자 디이츠에게 연구의 소명감을 부추겨 준 것이다. 괴테는 1818년 예나(Jena)에서 이 두 언어학자를 서로 알게 해주었다. 디이츠는 게르만어와 로망스어을 연구하면서, 그림에 의해 이룩해 놓은 연구 방법을 적용하려고 생각하였기 때문에, 그림의 영향이 디이츠의 영감에 더 많은 무게를 실어주었던 것이다.

특히 로망스어 분야에 디이츠의 기본적인 저술은 1836년부터 1843년까지 본(Bonn)에서 3권으로 출판된 '로망스어 문법(Grammatik der romanischen Sprachen)'과 1854년 역시 본에서 출판된 '로망스어의 어원사전(Etymologisches Wörterbuch der romanischen Sprachen)'이다. '로망스어 문법'에서 디이츠는 동 로망스어(이탈리아어, 발라키아어), 남서 로망스어(스페인어, 포르투갈어), 북서 로망스어(남부 프랑스어, 프랑스어) 그룹으로 조사하고 6개의 로망스어로 분리시켰다.[6] 그는 레이누아르가 했던 틀린 관점과 같은 실수를 하지 않았으며, 이 6가지 로망스어를 저속 라틴어까지 유추해 올라갔다. 비록 문학적인 언어만을 고려했지만, 초기에 철자와 소리를 혼동한 그림이 했던 실수도 하지 않았다. 그리고 형태론에서 유

6) 당시 독립을 이루지 못한 루마니아어는 발라기아어라고 불렀다.

추현상을 명백히 증명하면서 소리(음운)변화에 의한 현상을 특히 강조했다. 비록 디이츠의 음성학과 음운론은 역사적 관심 이외에는 오늘날 가지고 있지 않지만 로망스어 언어학에서 이 두 분야는 그에 의해서 창시되어졌다고 할 수 있다. 어원학에 관해서도 디이츠의 연구는, 현대 어원학에 우선 관심거리인, 단어들의 역사를 만드는 것에는 별로 신경쓰지 않고, 단어의 어원을 찾아 올라가는 것에만 만족했지만, 학식적인 단어들(Kunstpro-ducten)과 일반 대중의 단어들(Naturproducten)을 서로 구분하기도 하고, 단어들 사이에서 정확한 소리 변화 현상에 관해 강조하면서 확고한 연구 방법을 확립하였다. 또한 어휘들을 비교함으로써, 조사했던 로망스어 전체에서 공통단어들과 각 그룹에 고유한 단어들을 분류하기도 했으며, 차후 아주 관심이 될 루마니아의 지방어 어휘론의 기초를 구축하기도 했다.

2) 실증주의 언어학

A. 실증주의와 언어학

디이츠는 물론 낭만주의에 의해 영향을 받은 다른 언어학자들도, 비록 언어가 소리라는 방법으로 실현되고, 자연적 조직체로써 언어를 간주할지라도, 언어는 무엇보다도 인간 정신의 생산물이라는 생각이었다. 낭만주의 시기에 언어학자들에게는 이 조직체, 즉 언어는 인간 정신의 끝없는 창조물이었다. 그리고 그들에게 이 개념은 언어 실체에 대면하는 그들의 실증적 태도에 있어서도 전혀 제외시키지 않았다.

19세기 중엽에 꽁뜨(Auguste Comte)에 의해 발표된 실증주의 이론에 따른 일반적인 영향으로 언어학에서 실증주의적 태도가 지배적이 되었다. 실증주의 이론은 다윈(Darwin)이 주장한 진화론에 따른 생물학적 이론으로 매우 확고하게 자리를 잡았다. 다윈의 영향으로 당시 식물학자이기도 했던, 독일 언어학자인 슐라이허(A. Schleicher)는 동식물의 족보를 나타내는 '계통수 이론(Stammbaum-theorie)'을 발견한다.

다윈의 진화론에 따라 살아있는 생물체들의 모든 다양화는 약간의 매우 드문 오리지날 종족으로부터 점차적으로 퍼져나간 것으로부터 기인하고 있다는 것처럼, 이것과 마찬가지로 현재의 언어들의 퍼짐도 유전적으로 다양한 언어가 나온 약간의 모체적 언어들로 올라갈 수 있다는 것이었다. 언어들의 친족 관계의 정도를 구명하는 연구는 결국 언어 계통수를 면밀하게 세우게 했다. 결국 이래서 당시에는 언어학이 자연과학이 되고 만다.

이것으로부터, 슐라이허는 언어학이 그 목적으로써 인간 정신의 자유로운 행동을 가지고 있는 역사 분야라는 것을 절대적으로 부인하기에 이른다. 역학적이든 자연적이든 결정되어진 방법에 의해서 모든 다른 조직이 자연과학에 속하는 것처럼, 자연 조직은 스스로 발달하기 때문에, 언어학도 현상들을 관찰하거나 또는 면밀한 그들의 체제화 덕분에, 언어들의 발달을 정립하고 고정시키거나 또는 불변화적인 법칙들과 예외가 없는 법칙들에 의해 그것들의 특징을 결정하는 것이 가능하게 되었다고 생각하게 되었다.

그래서 당시 언어학의 기본적 의무는, 바로 이런 법칙들을 공포하는 것이었다. 언어의 소리들은 그것들의 물리적 생리적 본질들에 의해서만 유일하게 정의되어지기 때문에, 그런 법칙들의 정립에 가장 적합한 언어적인 요소는 음성. 즉 소리라는 요소였다. 그래서 슐라이허와 동시대의 언어학자들은 음성학에 대해서만 거의 유일하게 그들의 주의를 기울여만 했고, 소리 변화들 속에서 언어 변화의 본질을 보아야만 했던 이유이다. 그들에게 언어 연구의 최종 목적이 소리 변화를 지배하고 있는 법칙으로부터 얻은 지식에 의해 모체 언어의 최초의 단일성으로 찾아올라 갈 수 있게 하는 재구성 작업이었기 때문이었다.

이런 단순한 연구 태도에 반대가 없었던 것은 아니었다. '계통수 이론'에, 슈미트(Johan Schmidt, 1843-1901)가 '파동이론', 즉 액체 표면에 파동을 본떠서, 다양한 공기로 퍼지는 언어학적 혁신인 언어 파동 이론으로 맞섰다. 반대는 전적으로 디이츠의 제자들인 프랑스의 유명한 언어학자인 빠리(Gaston Paris)를 비롯한 로망스어 학자들로부터 효력화되었다. 실증-자연주의적인 언어학의 반대자들은 인간 정신 활동이 소리법칙의 자동 메커니즘 속으로 재 도입시키는 유추(analogy)의 역할에 중요성을 주면서 변화에 대한 소리법칙들에게 예외를 틀림없이 강조하고 있었기 때문이었다.

B. 신-문법학파

그래서 1875년경부터 언어를 순수하게 물질적 생산물처럼 보는 견해와 심리 활동의 생산으로 보는, 서로 상대적으로 보는 이 두 개의 대립되는 개념들을 근접시키려는 노력이 신-문법학파라 불리는 사람들에 의해 시도되었다.

신-문법학파는 19세기 초반 '젊은 독일(das junge Deutschland)'라는 문학 운동과 더불어 유추에 의해 '젊은이 문법학자(Jungrammatiker)'라고 명명된, 특히 라이프리찌히의 독일 언어학자 그룹을 중심으로 일어났다. 신-문법학파 학자들은 이론적으로 다음과 같은 두 개의 방법론적 원리를 강조하고 있었다.

1) 소리법칙의 원리: 모든 소리 변화는 예외없이 법칙들에 메카니즘적으로 따르고 있으며, 같은 조건 속에서 발견되는 모든 단어들은 같은 규칙에 따르고 있다.
2) 유추의 원리: 유추 현상은 언어 형태들의 복구작업에 의해 언어들의 변천 속에서 큰 역할을 하고 있다.

결국 이론적으로는 신-문법학파 학자들은 언어 속에서 이미 존재하고 있는 형태들의 영향 덕분에, 소리 법칙의 기능으로 말미암아 발생되어 나온 변동들을 가지고, 이 소리법칙의 특징을 바로잡았다. 즉 그들은 일부 심리적 자유로움과 인간의 자유로움을 음성학의 유물론적 결정론 속으로 재도입시켰다. 그러나 실제적으로는 신-문법학파 학자들은 실증적 정신에 아주 강하게 사로잡혀있었다. 즉 그들은 '소리 법칙들'을 언어 속에서 지배하고 있는 요소로써 항상 여기고 있었으며, 심리적 양태인 '유추 현상'을 부차적이고 우연적인 사실로써 항상 여기고 있다.

'유추' 이론을 받아들이고 있다는 것은 그들로서는 소리법칙들의 기능이 막다른 골목에 도달했을 때 최후의 안전장치인, 일종의 피난처이었다. 결국 그들은 유추 현상을 소리 법칙의 식탁에서 떨어진 일종의 빵 조각이라고 비유할 수 있는 그런 것으로 여기였다.

C. 로망스어 학자들과 신-문법학파

로망스어 언어학도 자연스럽게 신-문법학파에 의해 강한 영향을 받았다. 다소간 직접적으로 19세기 후반과 20세기 초반에 많은 로망스어의 기본적인 저서들이 이 학파에 속해있는 학자들에 의해 쓰여진 것들이다. 그뢰버(G. Gröber)의 '로망스어 문헌학 개요(Grundriss der romanischen Philologie)', 6권으로 된 니롭(K. Nyrop)의 '프랑스어 역사 문법(Grammaire historique de la langue française)', 가밀쉑(E. Gamillscheg)의 '프랑스어 어원사전(Wörterbuch der französischen Sprache)', 부르시에(E. Bourciez)의 '로망스언어학 요해(Elément de linguistique romane)'와 '프랑스어 역사 음성학 정리(Précis historique de phonétique française)'가 있으며, 이들 저서들은 로망스 언어학에 있어서 대학의 기본서 역할을 하고 있었다.

신-문법학파 지침에 이끌려 온 언어학자로써, 소위 로망스 언어학자들의 왕자라고 불리는 이가 있는데, 바로 빌헬름 마이어 륍케(Wilhelm Meyer Lübke, 1861-1936)로써 그는 4권으로 된 '로망스어 문법(Grammatik der romanischen Sprachen)'을 1890년부터 1902년까지 출판하였으며, 1901년에 '로망스어 언어학 연구 개론(Einfürung in das Studieum der romanischen Sprachwissenschaft)', 2권으로 된 '프랑스어 역사문법(Historische Grammatik der französischen Sprache)'과 '로망스어 어원 사전(Romanische Etymologisches Wörterbuch)' 등을 저술했다.

마이어-륍커는, 새로운 사상에 항상 열려있는 정신 덕분에 일부 절충적 태도로 증명하는데 지장을 전혀 받지 않았던 신-문법학파 이론 속에서 가장 좋은 것들을 로망스 언어학에 통합했다. 그러나 경직된 생각으로, 그는 그냥 순수 이론적 토론이라고 생각할 만한 일부 취향에 너무 경계하면서 구체적인 사실에만 매달리는 취약점을 드러내기도 했다.

D. 신-문법학파에 대한 비판

1885년부터 언어학에 있어서 메카니즘적인 경직성을 실질적으로 표현하고 있는 신-문법학파에 대한 거센 반대가 일어났다. 예를 들어 쿠르티우스(Georg Curtius)같은 이는 유추가 단지 병리학적 경향이라는 생각에 대하여 반대했으며, 어휘 형태론적인 자료는 무시하면서 언어의 음성적인 음운 자료에만 예외적으로 쏠리는 관심에 대하여 반대하며 들고 일어났다. 또한 슈카르트(Schuchardt) 같은 이도 언어에서 무분별하게 적용되고 있는 법칙들의 존재를 역시 부인하고 있었다. 1897년 미셸 브레알(Michel Bréal) 같은 이도 언어가 규칙적인 발달을 하거나 불변하는 걸음 거리 같은 것들이라면 아무도 걱정할 필요가 없다면서, 그의 '의미론 시론(Essai de sémantique)'에서 격렬하게 토론하였다. 한편 그렇게 말하면서도 그는 법칙이 지배하는 음성학적 규칙을 일반적 경향이 지배하는 규칙으로 이끌었다.

또 한편 19세기말에 탄생해 20세기에 언어지리학(linguistic geography)으로 확산되었던, 방언학(dialectology)의 연구가 결과적으로 다다른 것은 바로 소리법칙들과 절단으로 이어졌으며, 결국 그래서 언어지리학은 로망스어 방언학에 위대한 선구자 역할을 하기도 했다.

1873년 '라딘어 시론(Saggi ladini)'를 펴낸 이탈리아의 아스꼴리(G. I. Ascoli)는 소리법칙들을 굳세게 믿었고, '수학적 증거로 입증된 자연적 역사'라는 것을 언어학 속에서 찾아보았다. 이런 자연적이고 메카니즘적인 태도에도 불구하고, 아스꼴리의 방언학 작업은 언어의 개별 양태를 명백하게 설명하였으며, 역사와는 관계없는 순수한 유기적 변화로써 사람들이 여기기를 바랬던 변천이라는 그 속에서 인간의 요인을, 예를 들어 기층어의 역사적 개념 같은 것들을 재도입시켰다.

그리고 아스꼴리는 방언들을, 한계를 정할 수 있는 단일체로써 여겼다. 그러나 프랑스의 메이에르(Paul Meyer, 1840-1917)와 가스통 빠리(Gaston Paris)가 이 개념에 반대를 하고 나섰다. 이들은 1888년에 '대중적인 말투들은 감지할 수 없는 뉘앙스에 의해 상호 내면 속에서 혼란해진다'라고 주장하게 되는데, 바로 이런 주장은, 소리 법칙들이 상세하게 작용하는데 대한 방법에 관하여 새로운 문제점들을 새롭게 들추어 낸 것이었다.

그리고 결국 소리 법칙들이 절대성이 없다는 것은, 소리 법칙들의 무분별한 작용 현실을 부인하는 두 언어학자인, 루슬로(P. J. Rousselot)와 고샤(L. Gauchat)에 의해 시골 지방의 대중 말투들에 대한 조사에 근간을 둔 작업으로 더욱 명백하게 되었다.[7]

20세기 시작을 전후로 했던 시기에는, 역사에 대해서보다는 더욱 실질적 사실에 대해 관심을 가져오면서, 신-문법학파의 이론들에 대한 수많은 비판의 논란과 방언학에 대한 새로운 중요성으로부터 나온 연구 방법과 자료들의 쇄신으로 말미암아 언어학을, 특히 로망스어 언어학을 다채롭거나 분리된 새로운 길로 나아가게 했다.

6. 20세기의 로망스어학

20세기의 로망스 언어학은 조직화와 정립화로 더욱 더 향해 가고 있는 일반 언어학의 만연 속에서 그것의 중요성을 잃어갔다. 그리고 조직화와 정립화는 사고방식이 일반화되어 가는 움직임에 따라 다양한 경향으로부터 영향을 받고 있었다. 즉 20세기 초반에는 이상주의의 혁신이 있었고, 형식이론(Gestalttheorie), 심오한 심리학이라든가, 신-경험주의, 행동주의, 집합에 대한 수학 이론 등 여러 가지 다양한 움직임이 있었다.

그러나 실질적으로 로망스 언어학은 슈피쩌(L. Spitzer)의 말과 같이 '언어학의 주인(praeceptrix linguisticae)'이라는 타이틀에 걸맞게 계속되고 있었다. 왜냐면 일반언어학이 그 영역 속에서 로망

7) 루슬로는 1891년에 고샤는 1905년에 각각 조사를 했다.

스 언어학의 자료들을 더욱 자주 찾아가고 있었을 뿐 아니라, 또한 역시 통시적이며 공시적으로 로망스 언어학의 영역은 풍요함과 가능성들이 많이 있고, 사실에 입각한 존중에 의해 체제화에 대한 과잉을, 필요에 따라 조절하고 수정할 수 있기 때문이었다.

끝나가는 19세기말의 로망스 언어학은 자연주의적 형태의 역사-비교 방법의 지나친 실증주의에 의해 정신과 물질사이에서 자연스러운 균형을 깨트렸다. 거기에 반대적으로 20세기에 와서는 도식화하면서 3중의 반동을 보여주고 있다. 즉 포슬러(Vossler) 같은 이의 이상주의의 반동과 질리에롱(Gilliéron) 같은 언어 생물학자의 반동, 그리고 소쉬르(Saussure) 같은 사회학자들의 반동이 그것들이었다.

1) 이상주의 학파

이상주의 학파의 개념은 심리사회학적인 성향에 바탕을 둔 것으로, 심리사회학적인 성향은 정신의 영향과 언어에 대한 문화의 영향을 명백히 하는데 노력하고 있었다. 또한 이와는 반대적인 수법으로, 정신 상태나 개성 혹은 인간의 타고난 소질에 대한 자각을 위한 언어학적 사실의 중요성을 명백히 하려는데 노력을 기울이는 것을 말한다. 이런 개념들은 이탈리아의 철학자 비꼬(G. B. Vico)의 학설과 독일의 언어학자 훔볼트(W. von Humbolt)의 학설에 종속되는 것이고, 또한 이런 개념들은 이탈리아의 탐미주의자인 크로체(Benedetto Croce)의 교리에 속하기도 하는 것으로 베르그송(Henri Bergson)의 직감에 대한 이론에 근거를 두고 있는 것이다. 따라서 이상주의 학파를 탐미주의 학파 또는 미학파라고 부르기도 한다.

A. 칼 포슬러

포슬러(Karl Vossler)는 이상주의 학파의 우두머리로 여겨지는 사람으로, 그는 1904년에 발표한 그의 이론들을 1913년에 출판된 '언어발달 반영에 있어서 프랑스 문화(Frankreichs Kultur im Spiegel seiner Sprachentwicklung)'라는 그의 저서에서 문어체

프랑스어 역사에 대하여 적용시켰다.[8)]

그의 생각과 방법은 다음과 같은 예에서 찾아 볼 수 있다. 즉 14세기와 15세기경에 프랑스에서는 약삭빠르고 계산적인 상업적 정신 상태가 발달되었고, 또한 같은 시기에 고대프랑스어에서는 거의 안 쓰던 부분관사의 사용이 광범위하게 발달되었다는 것을 확인하면서, 부분관사는 시대의 물질주의적 정신에 기인한 것으로써 프랑스어에 정착하는데 성공했다고 그는 결론 지우고 있다.

B. 이상주의 학자들

이상주의 학파의 연구 방법은 언어로부터 정신 상태로 가는 역으로의 추론으로도 이루어졌는데, 레비(E. Lewy)의 '프랑스어의 생태에 관하여(Zur Wesengestalt des Französischen, 1922)'와 레르흐(E. Lerch)의 '스페인어와 본모습(Spanische Sprache und Wesenart, 1923)'이라는 저서들 속에서 찾아볼 수 있다.[9)] 이런 연구 진행은 독일 로망스어학자들 사이에서 1930년경에 절정을 이루었으며, 이들은 언어에 기반을 두면서 소위 '영원한 프랑스어' 또는 '전형적인 스페인 사람'과 같은 것을 재구성하기를 원했다. 그래서 사람들은 이런 방법들에 대하여 세세하게 엄격함을 강조하기도 하고, 유일하게 문학적 언어들만 인간의 정신과 그 언어사이에 상관관계를 진정으로 정확하게 할 수 없다는 사실을 강조하게 되었다. 그리고 스스로 권위를 세우고 있는 귀납적으로 유도되는 일반 보편성 등도 강조했다. 그리고 포슬러의 원리을 비슷하게 이용해, 더 많은 방법과 더 많은 기술적 엄격함을 가지고, 특히 스페인어 언어학 학파의 메넨데스 삐달(R. Menéndez Pidal)과 알론소(Amado Alonso) 등과 같은 이들에 의해 이런 원리가 실행되었다. 그리고

8) 이 저서는 1929년에 '프랑스 문화와 언어 Frankreichs Kultur und Sprache', '기원부터 현재까지 문어체 프랑스어의 역사 Geschichte der französischen Schriftsprache von den Anfängen bis zur Gegenwart'라는 제목으로 증보판으로 나왔다.

9) 여기 언급한 두 저술은 단지 로망스어에만 관계되는 연구서들을 언급한 것이다.

이탈리아에서는 크로체(B. Croce)의 사상에 영감되어서, 바르똘리(M. Bartoli)에 의해 1925년경에 창립된, 신-언어학파(neo-linguistic)의 탄생을 보게 되었다. 이런 운동에, 데보또(G. Devoto)나 넨치오니(G. Nencioni) 같은 이를 비롯해 많은 이탈리아 언어학자들이 참석하게 되었다.

C. 문체론과 이상주의 학파

이상주의 학파가 문체론(stylistic)에 대해 관심을 끈 것은 매우 고무적인 일이었다. 그들에게 문체론은 주요 분야이며 순수 언어학이었으며, 거기서부터 구문론으로 내려가며, 또한 구문론에서부터 다시 형태론과 음성학으로 내려가기 위해서는 문체론이 바로 출발점이기도 했다. 이것은 바로 이전 세기인 19세기의 로망스어 학자들의 태도와는 완전히 뒤집어진 바로 그런 것임에 틀림없다. 그리고 이런 관점에서 소쉬르(F. de Saussure)의 제자였던 발리(C. Bally)의 문체론이 나왔다.

2) 심리학과 사회학

심리학적이거나 사회학적인 몰두가 20세기 로망스 언어학의 발달에 큰 역할을 했던 것은 단지 미학적 경향을 가진 이상주의 학파에서만 있는 것은 아니었다. 이런 경향은 다른 여러 학자들에 의해 로망스 언어학에 이용되었다.

A. 초기의 심리학과 언어학

심리학적 몰두는 1933년 '음성학론(Traité de phonétique)'을 쓴, 프랑스 음성학자인 모리스 그라몽(Maurice Grammont) 같은 언어학자들 세계에서도 중요한 역할을 했다. 즉 그는 일반 음성학 영역에서, 심적인 것이 심리학적인 것만큼 간여하고 있다고 보고 있으며, 이러한 그의 생각은 1904년에 '프랑스 시(Le vers français)', '표현 방법(Ses moyens d'expression)'이라는 그의 저술에서 찾아 볼 수 있다. 언어학적 표현에 생각의 통로로서 심리학을 우선 과제로 흥미의 대상을 삼았다. 이런 관심에 따라 프랑스에서는 페르니낭 브뤼노(Ferdinand Brunot)의 '사상과 언어(La pensée et la langue, 1922)', 세슈에(A. Sechehaye)의 '문장 논리 구조 개론(Essai de la structure logique de la phrase, 1926)', 그리고 다무렛뜨(J. Damourette)와 삐숑(E. Pichon)이 1927년부터 1940년까지 저술한 7권으로 된 '어휘로부터 사상으로(Des mots à la pensée)'와 '프랑스어 문법 개론(Essai de grammaire de la langue française)' 등과 같은 저명한 저서들이 나왔다.

B. 심리학의 영향

한편 소쉬르(F. de Saussure)의 가르침으로부터 나온 구조주의에 속하지만, 귀스타브 기욤(Gustave Guillaume)의 '심리체계학(Psychosystématique)'을 보면 기욤이 심리학과 매우 밀접한 관계가 있음을 알 수 있다. 그러나 심리학적 문법을 통해 알 수 있듯이, 담화속에서 표현되고, 구상된 생각 단계에서 언어학과 정신 사이의 관계를 잡으려고 하는 대신에, 기욤은 공시적인 유일한 사실들만 주로 다루면서, 역동적인 틀과 단순한 심리학적 메카니즘의 가장 심오한 단계에서 그것을 행하려고 시도했다. 그래서 그는 심리학적 구조주의의 원리를 가설했다. 1919년에 '프랑스어에서 관사의 문제와 해결책(Le problème de l'article et sa solution dans la langue française)', 그 후에 '시제와 동사(Le temps et verbe)' 등을 저술함으로써 더욱 그런 그의 모습을 보여주었다. 비록 프랑스 밖에서 더욱 강하게 논쟁이 되었지만, 기욤의 심리체계학 또는 '심리 역학(psychomecanics)'은 현대 구조주의 경향에 가장 흥미로운 것들 중에 하나이기도 하다. 오늘날 프랑스에서 이름있는 언어학자들 중 기욤의 제자들도 많이 있다. 무아네(G. Moignet), 뽀띠에르(B. Potier), 스떼파니(Stefanini) 등이 그들이다. 로슈 발랭(Roch Valin)의 주도 아래, 캐나다 께벡에 있는 캐나다의 명문 대학인 라발 대학교(Université de Laval)이 기욤의 언어학 강의에 대한 전서를 오늘날까지 발행하고 있다.

C. 사회학의 영향

심리학적 몰두에 대하여, 또 한편으로 앙뚜안느 메이에(Antoine Meillet, 1866-1936)와 죠셉 방드리(Joseph Vendryes, 1875-1960)로부터 형성된 프랑스 언어학파가 사회학적 몰두를 근본적으로 첨가하고 나섰다. 브뤼노(F. Brunot) 의해 '기원부터 1900년까지 프랑스어사(Histoire de la langue francçaise des origines à 1900)'라는 기념비적 저술 속에서 사회학적 경향을 찾아 볼 수 있다.[10)]

어휘론 분야에서도, 마또레(G. Matoré)의 개념도 순수하게 사회학적이었으며, 그의 저서 '어휘 방법론(La méthode den lexicologie, 1953)'에서 그런 그의 개념을 엿볼 수 있다.

또한 역시 막스주의적 언어학도 나타났는데, 그런 언어학에서는 단지 사회주의적 자료들만 옳다고 하는 경향을 엿볼 수 있는 것이 특징이다. 프랑스에서 꼬엥(M. Cohen)이 대표적 인물로 꼽고 있다.[11)] 그러나 당시 소련의 공식적인 언어학자인 마르(Marr)의 영향은 로망스 언어학에 대하여 실제적으로 무가치했으며, 마르의 논리는 최종적으로 1950년 스탈린에 의해 부인되기도 했다.

3) 언어지리학

다소간 심리학적이거나 사회학적인 전념에 따르는 다양한 학파들이, 기계적이고 경직된 설명으로 개념화된 언어학을, 언어의 실체에 관하여 더욱 인간적이면서 동시에 더욱 유연하고 풍부한 개념을 위한 것으로 돌렸지만, 이에 반하여 언어지리학은 매우 긍정적 정신으로 근본적으로 인간의 삶과 동적인 움직임을 로망스 언어학에 도입시켰다.

언어 지리학에서 인간의 삶은 사회학적으로 밀접하게 얽혀 있음

10) 이 저술은 한권으로 된 것이 아니라 13권 이상으로 된 말 그대로 기념비적 저술로 최근에도 계속시대가 이어져 저술되고 있는 책이다. 페르디낭 브뤼노(F. Brunot)에 이어 샤를르 브뤼노(Charles Bruneau)에 의해 집필이 이어졌다.

11) 1956년 그의 저서 '언어의 사회학에 관하여' 참조.

은 물론, 인간 정신의 활동 속에서 이루어지고 있다. 또한 그것은 공시적으로 공간을 통하고, 통시적으로는 지질학과 언어 층위학(linguistic stratigraphy) 덕분에 구조적 조직 속에서는 물론, 그만큼 공시적 사실의 다양성 속에서도 이루어지고 있다.

A. 초기의 언어지리학자들

언어 지리학의 창시자는 스위스 언어학자 쥘 질리에롱(Jules Gilliéron)이다. 그는 언어 지리부도를 펴낼 것을 주창했으며, 결국 에드몽(E. Edmont)와 더불어 '프랑스 언어 지도책(Atlas linguistique de la France)'을 펴냈으며, 이 책은 오늘날까지 출판이 이루어지는 수많은 언어지리부도의 최초인 것이다. 오늘날은 프랑스 언어학자인 알베르 도자(Albert Dauzat)에 의해 프랑스 지방의 지도책에서부터 스페인 스위스, 벨기에 프랑스권, 이탈리아 루마니아 등 모든 로망스어 영역권을 커버하는 지도책으로 출판이 이어지고 있다. 이 지도책들에서는 여러 다른 것들 가운데에서 단지 두 가지 예를 취해 소기(signifié)의 구조화를 보여주었으며, 인종학은 물론 역시 다른 지침 속으로 발달시킬 수 있는 연구를 위해 새롭고 귀중한 자료들을 많이 가져다주었다.

B. 언어지리학의 기여도

언어 지리학의 독창성은 어떤 관념적인 기층어의 기능 속에서 언어학적 사실에 대한 해석을 하는 것뿐만 아니라, 사실들을 수확하는 새로운 방법들과 그것들에 대하여 관찰을 하였다는 점이다. 언어 지리부도 작성 방법으로, 공간을 언어학 속으로 들어가게 하면서, 한편으로는 언어학 이론들의 정적인 상태를 뒤엎었으며, 또 한편으로는 구조적 구성의 기반을 확장하였던 것이다.

그리고 질리에롱의 연구에 의해서 신-문법학파들의 표현 방식이 경직되고 지나치게 단순화되었음이 증명되었다. 즉 소리 법칙들의 개념이 소리 경향의 개념으로 그 움직임을 양보하게 되고, 어원학은 음성학에게만 매달리는 것을 끝냈으며, 단어의 역사로 그 자리를 내주었다. 또한 언어의 변화가, 언어 병리학, 전염, 다른 언어에 끼어 들어가기, 대중 어원학, 동음이의어, 어음유사어(paronymy), 이철동음어(homophony), 의미 과장과 다의성 등과 같은 다중적 요소들에 의해 조건화되어 나타나고 있음이 증명되었다.

한편 19세기말에 일어나기 시작한 방언학도 공간적 세력권의 통합과 더불어 진정한 중요성을 갖게 되었다. 즉 같은 언어 경계선의 묶음, 언어 특징들의 정상과 벽과 같은 개념들이 지방에서 방언 한계선의 분쟁을 풀게 하였으며, 문어체 언어들의 구조는 물론, 역사의 도움으로 대중적 말투의 언어적 사실을 조사함으로써 괄목할 만한 결과를 밝혔다.

'단어와 사물(Wörter und Sachen)'이라는 방법도 언어 지리학에서 나왔으며, 그것에 의해 단어 연구가 새롭게 갱신되기도 했다.

또한 언어 지도부도에 적용된 방법은, 식물, 동물, 개념, 다양한 사물을 명칭하는 연구인 명칭론(onomasiology)을 유발하기도 했다. 게다가 그 동안의 연구 과정의 역전에 의해 행해진 명칭론은, 확대된 의미론으로 비약하게 되고, 언어 공간의 자료들 덕분에 조사를 구조화하게 함으로써 소기(signifié) 연구를 정확하게 할 수 있는 어의학(semasiology)을 불러오기도 했다. 최근에 어휘학의 구조을 정립하려는 프랑스 언어학자인 기로(P. Guiraud)의 노력은 언어 지리학의 지식과 자료없이는 불가능한 것이었다.

언어 지리학적 양태를 다소간 보여주거나 그것의 연구 방법으로부터 나온 문제점을 해결한 학자들은 매우 많다. 다수의 학자들이 언어 지리학이 최소한 로망스 언어학에 있어서 20세기 전반기에 가장 중요한 새로운 것이었다는 것을 보여주기도했다. 그리고 일부 구조주의 언어학자들이 생각할 수 있는 것과는 반대로, 언어 지리학과 그것과 같이 흐르는 부속 학문들은, 구조주의 구성을 위한 더 많고 더 정확한 자료들을 끊임없이 공급하고, 정의에 의해 구조주의를 위협하는 형식화나 추상화의 과잉에 반대되는 난간의 역할을 하면서, 오늘날 구조주의에게로 정확하게 가져올 수 있게 했던 것 이상으로 오늘날의 구조주의에 영향을 미쳤다.

4) 구조주의와 로망스어학

A. 언어지리학이 구조주의에 미친 영향

로망스어 말투들에 대한 작업으로 인하여 근본적으로 유명해진 언어 지리학은, 이론적이지는 않지만 최소한 실용적으로, 수많은 개념을 언어학에 도입시켰다. 그 개념들 중 일부는 다음과 같다.

1) 언어 지리부도의 구성과 함께, 어느 정도 전체를 겨냥한 자료군(corpus)의 필요하고 중요하다는 개념.
2) 공시적으로 수집한 사실들의 해석으로 공시적 조사가 중요하다는 개념.
3) 공동 사회에서 형성된 언어와 언어지리부도에 기록된 지역적 개인적 다양한 실현사이의 관계들에 대한 동시적인 연구 덕분에 랑그(langue)와 빠롤(parole) 사이의 차이점에 대한 개념.
4) 언어 지리학의 앙케트를 통해 얻은 명칭론과 어의학을 위한 방법론 덕분에 지리학적 영향권을 통해 조사된 능기(signifiant)와 소기(signifié)의 관계들에 대한 중요성의 개념.
5) 음성적 실체와 정신적 실체의 언어 기호 속에서 사실에 입각해 그 조합을 끊임없이 연구해야만 하면서, 언어가 무엇보다도 순수한 형성체라는 생각을 갖게 한 개념으로, 이 개념은 형태론이 지리학적 영향권의 조사속에서 이루어지고 있다는 경우를 보여주고 있다.
6) 구조와 내재성의 개념으로서, 이것은 바로 이러 저러한 구조에서 내재된 법칙들을 지리학적 자료군으로부터 되찾으려고 노력함으로써 언어지리학이 방언학을 갱신함으로써 얻은 개념이다.

B. 구조주의와 소쉬르

진정으로 사람들이 구조주의가 출발되었다고 말하는 것은 페르니

낭 드 소쉬르(F. de Saussure)이다. 그의 저술을 설명하기 위해, 유사한 관계 아니면 유사성에 대하여 찾아 나서야만 한다면, 이런 논리를 펼친 사람들은 여러 사람들이 있지만 특히 바로 필연적으로 베르타이머(W. Wertheimer)의 '형태이론(Gestalttheorie)'이나 뒤르크하임(Emile Durkheim)의 실증주의 사회학 속에서 찾아 볼 수 있다. 비록 소쉬르가 실증주의 사회학의 영향을 많이 받았지만, 언어학의 고유 대상을 되찾으려고 노력하고 그것이 아닌 모든 것을 그것으로부터 분리함으로써, 소쉬르는 아래와 같은 유사한 관계나 유사성의 차이가 있는 상당한 원리들에 대하여 매우 엄밀성을 가지고 설명하는데 성공했다.

1) 공시성(synchronie)과 통시성(diachronie)의 차이
2) 랑그(langue)와 빠롤(parole)의 차이
3) 능기와 소기의 조합인, 언어 기호에 있어서 자의적인 특징
4) 능기와 소기의 두 요소의 조합속에서 기본적으로 머물러 있으며 기호들 자신 고유적인 체계속에서 서로 상호간 기능하고 있는 순수 형태의 기호들, 즉 언어의 특징.

결국 이와 같은 것으로 체계(système), 명확하게 말해 내재적이고 고유한 법칙을 가지며, 거기서부터 구조(structure)를 형성시키는 체계의 개념이 나오게 되었다.

C. 구조주의학파

소쉬르의 '일반 언어학 강의'는 그의 사후 1916년에 그의 두 제자인 발리(C. Bally)와 스슈에(A. Sechehaye)에 의해 발행되었다. 그리고 소쉬르의 이론이 큰 성공을 갖게 된 것은 단지 20세기 중반기로써 약 1930년대부터 1960년대까지이다. 프레(H. Frei), 발리, 그리고 스슈에 등을 중심으로 하는 소위 스위스 쥬네브학파는 소쉬르의 강의 노트를 모아 책으로 출판하면서 그의 스승의 가르침을 발전시키는데 노력했다. 이 학파는 전적으로 원자이론처럼 소개

된 지난 19세기의 공시적 구조언어학과 통시적 언어학을 절대적으로 정반대처럼 여기고 있다.

그리고 로망스어 분야에서도 수많은 저술들은 특히 구문론과 문체론에서 공시적 양태아래서만 언어를 연구하는데 일치하고 있었다. 먼저 구문론에 있어서, 잔트펠트(K. Sandfeld)의 '동시대프랑스 구문(Syntaxe du français contemporain, 1928-1943)', 구게하임(G. Gougenheim)의 '프랑스어 문법 체계(système grammatical de la langue française, 1939)', 드 보외르(de Boer)의 '동시대의 프랑스어 구문(La syntaxe du français comtemporain, 1947)', 바르트부르그(W. von Wartburg)와 줌또르(P. Zumthor)의 '동시대 프랑스어 구문 개요(Précis de syntaxe contemporain)', 떼니에르(L. Tesnière)의 프랑스어에 관한 '초보 구문 구조(Elément de syntaxe structurale, 1959)', 크리아도 데 발(M. Criado de Val)의 스페인어에 관한 '현대 스페인어 동사 구문(Sintaxis del verbo español moderno)' 등이 그러한 것들이다. 그밖에 루마니아에 관해서는 루마니아의 언어학자 드러가누(N. Drăganu)가 있으며, 벨기에 프랑스어 방언에 관해서는 르마끌(L. Remacle), 남부프랑스어 방언에 관해서는 깡프루(C. Camproux) 등이 쓴 저술들이 있다. 또한 문체론에 있어서는 소쉬르의 제자인 발리(C. Bally)가 '프랑스어 문체론(Traité de stylistique française, 1919-1921)'을 내놓았으며, 스트롬마이어(F. Strohmeyer), 크레소(M. Cressot), 마루조(J. Marouzeau), 기로(P. Guiraud) 등과 같은 이들이 프랑스어 문체에 관해 저술을 내놓았으며, 로에델(R. Roedel), 데보또(G. Devoto), 밀리오리니(B. Migliorini), 끼아뻴리(Chiapelli) 등은 이탈리아어에 관해, 로드리게즈(M. Rodriguez)는 포르투갈어에 관해, 이오르단(I. Iordan)은 루마니아어에 관해 저술을 내놓았다.

여기에다가 이미 언급한 심리체계학 학파인 기욤(G. Guillaume)과 그의 제자들의 이름을 구조주의에 첨부한다면, 로망스 언어학이 19세기에 언어학의 선두자리를 가진 후에도, 결코 공시 개념이나 구조 개념을 우선시하는 구조주의 언어학 움직임에 있어서도 로망스어 연구는 결코 뒤지지 않는 위치에 있었다.

D. 구조주의 학파와 음운학

20세기에 와서 이와 같이 로망스어 연구에 있어서 구조주의 움직임은 가시화되었다. 그러나 이전의 옛 로망스 언어학과 새로운 구조주의 언어학 사이에 대립이 명백하며 때때로는 아주 격렬하게 대립한 영역이 있었는데 -특히 문체론 분야나 구문론 분야보다도 훨씬 더 대립이 많은 영역이 있었는데- 그것은 바로 새로운 음운학(phonology)에 의해 쫓아버려진 음성학(phonetic)의 영역이었다. 로망스 언어학 연구에서 아주 많이 대표되는 전통적인 역사 음성학을, 당시 구조주의 사람들은 아주 심하게 비난했으며, 전통적 역사 음성학을 소위 고립된 요소들로써 소리의 연구라고 불리어지면서 '원자설(atomism)'이라고까지 불렀다. 그래서 사람들은 기능적이고 구조적인 음성학으로 정의된 소위 '음운학'이라고 불리는 새로운 학문을 음성학에 대립시켰던 것이다.

다시 말해 실험 음성학(experimental phonetic)의 대상인, 소리들의 생리적이고 음향적인 특이성들의 연구에, 사람들은, 서로 간에 판별적 대립을 명백히 하고 그들 사이에 구분되는 관계가 존재하며 언어의 단어들을 구분케하는, 소위 '음운(phoneme)'이라고 불린 소리들의 분별 기능의 연구로 대치시켰다.[12] 그리고 이것은 물론 공시적 상황에서 이루어졌다.

모든 경우에 있어서 이와 같은 것들이 소쉬르와 쥬네브 학파들과 함께 한 음운학의 창시자들의 위치였다.

E. 프라그 학파와 통시 음운학

소쉬르와 그의 학파들이 구조주의 방법으로 공시적인 음운학을 대두시키는 가운데, 이와는 별도로 1926년부터 트루베츠코이(Nicolai Troubetzkoi)와 야콥슨(Roman Jacobson)이 주도한 프라그 학파는 언어의 역사도, 공시적인 연속적 단면들을 가지고 그것들 상호간 비교한다면, 구조주의적 방법으로 연구되어질 수 있다는 확신을 갖게 했다. 이들은 특히 1930년대부터 1950년대까지 언어

---

12) 실험음성학을 음향음성학 acoustic phonetic이라고 부르기도 한다.

는 거의 모든 것이 서로 연결되어있는 체계라는 원리에 대하여 강조했고, 또한 한 언어의 체계 속에서 우연히 일어난 변화들을 조사 연구의 중심으로 놓으면서 구조주의 언어학을 통시 음운학(diachronic phonology) 쪽으로 가도록 노력을 기울였다. 그리고 이런 서술적 판국은 최근에 와서 야콥슨과 프랑스의 언어학자 마르띠네(A. Martinet) 덕분에 더욱 지양되었다. 즉 통시 음운학은 변화들을 기입하는 것에만 더 이상 국한하지 않고, 그것들의 이유를 발견하는데 노력하고 있는 것이다.

음운학의 전개에 따라, 로망스 언어학도 음운학 발달에 매우 공헌했으며, 특히 통시 음운학에 있어서 그러했다. 로망스어 방언들에 관하여, 마르띠네가 '오뜨빌의 프랑꼬-프로방스어 말투에 관한 음운 서술(Description phonologique du parler franco-provençal d'Hauteville, 1939)'을 저술함으로써 그 움직임을 추진했으며, 프랑스어에 관해서도 그는 1933년에 '프랑스어 음성학 체계에 관한 소고(Remarques sur le système phonétique du français)'를 씀으로써 출발점을 만들었다. 그의 뒤를 이어 구겐하임(Gougenheim)의 연구가 뒤따랐으며, 스웨덴의 언어학자인 말름베르그(B. Malmberg)와 오드리꾸르-쥐이앙(Haudricourt-Juilland)의 연구들이 뒤따랐다. 그리고 스페인어 음운학 쪽에서는 나바로 또마스(T. Navarro Tomas)와 알라르꼬스 요라츠(E. Alarcos Llorach) 등이 빛을 냈으며, 포르투갈어에서는 뤼드케(H. Lüdtke)가 공헌했다. 또한 루마니아어 방면에서는 뿌스까리우(Puscariu)와 뻬트로비치(Petrovici)의 연구가 있었으며, 레토-로망스어는 벤데르(Bender), 프란체스까또(Francescato), 잘쯔만(Salzman), 남부프랑스어에 관해서는 라퐁(R. Lafont) 등이 공헌했다. 그리고 짜르꼬 물야치츠(Ƶarko Muljačić)는 '일반 음운학과 이탈리아어 음운학(Fonologia generale e fonologia della lingua iltaliana, 1969)'을 저술해 이탈리아어 음운학에 공헌했다.

F. 코펜하겐 구조주의 언어학파

또 다른 구조주의 학파로, 1943년 대표격인 엘름슬레브(L. Hjelmslev)에 의해 정형화된 '구조주의적 언어학(glossématique)'에 대한 원리들을 구상했던 코펜하겐의 구조주의 언어학파도 로망스 언어학에 관심을 가졌다. 토쥬비(K. Togeby)는 그의 저서 '프랑스어의 내재적 구조(Structure immanente de la langue française)'에서 '구조주의적 언어학'의 원리들을 적용시켰으며, 이 저술에서는 이론이 현실을 종종 해치고 있음을 볼 수 있다. 그리고 스페인의 언어학자 알라르꼬스 요라츠(E. Alarcos Llorach)도 그의 '구조주의 문법(Grammatica estructural)'에서 코펜하겐 학파의 구조주의 원리를 보여주고 있다.

참고 문헌

이문수, 1993, 로망스어 개관. In: 세계주요언어(pp. 227-286), 한국외국어대학교 출판부,

_____ , 1993, 루마니아어. In: 세계주요언어(pp. 421-455), 한국외국어대학교 출판부,

_____ , 1995, 트라코-다키아어의 특성에 관한 연구. In: 한국외대 논문집 28(pp. 267-283).

_____ , 1999, 발칸 로망스어의 특성. In: 동유럽발칸학 1(pp. 56-76).

_____ , 2000, 루마니아어 음운 현상에 관한 통시적 연구. In: 동유럽발칸학 3(pp. 17-45).

_____ , 2002, 속(俗)라틴어의 특성에 관한 연구. In: 동유럽연구 11/2(pp. 263-281).

_____ , 2003, 어원론 연구에 관한 소고 -로망스어 중심으로-. In: 동유럽연구 12/2(pp.187-210).

이창순, 1986, 로망스어에 미친 상층어의 영향. 낭시대학교(프랑스)

_____ , 1992, 로망스어에 미친 고대슬라브어와 아랍어.

_____ , 2000, 프랑스어사 개요, 신아사

Agard, F.B. 1984. A Course in Romance Linguistics 2 vols Georgetown University Press, Washington DC.

Anderson, J.M. /Creore, J.A.(eds.) 1972. Readings in Romance Linguistics. Mouton, The Hague.

Bourciez, E. 1967. Eléments de linguistique romane. Klincksieck, Paris.

Brunot, F. 1905. Histoire de la langue française des origines à 1900, Paris.

Bury, J. B. 1923. A History of the later Roman Empire, 2 vols, London.

Conway, R.S. 1897. The Italic Dialects, Cambridge.

Densusianu, O. 1938. Histoire de la langue roumaine, 2 vols. Paris

Deutschmann, O. 1971. Lateinisch und Romanisch. München.

Dottin, G. 1920. La langue gauloise, Paris.

Elcock, W.D. 1975. The Romance languages. Faber & Faber, London.

Entwistle, W. J. 1936. The Spanish language, London.

Gamilscheg, E. 1934. Romanica Germanica 3 vols. Berlin/Leipzig.

Gili, J. 1952. Catalan Grammar, 2nd ed. Oxford.

Gilliéron, J. 1903-1010. Atlas linguistique de la France, Paris.

Hall jr., R.A. 1974/76. Comparative Romance Grammar 2 vols. Blackwell, Oxford.

Iordan, I./Orr, J./Posner, R. 1970. An Introduction to Romance Linguistics. Blackwell, Oxford.

Lapesa, R. 1950. Historia de la lengua española, 2nd ed., Madrid.

Lausberg, H. 1956/62/63. Romanische Sprachwissenschaft. Berlin.

Martinet, A. 1963. Elément de la linguistique générale. Paris

Menéndez Pidql R. 1952. Origenes del español, Madrid.

Palmer, L. R. 1954. The latin language. London.

Pei, M. 1941. The Italian language, New York.

Remacle, L. 1948. Le problème de l'ancien wallon, Paris.

Rohlfs, G. 1951-1952. Romanischen Philologie. 2 vols, Heidelberg.
Stern, S. M. 1953. Les chansons mosarabes, Palermo.
Tagliavini, C. 1952. Le origini delle lingue neolatine, 2nd ed., Bologna
1973. Einführung in die romanische Philologie. München.
Tovar, A. 1950. La lengua vasca, San Sebastian.
Williams, E. B. 1938. From latin to Portuguese. Philadelphia.

Index

ㄱ

ㅁ

ㅂ

ㅅ

ㅇ

ㅈ

ㅎ

저자 약력

이문수

한국외국어대학교 독일어과 졸업
독일 프라이브르그대학교에서 루마니아어학 및 역사 비교언어학을 전공하여 석사 및 박사학위를 받음
한국외국어대학교 루마니아어과 조교수 부교수 및 루마니아 부쿠레슈티대학교 교환교수
현재 한국외국어대학교 루마니아어과 교수로 재직중
저서와 논문은 「Romania Orientalis」, 「실용루마니아어」, 「루마니아어 회화」, 「현대루마니아어」, 「발칸 로망스어의 특성」, 「루마니아어 음운 현상에 관한 통시적 연구」, 「로망스어 개관」, 「속(俗)라틴어의 특성에 관한 연구」, 「어원론 연구에 관한 소고-로망스어를 중심으로-」 등 다수가 있음.

이창순

핀란드 헬싱키 대학교 인문학부 및 외국어대학을 거쳐
프랑스 스트라스부르대학교 (언어정보신방학부 졸업: 학사)
프랑스 스트라스부르대학교 (대학원과정 언어과학전공: 석사)
프랑스 낭시대학교 (프랑스문화와 로망스어전공: 대학원 고급학위받음)
프랑스 스트라스부르 대학교 유럽 고대 언어 대학원 제2전공
프랑스 루이-파스퇴르대학교 (경제학전공 학석사과정 마침)
프랑스 스트라스부르대학교에서 복수유럽어 (유럽학) 전공한 후 불어 불문과에서 프랑스어문헌학 전공: 석사
프랑스 파리-소르본느대학교(프랑스학 및 어학문헌학 전공: 박사)
현재 한국외국어대학교에서 대우교수 역임 후 불어과에 재직 중
저서 「프랑스어사(史) 개요」(신아사), 「프랑스 문화의 이해」(학문사) 그 외 논문 다수가 있음.

유럽과 로망스어의 이해

1판 1쇄 찍음 • 2006년 4월 17일
1판 1쇄 펴냄 • 2006년 4월 24일

저 자 • 이문수, 이창순
발행인 • 정 현 결
발 행 • 신 아 사
인 쇄 • 소망인쇄

출판등록 • 1956년 1월 5일 (제9-52호)
서울특별시 은평구 녹번동 28-36 2F
전화 (02)382-6411 • 팩스 (02)382-6401
홈페이지 • www.shinasa.co.kr
E-mail • shinasa@chol.com

ISBN 89-8396-531-2

정가 *15.000* 원